# VERLAINE

# DU MÊME AUTEUR

*Romans isolés*

FAUX JOUR (Plon)
LE VIVIER (Plon)
GRANDEUR NATURE (Plon)
L'ARAIGNE (Plon) *Prix Goncourt 1938*
LE MORT SAISIT LE VIF (Plon)
LE SIGNE DU TAUREAU (Plon)
LA TÊTE SUR LES ÉPAULES (Plon)
UNE EXTRÊME AMITIÉ (La Table Ronde)
LA NEIGE EN DEUIL (Flammarion)
LA PIERRE, LA FEUILLE ET LES CISEAUX (Flammarion)
ANNE PRÉDAILLE (Flammarion)
GRIMBOSQ (Flammarion)
LE FRONT DANS LES NUAGES (Flammarion)
LE PRISONNIER Nº 1 (Flammarion)
LE PAIN DE L'ÉTRANGER (Flammarion)
LA DÉRISION (Flammarion)
MARIE KARPOVNA (Flammarion)
LE BRUIT SOLITAIRE DU CŒUR (Flammarion)
TOUTE MA VIE SERA MENSONGE (Flammarion)
LA GOUVERNANTE FRANÇAISE (Flammarion)
LA FEMME DE DAVID (Flammarion)
ALIOCHA (Flammarion)
YOURI (Flammarion)
LE CHANT DES INSENSÉS (Flammarion)

*Cycles romanesques*

LES SEMAILLES ET LES MOISSONS (Plon)
  I — Les Semailles et les Moissons
  II — Amélie
  III — La Grive
  IV — Tendre et Violente Élisabeth
  V — La Rencontre

LES EYGLETIÈRE (Flammarion)
  I — Les Eygletière
  II — La Faim des lionceaux
  III — La Malandre

LA LUMIÈRE DES JUSTES (Flammarion)
  I — Les Compagnons du Coquelicot
  II — La Barynia
  III — La Gloire des vaincus
  IV — Les Dames de Sibérie
  V — Sophie ou la Fin des combats

LES HÉRITIERS DE L'AVENIR (Flammarion)
  I — Le Cahier
  II — Cent Un Coups de canon
  III — L'Éléphant blanc

TANT QUE LA TERRE DURERA... (La Table Ronde)
  I — Tant que la terre durera...
  II — Le Sac et la Cendre
  III — Étrangers sur la terre

LE MOSCOVITE (Flammarion)
  I — Le Moscovite
  II — Les Désordres secrets
  III — Les Feux du matin

VIOU (Flammarion)
I — Viou
II — À demain, Sylvie
III — Le Troisième Bonheur

*Nouvelles*

LA CLEF DE VOÛTE (Plon)
LA FOSSE COMMUNE (Plon)
LE JUGEMENT DE DIEU (Plon)
DU PHILANTHROPE À LA ROUQUINE (Flammarion)
LE GESTE D'ÈVE (Flammarion)
LES AILES DU DIABLE (Flammarion)

*Biographies*

DOSTOÏEVSKI (Fayard)
POUCHKINE (Perrin)
L'ÉTRANGE DESTIN DE LERMONTOV (Perrin)
TOLSTOÏ (Fayard)
GOGOL (Flammarion)
CATHERINE LA GRANDE (Flammarion)
PIERRE LE GRAND (Flammarion)
ALEXANDRE I$^{er}$ (Flammarion)
IVAN LE TERRIBLE (Flammarion)
TCHEKHOV (Flammarion)
TOURGUENIEV (Flammarion)
GORKI (Flammarion)
FLAUBERT (Flammarion)
MAUPASSANT (Flammarion)
ALEXANDRE II (Flammarion)
NICOLAS II (Flammarion)
ZOLA (Flammarion)

*Essais, voyages, divers*

LA CASE DE L'ONCLE SAM (La Table Ronde)
DE GRATTE-CIEL EN COCOTIER (Plon)
SAINTE-RUSSIE, *réflexions et souvenirs* (Grasset)
LES PONTS DE PARIS, *illustré d'aquarelles* (Flammarion)
NAISSANCE D'UNE DAUPHINE (Gallimard)
LA VIE QUOTIDIENNE EN RUSSIE AU TEMPS DU DERNIER TSAR (Hachette)
LES VIVANTS, *théâtre* (André Bonne)
UN SI LONG CHEMIN (Stock)

# HENRI TROYAT
*de l'Académie française*

# VERLAINE

# FLAMMARION

*Il a été tiré de cet ouvrage :*

VINGT EXEMPLAIRES SUR PUR FIL
DES PAPETERIES D'ARCHES
DONT QUINZE EXEMPLAIRES NUMÉROTÉS DE 1 À 15
ET CINQ EXEMPLAIRES, HORS COMMERCE, NUMÉROTÉS
DE I À V

VINGT EXEMPLAIRES SUR VÉLIN ALFA
DONT DIX EXEMPLAIRES NUMÉROTÉS DE 16 À 25
ET DIX EXEMPLAIRES, HORS COMMERCE, NUMÉROTÉS
DE VI À XV

*Le tout constituant l'édition originale*

© Flammarion, 1993
ISBN 2-08-066928-1
*Imprimé en France*

# I

## LES FŒTUS ET L'ENFANT

À Metz, tous les voisins du ménage Verlaine sont d'accord pour estimer que la jeune Stéphanie est une personne aimable, sérieuse, équilibrée, et que son mari, capitaine au 2ᵉ génie, a bien de la chance d'avoir une épouse d'un abord aussi plaisant. Une seule particularité étonne les quelques visiteurs admis dans l'intimité du couple : pour ceux en qui elle a entière confiance, Stéphanie ouvre une armoire et montre, sur le rayon supérieur, deux fœtus immergés dans l'alcool. Ce sont les fruits des fausses couches dont elle reste inconsolable. Frustrée dans son instinct maternel, elle n'a pas eu le courage de se séparer des petits monstres issus de son ventre et elle aime à les contempler, si sages dans leurs bocaux de verre. Le capitaine Nicolas-Auguste Verlaine accepte en philosophe cette innocente lubie de sa femme. S'il sait faire respecter la discipline à la caserne, il témoigne, à la maison, d'une tolérance qui frise la faiblesse. Ses rares colères sont des éclairs de chaleur. De onze ans plus âgé que Stéphanie, il a pour elle une tendresse de père. Comme elle, il se désole de n'avoir pas d'enfants. Comme elle, il espère qu'un jour ou l'autre le Ciel comblera leurs vœux. S'il n'éprouvait cette lancinante impression de manque, son bonheur serait parfait, tant dans son foyer que dans sa carrière.

Il est originaire de Bertrix, dans le Luxembourg belge, alors annexé à la France, et ses ancêtres appartiennent à la petite noblesse terrienne. Mais il n'aime pas trop en parler, car on compte parmi eux nombre d'énergumènes hauts en couleur, violents, querelleurs, frondeurs, buveurs. Son grand-père, par exemple, a été condamné jadis à une amende de six florins d'or pour avoir blasphémé le nom des saints et n'a pas hésité à traîner ses beaux-parents en justice parce qu'ils tardaient à lui verser la dot de sa femme. Quant à son père, notaire, plus assidu au cabaret qu'à son étude, une attaque d'apoplexie l'a emporté alors qu'il allait être jugé pour outrage à Napoléon. Malgré ces antécédents tempétueux, Nicolas-Auguste présente, lui, un caractère égal, méticuleux et zélé. Élevé par son oncle, le lieutenant-colonel Grandjean, il s'est engagé, à seize ans, dans l'armée. Très vite ses supérieurs ont reconnu en lui un « excellent élément ». Bien noté par eux, il a fait la campagne d'Espagne et celle d'Algérie, obtenant la Légion d'honneur. C'est pendant qu'il se trouve en garnison à Arras qu'il rencontre une demoiselle de vingt-deux ans, Élisa-Stéphanie Dehée, dont la taille svelte, la grâce rieuse et les yeux légèrement bridés, à l'asiatique, font immédiatement sa conquête. Née à Fampoux, village proche d'Arras, dans une famille de cultivateurs, elle a perdu son père et vit au milieu d'une nombreuse parentaille. Nicolas-Auguste est un peu effrayé par les dizaines de cousins et de cousines qui se pressent derrière cette frêle jeune fille. Il n'en décide pas moins qu'elle lui est destinée et l'épouse le 31 décembre 1831.

Hélas ! en dépit des prières de Stéphanie, l'impossibilité d'une naissance normale semble peser comme une malédiction sur le couple. Or, en 1836, une sœur de Stéphanie, Catherine-Adélaïde, femme du maréchal-ferrant Augustin Moncomble, meurt, laissant un garçon de douze ans, Victor, et une petite Élisa qui vient de voir le jour. Le père est manifestement incapable de s'occuper d'un nourrisson dans ses langes. Aussitôt, Stéphanie décide de prendre en charge le bébé. Puisque Dieu lui refuse un enfant tiré de sa chair, elle reportera toute son affection sur sa nièce et la traitera en fille adoptive. Le supplément de dépense qui en résultera ne pose aucun problème : la situation des Verlaine est aisée, car, à la solde du capitaine, s'ajoutent les revenus de la dot de son épouse.

Quand le ménage, changeant de garnison une fois de plus, s'installe à Metz, Élisa est mise en pension dans un établissement religieux tenu par les Dames de Sainte-Chrétienne. La séparation est certes pénible, mais Nicolas-Auguste et Stéphanie rendent souvent visite à leur jeune protégée et s'efforcent de la distraire et de la gâter à chaque sortie dominicale.

Cependant, Stéphanie n'abandonne pas l'espoir d'avoir un jour son propre rejeton à soigner et à chérir. Et le miracle se produit. Après bientôt douze ans de mariage et deux fausses couches, elle s'aperçoit qu'elle est de nouveau enceinte. Faudra-t-il rajouter, dans l'armoire funèbre, un troisième bocal avec son homoncule avorté baignant dans l'esprit-de-vin ?

Dans le modeste appartement des Verlaine, au numéro 2 de la rue Haute-Pierre, à Metz, règne une atmosphère de préparatifs et d'implorations. Bien que lourdement déformée par la grossesse, Stéphanie s'agenouille dix fois par jour sur le prie-Dieu. Enfin, le 30 mars 1844, à neuf heures du soir, elle accouche d'un garçon qui semble solidement constitué. Vivant, il est vivant, et il crie ! Le père et la mère versent des larmes de gratitude devant ce cadeau de la Providence. Immédiatement, Stéphanie décrète que le nouveau-né sera l'enfant de la Sainte Vierge, se prénommera Paul-Marie et se verra voué au bleu et au blanc jusqu'à l'âge de sept ans. Penchée sur le berceau, elle veut se persuader que son bébé est le plus beau de la terre. Mais elle doit se forcer un peu pour reconnaître un ange dans ce poupon au teint livide, au front bombé et au nez camard. Quand il sommeille, les yeux clos, la bouche entrouverte, on dirait une petite tête de mort dont le poids creuse à peine l'oreiller de dentelle. Survivra-t-il aux maladies infantiles ? Ce n'est pas tout de mettre un bébé au monde, songe Stéphanie, il faut encore le préserver, l'élever, le sauver... Déjà elle sent que, même détaché d'elle en apparence, il ne quittera jamais la chaleur de son ventre. Craignant qu'il ne prenne froid, elle attend jusqu'au 18 avril pour le faire baptiser en l'église Notre-Dame de Metz. Son parrain est le lieutenant-colonel Grandjean, celui-là même qui a poussé Nicolas-Auguste à embrasser la carrière militaire ; sa marraine est sa tante Louise, née Verlaine [1]. Tous deux sont respectables et de bon conseil. Mais, empêchés, ils se sont fait représenter à la cérémonie. Qu'importe, on pourra compter sur eux dans les moments difficiles.

Stéphanie souhaiterait que les premières années de Paul se déroulassent dans la quiétude et la stabilité. Malheureusement, un an après la naissance de l'enfant, le capitaine Verlaine est muté, avec son régiment, à Montpellier. Les déplacements intempestifs sont la servitude du métier des armes. Laissant la jeune Élisa Moncomble pensionnaire chez les Dames de Sainte-Chrétienne, la famille Verlaine se transporte à Montpellier, puis à Cette, à Béziers, à Nîmes... Ces pérégrinations continuelles, ces change-

---

1. Le lieutenant-colonel Grandjean avait épousé sa nièce, Louise, dont il était aussi le tuteur, à l'automne 1821.

ments d'appartement, de domestiques, d'habitudes, de ciel donnent au petit Paul l'impression que l'existence est aussi imprévue et diverse que les combinaisons colorées d'un kaléidoscope. Dès son âge le plus tendre, il aime tout ce qui bouge, tout ce qui surprend. Sa curiosité tôt éveillée, son irritabilité, ses brusques élans de tendresse inquiètent sa mère. Ne serait-il pas trop sensible, trop impulsif pour résister, plus tard, aux chocs de l'adversité ?

Ce qui la rassure malgré tout, c'est qu'il dit sagement ses prières. Il est, du reste, très attiré par les manifestations pieuses. Flanqué de Stéphanie, il assiste parfois aux processions religieuses qui traversent la ville, avec croix, bannières et statues de saints portées sur les épaules. Une terreur sacrée le pénètre à la vue des pénitents en robes blanches monacales, le capuchon rabattu sur les yeux. Il a entendu parler des fantômes — par sa bonne sans doute — et s'imagine que tous ces gens sans visage, qui marchent à pas lents au son des cantiques, viennent du royaume des morts.

Lorsque ses parents sont obligés de sortir le soir, ils le confient à deux vieilles filles qui tiennent un magasin de jouets. Entre les polichinelles, les trompettes, les poupées, les tambourins et les crécelles qui dorment sur les rayons, il se sent aussi riche que si ce trésor lui appartenait. Rien de fâcheux ne peut lui arriver, pense-t-il, dans cet endroit béni. C'est ainsi que, écoutant chanter l'eau d'une bouilloire sur le feu, il se laisse bercer par ce murmure confidentiel et plonge la main dans le récipient. Ses hurlements ameutent tout le quartier. L'effroyable brûlure mettra des mois à guérir. Une autre fois, il manque d'avaler un scorpion transparent qui s'est glissé dans un verre d'eau sucrée. Ou encore, étant resté chez lui, malade, et ayant dû subir l'application d'une sangsue, il s'assoupit avec la bestiole accrochée à sa chair.

Quand Stéphanie surgit, rentrant d'une course en ville, elle trouve la bonne endormie sur sa chaise, au chevet du lit, et son fils évanoui entre les draps maculés de sang.

À peine rétabli, il reparaît dans le cercle des invités de ses parents, qui viennent à la maison prendre le thé ou jouer au whist. Il se cogne dans leurs jambes sans bien comprendre le sens de leurs occupations et de leurs bavardages. Autour de lui, les propos ont trait, la plupart du temps, aux obligations militaires, aux subtilités de l'avancement et aux avantages d'une garnison par rapport à une autre. Il est fier de l'uniforme paternel : habit à la française avec, sur le plastron de velours, deux décorations (l'une pour la prise d'Alger, l'autre pour celle de Trocadero), bicorne à plumes tricolores de capitaine-adjudant-major, pantalon bleu foncé à bandes rouges et noires, tiré par des sous-pieds, épée battant la cuisse. Grand et droit, le regard direct, Nicolas-Auguste cache sa bonté naturelle sous un air de force et de décision. Paul, encore coiffé d'un bonnet à ruche surmonté d'un bourrelet bleu et blanc, rêve de lui ressembler un jour. Mais que de chemin à parcourir avant de devenir, lui aussi, un glorieux officier de l'armée française ! Pour l'instant, il se contente de commander à des soldats de plomb.

Soudain, en février 1848, la ville de Montpellier semble frappée de folie. Dans les rues, des gens vocifèrent, se chamaillent, brandissent le poing, applaudissent, chantent. Peu après, la république est proclamée en grande pompe. Perdu dans la foule, Paul, tenant la main de sa bonne, ouvre des yeux ronds sur une estrade où de graves messieurs, le ventre ceint d'écharpes bleu, blanc, rouge, haranguent les hommes de la garnison. Après les discours, la troupe défile aux accents d'une musique fracassante qui, l'enfant l'apprendra plus tard, s'appelle *La*

*Marseillaise*. À cette occasion, toutes les dames de la haute société arborent des robes claires et des chapeaux fleuris. Pour n'être pas en reste, Paul exhibe une collerette de dentelle, des culottes courtes brodées et une large casquette bouffante, agrémentée d'un gland qui pend sur le côté.

Quand les remous causés par l'instauration du nouveau régime se sont apaisés, le 2$^e$ génie est rappelé à Metz. La famille Verlaine fait le voyage en partie par chemin de fer, en partie par voie fluviale. Les roues à aubes du bateau éclaboussent d'eau froide l'enfant qui bat des mains et crie d'allégresse. À Lyon, on couche dans un hôtel dont la façade donne sur le quai et, de son lit, Paul voit au réveil, derrière les fins rideaux ajourés, se balancer une voile noire. Cette tache funèbre dans la grisaille de la brume matinale l'impressionne au point qu'il en parlera quarante-six ans plus tard dans ses *Confessions*.

Sa première joie, en arrivant à Metz, est d'y retrouver sa jolie cousine Élisa Moncomble, qui, pendant le séjour de sa famille adoptive dans le Midi, est restée chez les Dames de Sainte-Chrétienne. Elle a huit ans de plus que lui et l'entoure d'une adoration qui le pousse aux caprices et à l'indiscipline. Deux mères veillent sur sa précieuse petite personne : la vraie, Stéphanie, et la fausse, Élisa. L'une et l'autre l'accablent de caresses, se pâment à ses mots d'enfant et cachent ses sottises au capitaine. Pour elles, il dessine des bonshommes aux attitudes tordues et les colorie violemment.

Cependant, malgré sa passion pour sa cousine, il lui fera une infidélité de cœur vers sa cinquième année. Cette fois-ci, l'élue est une demoiselle de huit ans, aux lèvres charnues, aux cheveux d'un blond fauve et aux joues semées de taches de rousseur. Elle s'appelle Mathilde. Il l'a rencontrée parmi le nombreux public qui se presse sur l'Esplanade pour entendre les concerts de musique militaire. D'emblée, elle lui offre son sourire et son amitié. Chaque fois qu'il la revoit, il la juge plus belle. « Quand l'un de nous n'était pas encore là, écrira-t-il dans ses *Confessions*, c'était une attente, une impatience, et quelle joie, quelle course l'un vers l'autre, quels bons et forts et retentissants et renouvelés baisers sur les joues ! » Autour d'eux, les officiers et leurs épouses, qui forment une part importante de l'assistance, s'attendrissent sur cette idylle précoce. Aux oreilles de Paul arrivent des allusions incompréhensibles comme « Paul et Virginie », « Daphnis et Chloé ». Même le colonel Niel[1], supérieur du capitaine Verlaine, lorgne d'un œil égayé le manège maladroit des enfants. La gamine est fille d'un magistrat, le gamin fils d'un militaire très honorable. On est entre gens de bonne société. En effet, c'est le « tout-Metz », flâneur et désœuvré, qui se donne rendez-vous sur l'Esplanade, dans un grand concours de robes à paniers, de châles en cachemire, d'ombrelles vaporeuses, de faces-à-main d'écaille, d'uniformes rouge et or et de fracs. Mme Verlaine baigne dans les plaisirs de l'élégance et de la considération provinciales. Le capitaine salue ses supérieurs avec déférence et répond d'une main légère aux signes de respect de ses subordonnés.

Mais subitement, au printemps de 1849, il décide de rompre avec ces habitudes agréables et de donner sa démission. Est-il fatigué du service ? A-t-il eu à se plaindre d'un passe-droit ? Trouve-t-il que son avancement traîne en longueur ? Toujours est-il que, malgré l'insistance du colonel Niel, il maintient sa résolution de quitter l'armée.

Rendu à la vie civile, il commence par prendre un peu de repos avec sa famille, à Paliseul, chez sa sœur

1. Futur maréchal de France.

16

Louise Grandjean, devenue veuve l'année précédente. Dès le début de ce séjour, Louise et ses amis, les Pérot, sont stupéfaits de la tyrannie que Paul exerce sur ses parents. Il n'écoute personne et on lui passe tout. Habitué à être le centre du monde, il pique des fureurs trépignantes dès qu'on le contrarie et ne se calme que si les grandes personnes cèdent à sa volonté. Ainsi, apprenant un jour que son père a décidé de ne pas l'emmener en excursion aux grottes de Han, il pousse de tels hurlements et se convulse si fort que cet homme, qui a pourtant commandé des troupes sous le feu de l'ennemi, bat en retraite et promet au « petit » qu'il sera de la promenade. Une autre fois, en visite chez des amis, le « petit » se réfugie dans le jardin et s'amuse à découper en menus morceaux le haut-de-forme de son père. Surpris dans cette occupation sacrilège, il désigne les lambeaux de soie noire et déclare : « Ça, c'est des carottes, ça des poireaux, ça des haricots ! » Puis, comme on vient de parler à table du régime alimentaire des pensionnaires de l'institution des Invalides à Paris, il brandit la coiffe déchiquetée du chapeau et s'écrie : « Ça, c'est la marmite des Invalides ! » Au lieu de se fâcher, Nicolas-Auguste, qui est décidément dans un bon jour, prend le parti de rire. Stéphanie est soulagée, Louise est consternée. Pour la première, l'enfant a toujours raison ; pour la seconde, il n'y a pas d'éducation sans autorité.

De Paliseul, les Verlaine retournent à Metz. Mais ils n'y restent que quelques mois : le temps de préparer leur départ pour Paris. Heureux d'être redevenu son maître, le capitaine à la retraite a en effet résolu en 1851 de se fixer dans la capitale, afin de fournir à son fils une instruction digne de l'avenir qu'il envisage pour lui. Ses projets l'emportent très loin. Il rêve de Saint-Cyr, de Polytechnique, tandis que Paul, à croupetons sur le tapis, dessine encore des silhouettes biscornues et les efface, à mesure, du revers de sa main ou même avec sa langue. Ah ! que le goût des jeux enfantins est donc long à se dissiper chez ce garçon singulier, au front lourd et au regard songeur !

## II

## ÉTUDES, INITIATIONS, POÉSIE

Débarqué avec ses parents à la gare de l'Est, c'est du fond d'un fiacre à l'odeur de drap graisseux et de foin moisi que Paul découvre, avec consternation, la ville dont il se promettait merveille. De hautes maisons aux façades de plâtre pisseux, des trottoirs étroits, des pavés boueux, des relents d'égout et de fumée sous un ciel de pluie. Pourquoi avoir quitté Metz où l'existence était si douce ? On loge dans un hôtel de la rue des Petites-Écuries en attendant l'arrivée des meubles, ceux-là mêmes qui ont été trimbalés, pendant des années, de garnison en garnison. Parmi eux, soigneusement emballés dans de la paille, les deux bocaux reliques dont Stéphanie n'a pas voulu se séparer, même après la naissance de son fils.

Dès sa première sortie, sur les Boulevards, Paul se réconcilie avec Paris. Ahuri par le nombre des attelages qui trottent gaiement dans les rues, par les omnibus surchargés de voyageurs, par les passants aux allures dégagées, par les opulents étalages des boutiques, il se demande maintenant si la vraie vie ne se situe pas dans ce lieu riche et animé plutôt que dans les paisibles cités de Lorraine.

Huit jours plus tard, le mobilier ayant été livré, les

Verlaine et leur nièce Élisa émigrent aux Batignolles, quartier de prédilection, à l'époque, des militaires à la retraite. Installés au-delà des fortifications, au numéro 10 de la rue Saint-Louis[1], ils ont l'impression de vivre encore en province, dans une société de rentiers économes et honorables, alors qu'ils sont tout proches du bouillonnant Paris. Sans perdre de temps, le jeune Paul est placé dans une institution modeste, rue Hélène, qui a l'avantage de se trouver à proximité de la maison. Là, il apprend un peu l'orthographe et l'arithmétique, ânonne quelques fables, joue aux quatre coins dans la cour et attend avec impatience l'heure de rentrer au bercail où le guettent, tout amollies d'amour, sa mère et Élisa. Elles le déchargent de son cartable, lui servent un goûter, l'aident à faire ses devoirs et à étudier ses leçons pour le lendemain. Il apprécie d'autant mieux leur sollicitude que le directeur de l'école, qui ressemble à Victor Hugo, se montre plutôt sévère. Or, voici que le malheureux magister perd sa fille, qui était une condisciple de Paul. Tous les élèves de l'établissement assistent aux obsèques. En voyant sangloter ce père brisé par le chagrin, Paul comprend qu'un abord doctoral peut cacher beaucoup de tendresse et se met à pleurer lui-même.

Une autre émotion — bien différente — le secoue peu après. Depuis quelques semaines, ses parents et leurs amis ne parlent que d'un coup d'État imminent aux conséquences imprévisibles. Un matin d'hiver, vers dix heures, son père rentre, tout surexcité, d'une promenade et s'écrie : « C'est fini ! Ça y est !... Demain, le Président aux Tuileries ! C'est très grave, mais ça a l'air calme ! » Alors seulement Paul devine que le fameux prince-président qu'il a vu, un jour, passer à cheval dans la rue, sous les acclamations,

1. Actuellement rue Nollet.

vient de gagner une partie difficile. Le surlendemain, 4 décembre 1851, comme il fait beau et sec, que Paris, dit-on, est tranquille et que les « meneurs » ont été arrêtés, Mme Verlaine décide d'aller faire un tour en ville avec son fils qui a besoin de prendre l'air. Sur le boulevard des Italiens, ils sont entourés d'une foule enfiévrée et bruyante. Des cortèges hostiles à Louis-Napoléon hurlent son sobriquet : « Ratapoil ! Ratapoil ! » Au comble de l'amusement, Paul crie, lui aussi : « Ratapoil ! » Inquiète, sa mère le fait taire et l'entraîne plus loin. À l'entrée du boulevard Poissonnière, la cohue devient menaçante. Les redingotes et les hauts-de-forme sont rares. Ici, dominent les blouses et les casquettes. On chante à tue-tête *La Marseillaise* et *Les Girondins*. Prévoyant un danger, Stéphanie serre fortement la main de Paul et rétrograde vers le boulevard des Italiens. Subitement, un remous violent les projette sur le côté. Dans la multitude saisie de panique, des clameurs éclatent : « Sauve qui peut ! » La police charge sans ménagement. Stéphanie, tirant le petit Paul derrière elle, n'a que le temps de se réfugier dans une boutique à la vitrine défoncée. L'alerte passée, la chaussée dégagée, la mère et l'enfant mettent le nez dehors dans un silence de catastrophe.

Tout semblant normal à présent, ils rentrent chez eux par un itinéraire détourné. Paul est à la fois terrifié et ravi par les péripéties de cette escapade. Vraiment, la vie à Paris ne réserve, pense-t-il, que des surprises. À peine a-t-il fini de recenser dans sa tête les souvenirs du coup d'État qu'il tombe gravement malade : une angine diphtérique. Dans son délire, tantôt sanglotant, tantôt hébété, il récite indéfiniment la table de multiplication et la liste des départements avec leurs chefs-lieux et sous-préfectures. Dévorée d'angoisse, sa mère ne quitte pas son chevet. L'amour qu'elle lui manifeste est si vif qu'il ingurgite avec reconnaissance les plus infectes décoctions, les plus amères tisanes servies par ses mains.

La convalescence de Paul une fois achevée et l'Empire solidement assis, son père décrète qu'il faudra mettre le « lapin » en pension, à la rentrée d'octobre 1853, pour qu'il entreprenne de vraies études et que s'affermisse son caractère. Fier à l'idée de porter un uniforme et un képi, l'enfant, âgé de neuf ans, accueille cette décision avec une exclamation de joie. Mais sa mère, toujours anxieuse, souhaite qu'il soit placé dans une pension privée, l'institution Landry, au 32 de la rue Chaptal, dont les élèves, à partir de la septième, sont acheminés chaque jour, par divisions, aux cours du lycée Bonaparte[1], rue Caumartin.

Le premier contact de Paul avec l'institution Landry, établissement à la fois strict et familial, l'épouvante. Conduit d'abord dans la salle d'étude des « moyens », qui viennent de rentrer du lycée Bonaparte, il considère avec horreur les pupitres noirs alignés, les figures des gamins hirsutes qui gribouillent sur leurs cahiers, les lampes à pétrole à abat-jour métallique, dont la pâle clarté accentue la laideur des lieux, et se croit descendu dans une sorte d'enfer pour enfants. Une cloche annonce le dîner et les élèves se rendent en rangs au réfectoire. Dans la file, on chuchote et on ricane en commentant la dégaine du nouveau. D'emblée, il a la certitude que tout le monde, ici, le déteste.

Un pion lui intime l'ordre de s'asseoir à la table des « petits ». Après le bénédicité, récité en français, on se rue sur la nourriture : une soupe grasse, du bœuf bouilli, des haricots rouges, une pomme blette. Dans la belle timbale d'argent, gravée d'un V, son initiale, et d'un 5, son numéro, un peu d'eau rougie et

---

1. Aujourd'hui lycée Condorcet.

tiédasse. Écœuré, Paul profite du remue-ménage produit par le départ des externes pour se glisser dehors et s'enfuir à toutes jambes. Que diront ses parents en le voyant surgir sur le seuil alors qu'ils le croient à la pension ? Ne vont-ils pas, dans un accès de colère, l'y renvoyer ? Il se pose la question avec un serrement de cœur et continue à courir, hors d'haleine, nu-tête, dans le brouillard ponctué par le halo humide des réverbères à gaz. Enfin le voici rue Saint-Louis. Ayant tiré le cordon de sonnette, il bouscule la bonne qui lui a ouvert la porte et se précipite dans la salle à manger. Toute la petite famille est réunie là, avec en plus le cousin Victor Moncomble, le frère d'Élisa, qui est sergent aux chasseurs de Vincennes et dîne ce soir à la maison. Essoufflé, titubant de fatigue et de honte, le fugitif fait le tour de la table, tombe dans les bras de sa mère, de sa cousine, de son père, de l'invité, et bredouille des explications confuses. Contrairement à ses craintes, on ne le gronde pas, on le plaint même, on le console, et Stéphanie veille à ce qu'on lui serve un bon potage au tapioca, du poulet tendre à la peau blonde, croustillante, et un gâteau très sucré qu'il avale voracement. Ainsi restauré et apaisé, il promet de se laisser reconduire, le lendemain après-midi, à la pension. C'est son cousin Victor qui est chargé de cette mission délicate.

Pendant le trajet, le sergent aux chasseurs de Vincennes exhorte Paul à considérer que la pension est une préparation nécessaire aux rigueurs du régiment, qu'en tant que fils d'officier il doit se conformer à la discipline et qu'il connaîtra de grandes joies s'il sait accepter la vie dans une communauté virile. À son avis, les « déserteurs », quels que soient leurs motifs, sont gens méprisables. Impressionné par l'éloquence de son mentor à la moustache en croc, Paul se laisse convaincre et repasse la grille de l'institution Landry avec le sentiment de n'y être plus tout à fait un intrus. Grâce à l'intervention du cousin Victor, la fugue de l'élève Verlaine n'est pas sanctionnée.

Inscrit dans la division préparatoire, Paul s'habitue d'autant plus facilement à l'existence des internes que ses parents lui rendent visite tous les jours et lui offrent des friandises pour améliorer l'ordinaire de la pension. Sa préférence, en matière de hors-d'œuvre, va aux haricots verts à l'huile et au vinaigre. Son père, dès que la saison le permet, lui en apporte un plein verre et il les dévore devant lui avec gourmandise. Sans doute en propose-t-il aussi à quelques condisciples. Il s'est fait de bons camarades, parmi eux. Maintenant, il partage leurs jeux et affecte de parler, même à la maison, le minable jargon scolaire. Comme il est en retard dans ses études, le directeur de l'établissement, M. Landry en personne, accepte de lui donner des leçons particulières. Vêtu d'une robe de chambre et coiffé d'une calotte de velours, le maître est d'une telle exigence qu'à la moindre peccadille de Paul il lui lance à la tête un dictionnaire ou son trousseau de clefs. Ces manifestations d'humeur sont si cocasses que l'élève ne s'en émeut guère. Il supporte moins bien d'être « mis au séquestre » pour une faute de conjugaison latine. Cependant, cahin-caha, il se hisse au niveau de ses compagnons d'études. Lui, l'individualiste à tous crins, s'enorgueillit à présent de leur ressembler, avec sa chevelure en broussaille, ses mains sales, ses intonations rocailleuses et son vocabulaire impertinent. À l'église, des gamins irrévérencieux chantent *Ah! si tu crois que j' t'aime* sur l'air de *Saint-Esprit, descendez en nous!* Inconscient du sacrilège, Paul mêle sa voix aux leurs. Cela ne l'empêchera pas de faire à douze ans, en mai 1856, « une bonne première communion ». Au moment d'absorber les saintes espèces, il éprouve la présence « absolument réelle » de Dieu dans sa chair. Mais, l'extase passée, la polissonnerie le reprend, coupant le morne ennui des cours. Entre-temps, il a été admis en septième au lycée Bonaparte, où un pion conduit tous les jours, sauf les jeudis et les dimanches, la horde turbulente des élèves de l'institution Landry.

Dans cette nouvelle classe, les résultats scolaires de Paul sont encourageants. Il fait même partie du peloton de tête. L'année suivante, en sixième, il obtient le premier prix de version latine. La classe de cinquième le voit rafler une brassée d'accessits. Mais voici qu'en quatrième il flanche. L'obligation d'apprendre des leçons, de rédiger des devoirs l'assomme. Ses lectures disparates lui ont fait découvrir la musique des vers. Il en compose lui-même, pour le plaisir d'imiter les écrivains dont on parle parmi les grands. Cette occupation frivole le détourne de ses études et son professeur de lettres note avec dépit la nonchalance, la négligence et la paresse de l'élève Verlaine. Lui, cependant, s'obstine à jongler avec des rimes. Mais de quel auteur célèbre doit-il souhaiter le parrainage ? À l'époque, Victor Hugo règne, du fond de son exil, sur tous les gens de plume. C'est donc à lui que, le 12 décembre 1858, Verlaine, âgé de quatorze ans et neuf mois, adresse un poème ayant pour thème la mort. Il dépeint la camarde, à cheval sur un dragon,

> *Passant comme un tonnerre au milieu des humains,*
> *Renversant, foudroyant tout ce qu'elle rencontre*
> *Et tenant une faulx dans ses livides mains.*

Sans doute le maître, très occupé, ne daigne-t-il pas répondre à cet hommage d'un jeunet au style amphigourique. Mais tout le lycée prend connaissance du morceau et les condisciples de Paul le considèrent déjà comme un favori des Muses. Ce brevet d'excellence fait quelque peu oublier à ses copains la laideur physique dont il est affligé. On s'habitue à sa face écrasée, à ses yeux obliques, à son crâne démesuré. Néanmoins, quand il rend visite pour la première fois, un dimanche, aux parents de son meilleur camarade, Edmond Lepelletier, la mère de celui-ci ne peut retenir un cri de répulsion. Après le départ de Verlaine, elle dit à son fils : « Mon Dieu, ton ami m'a fait penser à un orang-outan échappé du Jardin des plantes ! »

Comme pour accentuer cet aspect repoussant, Paul est peu soigneux de sa personne. Coiffé d'un képi avachi, les pantalons trop courts, les ongles noirs et rongés jusqu'à la pulpe des doigts, les yeux battus, la chemise malpropre, il a l'allure d'un cancre satisfait. Pourtant il aimerait séduire et, le menton dans la paume, il lui arrive de rêver, pendant l'étude du soir, à de lascives étreintes. Son confesseur lui conseille, quand la tentation le tourmente, de joindre les mains pour une prière. Paul lui obéit, mais très vite cette imploration muette change de destination et du Ciel descend vers la terre. Privé de relations féminines, il est attiré par des camarades plus jeunes que lui. La grâce équivoque de certains garçons lui enflamme les sens. Il ose des caresses, au dortoir, avec des voisins de lit. Le frottement d'un corps chaud contre le sien, la hardiesse d'une main fureteuse le préparent à des jouissances dont il dira dans ses *Confessions* : « Mes *chutes* se bornèrent à des enfantillages sensuels, oui, mais sans rien d'absolument *vilain*, en un mot à de jeunes garçonneries partagées au lieu de rester... solitaires. »

Ces « garçonneries » excitent en lui le besoin d'écrire et le besoin d'écrire le pousse aux « garçonneries ». À cette période où la puberté le torture comme une maladie du sang, il échange avec ses compagnons des billets clandestins et lit en secret, avec délectation, *Gamiani, L'Enfer de Joseph Prudhomme, L'Examen de Flora*, les *Œuvres secrètes* de Piron. Mais un jour, un pion ayant laissé traîner sur sa chaire un volume de poésies d'un certain Baudelaire, il s'empare du livre et le parcourt en cachette, étonné de la « perversité » que chante cet inconnu. Ayant mal déchiffré le titre, il est persuadé que l'ouvrage s'appelle tout bonnement *Les Fleurs de mai*. Un autre jour, étant en congé, il déniche, chez un bouquiniste du quai Voltaire, *Les Cariatides* de Banville et s'émerveille de la virtuosité légère de l'auteur. En classe de seconde, son professeur, un très digne historien, M. Perrens, n'a que mépris pour cet élève sale, lâche et paresseux dont il dira plus tard à la presse : « Je ne me serais jamais douté qu'il pût y avoir quelque chose dans cette tête hideuse qui faisait penser à un criminel abruti[1]. »

Ayant rejoint le troupeau des cancres, Paul n'ambitionne plus le moindre accessit en fin d'année, n'écoute les cours que d'une oreille distraite et passe son temps, en classe, à dessiner des caricatures ou à dévorer les romans de Balzac, de Paul de Kock, d'Alexandre Dumas et de Victor Hugo. Mais, à leur prose chatoyante, il préfère encore le mystérieux envoûtement de la poésie. Celle de Glatigny l'incite à saupoudrer de verve ses propres productions. Il s'y montre tantôt truculent, tantôt macabre :

> *D'ailleurs, en ce temps léthargique,*
> *Sans gaîté comme sans remords,*
> *Le seul rire encore logique,*
> *C'est celui des têtes de mort.*

Le théâtre l'attire également. Entre autres choses « masturbantes », selon sa propre expression, il ébauche quelques scènes d'un drame, *Charles le Fou* (c'est-à-dire Charles VI), avec cette ronde démoniaque :

1. Cf. Ernest Raynaud, *L'Assomption de Paul Verlaine.*

> *Que l'on boive et que l'on danse*
> *Et que monseigneur Jésus*
> *Avecque les saints balance*
> *La chaîne des pendus.*

Il s'attaque aussi à un *Louis XV*, qui ne sera jamais terminé, et à un poème scatologique, *Crepitus*, nom d'un dieu imaginaire :

> *Je suis l'Adamastor des cabinets d'aisance,*
> *Le Jupiter des lieux bas.*

Aussi à l'aise dans la rigolade ordurière que dans les tendres soupirs de l'amour, il sait maintenant que sa vocation est la poésie. Mais quel genre de poésie ? Il en discute à perdre haleine avec son nouvel et chaleureux ami Edmond Lepelletier, comme lui passionné de littérature. Ils échangent leurs manuscrits, confrontent leurs opinions sur les livres qu'ils viennent de lire et s'exhortent l'un l'autre à persévérer dans les délices et les angoisses de la création artistique. Paul va même jusqu'à rédiger en vers une dissertation française. Cette fantaisie n'ayant pas été appréciée de son professeur, il se résigne à n'avoir plus comme public que le brave Edmond Lepelletier. Celui-ci ne lui ménage pas son admiration et le voit bientôt porté au pinacle. Ayant bâclé ses devoirs et survolé ses leçons, Verlaine écrit en cachette un *Croquis parisien*, inspiré à la fois par Hugo et par Baudelaire. Mais déjà, sous l'imitation, résonne timidement une musique personnelle :

> *La lune plaquait ses teintes de zinc*
> *Par angles obtus.*
> *Des bouts de fumée en forme de cinq*
> *Sortaient, drus et noirs, des hauts toits pointus.*

En octobre 1861, lorsque Paul entre en rhétorique, il a droit à une sévère admonestation de son père qui lui reproche l'inconscience de sa conduite à la veille du baccalauréat. Ignore-t-il, ce « lapin » attardé, qu'aucune situation honorable ne s'obtient sans diplôme ? Veut-il consommer la honte de sa famille en alignant des vers au lieu de travailler ? Subitement dégrisé, il décide de donner un coup de collier pour apaiser ses parents. Et, de fait, il parvient à se hisser, en dissertation française, à la quatorzième place sur cinquante élèves. Mais les mathématiques, la physique, l'allemand, l'anglais le rebutent.

Tout en se préparant à l'épreuve qui est censée couronner ses études, il songe à une autre épreuve, bien plus importante à ses yeux, qui doit faire de lui un homme. Son excitation a atteint un tel degré qu'il ne peut plus se contenter des attouchements entre camarades. Il lui faut le corps d'une femme. Un copain de lycée, d'un an plus âgé que lui, indique au coquebin la meilleure adresse pour un dépucelage, un bordel sérieux rue d'Orléans-Saint-Honoré. Paul prélève une pièce de dix francs sur sa mensualité d'écolier et, un samedi soir du mois de mai 1862, ayant obtenu un *exeat* à la pension, prend, le cœur battant, le chemin de l'aventure. « Une maison d'apparence modeste, aux volets chastement clos, qui n'avait d'emphatique que son numéro », écrira-t-il dans ses *Confessions*. Introduit dans un salon rouge et or, où, sur des canapés et des poufs, trônent des dames défraîchies, maquillées et parées de voiles, Paul a l'impression de jouer une scène de théâtre. Ce n'est pas lui qui s'avance sous les lumières tamisées de la pièce et respire le parfum oriental des cigarettes que fument les prostituées. Rassemblant son courage, il choisit l'une d'elles, grasse et placide, vêtue d'un peignoir rose. Elle le fait monter dans une chambre ruisselante de fausse dentelle et dont les murs s'ornent de gravures licencieuses. Là, elle s'acquitte de sa mission en bonne professionnelle et affiche

29

même un contentement qu'elle est loin d'éprouver. Lui est à la fois fier de son exploit et un peu déçu du résultat. Il s'attendait à une explosion de plaisir et doit se satisfaire d'un petit spasme agréable. N'était-il pas plus heureux dans ses jeux avec un camarade, ou même seul, parmi ses fantasmes ? Il se promet de retourner au claque, mais seulement après avoir réussi à son bachot. Le lendemain matin, quand il rentre à la maison, sa mère lui trouve l'air fatigué et le plaint de travailler trop.

Enfin, en août 1862, le grand jour arrive ! Les épreuves écrites du baccalauréat se déroulent dans un amphithéâtre vaste et poussiéreux. Déclaré admissible avec de bonnes notes en discours latin et en dissertation française, il se présente, le 16 août, à l'oral. En histoire, il se tire à son avantage d'un parallèle entre César et Pompée, et, grâce à sa lecture clandestine des *Trois Mousquetaires* de Dumas, répond à peu près correctement à des questions sur Louis XIII ; cela lui vaut une boule rouge (note moyenne). En revanche, il obtient une boule blanche (bonne note) en littérature pour le récompenser d'un exposé pertinent sur Boileau et sur Bossuet. Encore des boules blanches en latin et en grec. La partie est presque gagnée. Mais il reste les sciences. Là, Paul patauge tristement. L'examinateur de physique, M. Puiseux, un bonhomme roux aux doigts poilus, l'ayant interrogé sur les définitions de la pompe aspirante et de la pompe foulante, il s'affole et prononce d'une voix incertaine : « Monsieur, la pompe foulante est une pompe qui foule, et la pompe aspirante est une pompe qui aspire. » « Très bien, monsieur », lui déclare M. Puiseux, ironique, et il le gratifie d'une boule noire, la plus mauvaise note qui soit. Paul se voit déjà exclu de la liste des bienheureux. Par chance, sa collection de boules blanches le sauve in extremis de l'échec. Il est reçu bachelier ès lettres, avec mention passable.

Ce triomphe est largement fêté en famille. Pour Stéphanie, son fils vient de prouver qu'il était capable de surmonter les pires difficultés de la vie. Pour le capitaine, le comportement de Paul justifie enfin, après quelques erreurs de parcours, l'espoir d'une brillante carrière administrative ou militaire. Que le garçon écrive des vers « à côté », si cela lui chante, mais d'abord, qu'il s'assure un grand et noble métier ! Comme pour conforter les parents dans leur euphorie, M. Landry leur adresse le certificat suivant : « Je soussigné, chef d'Institution, certifie que le jeune Paul Verlaine a fait toutes ses études dans l'Institution, d'octobre 1853 à juillet 1862 [...], que sa conduite a été celle d'un bon élève et qu'il a terminé de fortes études en se faisant recevoir bachelier ès lettres à la fin de sa rhétorique. Je ne puis que rendre un excellent témoignage de cet élève, qui est au nombre des sujets distingués que compte l'établissement. »

Ployant sous les compliments et les recommandations, Paul n'a qu'un regret : que sa tendre cousine Élisa ne soit pas auprès de lui pour partager sa joie. Elle a épousé, entre-temps, un sucrier de Lécluse, Auguste Dujardin, et a déjà deux petites filles. Comme le destin des êtres humains marche vite ! Il semble à Verlaine que tous les gens de sa connaissance avancent rapidement dans la vie, se marient, décrochent une situation, se font une réputation, un nom, bref savent ce qu'ils veulent et s'arrangent pour l'obtenir, alors que lui flotte encore dans l'air tel un duvet de pissenlit arraché par le vent. Son excuse ? Il n'a que dix-huit ans et une seule chose l'intéresse : écrire des vers en s'amusant pendant que les autres travaillent.

# III

# PREMIER AMOUR

Malgré les succès de Paul, l'inquiétude règne à la maison. Le capitaine souffre de rhumatismes et ne se pardonne pas d'avoir perdu beaucoup d'argent dans des spéculations maladroites. Son œil gauche est menacé de cataracte. Cela le gêne, dit-il, pour la lecture des journaux financiers et l'empêche de se tenir au courant des mouvements de la Bourse. Il a de plus en plus souvent des accès d'humeur. Stéphanie supporte avec une vaillance souriante les plaintes et les reproches de son mari, mais, dès que Paul a eu passé son baccalauréat, elle insiste pour que les deux hommes de sa vie prennent des vacances loin d'elle, à Lécluse, chez Élisa Dujardin. Elle les y rejoindra quand elle se sera elle-même un peu reposée de ses nuits de veille au chevet du malade.

Paul est ravi de cette échappée hors de Paris et des études. Il a hâte de retrouver sa chère cousine Élisa, dont il se demande s'il n'est pas un peu amoureux, son cousin Auguste Dujardin, qui a de l'esprit et une agréable tournure, et leurs deux petites filles, âgées de deux et trois ans. En outre, il se promet, là-bas, une orgie de grand air, de verdure et de paresse.

Cette sévère contrée du Nord, il la connaît et il l'aime pour y avoir passé de nombreux mois de vacances chez ses tantes ou chez ses grands-parents, à Paliseul, à Fampoux, à Jéhonville. Le gros bourg de Lécluse, où habite maintenant Élisa, étire son unique et très longue rue entre des maisons de brique, proprettes et tristes. Tout autour, la plaine, des champs de betteraves, des étangs marécageux, quelques bois frileux au sol de mousse humide et odorante. Le ciel est gris, avec au fond une timide traînée d'azur. Après avoir décrassé ses poumons, « tout embarbouillés encore de grec et de mathématiques », il s'adonne aux plaisirs de la pêche et de la chasse. Dans une lettre à Lepelletier du 16 septembre 1862, il se vante d'avoir « foudroyé un énorme lapin ». Mais il préfère encore lire un bon livre, assis sous les ombrages, au bord des marais, la pipe au bec. De temps à autre, il détache ses regards de la page et suit rêveusement, « en leur vol incertain, soit le bleu martin-pêcheur, soit la verte demoiselle, soit le ramier couleur de perle ». Jamais pourtant la littérature, chez lui, ne perd ses droits. Il s'inquiète de savoir si Lepelletier a fini *Les Misérables*, « cette splendide épopée ». À son avis, « c'est grand, c'est beau, c'est bon surtout. La charité chrétienne luit dans ce drame ombreux. Les défauts même, et il y en a, et d'énormes, ont un air de grandeur qui attire ».

Mais déjà d'autres distractions le sollicitent. En octobre, les villageois organisent des « ducasses », bals populaires endiablés qui durent plusieurs jours. Paul prend un rude contentement à se trémousser parmi les paysans endimanchés et hilares. « Il faudrait l'ironie de Féval ou le crayon de Hogarth pour donner une idée de ces contredanses fantastiques où s'agitent, comme mus par des ficelles, de gros balourds rivés à de rouges beautés vêtues de robes légères, écrit-il encore à Lepelletier. Tout cela, au bruit d'un orchestre-chaos, clarinette folle, piston enroué, violon intempérant et triangle, oui, triangle, et tenu par un enfant qui tapait dessus rageusement, ni plus ni moins que le petit bohémien sur son chaudron, dans *Notre-Dame de Paris*[1]. » Parmi les robustes demoiselles campagnardes qui virevoltent au son de la musique, il y a, note Paul, quelques Parisiennes assez avenantes. Dans l'exaltation de la fête, il s'enhardit jusqu'à faire danser une Mlle Hiolle, dont le père dirige, à Paris, une institution comparable à celle de M. Landry envoyant ses élèves au lycée Bonaparte. Ce fait lui paraît assez remarquable pour être porté à la connaissance de Lepelletier. En vérité, il est tout surpris que, malgré sa laideur et son mauvais genre, une jeune fille « comme il faut » accepte de lever les yeux sur lui.

Ces réjouissances populaires s'accompagnent de jeux, de concours et de beuveries. À Paris déjà, Paul aimait traîner dans les brasseries qui fleurent bon la vinasse et l'absinthe. Ici, il s'abreuve de bière flamande, de genièvre et d'un mélange d'eau-de-vie et de café, la « bistouille ». Quand il rentre à la maison, éméché et bavard, personne ne le gronde. Son père est trop malade pour s'intéresser à autre chose qu'à ses douleurs ; Stéphanie, restée aux Batignolles, se figure que son fils, à Lécluse, profite de l'air pur et de la paix des champs pour se faire une santé ; Auguste Dujardin n'a nulle envie de se poser en rabat-joie devant son cousin de Paris ; et la douce Élisa, habituée à tout pardonner au cher petit, n'a qu'un souci : ne pas le contrarier pour qu'il passe de joyeuses vacances auprès d'elle.

Lorsqu'il repart pour Paris, à la fin d'octobre 1862, après avoir rêvé dans les bois, envié son cousin Auguste d'avoir une femme aussi délectable qu'Élisa et pris quelques « cuites » dans les estaminets du coin, il n'a toujours rien décidé quant à son avenir.

1. Lettre du 4 octobre 1862.

Seule la poésie l'intéresse. Mais aligner des vers n'est pas un métier lucratif ni même recommandable. Ses parents, qui savent mieux que personne ce qui lui convient, « opinent pour le droit ».

Docile, Paul s'inscrit le 10 novembre à l'École de droit. Trois ans de fastidieuses études juridiques en perspective. Heureusement, on peut sécher quelques cours sans risquer de remontrances. Ses heures de liberté, il les passe à la bibliothèque Sainte-Geneviève ou, plus souvent, dans les nombreux cafés du quartier. Quand il a bu, il se sent capable de réussir dans tous les domaines : droit, poésie, conquête des femmes... Mais il est si seul ! Sa famille n'ayant de relations que dans les milieux militaires, il ne doit compter sur personne pour le recommander aux journalistes et aux éditeurs. À tout hasard, il adresse ses vers à diverses revues. L'un de ses poèmes lui paraît digne des plus hauts éloges. Comme pour l'envoi à Victor Hugo, il s'agit d'une évocation de la mort. Dans sa lettre à Étienne Carjat, directeur de la revue *Le Boulevard*, le jeune auteur avoue : « Ma reconnaissance en me voyant imprimé pour la *première fois* serait égale à mon bonheur. » L'humble requête ne reçoit, elle non plus, aucune suite.

Paul se console de ses échecs répétés en buvant davantage et en fréquentant assidûment les filles de trottoir et les pensionnaires de maisons closes. Quand il émerge de ces pauvres expériences d'ivrogne ou d'adolescent mal aimé, il éprouve la satisfaction de s'être avili à bon compte. Soit avec la femme, soit avec la bouteille, il perd la tête et se donne l'illusion de la virilité. Mais, si l'amour vénal le met sur les genoux, l'alcool le rend sûr de lui, irritable, agressif. Il doit se surveiller, quand il rentre à la maison après un tour au cabaret, pour ne pas se montrer trop brusque avec ses parents. Son père, d'ailleurs, fatigué et presque aveugle, a renoncé aux sermons. Et sa mère se contente de soupirer quand il s'effondre, à demi inconscient, sur son lit.

Cette vie déréglée ne l'empêche pas de se plonger avec passion dans les livres qu'il emprunte à un cabinet de lecture proche de la Sorbonne ou que lui communique l'obligeant Edmond Lepelletier. Ensemble ils dévorent Goethe, Shakespeare, Lope de Vega, Calderón, Dickens et les auteurs français à la mode, Leconte de Lisle, Théophile Gautier, Baudelaire, Banville. Féru de littérature ibérique, Paul songe sérieusement à apprendre l'espagnol. Mais il y renonce vite, attiré par d'autres mirages. Il va souvent, avec Edmond Lepelletier, au théâtre des Batignolles où se jouent en alternance des pièces modernes et de vieux mélos. Tout lui plaît dans ces spectacles, la comédie et le drame. Pourquoi ne pas se lancer dans un ouvrage historique en plusieurs tableaux, inspiré par le mystère de Louis XVII ? Projet abandonné après quelques essais de plume. D'ailleurs, il n'a pas la tranquillité voulue pour travailler à une œuvre de longue haleine. La famille vient de déménager, sans quitter les Batignolles, et s'est installée au numéro 45 de la rue Lemercier.

Comme il faut bien avoir un semblant d'occupation, Paul renouvelle, le 8 janvier 1863, son inscription à l'École de droit. Mais, malgré son affaiblissement et sa demi-cécité, le capitaine Verlaine n'est pas dupe. Il constate que le charmant « lapin » d'autrefois est devenu un chenapan flemmard qui ne met jamais le nez dans un manuel juridique et n'a aucune idée de ce qu'il fera plus tard. Aussi, dans un sursaut d'autorité paternelle, décide-t-il que son fils présentera le concours du ministère des Finances. Pour cela, Paul, qui est brouillé avec les chiffres, devra prendre des leçons de mathématiques chez un répétiteur. Il s'y résigne, mais se montre si imperméable aux règles les plus simples de cette discipline que, déjà, son père songe plutôt pour lui à un emploi « dans les assurances ». Un ami de la famille, M. Darcet, qui a le bras long, promet de faire entrer le gaillard à la compagnie « L'Aigle et le Soleil réunis », à condition qu'il ait acquis entre-temps des rudiments de comptabilité et une bonne écriture. Aussitôt, Paul se voit infliger, par un autre répétiteur, les mêmes supplices de l'arithmétique, plus ceux de la calligraphie. En mai 1863, il est à peu près capable de tenir un registre et se rend pour la première fois au bureau.

Malgré son appellation éblouissante, « L'Aigle et le Soleil » se révèle être un antre de ténèbres, de mesquinerie et d'ennui. À sa sortie du royaume des manchettes de lustrine et des plumes Sergent-Major, Paul n'a qu'une idée : boire pour oublier. Edmond Lepelletier l'attend chaque soir, rue du Helder, à la porte de l'établissement et ils vont, bras dessus, bras dessous, se rincer la dalle au café d'Orient ou au Guerbois. La tête échauffée et la langue déliée, ils discutent, sans jamais se lasser, de poésie, comparent leurs dernières productions, se passionnent pour les acrobaties techniques de tel ou tel écrivain « arrivé ». Arriveront-ils, eux aussi, un jour ? Et par quel chemin ? Qui les chaperonnera dans leur quête de gloire ? Ah ! être imprimé ! Lire son nom en lettres grasses au bas d'un poème ! Être loué ou critiqué par une foule d'inconnus que votre parole aura touchés ! Un « ancien » du lycée Bonaparte, Miot-Frochot, les présente à un de ses amis qui, à dix-neuf ans, vient de publier, chez Poulet-Malassis, un épais volume de vers intitulé *Les Chants de l'aube*. Il s'appelle Louis-Xavier de Ricard et s'est également essayé dans le roman, le journalisme, la philosophie, le pamphlet politique... Fils du général-marquis de Ricard, qui fut gouverneur de la Martinique et aide de camp du prince Jérôme, il a pris, bien évidemment, le contre-pied des opinions bonapartistes et aristocratiques de son père et, grâce à l'héritage d'une tante, a fondé une revue franchement républicaine, dont le seul titre : *Revue du Progrès moral, scientifique et artistique*, constitue, aux yeux du pouvoir impérial, une provocation. On y encense tous les écrivains de la gauche généreuse, Victor Hugo, Michelet, Népomucène Lemercier, Edgar Quinet, Taine, Renan, Littré... Rien d'étonnant à ce que la police épluche chaque ligne de cette publication mensuelle, aux prétentions politico-sociales. Ayant rencontré Verlaine, Ricard le trouve amusant, proche de ses idées et fait imprimer, en août 1863, le sonnet *Monsieur Prudhomme*, agrémenté du sous-titre de « satirette » :

> *Il est grave : il est maire et père de famille.*
> *Son faux col engloutit son oreille. Ses yeux*
> *Dans un rêve sans fin flottent insoucieux,*
> *Et le printemps en fleurs sur ses pantoufles brille.*

Malgré son désir de notoriété, Verlaine a signé son sonnet « Pablo », car il craint que la police ne l'associe aux trublions qui se manifestent dans les autres pages de la *Revue du Progrès*. Cette mesure de précaution le rassure et il savoure tout ensemble la fierté d'être enfin imprimé et le soulagement de s'être mis à l'abri derrière un pseudonyme.

Une fois de plus, les mois d'été sont illuminés pour lui par la présence d'Élisa, la « grande sœur ». Plus il la voit, plus il se persuade qu'il en est amoureux. Habitué aux filles qui se vendent pour quelques francs, il se refuse à croire que l'élue de son cœur est faite, dans sa chair, comme la dernière des putains. Ses deux maternités l'ont embellie et, pour ainsi dire, sanctifiée. Elle est à la fois femme et ange, vivante et immatérielle, chaude et fraîche. Quand il se promène avec elle, main dans la main, il n'est plus celui qui chevauche une de ces créatures dont il ne saurait pourtant se passer. Attiré autant par les bas-fonds du vice que par les hauteurs éthérées de l'amour, il trouve pour chanter le trouble que lui inspire Élisa des accents qui parfois le surprennent. Se peut-il que ses lèvres, qui se complaisent si souvent à des mots orduriers, à des frottements indignes, à de vulgaires crachats, soient capables aussi de laisser sourdre une pure musique d'adoration ? Quand est-il lui-même : quand il se soûle et se vautre ou quand il révèle ses innocences d'enfant ébloui par la douceur d'une cousine, la mélancolie d'un paysage ou la grâce de Dieu ? Il ne le sait pas, il ne le saura jamais. En tout cas, c'est à Élisa, reconnaît-il, qu'il doit les plus nobles élans de son âme. N'est-ce pas à elle qu'il pense lorsqu'il s'écrie, dans *Vœu* :

*Ô la femme à l'amour câlin et réchauffant,*
*Douce, pensive et brune, et jamais étonnée,*
*Et qui parfois vous baise au front, comme un enfant !*

Ou lorsqu'il affirme, dans *Mon rêve familier* :

*Car elle me comprend, et mon cœur transparent*
*Pour elle seule, hélas ! cesse d'être un problème.*

Ou lorsque, s'adressant à une inconnue, il lui dédie son tourment :

*À vous ces vers, de par la grâce consolante*
*De vos grands yeux où rit et pleure un rêve doux,*
*De par votre âme pure et toute bonne, à vous*
*Ces vers du fond de ma détresse violente* [1].

Entraînée par la fougue de son soupirant, Élisa lui accorde quelques faveurs furtives — une pression des doigts, un sourire, un baiser fraternel — mais se ressaisit aussitôt. Mariée et mère de famille, elle ne

1. *À une femme.*

40

peut laisser Verlaine dans ses illusions. Elle le lui dit et, tombant de haut, il se lamente :

*Le Bonheur a marché côte à côte avec moi ;*
*Mais la Fatalité ne connaît point de trêve :*
*Le ver est dans le fruit, le réveil dans le rêve,*
*Et le remords est dans l'amour : telle est la loi* [1].

C'est un jeune homme désespéré qui rentre à Paris. Il a le sentiment d'avoir perdu en Élisa une sœur aînée, une mère, une maîtresse. Plus jamais il n'osera la courtiser, ni même lui parler à cœur ouvert.

Si, dans un tel désarroi, il ne peut penser à son avenir, d'autres y pensent pour lui. Malgré une santé déclinante, son père, sur le conseil d'un ami, M. Tassin, directeur de l'Octroi, le pousse à préparer un concours pour entrer à la préfecture de la Seine (Ville de Paris). En cas de réussite, le « lapin » aura un emploi stable et la garantie d'une retraite. Prêt à tout pour ne pas contrarier sa famille, Verlaine se présente au concours, le passe haut la main et se retrouve, en mai 1864, expéditionnaire stagiaire à la mairie du IX<sup>e</sup> arrondissement, rue Drouot (Bureau des mariages).

Entre-temps, la police impériale a saisi un numéro de la *Revue du Progrès,* sous l'inculpation de propagande antireligieuse. La publication est interdite et le directeur, Louis-Xavier de Ricard, condamné à trois mois de prison. Verlaine se désole à l'idée que le seul homme qui pouvait lui mettre le pied à l'étrier se morfond maintenant à Sainte-Pélagie. Or, il en faut plus pour abattre un personnage aussi fougueux que Ricard. À peine libéré, il forme le projet de fonder une autre revue, celle-ci exclusivement littéraire et artistique. Le tout est de trouver un imprimeur et un dépositaire. Ayant entendu parler d'un jeune libraire ami des poètes, Verlaine propose à Ricard de rendre

1. *Nevermore.*

visite à cet oiseau rare. Il s'agit d'Alphonse Lemerre, successeur de feu Percepied, qui tient boutique au numéro 47 du passage Choiseul. Pour l'appâter par la promesse d'un gain substantiel, Ricard lui apporte un recueil de ses poèmes composés en prison, qui pourraient être édités à compte d'auteur. Une fois le livre lancé sur le marché, on se tournerait vers la revue, dont le titre serait simplement *L'Art*. De toute évidence, Verlaine étant à l'origine de l'affaire, il figurera parmi les principaux collaborateurs de la nouvelle publication.

Il en est tout réconforté, tandis que son père, songeant pour lui à une autre carrière, se félicite que, le 1er janvier 1865, le « lapin » ait été titularisé expéditionnaire à l'ordonnancement au Bureau des budgets et comptes de la Ville de Paris, aux appointements de mille cinq cents francs par an. Ce n'est certes pas le Pérou, mais au moins, pense le capitaine, la matérielle est assurée pour son rejeton. Quoi qu'il arrive, celui-ci ne sera jamais à la rue. Avec un fils fonctionnaire, on peut mourir tranquille !

À l'Hôtel de Ville, le travail de l'expéditionnaire débutant consiste à mandater les traitements des curés desservant les églises de Paris et de la banlieue. Cette besogne de tout repos lui garantit une entière liberté d'esprit. Son emploi du temps est très élastique. Il arrive à dix heures du matin, bavarde avec ses collègues, s'assied à sa table et, écartant les dossiers importuns, gribouille des vers jusqu'à midi. Puis, laissant accroché à une patère son chapeau haut de forme, qui, en cas de visite impromptue du sous-chef, fera croire qu'il est encore quelque part dans la maison, il va déjeuner au café du Gaz, rue de Rivoli. Là, il retrouve d'autres poètes qui, comme lui, émargent au budget de la ville : Léon Valade, Albert Mérat, Georges Lafenestre, Armand Renaud... Parfois, Edmond Lepelletier vient les rejoindre. Les discussions sont si vives entre ces ronds-de-cuir épris de rimes, de césures, de cadences qu'ils s'attardent devant leur bœuf bourguignon ou leur sauté de lapin. L'Art commande, l'Administration peut attendre. Il est trois heures lorsque Verlaine regagne le « bural » et se rassied, en bâillant, à sa place. Par acquit de conscience, il expédie quelque rapport sur le financement des paroisses et, à cinq heures tapant, il se rue vers la sortie.

C'est l'instant béni de l'apéritif au café du Gaz, l'instant de la « sorcière verte ». Avec quel sentiment de revanche sur la médiocrité de la vie quotidienne il verse l'eau, à travers un morceau de sucre, sur la purée épaisse de l'absinthe, hume son parfum agreste, avale la première gorgée de poison ! De verre en verre, un joyeux délire pénètre son esprit. Il se grise de divines certitudes. Son corps s'allège. Il n'a plus peur de rien ni de personne. Quand il rentre à la maison, c'est lui le chef de famille et non ce père minable qui n'y voit plus clair.

Le goût immodéré de l'alcool ne l'empêche pas de fréquenter le salon tenu par la mère de son ami Louis-Xavier de Ricard, ouvert chaque samedi à tous les jeunes amateurs de littérature. Dans l'appartement du 10, boulevard des Batignolles, la marquise, alerte et souriante, reçoit les étranges invités de son fils, tandis que le marquis, bougon, s'enferme dans sa chambre pour ne pas se mêler à la horde des hurluberlus. Là, pour la première fois, Verlaine rencontre des célébrités qui l'épatent : le beau Catulle Mendès aux allures seigneuriales, Villiers de L'Isle-Adam, inquiétant et misérable, au regard fou et à la voix de stentor, François Coppée au visage aigu et pâle, José Maria de Heredia, vêtu avec recherche et le gilet barré d'une chaîne d'or, Sully Prudhomme perdu dans un songe. D'abord impressionnés par tous ces personnages qui ont déjà publié, Verlaine et

Lepelletier se familiarisent vite avec les habitudes de la maison, participent même à des charades et se déguisent avec tout ce qui leur tombe sous la main.

Ils fréquentent aussi le salon de Leconte de Lisle, 18, boulevard des Invalides, où ils boivent religieusement les paroles du maître qui ne dédaigne pas, le monocle vissé à l'œil, de donner à ses hôtes des leçons d'art poétique. Chez Catulle Mendès, rue de Douai, c'est du thé vert que l'on déguste en écoutant la musique audacieuse d'un certain Wagner. Même simplicité dans le logis de Théodore de Banville, rue de Condé, où la mère du poète sert le thé au rhum et les gâteaux secs. L'auteur des *Odes funambulesques* est si aimable, si souriant que le dernier des plumitifs accueilli par lui s'imaginerait avoir du génie.

Ces réunions, où de vrais écrivains traitent Verlaine en égal, lui font oublier les heures mornes du bureau et de la maison. Son père va de plus en plus mal. Après une chute dans l'escalier de l'immeuble, il sombre dans une apathie totale, les mains tremblantes, la langue engourdie et l'esprit flottant. Malgré l'inquiétude que lui cause l'état de santé du capitaine, Paul part en vacances chez sa tante Louise, à Paliseul. Il y partage son temps entre les promenades, la dégustation de bière et la lecture du *Rāmāyana*, le grand poème initiatique de l'Inde. Ce texte essentiel le transporte au point qu'il affirme : « Ça vous dégotte la Bible, Évangile et Pères de l'Église. » Au vrai, lui qui s'était éloigné de toute religion dans son adolescence, il est de nouveau obsédé par l'idée d'une organisation divine de la création, qui ne serait plus chrétienne mais hindouiste. N'est-ce pas le pressentiment de la fin prochaine de son père qui le ramène, craintif, au problème du destin de l'homme ?

Quand il rentre à Paris, le capitaine est à peine conscient. Mais l'amour filial n'empêche pas les bien-portants de satisfaire aux obligations de la vie courante. On soupire et on agit, on pleure et on continue d'écrire. Surmontant son angoisse, Verlaine, qui vient d'être promu critique littéraire de la nouvelle revue hebdomadaire *L'Art,* donne le 2 novembre 1865, dès le premier numéro, un article virulent, « Le Juge jugé », contre Barbey d'Aurevilly, lequel, dans son ouvrage *Les Œuvres et les Hommes,* a osé bafouer les vraies valeurs — Banville, Théophile Gautier, Victor Hugo, Flaubert — et louer des mazettes telles que Siméon Pécontal et Amédée Pommier. En revanche, dans les numéros des 16 et 30 novembre et du 23 décembre 1865, il proclame son enthousiasme pour l'œuvre de Baudelaire. « Oui, écrit-il, le but de la poésie, c'est le Beau, le Beau seul, le Beau pur, sans alliage d'Utile, de Vrai et de Juste. » Ce refus de mêler les considérations morales ou sociales au sentiment esthétique, déjà prôné par Leconte de Lisle, devient le credo des nouveaux écrivains. Tous sont persuadés que la mission du poète est de « chanter », et non de réfléchir sur les problèmes de l'heure. Plus ils seront intemporels et impassibles, plus ils seront grands. La revue *L'Art* est brandie par eux à bout de bras : c'est le drapeau de la révolte. Mais il leur faut une bataille à gagner, comme celle d'*Hernani* pour les romantiques. Ils saisissent l'occasion de la première d'*Henriette Maréchal* d'Edmond et Jules de Goncourt, au Théâtre-Français, pour manifester leur différence. On répète dans les cafés littéraires que la pièce n'a été montée que grâce à la protection de la princesse Mathilde, nièce de Napoléon I$^{er}$. La cabale est dirigée par Albert Wolff et un certain Georges Cavalier, dit « Pipe en Bois ». Aussitôt, le groupe des poètes indépendants décide de s'opposer au chahut qui se prépare, non par admiration pour la pièce qu'ils jugent ennuyeuse, mais parce que, selon leur théorie, la politique ne doit jamais interférer avec l'art. Le soir de la représentation, Verlaine a tellement bu pour se donner du courage qu'il est le plus excité de tous. Dans la salle, les sifflets répondent aux applaudissements, on vocifère, on rit, on coupe la parole aux acteurs, on s'invective d'une travée à l'autre. Peu importe que la pièce soit retirée de l'affiche après six représentations. Les défenseurs de l'art pour l'art ont l'impression que, grâce à ce combat, ils ont scellé leur union, face aux partisans de la littérature engagée.

À quelque temps de là, Verlaine publie deux poésies dans la revue de Louis-Xavier de Ricard. L'une d'elles le ramène au temps de son trouble bonheur dans l'ombre d'Élisa :

*Ah ! les premières fleurs, qu'elles sont parfumées !*
*Et qu'il bruit avec un sourire charmant*
*Le premier « oui » qui sort des lèvres bien-aimées !*

Le jour même où ces vers paraissent dans *L'Art* (30 décembre 1865), le capitaine Nicolas-Auguste Verlaine, âgé de soixante-sept ans, meurt dans son lit d'une congestion cérébrale.

# IV

## DEUILS ET ALCOOLS

La douleur de Verlaine est profonde. Quand il évoque la personnalité de son père, il le trouve paré de toutes les qualités qu'il n'a pas lui-même : la droiture, le courage, la dignité, la tempérance, la tolérance... Certes, les derniers temps, le capitaine avait perdu beaucoup de son autorité dans la famille, mais il incarnait encore, aux yeux de son fils, l'ordre et l'honnêteté. Privé de cet appui, Paul se demande comment il va pouvoir se conduire dans la vie, lui qui est si faible et dont la mère, charmante et irresponsable, n'est guère préparée au rôle de mentor. Néanmoins, il prend sur lui de régler les formalités de l'enterrement. Sachant tout l'attachement que son père portait aux marques extérieures du respect, il s'adresse au Bureau de la Place pour demander qu'en raison des états de service et des décorations du défunt les honneurs militaires lui soient rendus lors des obsèques. Les scribes à qui il expose ses exigences lui font observer que, la cérémonie devant avoir lieu le surlendemain, 1er janvier, jour férié réservé, en principe, aux réjouissances populaires, il sera malaisé de dépêcher un détachement symbolique à l'église et au cimetière. Tout au plus pourra-t-on mettre à sa disposition quelques gardes nationaux. Outré, Verlaine se fâche, tempête, implore, menace et, finalement, obtient gain de cause.

De retour à la maison, il s'effondre devant sa mère et pleure d'avoir remporté cette amère victoire. Dans son chagrin, il se dit que, pour une fois, son père peut être fier de lui. Est-ce à cette inhumation correcte et froide qu'il pensera en écrivant *Sub urbe*?

> *Les petits ifs du cimetière*
> *Frémissent au vent hiémal,*
> *Dans la glaciale lumière* [...].
> *Silencieux comme des fleuves,*
> *Mais gros de pleurs comme eux de flots,*
> *Les fils, les mères et les veuves,*
> *Par les détours du triste enclos,*
> *S'écoulent — lente théorie —*
> *Au rythme heurté des sanglots.*

Ayant perdu son mari, Stéphanie doit très vite se restreindre pour ne pas entamer le capital dont elle a hérité. Économe par tempérament et par éducation, elle décide d'emménager dans un appartement plus modeste, au numéro 26 de la rue Lécluse, toujours aux Batignolles. Malgré l'exiguïté du logis, elle dispose d'un salon avec fenêtres sur rue pour recevoir des amis et jouer, selon son goût, à la bourgeoise.

Paul, lui, se débat en plein tourbillon littéraire. La revue *L'Art*, qui périclitait depuis quelques mois, publie en janvier 1866 son dernier numéro. Mais la petite confrérie ne baisse pas les bras. Chauffé par son entourage, Lemerre accepte d'éditer des brochures mensuelles destinées à révéler au monde le talent des poètes de la nouvelle génération. Comme on cherche un titre à cette publication, un philologue, probablement Marty-Laveaux, propose le terme, tombé en désuétude, de « Parnasse ». Il est adopté par acclamations. Réunis dans l'entresol de la boutique de Lemerre, auquel on accède par un escalier de fer en colimaçon, les jeunes gens se proclament des « Parnassiens ». Il y a là, assis sur des tabourets, sur des caisses, sur des ballots de livres ou par terre, les jambes croisées, toutes sortes d'écrivains exaltés qui fument du mauvais tabac et construisent l'avenir à coups de phrases sentencieuses. Ils s'appellent Catulle Mendès, Glatigny, Coppée, Sully Prudhomme, Dierx... Certains ont déjà fait leurs preuves. D'autres, comme Verlaine, attendent impatiemment leur tour d'être célèbres. Sur cette assemblée, qui se serre sous le plafond bas, autour d'un méchant poêle à coke, veillent deux grands anciens : Leconte de Lisle et Théodore de Banville. Tous jurent de s'opposer à la facilité en poésie et de travailler leurs vers en les ciselant comme des bijoux.

Le premier fascicule du *Parnasse contemporain, recueil de vers nouveaux,* sort des presses le 2 mars 1866. Il est tiré à cinq cents exemplaires. C'est un hebdomadaire. Verlaine n'apparaîtra que dans le neuvième numéro (avril 1866), avec sept poèmes, dont l'admirable *Mon rêve familier.* La cohorte des Parnassiens ne compte que trente-sept membres, mais ils font du bruit pour mille. Cette entrée en fanfare dans la république des lettres irrite certains auteurs, dont Paul Arène et Alphonse Daudet. Afin de faire bisquer leurs prétentieux confrères, ils s'associent avec Alfred Delvau pour publier un recueil satirique de trente-six pages : *Le Parnassiculet,* destiné à ridiculiser les théories des poètes de la nouvelle école. Du coup, Catulle Mendès provoque Paul Arène à l'épée. Même si le sang ne coule pas, on cherche les occasions de se piquer entre clans rivaux. Verlaine est parmi les plus enragés. Il rêve d'en découdre avec ces énergumènes qui osent railler le pur idéal des Parnassiens. C'est, bien entendu, quand il est éméché qu'il se montre le plus agressif. Un soir de décembre 1866, apercevant Alphonse Daudet assis

à la table d'un banquet, dans une brasserie, il hurle :
« Ah ! le voilà, ce cochon ! » et lui assène un furieux
coup de poing dans le dos. Stupéfait, Daudet se
retourne et se lève pour corriger le goujat. Des amis
s'interposent. On emmène Verlaine qui titube. En
vérité, après cette attaque inconsidérée, il a eu très
peur d'être obligé de se battre. Le vent frais de la rue
le dégrise. Saluant son départ, Alphonse Daudet se
calme, sourit et se contente de dire : « Ce n'est rien,
c'est un homme soûl ! » Ce qui dispose l'auteur des
*Lettres de mon moulin* à l'indulgence, c'est qu'il est sur
le point d'épouser Julia Allart, une jeune poétesse qui
a fait partie naguère de l'équipe de *L'Art*. Un fiancé
ne doit-il pas prendre un plus grand soin de son futur
bonheur conjugal que de son honneur d'homme de
lettres ?

Barbey d'Aurevilly n'a pas les mêmes raisons de
ménager les hurluberlus du Parnasse. Il les déteste
parce que la direction de leur revue de combat a
refusé de publier les poèmes de son protégé Amédée
Pommier. Pour se venger de ce qu'il considère
comme un affront personnel, il donne, dans *Le Nain
jaune,* une série de coups de griffes intitulés « Les
trente-sept médaillonnets du Parnasse ». Tous les
Parnassiens sont raillés dans ce pamphlet de l'extravagant et furibond « connétable des lettres ». « La
poésie parnassienne ne pense ni ne sent, écrit Barbey
d'Aurevilly. Elle n'est qu'un vil exercice à rimes, à
coupes de vers, à enjambements. » De tous ces
faiseurs de poésies, Verlaine est, sans doute, le plus
mal traité : « Un Baudelaire puritain, combinaison
funèbrement drolatique, sans le talent net de
M. Baudelaire, avec des reflets de M. Hugo et
d'Alfred de Musset, ici et là, tel est M. Verlaine. Pas
un zeste de plus ! Il a dit quelque part, en parlant de
je ne sais qui (cela du reste n'importe guère) :

> [...] *elle a*
> *L'inflexion des voix chères qui se sont tues.*

Quand on écoute M. Paul Verlaine, on désirerait qu'il n'eût jamais d'autre inflexion que celle-là. »

En prenant connaissance de cette diatribe, Verlaine est d'autant plus inquiet pour son proche avenir littéraire qu'il vient de remettre à Lemerre le manuscrit des *Poèmes saturniens*. Il les a complétés à Lécluse, où il s'est rendu l'été dernier. Élisa a lu ces vers, dont la plupart ont été inspirés par elle, s'est attendrie sur l'amour impossible et durable de l'auteur, et a offert spontanément de payer les frais d'édition du recueil. Il a accepté, les larmes aux yeux, cette contribution de l'élue à la publication de son premier livre. Mais leurs douces promenades dans le parc, leurs confidences chuchotées, leur tendresse secrète n'ont fait que le replonger dans les souffrances d'un échec sentimental sans recours.

> *Aujourd'hui, plus calme et non moins ardent,*
> *Mais sachant la Vie et qu'il faut qu'on plie,*
> *J'ai dû refréner ma belle folie*
> *Sans me résigner par trop cependant* [1].

Élisa était très faible, car elle relevait d'une fausse couche. Cette circonstance aggravait encore la mélancolie de son soupirant. La pâleur de la jeune femme, la vue de son mari aimable et gai, la présence des deux fillettes joueuses (six et sept ans) le renforçaient dans l'idée qu'il avait manqué son existence en ne l'épousant pas. C'est un homme de vingt-deux ans, vaincu, vidé, qui, oubliant les recommandations d'impassibilité esthétique de ses confrères parnassiens, laisse monter en lui la bouleversante *Chanson d'automne* :

---

1. *Résignation.*

*Tout suffocant*
*Et blême, quand*
*Sonne l'heure,*
*Je me souviens*
*Des jours anciens*
*Et je pleure ;*
*Et je m'en vais*
*Au vent mauvais*
*Qui m'emporte*
*Deçà, delà,*
*Pareil à la*
*Feuille morte.*

À la fin d'octobre 1866, Lemerre publie en même temps les *Poèmes saturniens* de Verlaine, *Le Reliquaire* de François Coppée et *Les Épreuves* de Sully Prud-homme. Terrible concurrence ! Le débutant se trouve coincé entre deux favoris du public. Qui songera à le lire ? Mais l'essentiel n'est-il pas que sa bien-aimée ait sur sa table de chevet ce témoignage d'une passion dont nul, hormis elle, ne connaît l'origine et ne mesure l'ampleur ? En effet, parmi les amis du petit cercle des Parnassiens, on loue surtout la versification habile de l'ouvrage et on se figure que les poèmes d'amour qu'il contient s'adressent à quelques femmes de rencontre, peut-être même à des prostituées. Tout cela, pense-t-on, ne vaut pas le style d'airain de Leconte de Lisle ou de Heredia, ni les envolées épiques du père Hugo. Alors que *Le Reli-quaire* et *Les Épreuves* charment les lecteurs délicats, personne ou presque ne s'avise d'acheter les *Poèmes saturniens*. La critique se tait ou fait la fine bouche. Certains déplorent la déliquescente influence baude-lairienne dont témoignent ces premiers vers. Les plus aimables des confrères accusent réception du livre avec réserve. Du haut de son rocher de Guernesey, Victor Hugo se contente de saluer ce jeunet qui a, dit-il, « la vue large et l'esprit inspiré » (une formule dont il a déjà dû se servir en maintes occasions). Leconte de Lisle assure l'auteur qu'il sera « bientôt maître de l'expression ». Sainte-Beuve lui lance dans les pattes que, si son idéal est le marbre, ses poèmes, eux, ne sont pas exactement de cette noble matière. Et il conclut : « Ne prenons point ce brave et pauvre Baudelaire comme point de départ pour aller au-delà. »

Le « brave et pauvre Baudelaire », paralysé, à demi inconscient, se trouve presque à l'agonie. Verlaine aurait tant aimé savoir ce que ce fulgurant poète pense de ses vers de néophyte ! Peut-être, lui, les aurait-il appréciés ? Mais voici qu'une lettre enthousiaste arrive à l'auteur des *Poèmes saturniens*. Elle lui est adressée de Besançon par un professeur qui vient d'être nommé au lycée de cette ville : « Votre livre est, dans toute sa beauté et l'acception romantique, un premier volume, et qui m'a fait bien des soirées regretter ma vanité de ne livrer mon œuvre qu'à la fois, parfait, et quand je ne pourrai plus que décroître [...]. À présent, je n'aurai que le courage de vous réciter tous les vers que je sais par cœur des *Poèmes saturniens*, aimant mieux, tant je suis hors de moi encore, me suspendre à la volupté qu'ils me donnent que de l'expliquer. » Signé : Stéphane Mallarmé. Un inconnu. Ce n'est pas avec des admirateurs aussi obscurs qu'on se forge une renommée, songe Verlaine. D'autant que les aristarques de profession, eux, font chorus avec le clan Daudet et multiplient les coups d'épingle contre ce Parnassien ambitieux, dont les vers de quatre pieds ne sont, d'après eux, que des acrobaties de cirque. Comment se fait-il, se demande Verlaine, que nul n'ait décelé, derrière quelques poèmes brillants, l'immense détresse de celui qui les a conçus ? Tous parlent de style, personne ne parle de sentiment. Or le sentiment est là, pantelant, saignant, lamentable. N'y a-t-il qu'Élisa pour le deviner et le plaindre ?

Toujours confinée à Lécluse, elle se remet difficilement et n'a même plus la force de s'occuper de ses petites filles. Le médecin prescrit de la morphine à haute dose pour atténuer ses souffrances. Mais cette drogue achève de la miner. Le 16 février 1867, une syncope la foudroie. Avertie par télégramme, Stéphanie prend le train, laissant à la maison son fils, seul et désemparé. Comme un automate, il continue à se rendre au bureau de l'Hôtel de Ville, à expédier sa besogne de fonctionnaire et à avaler ses repas dans un bouillon Duval du faubourg Montmartre. Quarante-huit heures plus tard, une dépêche de sa mère l'adjure de venir au plus vite. Il se précipite à la préfecture de la Seine et supplie son chef de lui accorder deux jours de congé pour convenances familiales. L'autre commence par grogner : « Vous comprenez, il y a l'emprunt de la Ville ; il va y avoir des travaux extraordinaires... En outre, il y va de votre intérêt, de très sérieuses gratifications seront accordées à cette occasion [1]. » Enfin, à contrecœur, il laisse partir cet employé fantoche.

Verlaine se dépêche de boucler sa valise, de sauter dans un fiacre et de prendre le train express pour Vitry-en-Artois, entre Arras et Douai. Il débarque sur le quai de la petite gare à sept heures du matin, sous une pluie battante. Le parapluie à la main, retenant sur sa tête un haut-de-forme que le vent menace d'emporter, il se hâte, tantôt marchant, tantôt courant, par une route boueuse, aux larges flaques, vers le village de Lécluse, distant de trois bonnes lieues. En arrivant aux premières maisons, il entend le glas sonner au clocher de l'église et, à bout de souffle, vacillant de fatigue et de soif, entre dans

---

1. Rapporté dans les *Confessions*.

un cabaret. Le patron le reconnaît et marmonne : « Ah ! vous voilà, monsieur Verlaine... » « Et madame Dujardin ? » demande-t-il d'une voix crispée. « On va l'enterrer », répond l'autre en essuyant son comptoir[1].

Comme un fou, Verlaine vide son verre de gnôle, se rue vers la demeure mortuaire, tombe dans les bras du veuf qui sanglote, presse contre sa poitrine sa mère en larmes, les deux fillettes, quelques amis, et se trouve soudain devant le cercueil disposé dans le salon. À peine a-t-il le temps de jeter de l'eau bénite sur la caisse en bois où repose son amour que, dehors, retentissent les premiers chants liturgiques. Le clergé, les enfants de chœur, les voisins sont réunis dans la cour de la sucrerie. C'est tout crotté et fumant de pluie que Verlaine prend place dans le cortège. Huit vieilles femmes, vêtues de longs manteaux noirs à capuchons monastiques, accompagnent jusqu'à l'église, puis jusqu'au cimetière celle dont il sait déjà que le souvenir ne le quittera jamais. Pendant deux jours, hébété de chagrin, il refuse toute nourriture et, au scandale de la famille, se soûle de bière à l'auberge.

Le retour à Paris est sinistre. À la pensée de reprendre le train-train du bureau avec un si grand deuil dans la tête, il se sent des velléités de démission. Un seul remède, là encore, contre le désespoir de vivre : l'alcool. Mais, dans les brasseries de la capitale, la bière ne vaut rien. Il se rabat donc sur l'absinthe, la « sorcière verte ». Avec elle, au moins, on est sûr de tout oublier, le temps d'une cuite. Une fois bien « bourré », il va, pour se changer les idées, dans un bordel, la « maison de la vieille ». Quand il rentre au bercail, tard dans la nuit, il se faufile dans sa chambre en marchant sur la pointe des pieds pour ne

1. Rapporté dans les *Confessions*.

pas réveiller sa mère. Elle l'entend à travers son demi-sommeil et, par indulgence ou par lâcheté, fait mine de ne s'apercevoir de rien. Elle l'aime trop pour le gronder. Puisque Paul trouve son plaisir dans la boisson, pourquoi lui en tiendrait-elle rigueur ? Mais un matin, poussant la porte, elle le surprend au lit, ronflant, à neuf heures, alors qu'il devrait se préparer pour aller au bureau. Un cri lui échappe : « Pour Dieu, Paul, comme te voilà ! Tu t'es au moins encore grisé ce soir[1] ! » Alors qu'il proteste avec humeur, elle lui présente le petit miroir dont il se sert pour faire sa barbe et il éclate de rire en voyant qu'il a dormi avec son chapeau haut de forme sur la tête. Elle rit aussi, et tous deux ne retiennent de l'incident que son côté comique.

Avec les jours qui passent, Verlaine se persuade amèrement que la vie peut être supportable, même sans Élisa. Le 20 mai 1867, *La Gazette rimée* publie de lui *Les Poètes*[2], dont les deux derniers vers sonnent comme un défi aux tombeaux :

*Et nous rirons, sans rien qui trouble notre joie,*
*Car les morts sont bien morts et nous vous l'apprendrons.*

Cependant, pour les vacances d'été, il évite de se rendre à Lécluse, où il redoute que le souvenir d'Élisa ne lui ôte tout courage, et va séjourner avec sa mère à Paliseul, chez sa tante Louise Grandjean. Là, il passe le plus clair de son temps à fréquenter les estaminets pour comparer la qualité des boissons qu'ils servent aux clients. Inquiète de cette intempérance, Louise reproche, une fois de plus, à Stéphanie de laisser flotter les rênes sur le cou de son fils. Il n'a ni sens moral, ni goût du travail, ni religion, et sa mère n'ose même pas lui en faire la remarque. Stéphanie recon-

---

1. Rapporté dans les *Confessions*.
2. Son titre définitif sera *Les Vaincus*.

naît ses torts, soupire, promet et, à la seule apparition de Paul, oublie ses bonnes résolutions pour fondre de tendresse devant ce grand gaillard, mou, veule, quinteux et à l'haleine forte.

Pourtant, on peut être poète et homme de bien ! Le plus bel exemple d'une telle réussite est, sans conteste, Victor Hugo. Verlaine a écrit sur lui, dans *L'International*, un article enthousiaste pour saluer la reprise d'*Hernani* au mois de juin précédent. Or, les journaux annoncent que le maître, venant de Guernesey, s'apprête à faire un long séjour, comme chaque été, à Bruxelles, chez son fils Charles. C'est la porte à côté. Verlaine bondit sur l'occasion, sollicite par lettre un entretien avec l'illustre proscrit et prend le train, accompagné de sa mère, pour la capitale de la Belgique. Descendu au Grand Hôtel Liégeois, 1, rue du Progrès, en face de la gare du Nord, il se prépare à la visite avec l'angoisse d'un acteur avant les trois coups. Enfin, ayant bâclé sa toilette et reçu la bénédiction de Stéphanie, il se précipite place des Barricades où demeure Charles Hugo.

Hélas, le grand homme est sorti ! Le voyageur, transi de respect, pénètre dans un petit salon aux persiennes closes et aux rideaux tirés. Dehors, le soleil est éblouissant, la chaleur étouffante. Ici règnent une fraîcheur et une pénombre qui dépaysent Verlaine. Les yeux écarquillés, il distingue la silhouette d'une femme assise sur un canapé et coiffée d'un large chapeau de paille : Adèle, l'épouse révérée malgré tous les désordres du couple. Elle a quelque chose d'espagnol dans le regard et parle avec volubilité. Verlaine voit en elle, naïvement, la « muse du romantisme ». Mais ils ont à peine le temps d'échanger quelques propos aimables que, déjà, la porte s'ouvre et que Victor Hugo apparaît, superbe de simplicité, tel un dieu de l'Olympe descendant sur terre. Il pose sur un guéridon son chapeau haut de forme et s'avance, la main tendue, vers son jeune confrère.

Verlaine a l'impression de voir s'animer, pour lui seul, l'auguste figure que l'imagerie populaire a gravée dans la mémoire de tous les Français. Il reconnaît avec gratitude le masque léonin, les cheveux et la barbe poivre et sel, la moustache noire, les yeux perçants. Ce surhomme de soixante-cinq ans semble sûr de lui, pétant de santé, éternel comme son œuvre. Avec une exquise courtoisie, il cite quelques vers des *Poèmes saturniens* que, dit-il, il a beaucoup aimés, discute certains points de métrique, interroge son visiteur sur ses projets, comme si l'amour de l'art effaçait entre eux toute frontière. Bouleversé par tant de sollicitude, Verlaine regrette d'avoir osé jadis critiquer Hugo pour *Les Contemplations*. Espérant que le maître ne se souvient plus de cet article irrespectueux, il se dépêche de lui décrire l'enthousiasme du public à la reprise d'*Hernani*. Puis on en vient, tout naturellement, à parler des autres écrivains qui ont la faveur des foules. Malicieux, Hugo se demande quel diable pousse Leconte de Lisle à torturer les noms des personnages mythologiques pour leur donner une fausse consonance grecque. « M. Leconte de Lisle est un poète très remarquable, laisse-t-il tomber, mais je connais Achille, Vénus, Neptune. Quant à Akhilleus, Aphrodite, Poséidon, serviteur ! » Parlant de l'*impassibilité*, le fameux impératif des Parnassiens, il ajoute avec un sourire : « Vous en reviendrez ! » Verlaine gobe ses paroles comme si elles devaient décider de son avenir. Et voici — comble d'honneur ! — que Victor Hugo le retient à dîner. À table, la conversation roule sur la politique. Connaissant les opinions républicaines de son hôte, Verlaine acquiesce à toutes ses sorties contre Napoléon III. La bonne chère et le vin aidant, il se sent de plus en plus à l'aise dans cette généreuse maison. De son côté, mis en verve par l'approbation émerveillée du « jeunet », Hugo débite son répertoire d'anecdotes salaces sur l'empereur et conclut : « Bonaparte, c'est une prostate ! » Verlaine se jure de ne pas oublier ce mot.

Le café bu, il doit, à regret, prendre congé de la famille Hugo. En retrouvant sa mère, il lui dit sa fierté, sa joie, son admiration. Maintenant qu'il a vu le Jupiter des lettres françaises, rien ne le retient à Bruxelles. Dès le lendemain, Stéphanie et son fils retournent à Paliseul.

Ils n'y restent pas longtemps. Paul en a assez de la campagne. Vite, la grande ville, les brasseries, les amis parnassiens, le bruit, la fumée, la brume ! À peine revenu à Paris, il apprend la mort, survenue le 31 août 1867, du sublime et mystérieux Baudelaire. L'enterrement a lieu le 2 septembre au cimetière Montparnasse, sous un ciel torride. Trente personnes au plus suivent le minable corbillard à la peinture noire écaillée. Ni Théophile Gautier, ni Leconte de Lisle n'ont jugé utile de se déranger. En tête du cortège, marchent l'éditeur Lemerre et Verlaine, lequel médite sur l'inanité de toute entreprise humaine puisque, malheureusement, qu'il s'agisse d'un ange comme Élisa ou d'un génie comme Baudelaire, la route aboutit toujours à la pourriture et au néant. Mais cette certitude lugubre pourrait être une raison supplémentaire pour jouir de la vie à pleine peau. Boire jusqu'à plus soif, rire à gorge déployée avec des amis, s'adonner goulûment à des amours faciles, chanter ce qui vous passe par la tête, n'est-ce pas la suprême sagesse pour les mortels privés de Dieu ? Verlaine écrit, coup sur coup, une série de six sonnets dédiés aux lesbiennes. Une jeune femme rousse, enlaçant une blonde jeune fille, lui chuchote à l'oreille :

*Sève qui monte et fleur qui pousse,*
*Ton enfance est une charmille :*
*Laisse errer mes doigts dans la mousse*
*Où le bouton de rose brille.*

Le sujet étant tabou à l'époque, François Coppée intervient en personne auprès de Poulet-Malassis pour que celui-ci imprime clandestinement, à compte d'auteur, une plaquette contenant les poèmes saphiques du dénommé « Pablo Maria de Herlañes », pseudonyme transparent de Verlaine. Le titre en est *Les Amies,* le tirage limité à cinquante exemplaires. Publiées en octobre 1867 à Bruxelles, les brochures sont saisies à la douane dès leur arrivée sur le territoire français ; le tribunal correctionnel de Lille ordonne la destruction de l'ouvrage pour cause d'immoralité en même temps qu'il interdit *Les Épaves* de feu Baudelaire. L'éditeur est condamné, lui, à un an de prison et à cinq cents francs d'amende. Intrépide, il promet à l'auteur de rééditer ses *Amies* dès que les remous de l'affaire se seront apaisés.

Cette assurance réconforte Verlaine, qui maintenant donne à *La Gazette rimée,* à *L'International,* à *La Revue des lettres et des arts* des poèmes dont les uns sont pompeux et lourds, les autres légers comme un souffle, d'autres encore d'un pittoresque maniéré ou d'une sincérité troublante[1]. Même quand il imite Hugo ou Coppée, il est original. Séduit par tout ce qui est à la mode, il s'engoue aussi pour Offenbach et Hervé, tente d'écrire un livret d'opérette comme Meilhac et Halévy ou s'amuse, avec son trop séduisant camarade de la pension Landry, Lucien Viotti, à rédiger un opéra bouffe bien gaulois, en vers, pour Chabrier :

---

1. La plupart de ces poèmes paraîtront dans le volume intitulé *Fêtes galantes.*

60

*Le pal*
*Est de tous les supplices*
*Le principal.*
*Il commence en délices,*
*Le pal,*
*Mais il finit fort mal...*

Avec Lucien Viotti encore, il ébauche un projet de farce lyrique, *Vaucochard et Fils I<sup>er</sup>*. Le compositeur Charles de Sivry envisage d'en faire la musique. Mais peut-on compter sur les promesses de ce charmant musicien de cabaret et de salon, aux cheveux longs couvrant les oreilles et à la moustache en accolade? Verlaine l'a rencontré à une soirée du docteur Antoine Cros, rue Royale, où il a été amené par François Coppée. Chez le docteur Cros, ce ne sont pas principalement des médecins qui se pressent autour du saladier rempli de punch et des assiettes de petits fours, mais des poètes, des peintres, des acteurs, des pianistes, toute une bohème hétéroclite et joyeuse. Il y a là également les deux frères d'Antoine : Charles, humoriste et inventeur, qui travaille sur le procédé de la photographie en couleurs et sur la fabrication synthétique des pierres précieuses, et Henry, qui sculpte avec talent dans la cire. Quant au docteur Antoine Cros, il se complaît à tracer des dessins cocasses, des caricatures monstrueuses. Visiblement, il est fasciné par le visage irrégulier de Verlaine. Pour corriger les défauts de sa physionomie, celui-ci s'est laissé pousser la barbe. Son aspect n'en est que plus inquiétant. Avec son menton broussailleux et ses yeux obliques, profondément enfoncés dans l'orbite, il ressemble davantage encore à un faune, dont les chaussures à boutons cacheraient les pieds fourchus. Quand il a un verre dans le nez, ses manières deviennent brusques, son regard est féroce. Mais à jeun il est un compagnon plein de bonhomie et de gaieté. En collaboration avec François Coppée, il écrit, pour *Le Hanneton,* une joyeuse revue de fin d'année intitulée *Qui veut des merveilles ?* — évocation du Paris de 1867 à travers les propos des cochers, des critiques, des sergents de ville, des touristes et des lorettes.

Son grand ami Lepelletier donne, lui aussi, dans la gaudriole musicale. Un jour, il demande à Verlaine de remplacer, au pied levé, le ténor défaillant qui devait tenir le premier rôle dans une opérette, *Le Rhinocéros,* dont il a ficelé le livret et qui se jouera chez M. et Mme Berteaux, sculpteurs en renom. Verlaine refuse, disant qu'il ne sait pas chanter. Lepelletier le persuade que, plus il chantera faux, plus l'effet sera drôle et l'emmène à la première répétition. Le compositeur, qui n'est autre que Charles de Sivry, accepte en riant le nouvel interprète qu'on lui propose. L'argument de la pièce est des plus simples : un homme-orchestre, joué par Lepelletier, échange des répliques insanes avec un passant, joué par Verlaine, et finit par lui demander la main de sa fille. D'abord intimidé, puis prenant de l'assurance, Verlaine lit son rôle de façon si originale, grimaçant, changeant de voix, tantôt burlesque, tantôt solennel, tantôt macabre, que toutes les personnes présentes lui prédisent un bel avenir théâtral. « Il y avait en lui du clown et du croque-mort », écrira Lepelletier[1].

Le jour de la représentation, il apparaît vêtu d'un macfarlane pisseux, coiffé d'un gibus noir et la canne dressée verticalement. Ses dents hachent les mots, son œil fulmine, il est à la fois grotesque et terrifiant. L'assistance s'esclaffe à chacune de ses tirades. Il y a là, serrées sur des chaises, toutes les notabilités montmartroises, amies des Berteaux. Charles de

1. Edmond Lepelletier, *Paul Verlaine, sa vie, son œuvre.*

Sivry a invité sa mère, Mme Mauté, et sa demi-sœur, Mathilde, une jeune fille de quinze ans, qui s'amuse beaucoup tout en s'efforçant de garder un maintien réservé. Depuis le début, elle n'a de regards que pour ce bouffon ahuri, qui, dit-on, est un poète de talent et s'appelle Paul Verlaine. Lui, en revanche, ne remarque même pas, au premier rang des spectateurs, la gamine sage qui serre les genoux, sourit en pinçant les lèvres et dont les prunelles scintillent d'une juvénile gaieté.

# V

## LES TURPITUDES PARISIENNES

Été 1868. Paris se vide. Où aller en vacances pour échapper à la touffeur de la capitale ? Après avoir longtemps hésité, Verlaine décide de retourner à Lécluse. Mais ce plat pays de la betterave et du souvenir a perdu beaucoup de son charme depuis la mort d'Élisa. Il pense souvent à elle quand il se promène dans les environs, vêtu d'un pantalon tirebouchonné et coiffé d'un chapeau de paille. Allant d'un village à l'autre, il fait halte dans tous les estaminets pour se désaltérer. Au bout de la journée, il est fin soûl et cependant il n'a pas l'impression d'avoir gâché son temps. Après Lécluse, c'est Paliseul qui l'accueille. Là, sa tante Louise tente de le raisonner. Au cours de conversations édifiantes, elle lui démontre qu'il n'y a pas de bonheur pour un homme hors du mariage et que seule une demoiselle de bonne famille pourra le soustraire à la boisson et aux fréquentations vulgaires. Il n'en faut pas plus pour que, les oreilles rebattues de sages conseils, il préfère réintégrer le caravansérail parisien.

Certes, il sait qu'il y retrouvera les contraintes et l'ennui du service à l'Hôtel de Ville, mais que de compensations, après le bureau, dans le coudoiement des camarades, les verres vidés ensemble et les soirées chez quelque maîtresse de maison à l'esprit large !

Justement, un nouveau salon vient d'ouvrir ses portes pour accueillir les représentants de la bohème montmartroise. C'est celui d'une certaine Nina de Caillas, au 17 de la rue Chaptal. Cette Nina, âgée de vingt-cinq ans, vit séparée de son mari, Hector de Caillas, un sac à vin, petit journaliste de son métier, qu'elle a épousé, quatre ans auparavant, sur un coup de tête. Elle dispose d'une confortable fortune personnelle, écrit des vers, joue du piano, compose d'aimables romances, monte à cheval au Bois, s'exerce à l'escrime, s'adonne au spiritisme, professe des opinions furieusement républicaines et semble n'être heureuse que dans le mouvement, la parade, le défi et les amitiés artistiques. Sans être jolie, elle retient l'attention par la blancheur mate de sa peau, la flamme brune de ses gros yeux à demi voilés par de lourdes paupières et la masse soyeuse et sombre de sa chevelure [1]. On peut lui rendre visite même en dehors de ses jours de réception, qui sont le mercredi et le dimanche. Pour être admis dans son cercle, il suffit d'avoir pondu au moins un sonnet. Bon ou mauvais, peu importe. Quand des habitués ne savent où coucher la nuit, on leur installe des matelas, à même le plancher, dans le grenier. Des chats et des chiens se cognent dans les jambes des invités. Une petite guenon, perchée sur l'épaule de la mère de Nina, Mme Gaillard, fait la grimace aux nouveaux venus. Toujours vêtue de noir, la vieille dame paraît étrangère à l'agitation et au vacarme qui entourent sa fille. Parmi l'assemblée, très nombreuse, figurent tous les poètes parnassiens, des écrivains en renom, des musiciens célèbres, tels Berlioz ou Wagner, des

1. Son portrait par Manet, quelques années plus tard, la représente allongée sur le côté, une main soutenant la tête, le regard fixe, corpulente, molle et d'apparence commune.

peintres de l'importance de Manet et de Fantin-Latour, des hommes politiques hostiles au régime, des gazetiers à la dent dure, des acteurs en vogue... Certains soirs, le salon de Nina ressemble moins à une pièce de réception qu'à un cabaret. On y beugle des couplets d'Offenbach, on y improvise des charades, des parodies, on y gribouille des caricatures et des vers de circonstance sur l'album de la maîtresse de maison. Verlaine, qui a un excellent coup de crayon (ses lettres sont souvent agrémentées de dessins cocasses), trace lui aussi des croquis alertes sur les pages du livre d'or. Il y inscrit même une poésie en hommage à l'hôtesse, où il parle de « sabbat » et de « fête ». De plus en plus excité, il est de toutes les saynètes impromptues, de toutes les farces. Mais on se méfie de lui. Quand il a trop bu, ses amis font disparaître les couteaux de la table. Villiers de L'Isle-Adam, Coppée, Mérat, Valade, Mendès, Dierx, Régamey, dessinateur de *La Vie parnassienne*, l'entourent affectueusement et le calment. On est tous frères chez la folle Nina ! Elle appelle son salon « le petit Charenton », mais n'y veut pas d'esclandre. Pour apaiser les esprits, Charles de Sivry, Cabaner ou Chabrier se mettent au piano. La musique détend les nerfs de Verlaine. Il redevient gentil, courtois, conciliant. Hélas ! un verre sifflé à la sauvette le renflamme. Nina est soulagée de le voir partir.

Une nuit, vers deux heures du matin, en sortant de chez elle, il entraîne Edmond Lepelletier au Pré Catelan. Dans ce restaurant champêtre du bois de Boulogne, les noceurs parisiens ont l'habitude de se requinquer, après une bombe, en buvant du lait frais et en gobant des œufs crus. Bien entendu, Verlaine rehausse cette fade collation de vigoureuses rasades d'alcool. Le résultat est immédiat. De nouveau irritable et méchant, il apostrophe violemment ses voisins de table et Lepelletier, affolé, l'emmène dans l'allée de l'Impératrice pour lui changer les idées. Verlaine fait quelques pas en titubant, puis s'arrête et déclare, d'une voix pâteuse, qu'il veut retourner au Pré Catelan pour rosser ces gens qui lui ont, prétend-il, manqué de respect. En vain son ami s'efforce-t-il de l'en dissuader. Plus le gentil Edmond se fait insistant, plus la fureur de Verlaine augmente. Soudain, dégainant la lame de sa canne-épée, il se rue sur Lepelletier et lui crie qu'il va l'étriper. Effrayé pour de bon, celui-ci pare les coups comme il peut, avec le léger jonc qu'il tient à la main, et finit par prendre la fuite. Lancé sur ses talons, Verlaine s'empêtre dans les pans de son macfarlane, trébuche et tombe. Ses jurons attirent un garde du Bois. Dès qu'ils aperçoivent le képi du représentant de l'ordre, les deux compères, réconciliés, se mettent à courir vers la porte Maillot. Dans le train de ceinture, Verlaine s'affale sur une banquette du wagon et s'endort, la bouche ouverte, avec des ronflements caverneux. Son sommeil est si profond que Lepelletier ne peut le réveiller pour descendre à la gare des Batignolles. Ils continuent ainsi jusqu'à Saint-Lazare et de là s'en vont, bras dessus, bras dessous, vers un bistrot du bas de la rue d'Amsterdam, plein d'ouvriers et d'hommes d'équipe, pour boire un petit blanc sec en dévorant des croissants. Il est six heures du matin lorsque Verlaine rentre, tel un somnambule, chez sa mère.

Ses découchages, ses bistouilles, ses accès de colère deviennent de plus en plus fréquents. Une nuit, à Versailles, errant dans une rue dont la chaussée est en réparation, il empoigne des pavés et tente de dresser une barricade en hurlant : « À bas l'Empire ! » Une autre fois, toujours sous l'effet de la boisson, il se dirige vers les Tuileries en proclamant son intention de tuer l'empereur. Ses compagnons de bamboche le retiennent. Dégrisé, il se souvient à peine de ses élans meurtriers. D'un tempérament peureux, c'est l'alcool qui allume en lui, soudain, des éclairs de violence. Dans ces cas-là, il passe en quelques secondes de la plus molle lâcheté à la plus aveugle audace.

Le 14 janvier 1869, le théâtre de l'Odéon affiche une pièce en un acte et en vers de François Coppée : *Le Passant*, avec une débutante, Mlle Sarah Bernhardt, en travesti dans le rôle de Zanetto. Le ban et l'arrière-ban des Parnassiens sont au rendez-vous. Parmi eux, Verlaine est reconnaissable, sous le péristyle, à son macfarlane jaune et à son haut-de-forme en lasting. Il se sent aussi anxieux que si la pièce était de lui. Le spectacle remporte un réel succès. On acclame le nom de l'auteur. Verlaine bat des mains plus fort que les autres. Mais, à la sortie, il grogne : « Encore une nouvelle porte qui s'ouvre devant Coppée, encore une nouvelle porte qui se ferme devant Verlaine [1] ! » Cette réflexion ne lui est pas dictée par l'envie. Il ne jalouse nullement son confrère. Simplement, il ne se juge pas de la même race que lui. L'un grimpe l'escalier avec assurance, l'autre éprouve le besoin de le descendre, marche après marche, comme si quelque chose l'attirait irrésistiblement vers le bas. L'un prépare sa gloire posthume, l'autre s'en moque. Lequel survivra ?

Après le triomphe du *Passant*, un critique grincheux, Victor Cochinat, proteste dans son article contre les applaudissements excessifs de la bande des Parnassiens qu'il traite de « vilains bonshommes ». L'injure amuse tellement ceux qu'elle était censée stigmatiser qu'ils décident de baptiser « Dîner des vilains bonshommes » les agapes qui les réunissent

---

1. J.-E. Bayard, *Au quartier Latin d'hier et d'aujourd'hui* ; cité par Pierre Petitfils, *Verlaine*.

chaque mois au café du théâtre Bobino, au coin de la rue Madame et de la rue de Fleurus. Le dessinateur Félix Régamey se charge d'illustrer le menu. Mais la gravure d'une servante nue, portant un plat fumant, est jugée indécente par certains organisateurs et Régamey retouche son projet pour ne conserver que le buste, vu de dos, de l'accorte jeune femme. L'adresse a beau changer, les dîners se transporter de la rive gauche à la rive droite pour revenir ensuite dans le quartier de Saint-Sulpice, les convives sont toujours les mêmes. Tous des Parnassiens convaincus, amis de la poésie, de la bonne chère et de la gaudriole. Au dessert, quand les têtes sont bien échauffées, on récite des vers, on raconte de grasses anecdotes dans la fumée des pipes et on écrit, en s'étranglant de rire, des cochonneries dans le livre d'or qui passe de main en main.

Tout en participant à ces fraternelles fêtes du ventre, Verlaine attend avec anxiété la publication, en mars 1869, de son deuxième volume de vers, les *Fêtes galantes*. Lemerre en tire parcimonieusement, et toujours à compte d'auteur, trois cent cinquante exemplaires. Par ce livre, dont plusieurs poèmes ont déjà paru dans *L'Artiste* et *La Gazette rimée*, Verlaine entend rendre hommage aux maîtres du xviiie siècle, qui reviennent à la mode. Ayant lu les études des frères Goncourt sur l'art au temps de Louis XV et admiré au Louvre les tableaux de Watteau, de Boucher, de Fragonard, de Lancret, il s'est inspiré de cette « commedia dell' arte » à fleur de peau pour la traduire musicalement selon son humeur personnelle. Ainsi, à travers les Arlequins et les Colombines de convention qui s'aiment, se taquinent, dansent, rêvent et se torturent avec grâce, ce sont les sentiments secrets de l'auteur qui transparaissent mélancoliquement. Il a voulu être absent de cette œuvre délicate et il y est tout entier, à son insu, avec ses souvenirs, ses espoirs et son incurable détresse. L'aisance de la prosodie cache une amertume profonde, et à peine a-t-on admiré l'agilité du style qu'une intense émotion vous point le cœur. Il semble même que, plus le prétexte est léger, mieux se devine la douleur derrière les masques de carnaval. Au vrai, il y a un contraste saisissant entre la grossièreté de Verlaine dans la vie courante : son goût des amours sordides, sa propension à l'ivrognerie, son langage ordurier, ses colères stupides, et l'espèce de pureté rayonnante qui descend sur lui dès qu'il prend la plume. Soudain transfiguré, il n'est plus que douceur, élégance et harmonie. Une sorte de Mozart qui, hors du fumier de ses journées, s'évade en un chant d'une divine simplicité. Verlaine songe à l'irremplaçable Élisa et imagine leurs deux fantômes marchant avec indifférence parmi les « avoines folles », dans le « vieux parc solitaire et glacé » ; il évoque la statue de l'Amour, jetée bas par le vent et qui les fit « tant songer tout un jour » ; il célèbre l'instant délicieux de l'accord des âmes :

> *Ferme tes yeux à demi,*
> *Croise tes bras sur ton sein,*
> *Et de ton cœur endormi*
> *Chasse à jamais tout dessein* [1].

Par extraordinaire, ce feu d'artifice aux mille scintillements n'attire guère l'attention du public. Certes, Verlaine reçoit quelques compliments de ses confrères. Théodore de Banville affirme dans *Le National*, le 19 avril 1869, qu'il s'agit là du « petit livre d'un magicien » et Victor Hugo a daigné lui écrire, le 16 avril : « Vous êtes un des premiers, un des plus puissants, un des plus charmants, dans cette nouvelle légion sacrée des poètes que je salue et que

---

1. *En sourdine.*

j'aime, moi, le vieux pensif des solitudes. » De toutes les « choses délicates et ingénieuses » du livre, il apprécie surtout le poème dans lequel, après avoir décrit les aspects étranges de divers coquillages, Verlaine avoue : *Mais un entre autres me troubla.* « Quel bijou que le dernier vers ! » s'écrie le père Hugo, affriolé.

Verlaine espère un article du fidèle Edmond Lepelletier, qui collabore à plusieurs journaux. En lui expédiant de toute urgence un exemplaire de sa plaquette, il lui a précisé : « Je t'envoie les *Fêtes galantes* pas pour des prunes ; donc un article écœurant d'éloges, ou la mort [1]. » Mais Lepelletier vient d'entrer à la prison de Sainte-Pélagie afin d'y purger une condamnation d'un mois pour délit de presse. Il ne peut donc encenser son ami comme il le souhaite. Quelques jours plus tard, Verlaine revient à la charge : « À propos, tu n'es qu'un pitre et qu'un berthoud [2] de ne pas encore avoir parlé des *Fêtes galantes*. Je compte sur tout un numéro du journal le jour où tu t'y mettras. » Et, en juillet : « Je n'ai aucune nouvelle d'un article de toi relatif à ces fameuses et exquises *Fêtes galantes*-là. Soyez donc un grand poète, ayez la condescendance de serrer la main à de vils gibiers de 7e chambre et de leur payer le bock de la revendication pour que ces porcs-là ne vous fassent pas un méchant bol de réclame dans leurs ignobles papiers qui trahissent jusqu'à la confiance, alors qu'on veut s'en servir utilement [3]. » L'article tant attendu paraît enfin dans *Le Nain jaune*. Mais il est trop tard. Les *Fêtes galantes* ont éteint leurs lampions. Ce livre de gaieté d'un Pierrot triste s'est très mal vendu et seuls quelques esprits curieux en ont goûté la saveur douce-amère.

1. Lettre de mars 1869.
2. Allusion à un vers « funambulesque » de Théodore de Banville.
3. Lettre du 31 juillet 1869.

Verlaine est habitué à ces échecs honorables. Déjà il se tourne vers d'autres projets. Pourquoi ne pas tâter du théâtre ? Il songe à reprendre, avec Lucien Viotti, la rédaction du livret de l'opérette *Vaucochard et Fils Iᵉʳ* ou à se lancer dans un drame social, *Les Forgerons.* Mais ce ne sont là que des élucubrations de gamin éméché. Quoi qu'il entreprenne, il ne parvient pas à se considérer comme un homme fait, avec des responsabilités, un but, une morale...

Si sa mère le laisse flotter à sa guise, sa tante Louise Grandjean continue à se désespérer de le voir livré aux plus bas plaisirs. Sur le point de mourir, elle confie ses dernières volontés à son ami le bourgmestre, M. Pérot, à son notaire, Mᵉ Camille Castilhon, et à son confesseur, l'abbé Xavier Delogne : elle compte sur eux pour décider son neveu et filleul Paul Verlaine à quitter les turpitudes de Paris et à se fixer dans les Ardennes, où il n'aura pas de difficulté à trouver une femme sage, pieuse et aimante. Ayant rédigé son testament et s'étant mise en règle avec ses héritiers et avec l'Église, elle s'éteint paisiblement, le 22 mars 1869. Verlaine et sa mère accourent à Paliseul pour les obsèques. Après la cérémonie, les familiers de Louise Grandjean prennent Paul à part et lui exposent les vœux de la défunte. Il les écoute avec ahurissement, comme s'ils s'adressaient à un autre. Changer de vie ? Autant lui demander de changer de tête ! Agacé par les recommandations de tous ces braves gens, il se venge en doublant la fréquence de ses visites aux estaminets. Celui de Paliseul est tenu par un certain Verkovick. Verlaine ayant négligé de le payer, celui-ci présente sa note aux comptes de la succession : « Cinq francs pour eau-de-vie de genièvre livrée à Monsieur Paul. » Le petit verre, au comptoir, vaut cinq centimes. En deux jours et demi, « Monsieur Paul » s'est donc envoyé cent petits verres derrière la cravate[1]. Abruti par l'alcool, incapable de suivre les discussions juridiques de la famille autour du testament de tante Louise, Verlaine choisit brusquement de partir. Mais les larmes de sa mère, les admonestations de l'abbé Delogne finissent par l'ébranler et il promet de revenir, le mois suivant, si les formalités notariales l'exigent.

Ce deuxième pèlerinage, en avril, est l'occasion de nouvelles remontrances et de nouvelles supplications. Cette fois, Verlaine se demande sérieusement s'il ne devrait pas s'amender puisqu'on le lui suggère avec tant d'insistance. De retour à Paris, il entre dans la première église venue, se confesse, pleure et, convaincu d'avoir lavé sa conscience, renoue joyeusement, dès le lendemain, avec le tohu-bohu du monde littéraire, les visites au bordel et les beuveries entre copains.

Auguste Vacquerie, directeur du journal d'opposition *Le Rappel*, un gaillard qui n'a pas froid aux yeux, lui offre de se joindre à son équipe pour rédiger des comptes rendus de réunions électorales et fournir, de temps à autre, des vers de circonstance résolument républicains. Il accepte et signe « Bara » une adresse aux « petits tambours de l'An II » et un appel à de « salutaires lessives » dans le gouvernement.

Cependant, s'il se proclame partisan de la liberté, il n'a garde de s'engager à fond dans le combat des idées. Il veut bien passer pour un adversaire de l'autocratie, mais pas au point de se faire taper sur les doigts pour des prises de position hasardeuses. En apprenant, le 10 juin 1869, que *Le Rappel* est suspendu, il rentre prudemment dans sa coquille et décide de ne plus s'occuper de politique. Que d'autres se bagarrent pour une juste cause. Son affaire à lui, c'est d'assister, de loin, à cette nécessaire empoi-

1. Cf. François Porché, *Verlaine tel qu'il fut.*

gnade et de rêver, de chanter, de boire tout son soûl. Absinthe, bitter, bière glacée, quel estomac résisterait à de tels mélanges ? Un seul souci pour Verlaine : ne pas trop attrister sa mère. Aussi prie-t-il ses amis de ne jamais faire allusion devant elle à ses flamboyantes bitures. Cette précaution charitable lui ôte ses derniers scrupules. Il lui arrive même parfois de se prendre pour un bon fils.

# VI

## MATHILDE

Verlaine prend beaucoup de plaisir à travailler avec Lucien Viotti au livret de *Vaucochard et Fils I^er*. Son jeune collaborateur est la gaieté et la grâce mêmes. « Un corps d'éphèbe », dira-t-il, et une tête charmante, « celle de Marceau plus beau ». Nul doute que l'auteur des *Fêtes galantes*, habitué dès son enfance aux « garçonneries » de pensionnat, n'ait éprouvé pour cet adolescent un penchant qui s'est peut-être cantonné dans la rêverie, mais est peut-être aussi allé jusqu'au geste. Quand on est laid, pense-t-il, la moindre amitié se pare d'une lumière sensuelle. L'affection des hommes le console du dédain des femmes. Tous les sexes se valent. La quête du plaisir s'accommode des plus étranges partenaires. Lorsqu'en février 1869 Lucien Viotti tire un mauvais numéro et se voit dans l'obligation d'accomplir son service militaire, Verlaine fait des pieds et des mains pour lui épargner ce supplice dégradant. Avec ses camarades, il organise un concert au bénéfice du malheureux conscrit et emploie l'argent ainsi récolté à lui acheter un remplaçant. L'affaire ayant réussi, il se remet au travail avec un Lucien tout requinqué. Mais, *Vaucochard et Fils I^er* une fois terminé, une autre difficulté surgit à l'horizon. Emmanuel Cha-

77

brier, qui a promis de composer la musique de l'opéra bouffe, n'a toujours pas écrit une note de la partition et ne semble guère pressé de s'exécuter. Qu'à cela ne tienne, on s'adressera à Charles de Sivry, qui lui ne fait pas tant de manières pour imaginer des musiques drôles et entraînantes.

Un soir de la fin de juin 1869, Verlaine se rend chez le brave « Sivrot » qui habite en famille, 14, rue Nicolet, sur les pentes de la butte Montmartre. La mère de Charles, née Chariat, veuve du marquis de Sivry, a épousé en secondes noces un rentier opulent, Théodore-Jean Mauté (dit de Fleurville), et en a eu deux filles. C'est la première fois que Verlaine relance chez lui le pianiste fêtard. Il sonne à la grille du pavillon, traverse un jardinet sur les pas de la bonne et apprend d'elle que M. Charles est encore couché. Cela ne le surprend pas, car son ami ne s'endort jamais avant l'aube. Grimpant au deuxième étage, il frappe à la porte que lui désigne la servante et entre, sur la pointe des pieds. Charles de Sivry, à peine réveillé après une nuit folle chez Nina, l'accueille par un grand éclat de rire, écoute sa proposition et en accepte le principe dans un bâillement. Tandis qu'il discute, en s'habillant, des modalités de la collaboration, trois coups légers heurtent le vantail.

Une très jeune fille, menue, potelée et fraîche, franchit le seuil. C'est Sophie-Marie-Mathilde Mauté, la demi-sœur de Charles. Comme son frère n'a pas paru à table pour le déjeuner, elle vient voir s'il n'est pas malade. Elle n'a pas seize ans. Elle porte une robe « grise et verte, avec des ruches ». Elle parle en zézayant. À sa vue, Verlaine est illuminé : il baigne dans la clarté d'un vitrail. Quelle pureté, quelle innocence ! Rassurée par la bonne mine de Charles, elle veut se retirer, mais son frère la retient. « Reste donc, monsieur est un poète ; c'est Verlaine, tu sais bien ! » Et il lui rappelle la soirée du *Rhinocé-*

*ros*. Aussitôt, elle s'anime. M. Verlaine l'a tellement amusée, ce soir-là, en faisant le pitre ! Redevenant rêveuse, elle déclare : « Oh ! j'aime beaucoup les poètes, monsieur ! » Et, comme il a l'air enchanté de cette exclamation, elle poursuit : « Mon frère m'a souvent parlé de vous et même m'a fait lire vos vers, qui sont peut-être trop... forts pour moi, mais qui me plaisent tout de même bien [1]. » « Vous êtes trop bonne, vraiment, balbutie-t-il. Mais j'espère pouvoir faire bientôt des vers qui mériteront l'honneur que vous voulez bien faire à ceux que vous connaissez de moi. » Tout en parlant, il détaille avec gourmandise cette petite personne rondelette, aux cheveux châtains, à la bouche « plus rosâtre que rose », qu'elle mouille de temps en temps d'un coup de langue enfantin, aux yeux gris ombrés de longs cils et surmontés d'épais sourcils qui se rejoignent. Elle est si virginale de visage et de propos, de chair et d'attitude qu'il a du mal à cacher l'émotion qui le gagne. En la déshabillant du regard, il croit piétiner une fleur au bord d'un talus. C'est plus agréable encore qu'une rasade d'absinthe. Que sont les charmes d'un Lucien Viotti auprès de ceux dont rayonne cette fillette ingénue ? En une fraction de seconde, Mathilde occupe tout le terrain. Elle, de son côté, oubliant les traits simiesques du visiteur, est très flattée de l'intérêt que semble lui porter un véritable artiste.

Verlaine prend congé enfin et se rend au café du Delta, où Charles de Sivry a promis de le retrouver pour l'apéritif du soir. Chemin faisant, il ne cesse de penser à cet « heureux, inespéré, inespérable hasard » qui lui envoie un ange pour l'éclairer, alors qu'il était en train de se perdre dans la débauche et dans l'alcool. Pour une fois, lui qui ne croit plus

---

1. Rapporté dans les *Confessions*.

en Dieu se sent pris par la main et conduit vers une destination inconnue et sans doute merveilleuse. Quand Charles de Sivry entre à son tour dans le bistrot, il voit Verlaine attablé devant des montagnes de journaux illustrés. À portée de sa main, une absinthe bien tassée, avec le sucre posé sur la cuiller à petits trous en travers du verre et la carafe d'eau à côté. L'absinthe est épaisse, le sucre intact. Arrière, la sorcière verte! Verlaine veut être sobre, ce soir-là, par respect envers la jeune fille dont le souvenir le hante. « Au grand estomirement du bon Sivry, peu accoutumé à de pareils spectacles, je ne bus pas d'absinthe », avouera-t-il dans ses *Confessions*.

Le lendemain, obsédé par la vision de la gamine aux joues d'enfant et au regard de femme, il lui envoie un exemplaire des *Poèmes saturniens*, avec une dédicace qui est presque une déclaration : « À Mlle Mathilde Mauté de Fleurville, son à jamais affectueux et dévoué ami — Paul Verlaine. » Après quoi, il se remet à boire avec frénésie, avec colère. Un soir, s'étant disputé avec des quidams dans un café, il regagne la maison dans un tel état d'excitation que sa mère lui suggère de partir avec elle pour Fampoux, où ils passeront quelques jours chez l'oncle Julien Dehée. Ne sachant plus où donner de la tête, il accepte la proposition et charge Stéphanie d'écrire à son chef de bureau pour excuser son absence sous le prétexte d'un malaise subit et incoercible.

Mais, une fois à la campagne, il est écrasé par un ennui qu'aucune promenade, aucune partie de pêche ne parvient à alléger. Pour balayer de sa tête l'image harcelante de Mathilde, il se remémore toutes les prostituées qu'il a connues. « Les femmes de la catégorie à laquelle pouvaient juste prétendre et ma foncière timidité et mon très modeste porte-monnaie m'enivraient, écrira-t-il. Je les avais dans le sang, ma peau cherchait la leur[1]. » Cependant, la fillette candide de la rue Nicolet triomphe de ces putains expertes en caresses. C'est elle seule, estime-t-il, qui peut étancher sa soif. Il rêve à elle, la bouche en feu, comme à une source d'eau fraîche.

Après quelque temps passé à Fampoux, il est de nouveau à Paris, buvant absinthe sur absinthe, se prenant de bec avec des inconnus, manquant le bureau sans excuse et maudissant l'inaccessible Mathilde. Son dérèglement est tel qu'un jour, étant rentré ivre à cinq heures du matin, il s'empare du sabre paternel et menace de tuer sa mère. Un autre jour, sous le coup de la fureur, il ouvre l'armoire aux reliques et avise les récipients de verre dans lesquels Stéphanie conserve les fœtus de ses fausses couches. Sans doute pense-t-il, dans un ricanement haineux, qu'ils ont une sacrée chance, ses petits frères, de macérer ainsi, depuis des années, dans l'alcool! Il aimerait bien partager leur sort! Puis il cherche ce qui pourrait faire le plus de mal à sa mère. Eh bien, allons-y! Aveuglé par une rage démentielle, il exécute des moulinets avec sa canne et brise les précieux bocaux en hurlant : « Donnez-moi des argents! Au diable les bocals! » (Il prononce *bocalces*.) Heureusement, Stéphanie n'est pas seule face à son fils déboussolé. Elle héberge, depuis peu, Victoire Bertrand, l'ancienne bonne de Louise Grandjean, venue à Paris pour y trouver une place. Les deux femmes, épouvantées, ramassent, parmi les débris et les flaques, les petits cadavres ratatinés, aux yeux clos, et descendent les enfouir au fond de la cour. Ensuite, Stéphanie va se réfugier chez des amis, tandis que Paul, hébété, se demande ce qui lui a pris. Quand elle revient, après trois jours de séparation, il implore son pardon en pleurant.

1. *Confessions.*

L'accalmie est de courte durée. Quarante-huit heures plus tard, Paul brandit de nouveau le sabre du capitaine au-dessus de la tête de sa mère. « Tu as quatre mille francs à moi ! lui crie-t-il. Je veux que tu me les remettes à l'instant, sinon tu ne sortiras pas vivante de cette maison[1] ! » Tout au long de la nuit, Stéphanie et Victoire tentent de raisonner le forcené, qui enfin s'effondre et s'endort d'un sommeil de plomb.

Au lendemain de ce cauchemar, Stéphanie décide d'emmener de nouveau son fils à Fampoux afin qu'il respire de l'air pur et se lave l'esprit de toutes les horreurs qui s'y sont accumulées. Mais, à peine installé chez sa tante Rose Dehée, une personne robuste et autoritaire, Paul se dispute avec elle, quitte la maison en claquant la porte et marche, le nez au vent, le regard mauvais, pendant des heures, jusqu'à Arras. Là, il visite tous les estaminets, avale verre sur verre, perd la notion de son identité et échoue dans un bordel avec l'intention de compléter les effets de l'alcool par une dose équivalente de caresses vénales. Le train de minuit ramène à Fampoux une loque humaine, à la tête douloureuse, aux jambes tremblantes et à l'estomac soulevé de nausées.

À son réveil, il se remémore les événements de la nuit et s'interroge avec effroi : n'est-il pas en train de devenir fou ? Il faut à tout prix que s'arrête cette ronde infernale. Un seul être peut le sauver de lui-même : Mathilde ! Comme frappé par une illumination, il saute à bas de son lit, se précipite sur sa plume et écrit à Charles de Sivry pour lui demander la main de sa sœur. Puis il s'habille en hâte, court au bureau de poste et jette la lettre à la boîte. Ayant accompli ce geste définitif, il a un regret : n'aurait-il pas mieux fait de prendre le temps de la réflexion ? Tant pis. Ou

---

1. D'après les déclarations de Victoire Bertrand.

tant mieux. Il a joué sa vie à pile ou face. Revenu à la maison, il se recouche, épuisé, et dort jusqu'à ce que sa tante Rose vienne le réveiller, à midi, pour se mettre à table.

Pendant trois jours, il subit des alternatives d'espoirs insensés et de déceptions suicidaires. Que se passe-t-il là-bas, rue Nicolet ? Pourquoi « Sivrot » tarde-t-il à l'informer de la suite donnée à sa requête ? N'a-t-il pas été assez clair, assez persuasif dans sa lettre ?

En vérité, cette lettre, Charles de Sivry l'a fait lire à Mathilde, bien sûr, mais aussi à sa mère et à son beau-père, M. Mauté. Celui-ci a jugé la démarche incorrecte et prématurée. Ce n'est pas après une brève visite d'amitié qu'un honnête homme a le droit d'offrir son nom à une jeune fille. Il y a des règles de bienséance, des délais à respecter. D'ailleurs, le fait que le prétendant soit un poète ne plaide pas en sa faveur. Certes, il a un emploi fixe à l'Hôtel de Ville. Mais on peut espérer mieux quand on s'appelle Mathilde Mauté de Fleurville. Et puis, la petite est trop jeune. Tout juste seize ans. Il sera toujours temps de remettre la question sur le tapis dans quelques années, si ce Verlaine est encore dans les mêmes dispositions. D'ici là, prudence… et distance. M. Mauté décide que Mathilde, sa sœur Marguerite, âgée de dix ans, sa femme et lui-même partiront pour la Normandie en attendant que les esprits se calment. Mathilde ne proteste pas et Charles de Sivry, résolu à arrondir les angles, écrit à Verlaine que sa demande n'est pas refusée, mais qu'on l'examinera plus tard, en raison du jeune âge de l'intéressée.

Verlaine, qui craignait le pire, exulte. Il veut célébrer sa joie dans un recueil de poèmes inspirés par l'amour et intitulé *La Bonne Chanson*. Déjà il en griffonne les premiers vers, tout de douceur, de nostalgie et de mirages séraphiques. Répondant à une invitation antérieure, Charles de Sivry vient le voir à Fampoux. En l'accueillant, Verlaine a l'impression de respirer, autour de lui, un peu de l'air où évolue Mathilde. Il se montre aimable, sobre, conciliant, sentimental, et présente le « bon Sivrot » à sa famille comme son « futur beau-frère ». Avec lui, il se promène, fait des projets et s'amuse à l'écouter jouer de l'harmonium à l'église. Le répertoire, fort peu orthodoxe, de l'artiste comporte des airs de Wagner et des extraits d'opéras bouffes d'Hervé et d'Offenbach. Mais ni le curé ni les fidèles ne s'en plaignent.

Charles de Sivry est si étonné de la transformation qui s'est produite en Verlaine qu'il écrit à ses parents pour les rassurer sur la personnalité de celui qui voudrait devenir leur gendre. De son côté, mise au courant des aspirations matrimoniales de son fils, Stéphanie, après quelques hésitations, l'approuve. Certes, elle préférerait pour lui une jeune fille du Nord, appartenant à une famille honorablement connue dans la région, avec une bonne dot et un âge en rapport avec celui de Paul. Mais si cette petite est capable de le ramener dans le droit chemin, peu importe qu'elle soit à peine sortie de l'enfance et qu'il ait pris sa décision sur un coup de tête.

Lorsque Charles de Sivry repart, Paul le charge de mille commissions tendres pour Mathilde. Parlant de la régénération physique et morale qui s'est opérée en lui, il confie à son ami Léon Valade : « Un Paul Verlaine nouveau, idyllique, florianesque, *bien portant* sous tous les rapports, absolument étranger au bonhomme de mes dernières lettres, voilà ce que je puis vous annoncer *ore rotondo*. Par quel miracle ? — cherchez la femme ! Qui me direz-vous ? Curieux ! Sachez seulement qu'Elle est charmante, mignonne, spirituelle, qu'elle aime les vers et correspond enfin, de point en point, à mon idéal [...]. Si je suis encore anxieux et triste, c'est délicieusement... Seulement *motus* sur tout cela... Une indiscrétion peut faire tant de mal... Vous comprendrez qu'en ces charmantes conjonctures, j'ai renoncé à toute griserie et à tout voyage phallique à Arras. Je veux La mériter[1]. »

Incapable de se contenir, il écrit également à Mathilde des lettres de plus en plus enflammées, que Charles remet en cachette à sa demi-sœur. Elle les lit avec émotion, avec fierté, mais, au château de Bouelles, près de Neufchâtel-en-Bray, où toute la famille Mauté a été invitée, la vie est si joyeuse que seuls comptent les plaisirs futiles du moment. Entraînée par Charles et par le jeune marquis de Forget, la compagnie va de bals costumés en jeux drolatiques, de concerts en comédies, de charades en flirts sans lendemain. Mathilde est époustouflée parce que tous les hôtes du château appartiennent à la noblesse. Certain soir, elle participe à une représentation où elle figure en druidesse, « drapée dans une souple étoffe blanche, garnie de guirlandes de lierre et couronnée de gui[2] ». Devant elle, un parterre de deux cents personnes, toutes dotées de noms à particule. La tête lui en tourne. Verlaine est loin ! « Au milieu de toutes ces distractions, écrira-t-elle, que devenait mon pauvre poète ? Dame, je dois bien avouer que je l'oubliais un peu. Cependant, lui pensait toujours à moi[3]. »

Un jour, il lui envoie, par l'intermédiaire de Charles, une des poésies qu'il destine à son nouveau recueil, *La Bonne Chanson* :

*En robe grise et verte avec des ruches,*
*Un jour de juin que j'étais soucieux,*
*Elle apparut souriante à mes yeux*
*Qui l'admiraient sans redouter d'embûches* [...].

1. Lettre d'août 1869.
2. Ex-Mme Paul Verlaine, *Mémoires de ma vie.*
3. *Ibid.*

*Aussi soudain fus-je, après le semblant*
*D'une révolte aussitôt étouffée,*
*Au plein pouvoir de la petite Fée*
*Que depuis lors je supplie en tremblant.*

Mathilde n'en croit pas ses yeux. Des vers écrits spécialement pour elle! La voici devenue muse! Bouleversée, elle demande à sa mère la permission de répondre à ce monsieur qui a neuf ans de plus qu'elle, qui s'exprime avec tant d'élégance et qui lui fait la grâce de persévérer dans ses intentions matrimoniales. Après de longues tergiversations, Mme Mauté l'autorise à écrire à l'auteur pour le remercier de son envoi. Mais il faut que ce soit à l'insu du père de famille, qui ne tolérerait pas un tel manquement aux usages. Avec la bénédiction craintive de sa mère, Mathilde entre donc clandestinement en correspondance avec cet homme singulier qui se comporte en fiancé alors qu'il ne l'est pas. Au vrai, les lettres qu'elle lui adresse, en réponse à ses cris d'amour, sont de puériles missives passe-partout. Entre deux formules de politesse, elle lui parle des divertissements qui font du château de Bouelles un éden pour jeunes têtes écervelées. Il souffre de la savoir heureuse loin de lui et chante à voix basse la douleur des cœurs séparés :

*Oh! l'absence! le moins clément de tous les maux!*
*Se consoler avec des phrases et des mots [...].*
*Qui sait? Pendant qu'ici pour moi, lents et moroses,*
*Coulent les jours, ainsi qu'un fleuve au bord flétri,*
*Peut-être que sa lèvre innocente a souri?*
*Peut-être qu'elle est très joyeuse et qu'elle oublie?*
*Et je relis sa lettre avec mélancolie.*

Puis l'espoir le reprend et il songe, extasié, au paisible avenir qui les attend tous deux, si seulement elle consent à devenir sa femme :

*Le foyer, la lueur étroite de la lampe,*
*La rêverie avec le doigt contre la tempe*
*Et les yeux se perdant parmi les yeux aimés ;*
*L'heure du thé fumant et des livres fermés [...].*
*Oh ! tout cela, mon rêve attendri le poursuit*
*Sans relâche, à travers toutes remises vaines,*
*Impatient des mois, furieux des semaines.*

Pour accéder à ces délices conjugales, il est prêt à renoncer définitivement à sa passion de l'alcool et de la chair corrompue.

*Arrière aussi les poings crispés et la colère*
*À propos des méchants et des sots rencontrés ;*
*Arrière la rancune abominable ! Arrière*
*L'oubli qu'on cherche en des breuvages exécrés ! [...]*
*Je veux, guidé par vous, beaux yeux aux flammes*
                                          *[douces,*
*Par toi conduit, ô main où tremblera ma main,*
*Marcher droit, que ce soit par des sentiers de mousses*
*Ou que rocs et cailloux encombrent le chemin.*

Rentré à Paris dès la fin du mois d'août, Verlaine tient parole. S'il lui arrive encore de se rendre dans un café, il se contente d'y siroter un seul verre d'absinthe. Ponctuel au bureau, il ne rechigne pas devant les dossiers qu'un commis dépose sur la table. Le soir, à la maison, il joue aux cartes avec sa mère. Ou bien il l'accompagne en visite chez ses amies et, assis au bord de sa chaise, en garçon sage, écoute la conversation des dames, boit du thé et croque des petits fours.

Seul bonheur dans ce train-train bourgeois : les courts billets de Mathilde, dont les pattes de mouche enfantines et les fautes d'orthographe l'attendrissent. Quand il lui écrit en retour, c'est avec l'impression de la tenir sous lui, pantelante, consentante. « Mes réponses [...] m'étaient de véritables joies, presque déjà sensuelles, notera-t-il. Oui, je frémissais combien voluptueusement ! Un frisson comme d'une fièvre amoureuse " pour de bon " me faisait des fêtes encore chastes peut-être, mais non sans une pointe charnelle, l'aiguillon, quoi [1] ! »

Enfin Mathilde lui adresse une dernière lettre pour l'exhorter à la raison, à la patience et lui annoncer que, dans une huitaine de jours, elle rentrera à Paris avec ses parents. Dans l'intervalle, Mme Mauté, de guerre lasse, a fini par admettre que ce Paul Verlaine est peut-être un parti sortable, et M. Mauté, tout en traitant sa femme et sa fille de folles, a consenti à recevoir le prétendant pour l'étudier, comme il se doit, sur toutes les coutures.

Le soir même du retour de la famille Mauté, Verlaine se prépare fiévreusement à la rencontre. Sa mère, souriante, fait et refait quatre fois, à sa demande, le nœud de sa cravate lavallière, brosse et rebrosse la redingote et le pardessus, lisse et relisse le haut-de-forme. À la dernière minute, il renonce à fixer dans son orbite un monocle carré et prend sa canne.

Le chemin jusqu'à la rue Nicolet, par l'avenue de Clichy, le boulevard Rochechouart et la rue Ramey, lui semble interminable. Enfin, le voici devant la maison du bonheur. Il y est attendu. À peine l'a-t-on introduit au salon que Mme Mauté entre, dans le froufrou d'une ample robe à volants, la main tendue et le sourire aux lèvres. Autant elle lui apparaît aimable, autant son mari, avec sa barbe blanche rectangulaire, ses lèvres pincées et son regard aigu derrière un lorgnon d'or, affecte un air glacial et cérémonieux. Là-dessus, Mathilde descend de sa chambre et tous les visages s'éclairent. Assis côte à côte devant un grand guéridon chargé de bibelots,

1. *Confessions.*

88

d'albums et d'un vase de Chine débordant de fleurs, les deux amoureux échangent des propos fades, tandis que les parents, qui se tiennent à distance, veillent à la correction de leur attitude et de leur conversation. Au bout d'une heure de bavardage insipide et d'intense contemplation, Verlaine se retire, non sans avoir été invité à revenir le lendemain avec sa mère.

En voyant arriver Mme Verlaine, Mathilde a l'impression d'avoir déjà rencontré cette physionomie étrange. « Elle ressemblait étonnamment à son fils, écrira-t-elle, avec cette différence qu'elle avait dû être jolie dans sa jeunesse et qu'elle était encore bien ; mais c'étaient les mêmes yeux bridés, les mêmes sourcils épais et un peu durs[1]. »

Avec gratitude, Paul observe sa mère qui s'approche de Mathilde, rougissante, et la baise délicatement au front. Cependant, tout émue qu'elle soit, la bonne dame ne perd pas le nord. Avant de prendre congé, elle prie M. Mauté de passer la voir, dès demain, pour « causer affaires ». Par politesse, M. Mauté acquiesce, sans sourciller, à sa demande. C'est après le départ des visiteurs qu'il éclate. Tout cela est trop rapide ; il a exigé un délai probatoire de quelques années, et voici que, les femmes ayant comploté derrière son dos, il se trouve devant un fiancé quasi officiel dans sa maison. Mathilde et sa mère joignent leurs efforts pour le convaincre d'accomplir cette démarche par pure correction. Il accepte en maugréant.

En revenant, il a son visage des mauvais jours. À l'entendre, les Verlaine habitent un quartier minable ; leur appartement, au troisième étage d'un immeuble peu reluisant, trahit la pauvreté décente des locataires ; incontestablement, ces gens-là ne sont

1. Ex-Mme Paul Verlaine, *Mémoires de ma vie.*

pas du même monde que les Mauté de Fleurville. Conclusion : si ce mariage se réalise, M. Mauté est décidé à ne pas donner de dot en capital à sa fille, mais à lui servir une rente équivalente aux revenus de son gendre. Espère-t-il ainsi faire échouer le projet de Mathilde ? Elle soupire, pleure, mais ne renonce pas. Maintenant qu'elle s'est mis en tête de devenir Mme Paul Verlaine, elle n'a plus peur de son père. Pour se conforter dans l'idée qu'il lui faut tenir bon coûte que coûte, elle relit un bref poème de son fiancé :

> La dure épreuve va finir ;
> Mon cœur, souris à l'avenir.
> Ils sont passés les jours d'alarmes
> Où j'étais triste jusqu'aux larmes [...].
> Tout mon être et tout mon amour
> Acclament le bienheureux jour
> Où, seul rêve et seule pensée,
> Me reviendra la fiancée !

Comment ne pas avoir confiance en un poète qui clame à tous les échos le besoin qu'il a de votre présence ? Les craintes des parents sont vaines. Dans les affaires sentimentales, le cœur doit toujours prévaloir sur la raison. Devant l'exaltation croissante de Mathilde, M. et Mme Mauté autorisent Paul Verlaine à venir, tous les soirs s'il le veut, rue Nicolet faire sa cour.

# VII

## FIANÇAILLES
## ET MARIAGE DE GUERRE

Un Verlaine idéal est né, comme sous un coup de baguette magique. Brossé, poncé, policé, la parole aimable et l'haleine fraîche, il dîne le dimanche, avec sa mère, chez ses futurs beaux-parents. En semaine, après ses heures de travail à l'Hôtel de Ville, il se rend, chaque soir ou presque, rue Nicolet pour rencontrer sa fiancée. Dès le seuil, il lui glisse dans la main, en cachette, quelque poésie qu'il a composée pour elle au « bural ». L'entrevue a lieu dans le petit salon du rez-de-chaussée, encombré de meubles et de bibelots, avec de lourdes tentures pour étouffer les bruits et un « lustre mignard pendant d'un plafond d'indienne en étoile ». Bien entendu, lors de ces tête-à-tête autorisés, les jeunes gens parlent de leur avenir. Mathilde est très excitée à l'idée de l'appartement qu'ils loueront pour y nicher leur amour. Elle voudrait deux lits : l'un de palissandre, « sévère, tout simple et de bon goût », pour son mari, l'autre « en capitons de perse rose ou bleue » pour elle. Celui de Verlaine trônerait dans un cabinet de travail agrémenté de gravures du XVIII<sup>e</sup> siècle et de bronzes japonais, celui de son épouse dans un « beau fouillis de consoles en bois de rose, boulles du temps Empire, psychés »...

Amusé par le « bafouillage » enfantin de la « petite », Verlaine se dit que, dès qu'il aura défloré cette pucelle niaise, elle reconnaîtra que, pour un couple comme le leur, la chambre commune et le lit à deux places s'imposent. Mais déjà, s'enhardissant, elle parle layette, langes, berceau et prénoms à donner au rejeton futur. Comme il trouve qu'elle va un peu vite en besogne, elle s'écrie : « Car nous aurons un enfant ! » Pour la calmer, il murmure : « J'espère bien qu'oui et même plusieurs. » Imperturbable, elle lance : « Il n'y a pas de peut-être. Nous en aurons un pour sûr ! » Et elle ajoute, mutine : « J'ai demandé, hier, à maman comment on avait des enfants et elle m'a répondu que c'était quand on baisait un homme sur la bouche. Tu vois bien que... » Ce tutoiement inattendu le transporte. Elle se blottit dans ses bras. Lorsque leurs lèvres se joignent, il a l'impression de mordre dans un fruit encore acide mais déjà savoureux. La candeur de Mathilde le met dans un tel état de désir qu'il se précipite vers la porte. « Je m'enfuis comme un assassin qui laisse tomber son couteau, comme un voleur que son vol effraie et qui s'en va les mains vides », écrira-t-il dans ses *Confessions*. Mais, cette fois-ci, il évite de courir au bordel pour éteindre, autant que faire se peut, le brasier allumé en lui par sa chaste fiancée.

Il a tellement peur de l'effaroucher, de la heurter, de la salir qu'après l'avoir emmenée deux ou trois fois aux soirées olé-olé de Nina il renonce à ces tumultueuses assises littéraires. Sur son conseil, sa mère accepte d'avoir, elle aussi, « son jour », le mardi. On choisit les invités parmi les artistes de bonne réputation : Lepelletier, Coppée, Ricard, Charles Cros, Valade, Mérat... Mathilde s'épanouit au milieu de cette assistance d'élite. « Mon fiancé, écrira-t-elle, brillait, avait de l'esprit, récitait ses vers, était, dans ce milieu sympathique, aimé et apprécié et j'étais fière de lui. » Elle dira également : « Lorsqu'il me regardait, sa physionomie devenait autre et il cessait d'être laid[1]. » Avec elle, il va le dimanche aux concerts Pasdeloup et, à l'entracte, il lui présente des personnages qu'elle croit importants. Comble de sagesse, de temps en temps il escorte sa mère aux ennuyeuses soirées de ses amies, toutes des femmes d'officiers retraités habitant les Batignolles. Sous la suspension de la salle à manger, on y joue à la bouillotte ou au bézigue, en dégustant des croquignoles ramollies et en buvant du sirop éventé.

Un jour, il rend visite, en compagnie de François Coppée, à Sainte-Beuve. Le vieux critique les reçoit avec bienveillance. Il est vêtu de flanelle blanche et porte sur le crâne sa légendaire calotte de velours noir. Dans son visage rond et rasé, ses petits yeux « à la chinoise » brillent de malice. Comme il complimente les deux amis sur leurs débuts dans la poésie, Verlaine ose lui révéler qu'il compte se marier bientôt. Ayant écouté cette confidence, Sainte-Beuve branle du chef et grogne : « C'est à voir... C'est à voir[2] ! » Que veut-il dire par ces quelques mots sibyllins ? Est-ce une mise en garde ? Un encouragement détourné ? Verlaine se retire, perplexe. Il a hâte soudain de revoir Mathilde pour se convaincre qu'il a raison de l'épouser.

Dès qu'il l'a de nouveau devant lui, ses doutes s'évanouissent. Chaperonnés par Mme Mauté, les deux tourtereaux flânent dans Paris, s'arrêtent aux devantures des magasins de bijouterie, de modes, de linge de maison, de vaisselle. On visite des appartements à louer. Celui qu'on retient est situé au quatrième et dernier étage d'un immeuble dont la

---

1. *Mémoires de ma vie.*
2. Rapporté dans les *Confessions.*

façade donne sur la Seine, à l'angle du quai de la Tournelle et de la rue du Cardinal-Lemoine. La vue, du haut du balcon, est grandiose, avec, non loin de là, Notre-Dame et l'Hôtel de Ville. Mais des travaux de restauration et de peinture s'imposent pour rendre les lieux habitables. À regret, les fiancés acceptent de reporter la date des noces au début du mois de juillet. En tout cas, le contrat de mariage, lui, est signé les 23 et 24 juin 1870, en l'étude de M$^e$ Taupin, notaire à Clichy. Le futur époux apporte une dot de 20 000 F, constituée par sa mère, et ses droits sur la succession de sa tante Louise Grandjean, soit 6 950 F. La future mariée, elle, n'apporte que 4 206 F, un titre de rente à 3 % donné par ses parents, ainsi que les meubles et le linge du ménage, évalués à 5 794 F. Avec le traitement d'expéditionnaire que Verlaine touche à l'Hôtel de Ville, le jeune ménage aura largement de quoi s'installer et vivre. M. Mauté, toujours méfiant, ne veut pas ouvrir plus largement son porte-monnaie. Ces sordides questions d'argent étant réglées, les amoureux peuvent remonter dans leur nirvāna.

Or un soir, alors que Verlaine arrive tout guilleret rue Nicolet après avoir fait à la mairie et à l'église les démarches nécessaires pour la publication des bans, son futur beau-père le reçoit avec un visage contrarié : Mathilde est souffrante. Mme Mauté autorise néanmoins une brève entrevue entre les jeunes gens. Pour la première fois, Verlaine pénètre dans la chambre toute bleue et blanche où repose sa fiancée. Ce qui frappe d'abord son attention, c'est une photographie de lui placée dans le coquillage d'un bénitier, sur le mur. Puis il découvre Mathilde, dont les joues sont violacées et les yeux anormalement luisants. Elle lui sourit faiblement et lui tend une main brûlante de fièvre. Une épidémie de variole sévit dans la capitale. Le lendemain, le mal se déclare. Verlaine est effondré, car ce contretemps va sûrement retarder la cérémonie nuptiale. Pour compliquer le tout, il ne sait quelle attitude prendre. S'il interrompt ses visites à la jeune fille par crainte de la contagion, il passera à ses yeux pour un cœur sec et un pleutre. S'il continue à la voir, il risque de tomber malade à son tour. Malgré l'inquiétude qui le ronge, il retourne rue Nicolet et s'aventure jusqu'au seuil de la chambre. En l'apercevant, Mathilde murmure : « Paul, entrez donc, et n'ayez pas peur. Je sais que je suis très laide en ce moment, car je devine bien quelle maladie j'ai. Mais soyez tranquille, je ferai tout ce qu'on m'ordonnera et je ne me gratterai pas. Mais il paraît que cela se gagne et je ne veux plus que vous m'approchiez [1]. »

Il la quitte en l'aimant davantage encore parce qu'elle est malheureuse. Mais, les jours suivants, il se contente de s'enquérir de sa santé auprès de ses parents ou de la bonne. « Il avait une telle peur d'attraper la petite vérole, écrira Mathilde, que c'est à peine s'il osait venir lui-même demander de mes nouvelles à la porte du jardin [2]. »

Soignée avec énergie par sa mère, qui, sur le conseil du docteur Cros, lui lotionne la figure avec du cold-cream et de l'eau de guimauve, Mathilde guérit rapidement. Par chance, son visage ne porte aucune trace des boutons et des tuméfactions qui l'avaient enlaidi. Mais, patatras ! c'est sa mère à présent qui, atteinte par la contagion, doit s'aliter. Une fois de plus, le mariage est repoussé à une date incertaine.

Autre préoccupation pour Verlaine : *La Bonne Chanson* vient de paraître. Il en réserve un exemplaire, sur papier de Chine, à Mathilde et l'agrémente d'une dédicace en vers, datée du 5 juillet 1870 :

1. Rapporté dans les *Confessions*.
2. *Mémoires de ma vie*.

*Faut-il donc que ce petit livre,*
*Où plein d'espoir chante l'Amour,*
*Te trouve souffrante en ce jour,*
*Toi, pour qui seule je veux vivre...*
*Espérons, ma mie, espérons!*
*Va! les heureux de cette vie*
*Bientôt nous porteront envie,*
*Tellement nous nous aimerons!*

Changeant de registre, Verlaine, dans ce recueil, oublie les théories du Parnasse et nourrit sa poésie de ses élans intimes. Ici, l'homme se révèle enfin, avec une délicate impudeur, derrière l'artiste. Le fond prime la forme. La musique se fait sentiment. Le style des différents morceaux est si fluide que le lecteur croit entendre le murmure d'une confidence destinée à lui seul. *La Bonne Chanson,* c'est la feuille de température d'une passion exacerbée.

Malgré les qualités d'émotion de ces cantilènes de l'amour, la presse est parcimonieuse et pâlotte. Seul Théodore de Banville se fend d'un article très élogieux dans *Le National* du 17 juillet. Quant à Leconte de Lisle, il félicite l'auteur de ces vers « qui respirent le repos heureux de l'esprit et la plénitude tranquille du cœur ». Curieuse appréciation d'une œuvre tout entière dominée par la tempête d'une âme exigeante !

Au vrai, ce qui compte en cet instant pour Verlaine, ce ne sont pas les opinions des critiques et des confrères, c'est la réalisation constamment retardée de son vœu. Une nouvelle date a été fixée pour le mariage : le 11 août 1870. D'ici là, Mme Mauté sera certainement rétablie. Afin de faire patienter son impétueux fiancé, Mathilde lui conseille de partir une quinzaine de jours, avec sa sœur Marguerite et son frère Charles, pour le manoir de Moissy, près d'Argentan, chez la marquise de Maunoury qui, amie de Nina de Caillas, les a tous invités. Elle-même restera à Paris pour achever sa convalescence et soigner sa mère qui se remet lentement. Verlaine obéit à contrecœur et se sépare de la bien-aimée, tête basse, comme un enfant privé de dessert.

À Moissy, ni les promenades en voiture dans la campagne, ni les pique-niques improvisés, ni les jeux de société ne le détournent de son idée fixe. Tout en feignant de participer à la gaieté des autres, il écrit en cachette, sous la dictée de son désir, des vers incandescents qu'il destine à sa fiancée :

> *Vienne l'instant, ô Innocente,*
> *Où, sous mes mains libres enfin,*
> *Tombera l'armure impuissante*
> *De la robe et du linge fin [...].*
> *Et vibre en la nuit nuptiale,*
> *Sous mon baiser jamais transi,*
> *Ta chair naguère virginale,*
> *Nuptiale alors, elle aussi*[1].

Ou bien :

> *Je t'apprendrai, chère petite,*
> *Ce qu'il te fallait savoir peu*
> *Jusqu'à ce présent où palpite*
> *Ton beau corps dans mes bras de dieu [...].*
> *Quant à ta bouche, rose unique,*
> *Elle appelle mon baiser fier ;*
> *Mais sous les plis de ta tunique*
> *Rit un baiser encor plus cher*[2].

Si les vers sont de qualité médiocre, le sentiment qui les inspire a la force d'un torrent. En les envoyant à sa fiancée, Verlaine espère la préparer à la triomphante révélation de l'amour physique. Or, tandis qu'il s'obstine à rêver d'étreintes sublimes, les événements

1. *Vœu final.*
2. *L'Écolière.*

extérieurs se précipitent. Un imbroglio politique, auquel il ne comprend rien, fait que la France s'estime gravement offensée, en la personne de son ambassadeur en Prusse, par une dépêche que le roi Guillaume I$^{er}$ aurait expédiée, de la ville d'Ems, à son ministre Bismarck. Des menaces de conflit armé se rapprochent. Le pays entier est saisi d'un délire patriotique. De nouveau, Verlaine craint que son mariage ne soit compromis par des péripéties indépendantes de sa volonté. Cette fois, l'affaire est plus grave qu'une variole ! Soudain, coup de tonnerre : le 19 juillet 1870, la guerre est déclarée à la Prusse. Heureusement, Paul ne sera pas mobilisé, puisqu'il a été libéré jadis du service militaire par son numéro de tirage au sort. En outre, ayant fourni un remplaçant, il ne peut être appelé dans l'armée active ou dans la mobile. Mais que de tintouin en perspective ! À présent, il doit rentrer d'urgence auprès de sa mère, qui est sûrement soucieuse de le savoir loin d'elle en un pareil moment.

Dans le train qui le ramène à Paris, on ne parle que de l'insolence germanique et de la leçon que la France va donner aux Teutons. En débarquant à la gare Montparnasse, il est frappé par l'aspect inquiétant de la capitale. « Un air de tristesse indéfinie planait comme un crêpe dans le crépuscule rouge et noir d'une étouffante et menaçante soirée d'août, chargée d'odeurs moites et d'électricité », écrira-t-il dans ses *Confessions*. La foule assiège les kiosques à journaux. Çà et là, on hurle : « À Berlin ! » « Ah ! il ne manquait plus que ça ! » soupire Verlaine.

Ayant retrouvé Mathilde, il l'aide à préparer la cérémonie, qui doit toujours avoir lieu, en principe, le 11 août. Mais le cœur n'y est pas. Pendant qu'il discute les détails futiles du trousseau et des invitations, il ne peut s'empêcher de penser aux lendemains qui l'attendent, avec sa jeune femme, au milieu du formidable affrontement des armées. Dans le public, on parle de victoires encore tenues secrètes, mais aussi de complot, d'espionnage, de trahison... Verlaine songe qu'il n'est pas fait pour les grandes secousses de la vie. L'héroïsme lui est étranger. Pourquoi ne le laisse-t-on pas en paix avec son amour et sa poésie ?

Le 6 août, tombe à Paris la nouvelle de la sanglante défaite de Froeschwiller. Du coup, les employés de l'Hôtel de Ville s'affolent. Ne va-t-on pas ordonner une levée en masse de tous les hommes valides ? Verlaine n'a plus un poil de sec. Ah ! il a l'air malin avec sa *Bonne Chanson,* alors que la guerre fait rage. Aujourd'hui, pour les Français, la seule « bonne chanson », c'est *La Marseillaise.* Victor Hugo dira du livre que c'est « un bouquet dans un obus ». Qui songerait à acheter cet ouvrage anachronique ? Seule compensation : la proximité du mariage. Plus que quelques jours !

Le 8 août, vers la fin de l'après-midi, comme Verlaine, assis dans son bureau à l'Hôtel de Ville, parmi les cartons verts et les piles de dossiers, calligraphie des mandats de paiement, un de ses collègues, Lambert de Roissy, s'approche de sa table, un revolver à la main, et lui annonce, d'une voix entrecoupée par les larmes, que sa maîtresse vient de mourir en couches et qu'il a décidé de se suicider. Tandis que Verlaine, abasourdi, cherche des mots pour le dissuader, Lambert de Roissy lui fourre sous le nez une lourde enveloppe et se précipite dehors. On se jette à sa poursuite, mais il a déjà disparu dans le dédale des couloirs. Que faire ? Verlaine ignore l'adresse du désespéré. L'enveloppe qu'il ouvre ne contient qu'un testament sans indication de domicile. Le lendemain, il reçoit un télégramme de Lambert de Roissy, le priant de se rendre d'urgence chez lui : cette fois, mention est faite de la rue et du numéro, à Passy. Pressentant le pire, il bondit dans un fiacre.

Trop tard : en arrivant, il trouve Lambert de Roissy étendu tout habillé sur son lit, la tempe percée d'une balle, la face violette, les yeux chavirés, la joue emportée, une grimace hideuse découvrant les dents. Force lui est de prévenir la mère de son collègue, que la douleur rend à moitié folle, de répondre à l'interrogatoire du commissaire de police, du médecin enquêteur, d'organiser les obsèques... Cédant à ses arguments, le curé de la paroisse consent, bien qu'il s'agisse d'un suicide, à donner dans son église une courte bénédiction au corps de l'infortuné jeune homme. Le 10 août, Verlaine, par une chaleur étouffante, suit le convoi de Lambert de Roissy, en compagnie du seul Anatole France qui, lui aussi, était un ami du défunt. Devant la fosse, dans le cimetière de Passy, il médite sur la funèbre dérision de cette cérémonie qui l'oblige à ensevelir un homme mort par désespoir d'amour alors que lui, dans quelques heures, verra la consécration officielle de sa propre passion pour une jeune fille bien vivante. Se peut-il que tout le noir d'aujourd'hui prépare toute la clarté de demain ? N'y a-t-il pas là plutôt un mauvais présage ?

Après l'enterrement, il regagne Paris et va prendre le vent sur les Boulevards. Le bruit d'une victoire de l'armée de Mac-Mahon ayant été propagé quarante-huit heures auparavant, la ville s'est spontanément pavoisée. Même après l'annonce, à la Bourse, qu'il s'agit en réalité d'une fausse nouvelle et que les troupes françaises se replient « en bon ordre », la plupart des drapeaux sont restés accrochés aux fenêtres. La foule, surexcitée, piétine sur les trottoirs, assiège les débits de boissons, dévalise les marchands de journaux. Installé à la terrasse du café de Madrid, Verlaine entend dire autour de lui que l'armée du Rhin est battue à plate couture et que la débâcle a commencé. Seul un sursaut de patriotisme peut sauver la France. À cet instant, une clameur s'élève au passage d'un régiment qui défile, musique en tête. Les accents de *La Marseillaise* électrisent la multitude. Çà et là, des gens soulèvent leur chapeau en hurlant : « Vive la république ! » Suprême audace, puisqu'on est sous l'Empire et que Napoléon III a pris la direction des opérations. Paul, qui a bu pour se désaltérer, mais aussi pour se donner du cœur au ventre, vocifère plus fort que les autres : « Vive la république ! Vive la république ! » Un voisin de table, indigné, l'interpelle : « C'est vive la France qu'il faut crier, citoyen ! En un jour pareil, il n'y a plus de partis, il n'y a plus que le drapeau ! » Et il désigne le perturbateur à des agents qui le prennent au collet et veulent l'emmener au poste. Jeté en prison à la veille de son mariage, c'est trop de guigne ! Heureusement, d'autres consommateurs s'interposent. Arraché aux mains des argousins, Verlaine s'enfuit par le passage Jouffroy et se retrouve, tout essoufflé, tout dépenaillé, au café de Mulhouse. Une dernière absinthe le remet d'aplomb et il achète un journal du soir : *La Patrie*. Immédiatement, son regard tombe sur le texte d'une loi appelant sous les drapeaux tous les hommes non mariés âgés de vingt-cinq à quarante-cinq ans. Sa fonction d'expéditionnaire à l'Hôtel de Ville ne le protège donc plus contre les exigences de l'armée. L'ogre guerrier a besoin de chair fraîche. « Ça y est, mon mariage n'aura pas lieu ! » se dit-il, foudroyé par la persistance de sa déveine.

Le soir même, il accourt rue Nicolet, fait part de ses craintes à Mathilde, sanglote devant elle et, tombant à genoux, couche sa tête en feu dans les plis du peignoir blanc qui la rend à la fois si désirable et si angélique. Jouant le tout pour le tout, il l'adjure de se donner à lui avant son départ pour le régiment, car il est probable que le mariage leur sera refusé, demain, pour cause d'incorporation imminente. Elle y consent en pleurant, elle aussi, sans trop savoir à quoi elle s'engage.

Et le miracle se produit. Considérant sans doute que les bans ont été publiés avant la loi d'appel sous les drapeaux du 10 août, l'Administration ne fait pas obstacle à l'union de Mlle Mathilde Mauté de Fleurville et de M. Paul Verlaine. Mathilde, sous son long voile blanc, respire le bonheur et l'innocence. Verlaine, vêtu de neuf et raidi dans son rôle de futur époux, se demande si quelque tuile ne va pas encore lui tomber dessus avant l'échange des anneaux. La cérémonie civile se déroule, comme prévu, le jeudi 11 août 1870, à la mairie du XVIIIe arrondissement, la cérémonie religieuse le même jour, en l'église Notre-Dame-de-Clignancourt. Peu de monde dans la nef. Une émotion souriante, avec, dans toutes les têtes, le sentiment que ce mariage, en pleine guerre, est une douce absurdité. À la sacristie, des amis défilent pour féliciter le couple. Parmi eux, une femme au regard résolu, Louise Michel. Verlaine sait vaguement qu'elle est très à gauche, peut-être même affiliée à l'Internationale, que son dévouement aux petites gens ne connaît pas de limites, qu'elle exerce le métier d'institutrice, qu'elle a donné jadis des leçons à Mathilde et qu'à ses moments perdus elle écrit des vers. Embrassant la mariée, elle lui remet une poésie composée, dit-elle, avec tout son cœur :

> *Charmante épouse du poète,*
> *Jeune fille, beau lys en fleur,*
> *Vous savez, le barde est prophète,*
> *Et je vous prédis le bonheur.*

Le « déjeuner dînatoire » qui réunit ensuite, rue Nicolet, les intimes du jeune ménage est une longue suite de plaisanteries, de toasts et de déclamations. Il y a là Léon Valade, Camille Pelletan, Félix Régamey, Paul Foucher, le beau-frère de Victor Hugo. Mais le meilleur ami de Paul, Edmond Lepelletier, manque à l'appel. Il s'est bravement engagé, dès le début des hostilités, dans l'armée du Rhin. De son cantonnement, il a envoyé aux époux quelques vers exécrables, rédigés entre deux patrouilles. On les lit. On applaudit. Verlaine, en regardant sa femme épanouie dans sa robe immaculée, mesure sa chance d'avoir coupé à la mobilisation. Comme l'heure s'avance, il ne tient plus en place. Quel dommage que l'appartement du quai de la Tournelle ne soit pas encore prêt à le recevoir avec Mathilde et que les événements s'opposent à un voyage de noces ! Pour cette première nuit d'amour, il leur faudra se contenter d'une chambre spécialement aménagée rue Nicolet, à deux pas des parents de la « petite ». Enfin, au diable le décor pourvu que la pièce soit bonne ! décide Verlaine en s'octroyant une dernière rasade. Dès dix heures du soir, les jeunes mariés s'éclipsent et, laissant là les invités égrillards, gravissent l'escalier qui, du présent incolore, mène à l'avenir radieux. Lui bout d'impatience, elle défaille de crainte. Excellent antagonisme pour une réussite au lit. « La nuit nuptiale ? Elle fut tout ce que je m'en étais promis, j'ose dire tout ce que nous nous en promettions elle et moi, écrira-t-il, car il y eut dans ces divines heures autant de délicatesse de ma part et de pudeur de la sienne que de passion réelle, ardente, des deux côtés [1]. » Bref, le mari, qui se prend pour un expert en la matière, est content de lui et ne doute pas que sa femme ne lui soit à jamais reconnaissante de l'avoir si habilement initiée au plaisir. Dans ce Paris alarmé par les premières défaites, il est peut-être le seul à chanter victoire.

1. *Confessions.*

# VIII

## UN JEUNE COUPLE
## DANS LA TOURMENTE

Après huit jours d'agréable pénitence rue Nicolet, le jeune couple peut enfin s'installer dans son appartement du quai de la Tournelle, aménagé selon les directives de Mathilde. Les meubles viennent de sa grand-mère et sont par conséquent, dit-elle, « anciens et authentiques ». On nage dans les couleurs tendres : « Bergères, canapés, commode et bibliothèque pur Louis XV, laqués blanc à filets roses ; tentures de perse rose à bouquets gris [...]. Un beau salon à deux fenêtres contenant un piano à queue Pleyel et un cabinet ancien hollandais, avec intérieur ivoire et petites glaces[1]. » Verlaine, lui, dispose d'une chambre « à côté », avec « bibliothèque, bureau et commode en marqueterie, bois de rose et citronnier, le tout ancien ». Mathilde, qui s'enorgueillit d'être une femme de goût, se demande comment son mari — un délicat poète pourtant ! — a pu vivre si longtemps chez sa mère, entouré d'objets sans valeur ni beauté. Ne serait-il pas, à son insu même, attiré par tout ce qui est laid, vulgaire ou malpropre ? S'il en est ainsi, elle corrigera ce trait de son caractère. Il l'aime tellement qu'il est prêt à

---

1. Ex-Mme Paul Verlaine, *Mémoires de ma vie*.

partager son opinion sur toute chose. L'appartement lui plaît, les meubles lui plaisent, sa femme lui plaît. Il la regarde avec attendrissement jouer à la dame. Comme il habite maintenant tout près de l'Hôtel de Ville, il rentre déjeuner chez lui. « Oh! ces gentils petits déjeuners, quand j'y pense, quels moments joyeux! écrira Mathilde. Ils ressemblaient à des dînettes, avec la vaisselle neuve, l'argenterie brillante, le linge blanc brodé à notre chiffre. Après le déjeuner, nous prenions le café sur le balcon, avec ce beau panorama sous les yeux, puis on envoyait la petite bonne chercher du tabac ou autre chose, pour pouvoir s'embrasser à l'aise. »

Le soir, comme il fait beau et chaud, ils vont se promener dans Paris, en fiacre découvert. La vue de la foule ne les trouble pas outre mesure. On est en août 1870, l'armée du Rhin se trouve bloquée devant Metz, des batailles absurdes et meurtrières déciment les rangs des Français, le vent de la défaite souffle sur la capitale, déjà certains réclament l'abdication de l'empereur, mais Paul et Mathilde veulent tout ignorer pour savourer avec gourmandise leur fragile bonheur. Chacun son rôle sur terre : que les uns se battent comme des lions, cela n'empêchera jamais les autres de prendre du bon temps entre les draps. En revenant de promenade, Mathilde divertit Paul par un jeu dont elle est très fière : « J'étais à cette époque d'une extraordinaire souplesse, confiera-t-elle, je pouvais me plier en cercle à la façon de l'homme-serpent, la pointe de mes pieds allant rejoindre ma tête en arrière. Voulant montrer à mon mari mes talents d'acrobate, je m'étendais sur le tapis à plat ventre et j'enlevais avec mes pieds le ruban de mes cheveux et les épingles qui les retenaient; puis, prenant dans mes doigts de pied nus le démêloir, je le passais dans mes cheveux à la grande joie de Paul, ravi de ces tours de saltimbanque ! »

Sans doute, en assistant au spectacle de sa femme-enfant se disloquant, à demi nue, sur la carpette, Verlaine admire-t-il tout autre chose que ses talents de contorsionniste. L'œil allumé, il attend, avec délices, le moment de se livrer avec elle à une meilleure gymnastique. Elle le devine et prend plaisir à l'exciter avec une feinte candeur. Ces gamineries le persuadent que toute leur vie sera une fête des sens.

D'ailleurs, pour une fois, les événements semblent donner raison à son optimisme. De défaite en défaite, la résistance française faiblit, l'armée de Châlons est rejetée sur Sedan où elle capitule, Napoléon III en tête. L'empereur prisonnier, l'impératrice en fuite, c'est l'agonie d'un régime exécrable. Le 4 septembre 1870, Verlaine rentre tout joyeux du bureau et annonce à Mathilde que la république vient d'être proclamée à l'Hôtel de Ville. Comme il a toujours prétendu être un patriote libéral, ennemi de l'Empire, il n'hésite pas à décréter qu'avec l'avènement de « la Troisième » la France verra la fin de ses malheurs. Mathilde partage son enthousiasme. N'a-t-elle pas entendu dire cent fois à son père, délégué cantonal du XVIIIe arrondissement, que Napoléon III était un usurpateur ? Immédiatement, le couple descend sur le quai et se mêle à une multitude éperdue d'allégresse. « On riait, on s'embrassait dans les rues, on chantait *La Marseillaise*, qui ne m'a jamais paru si belle que ce jour-là, racontera-t-elle dans ses *Mémoires*. Le soir, la foule s'était rassemblée sur la place de l'Hôtel de Ville et acclamait le nouveau gouvernement. Rochefort paraissait souvent à la fenêtre et était un des plus applaudis. » Revenue à la maison, Mathilde se réfugie dans les bras de son mari et murmure, faisant allusion à cette république tant désirée par le pays : « Maintenant que nous l'avons, tout est sauvé, n'est-ce pas, dis [1] ? » Il répond que oui, bien qu'il n'en soit pas très sûr.

En effet, les Prussiens marchent droit sur la capitale qui se prépare farouchement à l'assaut. Le gouvernement de la Défense nationale, sous la présidence du général Trochu, décide de poursuivre la guerre à outrance. Gambetta s'envole en ballon pour gagner Tours et mettre sur pied, en province, une armée destinée à stopper l'avance allemande. À Paris, cependant, les esprits sont chauffés à blanc. Répondant à l'ordre de levée en masse, tous les hommes valides et non mobilisés se rangent sous les drapeaux. Le frère de Mathilde, Charles de Sivry, incorporé dans la « mobile », est envoyé au fort de Nogent-sur-Marne ; Edmond Lepelletier retrouve Lucien Viotti au 69ᵉ régiment de ligne ; la plupart des écrivains et des journalistes amis de Verlaine vont grossir les effectifs de la garde nationale. En tant qu'homme marié et qu'expéditionnaire de la Ville, Verlaine, lui, est à l'abri de cette obligation. D'ailleurs, nombre de ses collègues profitent de l'exemption légale qui leur est accordée pour échapper au recrutement. La mère de Paul le supplie de rester civil, aussi longtemps qu'on ne le forcera pas à revêtir l'uniforme. Mais Mathilde, devenue patriotarde pour suivre le mouvement, rougirait d'avoir un mari qui se dérobe à son devoir de Français. Poussé par elle, Verlaine se fait inscrire dans la garde nationale sédentaire (« les pantouflards », selon l'expression consacrée). Affecté au 160ᵉ bataillon de La Rapée-Bercy, il doit monter la garde, une nuit sur deux, aux forts entre Issy, Vanves et Montrouge. Coiffé d'un vieux bicorne, enfermé jusqu'au cou dans une longue capote, les jambes enserrées dans des houseaux et un flingot « à tabatière » en travers de l'épaule, il piétine dans la boue

1. Rapporté dans les *Confessions*.

108

avec l'impression d'être un héros malgré lui. La marche au pas dans la fraîcheur du petit matin, les parties de bouchon ou de cartes avec des camarades simples et rudes, les plaisanteries soldatesques, les rasades de tord-boyaux pour se réchauffer, tout cela lui paraît d'abord assez divertissant. Et puis, après chaque faction, quelle joie de rejoindre l'appartement douillet et sa petite femme qui l'attend au lit et lui ouvre les bras avec autant de ferveur que si elle avait failli le perdre à la guerre !

Cependant l'hiver arrive et, avec lui, la neige, le vent glacé, l'angoisse. Certes, le secteur est très calme. Mais, planté sur le rempart, face à un désert blanc et gris où éclate parfois un bruit de fusillade, Verlaine commence à se dire qu'il a eu tort de vouloir jouer au soldat « pour faire comme les autres ». Tout au long de sa vie, il a eu peur de prendre froid. Il couche encore avec un bonnet de coton sur la tête et enfonce des boulettes d'ouate dans ses oreilles pour prévenir les maux de dents. De même, selon le conseil de sa mère, il ne sort pas dans la rue sans nouer un cache-nez autour de son cou. Ne va-t-il pas attraper une bronchite en montant la garde ? Au premier grattement dans la gorge, il se fait porter malade. Il espère qu'on va le déclarer inapte au service et feint de tousser à s'en arracher les poumons. Mais le médecin-major ne le trouve pas gravement atteint et ne lui accorde que quelques jours de repos. Il en profite pour rendre visite à ses collègues qui, installés bien au chaud dans leurs bureaux, observent d'un œil narquois ce naïf péquin qui s'est improvisé défenseur de la patrie. Alors, il décide de rouler tout le monde. Mathilde est chargée de remettre au capitaine de son mari une lettre par laquelle celui-ci l'informe qu'il a été rappelé à l'Hôtel de Ville pour des travaux administratifs urgents. En même temps, il prévient son chef de bureau que l'autorité militaire exige sa présence constante aux remparts. Cette tactique lui permet de rester chez lui, couvé par sa mère, qui vient le voir chaque jour et approuve avec indulgence cette désertion déguisée. En revanche, Mathilde est indignée par ce qu'elle considère comme une poltronnerie indigne d'un Français. Quand elle se permet de lui reprocher sa dérobade, il grogne : « On voit bien que tu n'es pas obligée d'y aller ! » ou encore qu'il ne tient pas à « se faire casser la gueule pour les autres [1] ». Il envie son beau-frère, Charles de Sivry, qui, ayant contracté la petite vérole, a été autorisé, en raison de l'encombrement des hôpitaux, à se faire soigner à domicile, par ses parents. M. Mauté, craignant que la butte Montmartre ne soit plus exposée en cas de bombardement que la rive gauche, a loué pour sa femme et sa belle-mère un appartement boulevard Saint-Germain, en face du square de Cluny. Charles y trouve refuge avec une jeune orpheline, Emma Cormiot, à laquelle il s'est fiancé peu de temps avant la déclaration de guerre. M. Mauté, lui, par bravade, prétend rester rue Nicolet et y organiser un poste de secours pour les blessés.

Mathilde est ravie que sa maman soit venue habiter si près d'elle. En cas de danger, il faut qu'on se serre les coudes en famille. Verlaine applaudit, lui aussi, à cette initiative. Tout ce qui réjouit sa femme le réjouit lui-même. À présent qu'il s'est, par un habile subterfuge, libéré à la fois de ses besognes administratives et de ses obligations militaires, il fait le tour de ses amis pour leur présenter sa jeune épouse dont il est très fier. De Leconte de Lisle à Catulle Mendès en passant par les frères Goncourt, tous accueillent avec chaleur ce couple qui semble si heureux de vivre malgré les événements. Les Verlaine rendent même

---

1. Ex-Mme Paul Verlaine, *Mémoires de ma vie.*

visite à Victor Hugo, qui est rentré d'exil le 5 septembre. Il désigne Mathilde à l'assistance comme « l'héroïne de *La Bonne Chanson* ». Elle en est bouleversée d'orgueil. Le maître lui paraît aussi grand par sa simplicité que par son génie. Subitement, elle croit entrer vivante dans l'histoire de la littérature. Lancée dans le monde, elle se met à recevoir elle-même, le vendredi. On joue du piano, on bavarde et, devant les invités qui l'écoutent par politesse, Mathilde énumère, pour la centième fois, les relations aristocratiques qu'elle s'est faites en pension. Son besoin de distinction prête à sourire, mais elle est si primesautière que la plupart lui pardonnent ce snobisme enfantin. Cependant, le journaliste Richard Lesclide, amené là par Félix Régamey, écrit à sa femme le 12 décembre 1870 : « Figurez-vous une grande fille de seize ans, élevée au faubourg Saint-Germain avec les Rohan et les Condé dont elle parle un peu trop, et qui joue au mariage comme à la poupée [...]. Je la regardai beaucoup plus que je ne l'écoutai en me répétant de temps en temps : " Quel hanneton ! " [1] »

Ces réceptions bruyantes ne sont pas du goût de tout le monde. Un garde national, qui habite l'appartement du dessus, est indigné de voir Verlaine se goberger en civil au lieu de prendre, comme lui, ses tours de garde au créneau. Il dénonce la fraude. Et, un beau matin, un caporal se présente quai de la Tournelle, porteur d'un pli officiel. Verlaine est avisé de sa condamnation à deux jours de salle de police pour absence injustifiée. La peine est certes légère, mais il se précipite à l'Hôtel de Ville pour solliciter de son chef de bureau une intervention en sa faveur. On lui répond qu'il est impossible aux autorités municipales de faire pression sur les autorités militaires. Le

---

1. Lettre publiée par P. Boyé dans *Quo vadis* de juillet-septembre 1954 et citée par Pierre Petitfils dans *Verlaine*.

lendemain, le caporal revient pour emmener le coupable. Faisant contre mauvaise fortune bon cœur, Paul et Mathilde rient aux éclats en préparant des vêtements chauds, une couverture et des provisions dans une musette. Puis, ayant embrassé sa femme, le condamné s'achemine, militairement escorté, jusqu'à une bâtisse située avenue d'Italie (près de la chapelle Bréa) et servant de prison.

Après être passé au greffe, il est enfermé dans un vaste hangar au toit vitré, où des lits de camp entourent un petit poêle en fonte qui craque et ronfle sans réchauffer l'atmosphère. Deux douzaines de gaillards dépenaillés, la vareuse ouverte et le képi sur l'oreille, jouent aux cartes ou aux dominos, le bidon de gros rouge à portée de la main. Ils accueillent Verlaine par de fraternelles exclamations de bienvenue. Rien que des réfractaires comme lui ! Tout à coup, il se sent la tripe révolutionnaire. Oubliant ses origines, il a envie de crier avec ses compagnons : « À bas l'armée ! » Le jour suivant, Mathilde rend visite à son malchanceux époux, s'enquiert de sa santé et lui remet des cigarettes, des bouteilles de vin et un succulent pâté de perdreau. Le surlendemain, elle lui avoue qu'il a mangé du rat : à cause des rigueurs du siège de Paris, il faut se contenter des victuailles les plus étranges.

Une fois libéré de prison, Verlaine, toujours soucieux d'échapper aux obligations militaires, décide de retourner provisoirement chez sa mère, aux Batignolles. Mathilde l'accompagne, sans bien savoir où il veut en venir. De la rue Lécluse, il avertit par lettre son capitaine qu'ayant changé de quartier il a été versé dans un autre bataillon. L'officier, excédé, ne contrôle même pas les faits et Verlaine savoure le double plaisir d'avoir berné ses supérieurs et de disposer de son temps selon sa fantaisie. Cependant, pour sauver les apparences, il se rend à l'Hôtel de

Ville un jour sur deux, comme lorsqu'il était « pan-
touflard », et évite les sorties trop voyantes, qui
pourraient donner lieu à quelque nouvelle dénonciation. Malgré le caractère intermittent de sa présence
au bureau, il est assez bien noté et, à la fin de l'année
1870, se voit promu commis-rédacteur aux appointements de deux mille cent francs par an.

Pour fêter l'événement, Mathilde organise un
réveillon chez sa mère. Elle connaît les boutiques où
l'on peut acheter, en payant le prix fort, des morceaux de choix. En outre, Mme Mauté a fait provision de beurre et d'œufs. De quoi régaler un grand
nombre d'amis. Comme plats de résistance : un pot-
au-feu de cheval, un civet de chat, un gigot de chien.
On s'en met jusque-là, on s'en lèche les doigts, on rit,
on chante, la panse pleine et la tête embrumée.

Peu après, au début de janvier 1871, les premiers
obus tombent sur Paris. Prudemment, Paul et
Mathilde quittent les Batignolles et réintègrent leur
appartement du quai de la Tournelle, où ils se croient
plus en sécurité. Mais, de jour en jour, la situation
s'aggrave. Prise dans un cercle de fer, la ville affamée
et grelottante résiste avec l'énergie du désespoir. La
Seine est gelée. On ne trouve plus à manger que des
nourritures de rebut. Les arbres des avenues sont
abattus, l'un après l'autre, pour servir de bois de
chauffage. Les bouchers débitent du zèbre, de la
girafe, du singe en provenance du Jardin des plantes.
Un marchand offre à Mathilde, comme une pièce
rare, le cœur d'un ours. Elle préfère une terrine de
perdreau de Nérac. Il y a des invités, ce soir-là. Après
avoir goûté le contenu de la terrine, le docteur Cros
examine les petits os qui restent dans son assiette et
déclare : « Ne vous y trompez pas, madame, votre
perdreau est du rat, mais ce rat est exquis ; je vous en
redemanderai un peu ! »

Avec son caractère flottant, vulnérable, irritable et

peureux, Verlaine, bien que très protégé, souffre plus que quiconque des restrictions et des dangers du siège. Le froid, la maigre pitance, le bruit du canon, les nouvelles alarmantes des journaux, le courage cocardier des Parisiens, tout l'agace. Mathilde lui en veut de sa couardise. Elle souhaiterait pouvoir l'admirer sans réserve. Comme poète, bien sûr, mais aussi comme homme. Conscient de la décevoir et incapable de la contenter, il s'exaspère de son exigence femelle et la rabroue durement lorsqu'elle lui adresse un reproche tel que : « Toi, un fils d'officier ! » Certes, leurs querelles sont toujours suivies de réconciliations passionnées. Mais aussi bien Paul que Mathilde commencent à se demander s'ils ne se sont pas trompés l'un sur l'autre.

Pour combattre sa mauvaise humeur, Verlaine se remet à boire. Or, plus il s'enivre, plus son tempérament s'aigrit. Quand il a un verre dans le nez, il ne supporte rien ni personne. Un jour, rentrant ivre à la maison, il ne peut tolérer que Mathilde lui fasse grise mine et la gifle à toute volée. « La première claque », note-t-il cyniquement dans ses *Confessions*. Une autre fois, tout imbibé d'alcool, il refuse de toucher à « l'écœurante viande de cheval » que sa femme lui sert pour le déjeuner et déclare que, désormais, il mangera au café du Gaz, rue de Rivoli, où on lui donnera du bœuf. Stupéfaite, Mathilde éclate en sanglots. Mais Paul s'entête, le regard torve, la lippe boudeuse. Pendant deux semaines, il prend ses repas au restaurant sans se soucier des larmes de sa femme. Puis, un soir, il arrive furieux et annonce que le prétendu bœuf du café du Gaz est du vulgaire cheval accommodé avec de l'huile, tandis que la carne qu'il mange à la maison est, du moins, préparée au beurre. Cette constatation culinaire sert de prétexte à un charmant replâtrage sur l'oreiller. Plus tard, ayant trouvé son appartement vide au retour du bureau, il interroge la bonne et apprend que Madame est auprès de sa mère, boulevard Saint-Germain. Il y court et, devant les deux femmes, se plaint d'être marié à une personne bavarde, superficielle, incapable de tenir son intérieur ni de lui faire une cuisine convenable. Mathilde et sa mère échangent des regards navrés mais n'ont garde de le contredire pour ne pas le pousser à un éclat.

Les jours suivants, il se calme un peu, car les événements imposent la réflexion et le sang-froid. Après quelques sorties désespérées pour rompre l'étau qui étouffe la ville, Paris capitule et l'armistice est signé, le 28 janvier 1871. Malgré l'humiliation de la France, on peut espérer que la vie normale va reprendre pour les réchappés de la tuerie. Le 1$^{er}$ mars, les troupes prussiennes font leur entrée dans la capitale et défilent sur les Champs-Élysées. Le 6 mars, Charles de Sivry épouse sa fiancée, Emma Cormiot, qui a été jusque-là hébergée par Mme Mauté. Puis, tout danger semblant écarté, celle-ci quitte le boulevard Saint-Germain pour réintégrer sa maison de la rue Nicolet. Mathilde regrette que sa mère se soit éloignée, car elle vient de constater qu'elle est enceinte. Sa joie est immense. Verlaine remonte dans son estime. Il est d'ailleurs lui-même aussi fier que s'il avait accompli un exploit guerrier. L'accouchement est prévu pour l'automne.

Le 18 mars, un double deuil attriste le couple. Ce jour-là, Mathilde assiste à l'enterrement de sa grand-mère, Mme Chariat, morte à quatre-vingts ans, tandis que Paul suit le convoi funèbre du fils aîné de Victor Hugo, Charles, décédé à Bordeaux et dont le corps vient d'être ramené à Paris. Derrière le corbillard, marche un petit homme à la barbe blanche broussailleuse et au regard de plomb : l'auteur des *Châtiments*. Dans le cortège, très nombreux, Verlaine se trouve placé à côté d'Edmond de Goncourt. Sur le passage du convoi, des gardes nationaux, rangés en haie, rendent les honneurs au vieux poète. Cependant, ailleurs dans la ville, l'émeute gronde. Le Comité central de la garde nationale refuse de laisser désarmer les troupes et lance un appel à la rébellion. De tous côtés s'élèvent des barricades et s'agitent des drapeaux rouges. Quelques orateurs improvisés exigent la mort des « traîtres ». Les magasins ferment en hâte ; les cafés éconduisent leurs clients et mettent à l'abri les chaises et les guéridons de leurs terrasses ; les fiacres ne circulent plus ; accompagnés par une foule en délire, les canons que la garde nationale est allée chercher sur les hauteurs de Montmartre sont répartis aux points stratégiques ; les généraux Lecomte et Clément Thomas, pris à partie rue des Rosiers, sont fusillés dans la cour d'une école. La nouvelle est accueillie aux cris de : « Vive la République communaliste ! » M. Thiers quitte Paris en calèche et se réfugie, avec le gouvernement légal, à Versailles. Le 28 mars, la Commune est proclamée sur la place de l'Hôtel-de-Ville, face à une multitude qui ovationne bruyamment le régime insurrectionnel. Verlaine est de tout cœur avec ces pourfendeurs des valeurs anciennes : ce sont des démocrates au sang neuf, des ennemis de la clique bourgeoise. Il approuve « ce manifeste anonyme à force de noms obscurs et volontairement modestes sous la simple rubrique de Comité central [1] ». D'ailleurs, il compte de bons amis dans la nouvelle équipe : Raoul Rigault, Jules Andrieu, Delescluze, Léo Maillet, Flourens... Il a connu les uns à l'Hôtel de Ville, les autres chez Nina.

Or, voici que, de sa retraite versaillaise, Thiers recommande à tous les fonctionnaires parisiens de refuser leur concours au pouvoir illégitime. La mère

1. *Confessions.*

de Verlaine, craignant que son fils ne perde sa place, l'engage à suivre ceux de ses collègues qui, par précaution, se replient déjà sur Versailles. Mathilde, elle, considérant que le traitement de son mari est une « quantité négligeable » dans le budget du ménage, lui conseille de rester, car, s'il est révoqué, il pourra se consacrer à la littérature et vivre selon ses goûts. Verlaine donne raison à sa femme. À son avis, Thiers est disqualifié. L'avenir, c'est la Commune. Dans tous les cas, il faut être du côté du manche. Sans hésiter, il reprend ses fonctions à l'Hôtel de Ville où règne un désordre révolutionnaire. Des gardes nationaux vont et viennent dans les couloirs, les salons d'apparat sont transformés en bivouacs, partout des inconnus se déclarent chargés de mission, les bataillons changent à chaque instant de commandant, des conspirateurs, vrais ou faux, se voient jetés en prison sans preuves. Cette pagaille réjouit Verlaine. Elle correspond à la frénésie qui le saisit lorsqu'il a avalé une absinthe de trop : le désir de frapper, de salir, de jeter bas tout ce qui bénéficiait du respect des imbéciles. Il accepte, comme une promotion, d'être nommé à la tête du « Bureau de presse ». Sur la porte de la petite pièce où il siège avec un collègue, une pancarte comminatoire : *Le Public n'entre pas ici.* Son travail consiste à parcourir les gazettes versaillaises et à souligner au crayon rouge les articles ayant trait à la Commune et à la vie quotidienne des Parisiens. Cette besogne de tout repos ne requiert sa présence à l'Hôtel de Ville que quelques heures par jour. Une vraie sinécure !

Sur ces entrefaites, Edmond Lepelletier, de retour à Paris, apprend au couple Verlaine la mort de Lucien Viotti, qui, blessé au pied et fait prisonnier par les Allemands, a succombé à la petite vérole dans un hôpital de Mayence. En commentant cette triste nouvelle, Mme Verlaine mère ajoute, s'adressant à sa belle-fille : « Lepelletier m'a raconté que Viotti était amoureux de vous et ne s'est engagé que par chagrin de vous voir épouser mon fils. » Émue par la révélation de cet amour d'enfance, dont elle a deviné l'existence sans en mesurer la profondeur, Mathilde constate que le chagrin de son mari a, lui aussi, des proportions anormales. En effet, Paul se souvient des sentiments équivoques qu'il a éprouvés jadis pour cet adolescent svelte, beau et brillant. Il compare l'image quasi aérienne qu'il a gardée de lui avec la silhouette épaissie de sa femme. D'un côté la réalité pesante de la chair, de l'autre le rêve. Et il se met à pleurer.

Quelques jours plus tard, le traité de paix avec l'Allemagne, signé le couteau sur la gorge à Francfort, ampute la France de l'Alsace et d'une partie de la Lorraine et l'oblige à payer au vainqueur une indemnité de guerre de cinq milliards de francs, garantie par l'occupation d'une large fraction du territoire national. Malgré la défaite et les morts inutiles, Verlaine respire. L'ennemi, désormais, ce n'est plus Guillaume I$^{er}$, ce n'est plus Bismarck, c'est l'affreux petit Monsieur Thiers qui, de Versailles, prétend écraser la rébellion des Parisiens.

Le lundi 22 mai, Verlaine se réveille très tard, au côté de Mathilde, dans le grand « lit de milieu » où ils ont accoutumé maintenant de coucher ensemble. Une sourde rumeur monte de la rue. Nullement inquiet, Paul sonne la bonne pour « le chocolat habituel du matin ». La servante, une « falote créature », une « tête de linotte », dépose sur les tables de nuit jumelles les tasses et les croissants (à preuve qu'on n'était pas si mal ravitaillé, chez les Verlaine !). Puis elle s'écrie : « Ils sont entrés, Madame, ils sont à la porte Maillot ! » « Ils », ce sont les Versaillais. Les régiments réguliers ont enlevé, la veille au soir, les premières barricades. Ouvrant la fenêtre, Verlaine renifle la fumée des obus qui ont éclaté autour de l'Arc de Triomphe et des Champs-Élysées. Des gens courent, tels des dératés ; on bat le rappel ; les cloches de Notre-Dame sont en branle. Au milieu de ce vacarme d'alerte, Verlaine se dit que la sagesse ordonne de ne pas mettre le nez dehors. Mais il y a plus grave : si les Versaillais ont le dessus, on peut s'attendre à des règlements de comptes. Ceux qui auront, d'une façon ou d'une autre, collaboré avec la Commune seront dénoncés, jugés, emprisonnés, fusillés... Ne fera-t-il pas partie du nombre, à cause de ses foutues fonctions au Bureau de presse de l'Hôtel de Ville ? Et voilà qu'on lui annonce le bombardement des Batignolles ! Sa mère, qui y habite, est assurément en danger. Il devrait voler à son secours. Cependant, paralysé par une angoisse mortelle, il ne bouge pas. Alors, le 23 mai, à cinq heures du matin, sa femme lui offre de se rendre avec lui rue Lécluse. « Il objecta que, s'il sortait, il s'exposait à être pris par les fédérés et forcé de faire le coup de feu sur les barricades », écrira Mathilde. Outrée, elle décide d'aller seule aux Batignolles, pour en ramener sa belle-mère. À peine a-t-elle formulé cette proposition que Paul se détend, approuve, remercie. « Va, murmure-t-il en l'embrassant, va et surtout rapporte des nouvelles ! » Pas une seconde il ne se dit que cette gamine, enceinte de quatre mois, risque sa vie en s'aventurant au milieu des combats de rues. Il estime qu'en cas de conflit armé une femme a moins à craindre qu'un homme d'être réquisitionnée ou de recevoir un mauvais coup. Et puis, il a une fameuse idée derrière la tête. Pourquoi ne pas profiter de l'absence de Mathilde pour s'envoyer la « linotte » ? « Je restai à la maison, ayant peut-être des intentions sur la bonne, qui était mignonne et qui commençait à avoir si peur qu'elle semblait ne demander, dès qu'elle se vit seule avec moi, pas mieux que d'être rassurée », avouera-t-il dans ses *Confessions*.

Pendant ce temps, Mathilde, suivant l'itinéraire que lui a recommandé Paul, se heurte, boulevard Sébastopol, à une barricade. « Citoyenne, un pavé ! » lui crie un garde national. Docile, elle soulève une lourde pierre et l'apporte à l'homme qui la félicite en riant. Mais, à l'angle des boulevards Rochechouart et d'Ornano[1], elle tombe en pleine bataille. On tire de droite et de gauche. Elle ramasse une balle perdue, toute tiède encore, et la met dans sa poche comme souvenir. Puis, comprenant qu'il est dangereux de continuer par le chemin prévu, elle s'engouffre sur Montmartre et arrive, hors d'haleine, rue Nicolet. « Il faut, lui dit son père, que ton mari soit fou pour t'avoir laissée sortir quand on se bat dans les rues ! Maintenant, tu attendras ici que la Butte soit prise ! » Elle lui obéit ; mais, vers cinq heures du soir, à bout de nerfs, elle le supplie de ne plus la retenir. Puisqu'elle ne peut aller chercher sa belle-mère, elle veut retourner auprès de son mari. La fusillade s'étant calmée, elle tente une échappée, avec son père, pour atteindre la place Clichy. Après quelques mètres, pris sous un feu croisé, ils doivent y renoncer. « Il vaut mieux que ton mari s'inquiète à tort que de te voir rapporter chez lui, tuée ou blessée », lui dit M. Mauté. Rasant les murs, enjambant des cadavres, il la ramène rue Nicolet. Elle se résigne à passer la nuit chez ses parents.

Le lendemain, 24 mai, elle repart, dès six heures du matin, toujours accompagnée par son père. Comme la ville semble s'être apaisée, il l'abandonne boulevard Montmartre et rebrousse chemin. Elle poursuit seule jusqu'à Saint-Roch. Là, un cordon de soldats lui barrant le passage, elle fait demi-tour. Rue La Rochefoucauld, elle se trouve devant la maison de son frère et monte chez lui pour prendre du repos. En

1. Actuellement boulevard Barbès.

la voyant, Charles de Sivry éclate de rire : « C'est bien toi ! On se bat dans les rues et tu fais des visites ! » Et il lui conseille de retourner rue Nicolet, chez leurs parents. Elle obtempère, exténuée, ahurie et inquiète pour Paul, qui doit la croire morte.

Or, quai de la Tournelle, Paul s'est confectionné, dans son cabinet de toilette, au fond de l'appartement, un abri protégé par des matelas entassés les uns sur les autres. Il s'y tient blotti avec la petite bonne, qui tremble autant que lui. À un moment pourtant, la curiosité l'emportant sur la crainte, il se hasarde à sortir, pousse jusqu'à la rue du Château-d'Eau, mais là le chef d'une barricade l'interpelle et lui met un revolver sur la tempe. Terrorisé, Verlaine exhibe une « carte de circulation », timbrée de la Commune de Paris. Nullement impressionné, l'homme, au képi « monstrueusement galonné », hurle : « J'emmerde la Commune et vous, et filez vite d'où vous venez ! » Verlaine détale sans insister.

Comme il arrive quai de la Tournelle, le concierge l'arrête : « Il y a deux gardes nationaux sur votre palier qui vous attendent. » Le cœur en déroute, il se demande si ces deux quidams ne viennent pas le chercher pour participer à la défense d'une barricade. Il grimpe l'escalier quatre à quatre et découvre Edmond Lepelletier et son ami Émile Richard, noirs de poussière et de poudre, qui ont fui le combat. Rassuré, il leur ouvre les bras. Pour échapper à d'éventuelles représailles, les deux hommes se dépêchent de brûler leurs bandes de pantalons, leurs képis, leurs ceinturons, leurs insignes. Ils parlent d'une défaite totale et affirment que, dans quelques heures, les Versaillais occuperont le quartier. Il est près de midi : Verlaine les invite à un maigre déjeuner. C'est la petite bonne qui les sert à table, et il regrette, in petto, que l'intrusion de ses amis l'empêche de passer ensuite avec elle à d'autres exercices. « Mais l'hospitalité, dans des circonstances pareilles, primait tout, n'est-ce pas ? » notera-t-il tristement. Déjà la fusillade se rapproche. La poudrerie du Luxembourg saute dans un fracas de fin du monde. L'Hôtel de Ville et les Tuileries sont en flammes. La nuit vient, illuminée par les incendies, secouée par les explosions. Edmond Lepelletier et Émile Richard appellent Verlaine sur le balcon, d'où l'on a, disent-ils, une vue superbe sur la capitale embrasée et fumante. Craignant les balles perdues, il préfère se tapir à l'intérieur.

À quatre heures du matin, un coup de sonnette les fait tous tressaillir. Verlaine court, à moitié nu, à la porte. Il croit ouvrir à sa femme, dont il est sans nouvelles depuis plus de quarante-huit heures, et c'est sa mère qui s'abat, épuisée, sur sa poitrine. Elle a contourné des barricades, frôlé la mort à plusieurs reprises, assisté, rue de Poissy, à un massacre d'insurgés, hommes, femmes, enfants, par les Versaillais. « Oh ! dit-elle, je suis femme de militaire, mais aujourd'hui j'ai l'uniforme et les armes en horreur ! » Et aussitôt elle s'enquiert de sa belle-fille. À peine a-t-elle posé la question qu'on sonne de nouveau à la porte. Cette fois, c'est Mathilde, pâle, échevelée, mais sans une égratignure. Elle a failli être fusillée et Verlaine est un peu confus à l'idée des périls auxquels elle a échappé par miracle, pendant que, calfeutré chez lui, il s'intéressait de près à l'anatomie de la petite bonne. Avec autorité, Mathilde commande du café pour tout le monde. Debout sur le balcon, Edmond Lepelletier bouffonne : « Faites-nous-le donc servir ici, au coin du feu ! » Peu après, les deux visiteurs prennent congé de leurs hôtes. Et Verlaine reste seul entre sa mère et son épouse, des femmes qui ont eu le courage de traverser une ville en proie à la folie sanglante tandis que, terré dans son abri, il hésitait entre la frousse et la polissonnerie. Tirant la morale des événements, Mme Verlaine mère estime que sa belle-fille a eu tort d'abandonner son fils pour courir au diable Vauvert, alors qu'il était si dangereusement exposé.

Après la reconquête de Paris par les troupes versaillaises, l'épuration, sous l'œil goguenard des Prussiens, est féroce. On dénonce, on emprisonne, on fusille à tour de bras. Les victimes se comptent par dizaines de milliers. Des ruisseaux de sang coulent entre les pavés aux abords des lieux d'exécution, appelés « abattoirs ». À chaque nouvelle vague d'arrestations, Verlaine tremble pour sa peau. Il a beaucoup d'amis parmi les victimes de la délation. Louise Michel et le fiancé de Laure Lepelletier, la sœur d'Edmond, sont jugés et condamnés à être déportés en Nouvelle-Calédonie. Edmond lui-même, compromis comme communard, doit fuir la ville. Le doux Charles de Sivry est arrêté au casino de Néris-les-Bains, où il a été engagé comme chef d'orchestre, et enfermé dans le camp de Satory de sinistre réputation. Il semble à Verlaine que les locataires de l'immeuble le dévisagent d'un œil mauvais. Partout, il voit des mouchards. La plus élémentaire prudence lui commande de ne pas reparaître dans les bureaux de l'Hôtel de Ville, qui, après l'incendie, ont été installés provisoirement au palais du Luxembourg. Mais, même en se murant chez lui, il ne se sent pas vraiment en sécurité. Edmond de Goncourt note dans son journal, à la date du 28 mai 1871 : « Je rencontre Burty sur la place de la Madeleine [...]. Accosté tout à coup par madame Verlaine, [il] cause avec elle des moyens de faire cacher son mari. »

Parmi ces « moyens », le plus sûr consiste à décamper sans laisser d'adresse. Pour aller où ? À Fampoux, parbleu ! Qui s'aviserait de chercher le fonctionnaire-poète dans cette cambrousse ? Mathilde prend la direction du mouvement. On résilie le bail, on fait transporter les meubles rue Nicolet et on monte furtivement dans le train.

Fatiguée par sa grossesse, Mathilde n'est pas fâchée d'aller se reposer à la campagne. Et Paul a l'impression de commencer une nouvelle vie, loin du bruit, du mensonge et des menaces de mort. À Fampoux, les fugitifs s'installent chez l'oncle Julien Dehée, qui met à leur disposition un bâtiment de sa ferme. Délivré de Paris, Paul reprend goût à l'existence, lit tout ce qui lui tombe sous la main, flâne dans les environs, vide quelques chopes de bière sans trop se soûler, joue au billard ; le soir, en rentrant à la maison, il s'attendrit à la vue de Mathilde qui, sagement assise dans un fauteuil, brode la layette de leur futur bébé. « Ma santé est des plus florissantes, mande-t-il à son ami Émile Blémont, et j'ai la satisfaction de voir ma femme se remettre rapidement de toutes ses fatigues [1]. » Puis, apprenant que Blémont est sur le point de se marier, il lui écrit encore : « Mes meilleurs vœux, mon cher ami, pour un bonheur dont je serai heureux. Tâchez de tirer un bon numéro. Je n'ai pas, quant à moi, à me plaindre du mien. Aussi ne dirai-je pas, en parlant de vous, le vieux cliché des vieux garçons : *Encore un homme à la mer !* mais bien : *Encore un homme dans le vrai* [2] *!* »

Ce qui ajoute à son bonheur, c'est qu'autour de lui on ne parle pas de politique, mais de récoltes, de rendement à l'hectare, de menaces d'orage, d'épizootie typhique si néfaste pour le bétail... Subitement, il découvre que la vie de la terre, avec l'alternance des saisons, est plus importante que la vie des hommes, avec leurs querelles et leurs massacres. En tout cas, il est bien décidé à attendre, pour rentrer à Paris, que les esprits se soient apaisés et qu'un gouvernement

1. Lettre du 1er juillet 1871.
2. Lettre du 13 juillet 1871.

raisonnable ait pris en main les destinées de la nation. Cependant, à supposer même que le calme se rétablisse très vite, il ne veut plus remettre les pieds au bureau. Il estime y perdre son temps pour un salaire dérisoire. Mathilde l'approuve et écrit à son père que les appointements de son mari vont bientôt manquer à leur budget. La réponse est stupéfiante de gentillesse : M. Mauté offre à son gendre de venir habiter chez lui, où le second étage de la maison de Montmartre sera réservé au jeune ménage. Le vivre et le couvert assurés ! Plus de souci à se faire ! « Mon mari, affirme Mathilde, parut enchanté de cette combinaison qui le laissait libre et nous faisait plus riches qu'avant [1]. »

Or, entre-temps, sans qu'il y ait eu enquête au sujet du sieur Verlaine, il a été, par arrêté préfectoral, jugé démissionnaire pour cause d'absence prolongée et rayé des états. Dans ces conditions, plus rien ne s'oppose à son retour dans la capitale. Il s'y prépare activement. À Émile Blémont, à Léon Valade, il demande de le renseigner sur l'atmosphère de la ville et le sort des amis. Il sait que, dans le petit monde littéraire, certains ne lui pardonnent pas d'avoir été un partisan des communards. Leconte de Lisle aurait même dit de lui : « Celui-là, on devrait le fusiller ! » Quel remue-ménage l'attend dans la « boîte à cancans » de Lemerre ! Il craint qu'après les grandes secousses de la guerre et de la Commune les compagnons d'autrefois n'aient du mal à se retrouver et à s'épauler sans arrière-pensée. « Ce que vous m'apprenez du passage Choiseul [2] ne m'étonne pas plus que cela ne m'afflige, étant depuis un bout de temps revenu sur le compte de beaucoup de gens et me proposant à l'avenir de battre froid à la plupart des

1. *Mémoires de ma vie.*
2. Siège de la Librairie Lemerre.

personnes en question, écrit-il à Émile Blémont. Avoir quelques bons amis bien sincères et bien francs, et, quant aux camarades, s'en servir quand il y a lieu — voilà, je crois, la méthode la plus expédiente pour vivre en paix[1]. » Et peu après, au même : « Groupons-nous, mon cher, groupons-nous ! Par les temps d'infection intellectuelle et autres où nous avons la mortification de vivre, un pacage rigoureux me semble de saison pour les honnêtes gens[2]. »

Après que sa mère eut passé quelques jours à Fampoux en sa compagnie, il se rend avec Mathilde chez les cousins Dujardin, à Lécluse. Haute cheminée d'usine, hangars de brique, cuves numérotées et odeur de mélasse, le décor industriel de la sucrerie est certes moins charmant que celui de la campagne, mais Verlaine y coule tout de même des jours heureux : « Fumer deux pipes après dîner (midi), boire sept ou huit chopes au cabaret (4 heures à 5 heures), voir tomber la nuit dans le bois, en lisant quelque livre bien calmant, telle est ma nouvelle vie[3]. »

Revenu à Fampoux, il y apprend, par un billet d'Émile Blémont, que la tradition du « Dîner des vilains bonshommes » va renaître. Déjà il exulte : « Eh bien, j'en suis ! répond-il. Le local est-il toujours le même et les journaux bien pensants ont-ils trompetté la bonne nouvelle ? » Il est ravi également de la probable arrivée à Paris de l'éditeur Poulet-Malassis que lui annonce son correspondant : « La concurrence qui va s'ensuivre ne peut que nous profiter. » Puis il adresse une lettre à Lemerre pour lui faire miroiter la possibilité d'un nouveau recueil de poèmes : « Je suis disposé à bien des sacrifices pour rentrer, enfin ! dans l'atmosphère poétique qui

1. Lettre du 13 juillet 1871.
2. Lettre du 22 juillet 1871.
3. Lettre à Émile Blémont du 29 juillet 1871.

est surtout la mienne [...]. J'ai cru remarquer parmi mes anciens amis de chez vous une espèce de désaffection depuis mai dernier. » Lemerre répond par une fin de non-recevoir tranchante : « Il faut attendre une année au moins avant de publier quelque chose, apaiser les petites rancunes que, très maladroitement, vous avez amassées sur vous ces derniers temps. Je ne vous crois pas méchant et cependant tous vos actes donnent raison à ceux qui disent que vous l'êtes. Supprimez deux choses de votre existence, la politique et la jalousie, et vous serez un homme parfait. »

Verlaine trouve la leçon mal venue et stupide. À présent que le risque de représailles administratives ou judiciaires contre lui s'éloigne, il se sent encore plus impatient de se replonger dans le bouillonnement des cénacles littéraires. À Fampoux, il a jeté sur le papier quelques vers dont il n'est que médiocrement satisfait. L'aiguillon d'un amour tout neuf n'est plus là pour l'exciter à écrire. Comment chanter la grâce mutine de la Femme quand la vôtre, lourde et lasse, attend un bébé ? Mathilde, c'est la routine, la fidélité, les pantoufles. Un esclavage ronronnant. Depuis son mariage, il n'a rien publié. Dans ses tiroirs repose une saynète, *Les Uns et les Autres*, sorte de marivaudage mélancolique prolongeant le style des *Fêtes galantes*. Cela ne suffit pas à le justifier vis-à-vis de lui-même. Est-il à jamais engourdi ? Il faut trouver d'autres sources d'inspiration, d'autres thèmes générateurs de rêves. À Paris, peut-être saura-t-il se renouveler ? L'été traîne en longueur. Que ne boucle-t-on les valises ! Étonnée par cet empressement à fuir une campagne qui leur était si chère à tous deux, Mathilde se résigne.

À peine débarqué dans la capitale, à la fin du mois d'août 1871, Verlaine court se renseigner auprès de Lemerre sur la possibilité de pousser la vente de *La*

*Bonne Chanson.* Dans le courrier qui l'attend chez son éditeur, il tombe sur une lettre postée à Charleville. Aussitôt il fait le rapprochement entre le lieu d'expédition et son copain Paul-Auguste Bretagne, qu'il a connu à Fampoux lorsque celui-ci était contrôleur des contributions auprès des sucreries et qui a été muté depuis dans les Ardennes. Il ne s'est pas trompé. La lettre, très courte, est bien du gros et brave Bretagne, amateur de musique, de bière et de tabac, mais elle accompagne une missive plus longue, dont l'écriture fine et nerveuse égratigne le papier. Au bas du texte, la signature d'un inconnu : Arthur Rimbaud.

# IX

## LA BOMBE RIMBAUD

Qu'y a-t-il de vrai là-dedans ? se demande Verlaine en relisant la lettre. Le nommé Arthur Rimbaud, âgé de dix-sept ans à peine, écrit qu'il dépérit sous l'affreux éteignoir de Charleville où nul ne le comprend ni ne l'aime, que les gens qu'il fréquente lui donnent la nausée, que sa mère, une personne au caractère de vinaigre, ne lui octroie que dix centimes, tous les dimanches, pour payer sa chaise à l'église, que la poésie le dévore vivant et qu'il n'y a pas de salut pour lui en dehors de Paris, paradis des esprits aventureux. Il supplie son correspondant, dont il admire le génie, de l'aider à fuir cette province où il s'étiole et de lui offrir tout bonnement l'hospitalité, bien qu'il soit une « petite crasse ». Moyennant quoi, il promet de se montrer « moins gênant qu'un Zanetto », le personnage principal du *Passant* de François Coppée. Pour décider Verlaine à l'accueillir, il a joint à sa confession quelques poèmes : *Les Effarés*, *Le Cœur volé*, *Les Douaniers*, *Les Assis*, *Accroupissements*... Verlaine en prend connaissance avec un émerveillement anxieux. Quelle force, quelle hargne, quelle noirceur et, en même temps, quelle tendresse ! Tout en déplorant la violence du ton et l'abus des néologismes, il a conscience d'être au seuil d'une découverte de première importance. Mais comment pourrait-il héberger ce garçon étrange alors qu'il habite avec sa femme chez ses beaux-parents et que, n'ayant plus de situation, il végète lui-même, pour ainsi dire, en marge de la société ? D'ailleurs, avant de répondre quoi que ce soit, il voudrait savoir si ses amis partagent son enthousiasme pour le talent de l'inconnu. Tandis qu'il hésite sur le parti à prendre, une seconde lettre d'Arthur Rimbaud parvient dans les bureaux de Lemerre. Cette fois, le jeune homme se dit acculé aux résolutions les plus folles. Ayant appris que sa mère compte le mettre en pension, dès la rentrée d'octobre, pour lui former le caractère, il envisage de fuir sa famille et de gagner Paris à pied, en vivant d'expédients. En tout cas, quelle que soit sa misère, il jure de ne jamais travailler. Un poète ne doit se salir ni les mains ni le cerveau ! Sa morgue étincelante, sa détermination furibonde impressionnent Verlaine. Et puis, trois autres poèmes accompagnent cet appel au secours : *Mes petites amoureuses, Paris se repeuple, Les Premières Communions*. Le ton en est plus haineux encore que celui du précédent envoi. Un adolescent excédé règle ses comptes avec la vie. C'est la révolte à l'état pur. Le « non » opposé à tous les partisans du « oui ». On n'a pas le droit de refuser son appui à un écrivain de cette race !

Pour s'en convaincre, Verlaine soumet les vers d'Arthur Rimbaud à l'appréciation de ses amis, Léon Valade, Charles Cros, Philippe Burty, Albert Mérat, Ernest d'Hervilly. Tous sont stupéfiés par ce mélange de hardiesse triviale et de fulgurante beauté. Certains comparent l'auteur à Baudelaire, d'autres, tout en l'admirant, s'avouent inquiets de l'intrusion dans leur groupe d'un pareil boutefeu. Verlaine n'hésite plus. Profitant de l'absence de son beau-père, qui chasse avec passion à Bouelles, il suggère à Mme Mauté de recevoir le jeune Rimbaud pour quelques jours, le temps de chercher à le loger ailleurs. On pourrait l'installer dans la lingerie. Il se ferait tout petit, il ne dérangerait personne. Mme Mauté accepte, avec une bienveillance désarmante, et Verlaine, tout heureux d'avoir emporté le morceau, écrit à son protégé : « Venez vite, chère grande âme, on vous désire, on vous attend. » Pour assurer les frais du voyage, il a fait une collecte parmi les « vilains bonshommes ». Chacun y est allé de son écot avec le sentiment de servir la poésie française. Trésorier de cette entreprise charitable, Verlaine glisse un mandat postal dans la lettre. Par retour du courrier, Arthur Rimbaud annonce son arrivée.

Le 10 septembre 1871, à l'heure dite, Verlaine et Charles Cros se rendent à la gare de l'Est pour accueillir le phénomène. Or personne, dans la foule des voyageurs, ne correspond au signalement qu'il leur a donné. Déçus, il rentrent rue Nicolet et trouvent Arthur Rimbaud assis dans le boudoir, entre Mme Mauté, gourmée, et Mathilde, enceinte jusqu'au menton. L'aspect physique du visiteur les surprend. Au lieu de l'adolescent à la face d'ange déchu qu'ils ont imaginé, ils découvrent un garçon costaud, osseux, poussé trop vite. Une chevelure hirsute, couleur de châtaigne, couronne son visage rougeaud de paysan. Ses mains sont massives et violacées. Sa lèvre épaisse ne sourit pas. Une lumière myosotis irradie de ses yeux avec une intensité magnétique. Quant à sa mise, elle est celle d'un vagabond : pantalon trop court, laissant voir des chaussettes de coton bleu tricotées, cravate en corde, veston étriqué et froissé. Lorsqu'on l'interroge, il répond à contrecœur, par monosyllabes. Sa voix, à l'accent ardennais, déraille parfois sous l'effet de la mue. Pour le mettre à l'aise, Verlaine et Charles Cros tentent de parler poésie. Mais, là aussi, il se dérobe.

131

Muet, grognon, il paraît inconscient de sa chance. Est-ce de la timidité ou de l'orgueil ? En observant son invité, Verlaine se dit que, sans doute, cet enfant farouche est dérouté par l'intérieur douillet où on le reçoit, par les fanfreluches qui l'entourent, par le gros ventre de Mathilde, par tout ce confort convention-nel, indigne du poète des *Fêtes galantes* et de *La Bonne Chanson*. C'est lui, à présent, qui est gêné d'être si correctement rangé, alors que la poésie doit être toute flamme, toute folie et toute négation. Comme le petit chien de la maison, nommé Gasti-neau [1], en veine d'amabilité, met une patte sur le genou de Rimbaud, celui-ci déclare : « Les chiens, ce sont des libéraux ! » Qu'entend-il par là ? Verlaine évite de le lui demander par crainte d'une réponse qui indisposerait tout le monde. En vérité, il a hâte de se retrouver seul avec lui pour une conversation cœur à cœur. Il pressent déjà qu'il saura mieux que quicon-que comprendre ce messager d'une autre planète. On passe à table et, là aussi, Verlaine souffre de l'ordon-nance bourgeoise du repas, des allées et venues de la bonne derrière le dos des convives, des propos passe-partout échangés entre deux coups de fourchette. Rimbaud mange voracement, le nez dans son assiette, et, la dernière bouchée avalée, allume son brûle-gueule, s'entoure d'un nuage de fumée pestilentielle, puis éructe : « Je suis fatigué. Bonsoir. » Et il monte se coucher. Personne ne le retient. Les deux femmes sont consternées. En revanche, Verlaine donne rai-son, en secret, à cet hurluberlu qui, sans le savoir, lui révèle le naufrage confortable de sa vie d'homme marié.

Les jours suivants, Verlaine prend plaisir à emme-ner Rimbaud dans tous les coins de Paris où il aima

---

1. Nom d'un écrivain révolutionnaire déporté en 1852, puis exilé en 1871 comme communard.

naguère traîner ses grolles : sur la Butte, sur les Grands Boulevards, au Quartier latin, au bord de la Seine... Comme il l'a prévu, en tête à tête le nouveau venu est plus loquace. Il se raconte même volontiers. Quand on a bien marché, on entre dans une brasserie pour se reposer, et là Rimbaud reprend le fil de son histoire. Né pour son malheur à Charleville, un trou infect, le 20 octobre 1854, il vit chez sa mère, qui est bornée, autoritaire, avare et bigote. Son père, un capitaine d'infanterie, s'est empressé de quitter la virago après lui avoir fait quatre enfants. Frédéric, l'aîné, un idiot, s'est engagé pour cinq ans dans l'armée ; ses deux sœurs, Vitalie et Isabelle, élevées par des religieuses, sont des oies blanches, sans caractère, confites en religion. Malgré son dégoût pour le milieu familial et scolaire, il suit bien la classe, se frotte au grec et au latin, remporte des prix et étonne ses maîtres par sa précocité. Son dernier professeur de lettres, Georges Izambard, décèle en lui d'extraordinaires dispositions à la poésie, mais aussi un dangereux besoin de contradiction et de brisure. En quelques mois, l'élève dont il appréciait la docilité et la bonne tenue devient un voyou débraillé, aux cheveux longs et au regard insolent, qui vous souffle au nez la fumée de sa pipe. Son corps même a changé. Lui qui était plutôt de petite taille s'étire, de près de vingt centimètres, jusqu'à mesurer un mètre quatre-vingts. Du coup, il se prend pour un homme et ne veut plus poursuivre ses études. D'ailleurs, à cause de la guerre qui vient d'éclater, il n'y aura pas de rentrée scolaire en octobre 1870. Excellente occasion, pense le jeune Arthur, pour fuir Charleville et la famille. Ayant vendu les livres qu'il a reçus en prix, il monte dans le train de Paris, sans avertir personne. Hélas ! à sa descente du wagon, n'ayant ni billet, ni papiers, ni argent, il est arrêté pour vagabondage et emprisonné à Mazas. Georges Izambard intervient et le fugueur est rendu à sa mère qui le gratifie d'une gifle à assommer un bœuf.

Après l'armistice, nouvelle fuite vers Paris et nouvel échec. Nulle âme compatissante pour le secourir et le loger, hormis le dessinateur André Gill, lequel, malgré sa bonne volonté, finit par le mettre à la porte de son atelier. Du reste, Paris le dégoûte, car les gens tremblent de peur et ne parlent que de boustifaille. Il retourne dans les Ardennes avec l'intention de vivre dans les bois pour échapper au collège. Or, voici que l'insurrection éclate dans la capitale. Sa place est là-bas, estime-t-il, parmi ceux qui combattent l'ordre établi. Il revient à Paris, s'engage dans les francs-tireurs et échoue à la caserne de Babylone où règne une pagaille d'enfer. Tout le monde y commande et personne. Des communards éméchés le prennent à partie. Il doit subir leurs sarcasmes et parfois leurs assauts lubriques. Est-ce là qu'il a reçu la révélation de la sodomie ? Ecœuré, il rentre à Charleville. Mais cette brève expérience l'a marqué. Désormais, il veut échapper à la poésie aimable pour devenir un « voyant ». Son rôle, décide-t-il, n'est pas de plaire, mais de déranger. Il faut défigurer tout ce qui est beau, railler tout ce qui est honnête, s'affirmer comme un négateur, un destructeur, un prophète de l'ignominie. Plus on descend dans la fange, plus le chant qui s'élève de cette turpitude est enivrant. Les communards auraient dû incendier Notre-Dame et la Bibliothèque nationale, démolir le Louvre, crever les tableaux, instaurer la fraternité universelle, non sans avoir au préalable abrogé toutes les lois et renié les traditions. C'est pour prêcher cette croisade contre une bourgeoisie satisfaite, un Dieu stupidement encensé, une famille encroûtée dans ses préjugés et une littérature cousue main que lui, Arthur, est venu à Paris. Il espère que, cette fois, il renversera les montagnes de l'hypocrisie et de la bêtise !

Verlaine l'écoute en sirotant des absinthes bien tassées. Rimbaud boit aussi. Leurs esprits s'échauffent dans une communion intellectuelle fiévreuse. Avec stupéfaction, Verlaine constate que ce gamin de dix-sept ans lui donne des leçons, à lui, un homme de dix ans son aîné, marié, publié et bientôt père de famille. Dans leurs conversations, c'est le néophyte qui enseigne l'ancien. Tout ce qu'Arthur ose dire, Paul l'a senti au fond de lui, à l'état larvé : la haine de l'Église, des usages, des hiérarchies, des succès officiels, le désir de provoquer, de scandaliser, de cracher son venin à la face d'une société assise. Brodant là-dessus, voici qu'il repense à Lucien Viotti, le tendre ami qui n'est plus qu'un souvenir. Il éprouve envers Rimbaud la même attirance qu'il a connue lorsqu'il travaillait, coude à coude, à quelque opéra bouffe absurde avec ce garçon trop tôt disparu. Quand il est campé là, dans un café, à côté d'Arthur, il oublie qu'il est marié, que sa femme est enceinte, qu'il va la retrouver, ce soir, dans son lit. Sous le regard de cet adolescent de fraîcheur et de feu, il est libre de tout lien. Il n'habite nulle part. Ceux qui veulent lui rappeler son nom, son adresse, ses responsabilités sont des empêcheurs de danser en rond. Comment a-t-il pu se laisser séduire par la fade et sotte Mathilde ? Chose curieuse : elle est presque aussi jeune que Rimbaud. À présent qu'elle est grosse, il n'a que répugnance pour cette chair qui ne devrait dispenser que le plaisir et qui alimente un petit monstre remuant dans un visqueux échange d'humeurs. En l'observant, il est obligé de penser aux fœtus que sa mère conservait dans des bocaux. Le corps de sa femme devient pour lui une sorte de réceptacle transparent, dans lequel baigne un homoncule à la grosse tête aveugle et aux membres mous. L'horreur le prend aux cheveux. Il déteste tout ce que représente cette génitrice aux flancs généreux.

Et, par contrecoup, Rimbaud lui apparaît comme le symbole de la poésie, de l'indépendance, de la pureté, de la force créatrice et de la joie.

Conscient de l'empire qu'il exerce sur son hôte, Rimbaud s'installe avec arrogance dans son état d'invité d'honneur à qui tout est permis. Il dérobe un crucifix en ivoire, un couteau de chasse de M. Mauté, divers bibelots, et il s'amuse des mines offusquées de Mathilde et de sa mère. À table, son insolence glaciale est une constante provocation. Comme M. Mauté doit rentrer bientôt de la chasse, les deux femmes insistent pour que Rimbaud aille vivre ailleurs. Verlaine admet qu'une confrontation entre son jeune ami et son beau-père pourrait tourner à la querelle. Rimbaud ricane et accepte de déguerpir. Mais, que diable, on a quand même quelques jours devant soi !

En attendant, Verlaine emmène son protégé, vers la fin de septembre, au « Dîner des vilains bons-hommes ». Nullement intimidé, Rimbaud toise de haut cette réunion de plumitifs rigolards. Après le dessert, à la demande générale, il se lève et récite un poème qu'il vient de composer et sur lequel il compte pour épater l'auditoire : *Le Bateau ivre*. On l'écoute avec ahurissement et presque avec crainte. Que signifie cette étrange vaticination où les images virevoltent, superbes et incohérentes, jusqu'à donner le tournis ? Est-ce encore de la poésie ou une sorte d'écriture automatique, due à la fièvre et à l'alcool ? Certains, parmi ces écrivains habitués à travailler dans la dentelle, se sentent brusquement dépassés et comme insultés par un art nouveau. D'autres, en revanche, applaudissent à tout rompre. Dans une lettre du 5 octobre 1871, Léon Valade trace, à l'intention d'Émile Blémont, un portrait de l'énergumène : « Grandes mains, grands pieds, figure absolument *enfantine* et qui pourrait convenir à un enfant de treize ans, yeux bleus profonds, caractère plus sauvage que timide, tel est le môme, dont l'imagination pleine de puissance et de corruption inouïes a fasciné ou terrifié tous nos amis. » Et il conclut : « *C'est un génie qui se lève.* »

Encouragé par cet accueil, Verlaine traîne Rimbaud chez Théodore de Banville, qui traite avec une condescendance souriante ce furieux négateur des grâces du Parnasse contemporain. Analysant *Le Bateau ivre,* le maître observe que Rimbaud aurait dû commencer son poème en disant carrément, pour la compréhension du public : « Je suis un bateau qui, etc. » Stupéfait, Rimbaud grogne entre ses dents : « Vieux con ! » Il préfère la joyeuse compagnie du dessinateur Jean-Louis Forain, surnommé « Gavroche », ou celle d'André Gill, autre bohème insouciant. Mais, le plus clair de son temps, il le passe seul à seul avec Verlaine. Ensemble, ils sirotent des absinthes jusqu'à l'heure de la fermeture des bistrots. Par la recherche obstinée de l'ivresse, Rimbaud prétend contribuer à « ce lent et raisonné dérèglement de tous les sens » nécessaire, selon lui, à l'essor de la poésie. Alors que Verlaine boit pour s'anéantir dans un hébétement agréable et passager, lui considère la débauche comme un exercice spirituel, un système rigoureux de détraquement, une ascèse pour individus supérieurs. Subjugué par cet éphèbe qui transforme la pourriture en lumière, Verlaine le conduit chez son ami le photographe Étienne Carjat ; celui-ci tire le portrait du visiteur debout, les cheveux en désordre, le regard lointain. « Sa seule beauté, écrira Ernest Delahaye, était dans ses yeux, d'un bleu pâle, irradié de bleu foncé ! — les plus beaux yeux que j'aie vus — avec une expression de bravoure prête à tout sacrifier quand il était sérieux, d'une douceur enfantine, exquise quand il riait, et presque toujours d'une profondeur et d'une tendresse étonnantes. »

De plus en plus persuadé qu'il se trouve devant un être d'une grâce et d'une intelligence surnaturelles, Verlaine lui consacre toutes ses journées et ne rentre à la maison, avec lui, que pour s'écrouler, soûl à mort, sur le lit conjugal. Il prolongerait volontiers ce modus vivendi, malgré les reproches et les larmes de Mathilde, si M. Mauté n'annonçait pour de bon qu'il regagne ses pénates.

Alors, en hâte, Verlaine réunit ses amis et les convainc d'héberger à tour de rôle l'enfant génial qui leur est tombé du ciel. C'est à Charles Cros qu'échoit l'honneur d'accueillir en premier le poète sans toit dans son logement de la rue Séguier. Après le départ de Rimbaud, Mathilde, soulagée, fait faire le ménage dans la pièce qu'il a occupée et apprend avec répugnance que des poux courent sur l'oreiller. Elle s'en plaint à Verlaine et celui-ci, pouffant de rire, reconnaît que le jeune homme n'est nullement incommodé par ces parasites et qu'il s'amuse à secouer sa chevelure pour les projeter sur les prêtres qu'il lui arrive de rencontrer.

Transportant sa colonie de poux chez Charles Cros, Rimbaud s'y installe avec son sans-gêne habituel, mais il n'y restera que peu de temps. Charles Cros possède une collection de la revue *L'Artiste*, à laquelle il tient beaucoup. Il n'en faut pas plus pour que Rimbaud décide d'en déchirer les pages afin de les utiliser comme papier hygiénique. Furieux, Charles Cros le met à la porte. Verlaine prend la défense du pauvre enfant, ce qui provoque un début de brouille avec son vieil ami qu'il accuse d'incompréhension. Le plus alarmant pour lui, c'est que Rimbaud a quitté les lieux sans dire où il allait. Affolé, Verlaine fait le tour de toutes les brasseries, de tous les caboulots, interroge toutes leurs connaissances. Personne n'a vu Arthur, l'illuminé. Sans doute est-il retourné à Charleville. Alors qu'il est au désespoir de l'avoir perdu,

Verlaine l'aperçoit, hâve, déloqueté, traînant dans le quartier Saint-Séverin. Rimbaud raconte qu'il a couché dans un taudis de la place Maubert et s'est ravitaillé, avec les clochards, au hasard des poubelles. Ému aux larmes, Verlaine se sent responsable de cette déchéance. Ayant emmené Rimbaud au restaurant, il l'assure que plus jamais il ne l'abandonnera. Pour commencer, il adjure ses amis d'ouvrir leur porte-monnaie afin d'assurer au malheureux Arthur une rente journalière de trois francs qui lui permettra de se nourrir. Puis il relance l'opulent Théodore de Banville et lui demande, au nom de la Poésie, de loger l'infortuné dans un coin de son appartement. Touchée par la détresse du garçon, Mme de Banville met à sa disposition une chambre de bonne très convenable et le pourvoit en linge propre. Cette bienveillance, au lieu d'amadouer Rimbaud, l'exaspère. Mendiant vaniteux, il hait la gentillesse tout en la recherchant. Le soir de son installation dans la mansarde de la rue de Buci, il se déshabille, jette sur les passants sa chemise pleine de vermine et se prélasse à la fenêtre, nu comme un ver. Les voisins s'indignent. Le concierge monte admonester l'exhibitionniste. En représailles, celui-ci essuie ses chaussures crottées aux rideaux de mousseline, brise le pot à eau, le vase de nuit et défèque dans une potiche. Le lendemain, Théodore de Banville lui fait comprendre que sa présence dérange l'entourage. Et le voici de nouveau à la rue, flanqué de Verlaine qui se décarcasse pour fourrer quelque part l'insupportable et fascinant « enfant des Ardennes ».

Entre-temps, Charles Cros a fondé un cercle baptisé « zutique », réunissant tous les esprits libres qui osent dire zut ! aux conventions. Le siège de ce club se trouve au troisième étage de l'hôtel des Étrangers, à l'angle du boulevard Saint-Michel et de la rue Racine. Dans ce local privilégié, on peut boire jusqu'à plus soif absinthe, cognac, rhum et bière, réciter des vers irrespectueux, se quereller à grand bruit pour des questions de métrique, improviser des calembours obscènes et chanter au son d'un piano désaccordé. Le gérant de l'association, désigné par un vote unanime, est le doux et fluet musicien Cabaner, qui n'avale que du lait et a, dit-on, une telle passion des fleurs qu'il s'ingénie à en faire pousser dans des chaussures. À la demande de Verlaine, on installe un divan dans un coin de la pièce principale, pour que Rimbaud puisse y coucher. En échange de cette hospitalité, Rimbaud s'engage à tenir l'emploi de garçon de salle, prenant les commandes, versant les apéritifs, lavant les verres. Dans la distribution des alcools, il n'oublie jamais de se servir lui-même au passage. D'heure en heure, l'atmosphère devient plus enfumée et plus tapageuse. On fait circuler un livre d'or, l'*Album zutique*, où chacun griffonne une caricature, un poème comique, un dessin cochon, une sentence à l'emporte-pièce.

Le 20 octobre 1871, Charles de Sivry, enfin libéré du camp de Satory où il a été enfermé par erreur en tant que communard, passe au Cercle zutique, laisse son message de retour à la vie dans l'album et, le soir, dîne chez ses parents, rue Nicolet. Verlaine a invité Rimbaud à la table familiale pour le présenter à son beau-frère. Devant ce personnage arrogant et malpropre, Charles de Sivry a un mouvement de répulsion. « Charles, malgré sa bonté habituelle, eut une mauvaise impression et fit au jeune poète un assez froid accueil », notera Mathilde.

Le 23 octobre, au cours d'un souper chez sa belle-mère, aux Batignolles, elle éprouve un malaise, craint de perdre les eaux, car sa grossesse approche de son terme, et prie Paul de la ramener au plus vite, en fiacre, à la maison. Quand elle est enfin couchée dans son lit et rassurée, il lui raconte, pour la divertir, comment Rimbaud, à Charleville, se tenait au courant de tout ce qui paraissait en librairie sans débourser un sou. Ayant subtilisé un livre à l'étalage, il le lisait, puis le remettait en place le lendemain. Mais souvent, cette restitution étant aussi risquée que le larcin, il lui arrivait de garder le volume et de le vendre un peu plus tard. Mathilde n'apprécie nullement cette confidence et déclare : « Cela prouve que ton ami est peu délicat ! » À ces mots, une colère rouge enflamme Verlaine. Il ne peut tolérer que sa femme, une moins que rien, critique un être aussi exceptionnel que Rimbaud. Saisissant la malheureuse à bras-le-corps, il la tire hors du lit et la jette sur le plancher. Au bruit de la chute, Charles de Sivry, qui habite la chambre au-dessous, accourt et demande à travers la porte : « Que se passe-t-il donc ? » Honteux de sa violence, Paul ne répond pas, et Mathilde se recouche en pleurant. Le lendemain, au déjeuner, comme Charles insiste pour savoir quelle était la cause de ce vacarme insolite, Mathilde, gênée pour son mari et pour elle-même, prétend qu'ils ont fait tomber un meuble.

Huit jours plus tard, le 30 octobre 1871, elle accouche d'un garçon qu'on prénomme Georges-Auguste. Verlaine, qui a quitté la maison le matin, avant l'événement, ne rentre qu'à minuit. Mis en présence du bébé, il affiche un attendrissement convenable, embrasse Mathilde, la remercie de lui avoir donné un fils et va s'écrouler dans sa chambre, jouxtant celle où sa femme dépérit d'angoisse, de bonheur et de solitude.

En vérité, il est un peu agacé par cette paternité qui le renfonce, aux yeux de Rimbaud, dans la masse des bourgeois bien pensants. Alors que l'autre le convie à sortir des voies communes, le voici qui bêtifie entre un berceau, une jeune maman, des piles de langes et — comble de luxe — une garde baptisée nurse. Le poète, pense-t-il, doit vivre pour créer, non pour procréer. Un rejeton dans son existence augmente sa servitude à l'égard de la société. De plus en plus, il fuit ce nid de tiédeur et de mômerie pour goûter les virils plaisirs du Cercle zutique.

Il y retrouve Rimbaud qui, le teint brouillé, l'œil vague, s'adonne maintenant au haschisch. Lui-même tâte du chanvre indien sans obtenir d'autre résultat qu'un peu de migraine. Mais quel plaisir de se laisser glisser, la main dans la main, avec Arthur, toujours plus bas sur la pente ! Entre deux cuites, Rimbaud apprend à jouer du piano avec Cabaner. Celui-ci imagine d'associer à chaque note de musique une voyelle et une couleur. Cette méthode inspire au « nourrisson des Muses » le magnifique sonnet des *Voyelles*, mêlant les sonorités de l'alphabet aux éblouissements de l'arc-en-ciel. Verlaine ne jure que par lui. Et son engouement est tel qu'il n'est nullement jaloux des éclatantes qualités de cet inventeur de rythmes et d'images. Il en est même fier comme de la réussite d'un fils. Son vrai fils, c'est lui, Arthur, et non ce marmot vagissant et baveux sorti du ventre de Mathilde. Mais, en même temps que Rimbaud fait vibrer au fond de lui une étrange fibre paternelle, il éprouve en sa présence un troublant, un coupable et délicieux désir. Cet enfant révolté a pris, dans sa chair, la relève du doux Lucien Viotti. À mesure qu'il se rapproche de lui, il s'éloigne de sa femme. Bientôt, il ne peut plus la supporter, parce qu'elle a des seins gonflés de lait, des membres mous et lisses, un menton imberbe et une voix haut perchée. Elle, de son côté, se plaint parce qu'il la néglige et se néglige. « Il avait repris les cache-nez affreux et les chapeaux mous, écrira-t-elle, il restait parfois toute une semaine sans changer de linge et sans faire ses chaussures. »

C'est dans une tenue débraillée qu'il assiste avec

Rimbaud, le 14 novembre 1871, au théâtre du Gymnase, à la première de *L'Abandonnée*, de François Coppée. À l'entracte, il se pavane au foyer, les bottes boueuses, la chemise sale et le veston fripé, parmi les habits noirs des hommes et les robes décolletées des femmes. La mise de Rimbaud est également celle d'un clochard. Tous deux narguent le public élégant de l'endroit et redressent la taille sous les regards ironiques.

Rentré à la maison à trois heures du matin, après avoir visité plusieurs brasseries, Verlaine pique une colère parce que le nouveau-né crie dans son berceau et que Mathilde ne peut retenir ses larmes. Les yeux exorbités, il hurle : « C'est dégoûtant, ce succès de Coppée ! » Et, tendant le poing dans la direction de sa femme, il ajoute dans un ricanement : « La voilà, l'Abandonnée ! » Comme elle lui reproche sa grossièreté, il tente de mettre le feu à une armoire où M. Mauté enferme ses munitions de chasse. Il veut, dit-il, faire sauter la baraque avec tous ses habitants. Épouvantée, la vieille dame qui fait fonction de nurse s'efforce de le raisonner et réussit à le pousser par les épaules dans sa chambre. Mais il revient au bout de quelques minutes et réitère ses menaces. Entre-temps, la garde a mis des pincettes à rougir dans le feu de la cheminée. Elle les brandit brusquement sous le nez de Verlaine. Cette fois, il bat en retraite pour de bon et elle verrouille la porte derrière lui.

Au matin, elle raconte tout à Mme Mauté, en insistant sur le fait que de pareilles émotions peuvent être très néfastes à une jeune accouchée nourrissant son bébé. Mme Mauté fait de vifs reproches à son gendre qui fond en pleurs, s'agenouille près du lit de sa femme, lui baise les mains et met sa conduite de la nuit sur le compte d'un excès de boisson. Mais le soir même, 15 novembre, il est de nouveau au théâtre, et de nouveau avec Rimbaud.

On donne à l'Odéon la première d'une idylle d'Albert Glatigny, *Le Bois*. Comme la veille, les deux compères déambulent dans le foyer, arborant des vêtements tellement défraîchis que même leurs camarades habituels se détournent d'eux. Avertie du comportement scandaleux de son mari en public, Mathilde confie son désespoir et ses craintes à une amie journaliste et celle-ci fait paraître le 18 novembre, dans *Le XIX<sup>e</sup> Siècle*, un articulet venimeux révélant qu'un poète parnassien, jaloux du succès de Coppée, a passé sa fureur sur sa femme et son fils nouveau-né qu'il a failli tuer. « On l'a fort heureusement empêché de commettre ce double crime, conclut l'échotière ; mais nous espérons que ce n'est pas de sitôt que M. Coppée fera une autre pièce, sans quoi nous ne répondrions pas de la vie de ces deux pauvres êtres confiés au Parnassien en question. »

Par ailleurs, Edmond Lepelletier, désapprouvant la conduite de Verlaine, a publié deux jours auparavant, dans *Le Peuple souverain*, un compte rendu humoristique de la soirée de l'Odéon, sous la signature de Gaston Valentin : « Tout le Parnasse était au complet, circulant et devisant au foyer, sous l'œil de son éditeur, Alphonse Lemerre. On remarquait çà et là le blond Catulle Mendès donnant le bras au flave Mérat. Léon Valade, Dierx, Henri Houssaye causaient çà et là. Le poète saturnien Paul Verlaine donnait le bras à une charmante personne, Mlle Rimbaut [*sic*]. En somme, excellente soirée pour l'Odéon. »

Ce coup de griffe, Edmond Lepelletier n'a pu s'empêcher de le donner au couple Verlaine-Rimbaud, dont l'intimité est jugée suspecte par tous les amis. Ont-ils déjà couché ensemble ? Peut-être pas encore. Mais, par fanfaronnade, ils se comportent comme s'ils étaient amants. Cependant, Edmond Lepelletier a conscience d'avoir été un peu trop caustique dans son entrefilet du *Peuple souverain*. Quelques jours plus tard, il se rend rue Nicolet pour se faire pardonner. Verlaine est absent, selon son habitude, et Mathilde, fatiguée, garde le lit. C'est M. Mauté et Charles de Sivry qui reçoivent le visiteur. Celui-ci avoue n'avoir pas supporté de voir Verlaine et Rimbaud arpenter le foyer du théâtre en se tenant par le cou. M. Mauté étouffe de colère et Charles de Sivry de tristesse. L'un et l'autre tremblent pour l'avenir de Mathilde, mariée à cet ivrogne, à ce débauché, à cet incapable, à ce fou furieux.

Espérant apaiser les esprits, Edmond Lepelletier convie Verlaine et Rimbaud à dîner chez lui. Un repas sinistre. Verlaine boude et Rimbaud, entre deux bouchées avalées gloutonnement, insulte son hôte, le traitant d' « ancien troubade », de « pisseur de copie », de « salueur de morts ». Ce dernier sarcasme lui est inspiré par le fait qu'il a vu récemment Lepelletier soulever son chapeau au passage d'un convoi funèbre. Or celui-ci, qui vient de perdre sa mère, ne peut tolérer ce genre de plaisanterie et ordonne à son invité de se taire. Alors Rimbaud pâlit de rage et se lève, brandissant un couteau à dessert. Lepelletier lui plaque les deux mains sur les épaules, l'oblige à se rasseoir et lui déclare qu'il vient de faire la guerre, qu'il n'a pas eu peur des Prussiens, que ce n'est pas un polisson comme lui qui l'intimidera et qu'en cas de récidive il lui fera descendre l'escalier à grands coups de pied dans le « bas du dos ». Verlaine s'interpose et récite des vers pour détendre l'atmosphère, tandis que Rimbaud se console en grognant, en buvant sec et en tirant sur sa pipe. En peu de temps, l'auteur du *Bateau ivre* est arrivé, par son arrogance, sa malveillance, sa saleté et son égoïsme, à faire le vide autour de lui. Personne n'a plus envie de s'apitoyer sur son sort. Seul Verlaine estime encore que son devoir est d'aider, coûte que coûte, l'enfant sublime.

En décembre 1871, faute d'un financement régulier, le Cercle zutique, où Rimbaud couchait jusque-là sur un canapé, est dissous. Voilà de nouveau le vagabond ardennais sur le pavé. Bouleversé de compassion, Verlaine court tout Paris pour lui trouver un gîte. Plus question de s'adresser aux amis, qui, instruits par l'expérience, se terrent chez eux. Il finit par dénicher une mansarde, à l'angle du boulevard d'Enfer [1] et de la rue Campagne-Première. Le rez-de-chaussée de la maison est occupé par la boutique d'un boulanger, nommé Trépied. Mais il est aussi marchand de vin, ce qui est une aubaine pour des assoiffés comme Rimbaud et Verlaine. Ils font de fréquentes visites au mastroquet, dont la clientèle se compose principalement de cochers d'omnibus. Quant à la chambre, elle est sordide, avec des virgules chocolat aux murs et une fenêtre à tabatière crasseuse, d'où tombe un jour grisâtre. Pour modeste qu'il soit, le loyer est une lourde charge dans le budget de Paul. Or, il a dépensé son dernier argent en beuveries avec Arthur. Parant au plus pressé, il vend des livres de sa bibliothèque et emprunte une petite somme à sa mère. Puis, à la mi-décembre, il s'apprête à se rendre en Belgique afin de réclamer au notaire de Paliseul les six mille six cent soixante francs qui lui sont encore dus sur la succession de sa tante Louise Grandjean.

La veille de son départ, il rentre tard à la maison, titubant et hilare, accompagné de Rimbaud et de Forain. Ses deux compagnons habitent, dit-il, dans un quartier trop éloigné pour pouvoir le regagner sans encombre. Ils coucheront donc dans sa chambre, tandis que lui dormira, cette nuit, dans la chambre de sa femme. À cinq heures du matin, il est debout pour prendre le train et recommande à Mathilde de faire

1. Actuellement boulevard Raspail.

servir à ses invités, dès leur réveil, une épaisse soupe à l'oignon. Quand la bonne leur apporte le potage fumant, la chambre est vide, les deux lascars ont pris la poudre d'escampette.

Le lendemain du départ de Verlaine pour la Belgique, sa mère vient trouver Mathilde afin de s'enquérir du motif de ce voyage impromptu. Apprenant que son fils est allé à Paliseul dans l'espoir de soutirer de l'argent au notaire, elle s'inquiète. Au dire de la jeune femme, il aurait dépensé deux mille francs, en six semaines, pour subvenir aux besoins d'Arthur et se payer de somptueuses muffées. Par prudence, elle remet à sa belle-mère les soixante mille francs de titres qui appartiennent à Paul et constituent la fortune du ménage. « Vous aurez bien plus d'autorité que moi, lui dit-elle, et, s'il était tenté de vendre ses titres, votre fils n'oserait pas vous les demander et vous le forceriez ainsi à conserver son avoir. » Confiante, elle n'exige même pas un reçu en échange du dépôt qu'elle fait entre ses mains.

Cependant, à Charleville, Verlaine rencontre joyeusement deux amis de Rimbaud, le gentil Delahaye et le truculent Bretagne, admire la dégaine martiale des officiers allemands qui occupent encore la ville et boit force chopes de bière. Il se promène aussi dans la campagne enneigée, visite les champs de bataille de Sedan et gagne Paliseul. Le notaire ne fait aucune difficulté pour lui verser la somme réclamée. Le soir de Noël, il est toujours à Paliseul, chez le bourgmestre Pérot. Au sortir de la messe de minuit, il réveillonne copieusement, célèbre la nativité du Christ au cabaret et, de là, écrit à Charles de Sivry une lettre scatologique et pornographique, ornée de dessins obscènes. Puis, satisfait des résultats de son voyage, il reprend le train pour Paris.

Or, entre-temps, sa mère et sa femme, s'étant consultées, ont décidé que seul un travail régulier, comportant des horaires fixes et une surveillance inflexible, pourrait amender la conduite de Paul. Il boirait moins, dépenserait moins, gagnerait de l'argent et se remettrait à écrire, car, depuis qu'il a toute sa liberté, il n'a pas aligné deux vers, la majeure partie de son œuvre ayant été composée aux heures tranquilles du bureau. À présent, les deux femmes, devenues complices, rêvent de le voir réintégré à l'Hôtel de Ville. Justement, il se trouve qu'Edmond Lepelletier connaît Mme de La Chauvinière, dont le mari est chef de bureau dans cette administration. Mme Verlaine mère organise donc un grand dîner, auquel elle invite M. et Mme de La Chauvinière, Edmond Lepelletier, sa sœur Laure, M. et Mme Dumoulin ainsi que leur fille Eugénie, fiancée à Lepelletier, Charles de Sivry et sa femme Emma, enfin Mathilde et Paul, qui, bien entendu, ignore le vrai motif de la réunion. Le repas, excellent, commence sans lui, ce qui inquiète fort la famille. Comme on pouvait le craindre, il paraît avec une heure de retard, dépenaillé et profondément ivre. Pour atténuer cette impression déplorable, Lepelletier et Sivry s'efforcent d'animer la conversation par des réflexions amusantes et des anecdotes, tandis que Verlaine, cuvant son absinthe, éructe des lambeaux de phrases inintelligibles. Au moment du café, alors que les dames « font salon », il déclare devant son beau-frère, qui est jeune marié, Lepelletier, qui est fiancé à Mlle Dumoulin, et M. de La Chauvinière, qui est censé patronner son retour à l'Hôtel de Ville, qu'il plaint les pauvres bougres affublés d'une épouse, que, personnellement, il en a assez de la vie conjugale et que « les femmes et les enfants, c'est dégoûtant ». On feint de prendre ces propos en plaisanterie, mais M. de La Chauvinière se retire avec la conviction que Verlaine serait une recrue détestable pour l'administration municipale et Mme Dumoulin, en se retrouvant dans la rue avec Lepelletier, lui annonce tout net qu'en raison de sa fréquentation d'un tel débauché elle ne lui accordera jamais la main de sa fille.

Quant à Verlaine, assis avec Mathilde dans le fiacre qui les ramène rue Nicolet, il se moque des maladroites manœuvres de sa mère, laquelle donne des dîners en espérant le remettre dans le droit chemin. À sa femme consternée, il affirme qu'il s'estime trop heureux de ne rien faire pour retourner jamais à l'Hôtel de Ville, ni dans aucun autre bureau.

Quelques jours plus tard, Verlaine et Rimbaud vont poser en l'atelier de Fantin-Latour, rue des Beaux-Arts, pour un tableau de groupe, *Le Coin de table*, évoquant le « Dîner des vilains bonshommes ». Plusieurs séances à la lumière artificielle étant nécessaires, Verlaine allègue cette obligation pour ne pas rentrer le soir à l'heure sacrée du repas. Il s'installe devant son assiette quand cela lui chante, au nez de ses beaux-parents indignés. Le 13 janvier 1872, étant, une fois de plus, arrivé en retard et ayant dû se contenter d'un souper réchauffé et d'un café tiède, il monte dans la chambre de Mathilde, qui est couchée, souffrante, et crie : « Tes parents m'ont fait servir du café froid ! Donne-moi la clef du tiroir que je prenne de l'argent pour aller en prendre une tasse au café ! » « Il n'est pas nécessaire de chercher un prétexte pour sortir, lui répond-elle avec une tranquille ironie. Tous les jours, tu me laisses de plus en plus seule, et aujourd'hui je ne t'ai pas vu de la journée. » Cette réplique porte la colère de Verlaine à son paroxysme. Saisissant le petit Georges que Mathilde serre dans ses bras, il le jette violemment contre le mur. Par miracle, ce sont les pieds du bébé — il n'a pas trois mois — qui heurtent la paroi. Il retombe, en pleurant, sur le matelas. Épouvantée, Mathilde pousse un cri déchirant et veut se ruer vers la brute avinée qui la menace du poing. Mais déjà il est sur elle, la renversant en travers du lit. Un genou appuyé contre sa poitrine, il lui serre le cou à pleins doigts. Alors qu'elle est sur le point de perdre le souffle, M. Mauté, qui a entendu l'appel au secours, entre dans la chambre, empoigne le forcené et lui fait lâcher prise. Verlaine, effrayé de son propre geste, dévale l'escalier, s'enfuit comme un assassin et va dormir chez sa mère.

Pressée de questions par ses parents, Mathilde, ce soir-là, avoue tout : sa terreur quand elle entend le pas heurté de l'ivrogne, les scènes qu'il lui fait à propos de rien, ses violences ; une fois, il a approché une allumette de sa tête pour enflammer sa chevelure ; une autre fois, il lui a fendu la lèvre d'un coup de poing ; à plusieurs reprises, il lui a lacéré les poignets avec ses ongles. Pour expliquer son état, elle a prétendu s'être blessée par maladresse, avoir fait une chute sur un tas de cailloux...

Dès le lendemain, M. Mauté convoque un médecin qui trouve Mathilde très affaiblie et d'une nervosité inquiétante. Les doigts de Verlaine ont laissé sur le cou de la jeune femme des ecchymoses violettes. À la demande de la famille, le docteur dresse un certificat constatant les sévices dont Mathilde a été victime, puis il déclare qu'elle a besoin d'une cure de repos physique et moral absolu. La décision est prise sur-le-champ : M. Mauté partira avec sa fille, le petit Georges et la « nourrice sèche » pour Périgueux, où il les installera dans un hôtel paisible et confortable. Bien entendu, le lieu de leur retraite sera tenu secret. Qui sait à quelle extrémité peut se porter un homme comme Verlaine quand il a forcé sur la « verte » ?

# X

## DÉCHIRÉ ENTRE MATHILDE
## ET « RIMBE »

Pendant quarante-huit heures, blotti sous l'aile de sa mère, Verlaine écoute patiemment ses remontrances. Puis, toute honte bue, il fait porter à Mathilde, par un commissionnaire, un mot de repentir. Pas de réponse. Alors il décide de se présenter rue Nicolet. C'est sa belle-mère qui le reçoit et lui apprend le départ de Mathilde et de son enfant pour « le Midi ». Sur le conseil du médecin, qui l'a jugée extrêmement anémiée, elle y passera tout l'hiver. Avec douceur et fermeté, Mme Mauté prévient son gendre qu'elle ne lui donnera aucune indication supplémentaire, mais que, s'il désire écrire à sa femme, elle fera suivre le courrier scrupuleusement.

Cette révélation est pour Paul un seau d'eau froide en pleine figure. Pris de court, il s'excuse du dérangement et retourne chez sa mère. Il devrait être soulagé à l'idée des quelques mois de célibat qui l'attendent. Et, bizarrement, il se sent spolié, berné. Comme si, pour assurer son bonheur, il était nécessaire que sa femme souffrît pendant qu'il se gobergerait avec Rimbaud. Mis au courant de la situation, celui-ci exulte. Il a gagné la partie. Verlaine est entièrement à lui. Plus rien ne s'oppose à leurs attouchements ni à leurs beuveries. Casser le nez d'une statue, déchirer un dessin précieux, lacérer des rideaux, briser un ménage, tout cela lui procure le même plaisir de destruction. Mme Verlaine mère s'en rend compte et ordonne à son fils de tenter, par tous les moyens, d'échapper à l'influence néfaste du jeune homme, de renoncer à boire et d'esquisser un rapprochement sincère avec sa femme. Docile, Verlaine écrit, le 20 janvier 1872, à Mathilde pour confesser ses torts et promettre de s'amender. Il lui jure de redevenir un mari affectueux et de se dévouer complètement à leur enfant. Il la supplie d'avoir pitié de sa solitude et de ses larmes.

Devinant qu'elle regagne du terrain sur l'adversaire, Mathilde répond à Paul qu'elle ne rentrera à Paris que lorsqu'il aura renvoyé Rimbaud. Mme Verlaine mère approuve sa bru de mettre cette condition à la reprise de la vie commune. Sur les instances de la brave femme, soucieuse de tout arranger, Verlaine essaie d'expliquer à Rimbaud qu'il devrait s'éloigner de la capitale pour quelques semaines, le temps que les colères et les rancunes retombent. Mais Rimbaud ne l'entend pas de cette oreille. Si Verlaine est une loque, lui a les épaules solides. Ce n'est pas une femelle capricieuse et stupide qui le fera renoncer aux agréments de sa situation de poète libre, génial et entretenu. Convaincu que Rimbaud ne cédera pas d'un pouce, Verlaine, tout penaud, informe sa femme qu'il n'est pas en son pouvoir d'empêcher son ami de vivre à Paris. Elle rétorque qu'il suffit de couper les subsides à ce pique-assiette éhonté pour que, privé de ressources, il retourne chez sa mère à Charleville. Or, Verlaine ne peut se résoudre à une aussi cruelle séparation. Il espère encore que Mathilde, lasse de son exil, finira par revenir rue Nicolet et que le ménage à trois reprendra son cours paisible après l'orage.

Cependant, Rimbaud ne digère pas la lâcheté de

Verlaine qui, circonvenu par sa femme et sa mère, a osé lui suggérer de partir. Plus insolent que jamais, il profite du dîner traditionnel des « vilains bonshommes », en janvier 1872, pour laisser éclater sa mauvaise humeur. Après le dessert, alors qu'Auguste Cresseils, un poétastre obscur, récite un sonnet de sa composition, il salue chaque vers d'un « merde ! » retentissant. Exaspérés, les convives se dressent d'un seul mouvement et l'entourent pour le faire taire. Carjat le traite de « crapaud », d'Hervilly de « sale petite bête de comédie ». Rimbaud lui répond : « Ferme ton con, d'Hervilly ! » Et c'est la bousculade. Carjat le saisit au collet et le traîne dehors, tandis qu'il se débat et hurle des injures. On le croit loin, mais à la fin de la réunion, lorsque les « vilains bonshommes » sortent de la salle, il se précipite sur Carjat en pointant une canne-épée dégainée qu'il a chipée au vestiaire. En tentant d'esquiver les coups, celui-ci est blessé à la main et à l'aine. De simples égratignures, certes, mais le scandale est patent. Paul brise l'épée sur son genou et charge un des témoins de la scène, Michel de L'Hay, de ramener chez lui le coupable qui bave de fureur et roule des yeux blancs. Sur quoi, le groupe des amis fait savoir à Verlaine que désormais, pour être admis aux dîners des « vilains bonshommes », il devra s'y présenter sans son protégé.

Cette excommunication afflige Verlaine mais ne le surprend pas. Il se console en pensant que le cher Arthur, exclu des repas confraternels, figurera néanmoins sur le tableau de Fantin-Latour, *Le Coin de table*. Ainsi, malgré tous les malentendus et toutes les bisbilles, la postérité les verra-t-elle côte à côte, parmi les poètes de leur temps. Mais Albert Mérat déclare au peintre qu'il refuse d'apparaître sur la toile aux côtés « d'un voyou et de son complice ». Longtemps, Fantin-Latour laisse la place vide, espérant un changement d'opinion du protestataire. Puis, comme l'œuvre doit figurer au Salon de 1872, il se résigne à remplacer l'effigie d'Albert Mérat par un imposant pot de fleurs pour équilibrer l'ensemble. Le tableau n'a d'ailleurs aucun succès ; le public se demande qui sont ces individus sinistres, qui ont l'air de tellement s'ennuyer : « Mais c'est le repas des communards ! » s'écrie le directeur des Beaux-Arts, Charles Blanc. Furieux contre son agresseur du dîner des « vilains bonshommes », Carjat détruit le cliché qu'il a pris de lui. Quant à Forain, il fait un croquis de Rimbaud avec cette légende : *Qui s'y frotte... s'y pique !*

L'esclandre du dîner est bientôt connu du Tout-Paris littéraire et artistique. Mathilde en reçoit les échos à Périgueux, et M. Mauté décide que son gendre, empêtré dans des relations équivoques avec un demi-fou, mérite une leçon sévère. « Laisse-moi faire, dit-il à sa fille, et ton mari te reviendra. » Il est déterminé à demander en justice une séparation de corps et de biens, étayée par des témoignages accablants et un certificat médical en règle [1]. Un avoué de ses amis, Me Guyot-Sionnest, est chargé d'introduire l'instance. L'affaire suit son cours et, vers la mi-février 1872, Verlaine reçoit une assignation à comparaître au Palais de Justice. Les griefs invoqués contre lui sont énumérés en onze paragraphes, ou « articulats », et vont de l'ivrognerie à la violence. Le tout est appuyé par sa lettre du 20 janvier, dans laquelle il reconnaît ses torts, et par un certificat médical irréfutable. Fort heureusement, le document ne fait aucune allusion à Rimbaud.

Le plafond s'écroule sur la tête de Verlaine. Lui faire ça, à lui, alors qu'il est sur le point de venir à résipiscence ! Cette femme n'a pas de cœur. Cette famille n'est qu'une meute de chiens dressés à

---

1. Le divorce, institué en 1792 et supprimé en 1816, ne sera rétabli qu'en 1884.

mordre. Il s'abat, secoué de sanglots, sur la poitrine de sa mère. Elle le berce et le sermonne : Mathilde l'aime, malgré ses grands airs. Elle passera l'éponge, s'il obtient de Rimbaud qu'il quitte la ville. Morigéné, réconforté, Paul promet de tenter l'impossible pour convaincre Arthur de renoncer à lui. Comme il s'y attendait, dès les premiers mots, son ami se cabre, l'œil étincelant, l'insulte à la bouche. Il l'accuse d'être une chiffe molle entre les mains de sa femme. Il le traîne dans la boue, tantôt par la raillerie et tantôt par l'invective. Il affirme qu'il préfère rompre avec lui définitivement plutôt que d'accepter l'affront d'une séparation temporaire. Pris entre deux feux, Verlaine ne sait que gémir.

Or, entre-temps, Mme Rimbaud a reçu à Charleville une lettre anonyme lui dépeignant, en termes crus, la vie dissolue de son fils à Paris. N'est-ce pas M. Mauté qui a tracé ces lignes en déguisant son écriture ? Toujours est-il que Mme Rimbaud se sent éclaboussée dans son honneur de mère. Arthur est mineur. Il est en fugue. Ulcérée, elle lui intime l'ordre de revenir d'urgence. Aussitôt, une âpre discussion s'engage entre les deux amis. À force de tourner en rond, ils aboutissent à un compromis bancal. Rimbaud quittera Paris, séjournera à Arras, grâce aux secours de Verlaine, et, lorsque Mathilde sera enfin apaisée, on s'arrangera pour qu'il regagne clandestinement la capitale. Alors, s'étant joués des affreux Mauté, ils reprendront leurs bonnes relations d'autrefois. Rimbaud acquiesce et, le lendemain de son départ, Verlaine annonce par lettre à Mathilde qu'il s'est débarrassé de son compagnon.

Le croyant guéri de sa démence, elle retourne chez ses parents. Il la rejoint, sobre, repentant, illuminé, dans la maison de la rue Nicolet où tout le monde feint d'avoir oublié la tragédie. La demande en séparation est abandonnée. Paul retrouve, dans les bras de Mathilde, le goût de la femme. Il ne boit plus guère et rentre ponctuellement à l'heure des repas. Cependant, Rimbaud, ayant très vite dilapidé le modeste viatique de Verlaine, se résigne à réintégrer Charleville, la colère en tête. Il n'accepte pas l'idée que Verlaine l'a troqué, pour sa commodité, contre la pécore qui lui sert d'épouse. Et Verlaine, de son côté, souffre d'une absence qui le prive de grandes joies intellectuelles et autres. Un jour, en veine de confidence, il a cru révéler à sa femme son penchant pour les fréquentations masculines. « Quand je vais avec la petite chatte brune [Forain], je suis bon parce que la petite chatte brune est douce, dit-il ; mais, quand je vais avec la petite chatte blonde [Rimbaud], je suis méchant parce que la petite chatte blonde est féroce. » Elle a ri sans bien comprendre la signification de cet aveu.

Au vrai, après avoir eu un regain d'intérêt pour les voluptés légitimes, Paul regrette déjà d'être sevré de l'enivrant contact avec la peau d'un homme jeune et robuste. La frustration aiguise son désir. Pour prendre patience, il écrit en cachette à Rimbaud, lui disant sa peine et l'incitant à chercher du travail à Paris. La réponse lui arrive, cinglante : « Le travail est plus loin de moi que mon ongle l'est de mon œil. Merde pour moi ! Merde pour moi ! » (Il le répète *huit fois.*) Aussitôt, Paul s'aplatit devant son correspondant, comme s'il avait à se faire pardonner son état d'époux et de père. « Merci pour ta bonne lettre, lui écrit-il. Le *petit garçon* accepte la juste fessée, *l'ami des crapauds*[1] retire tout, et n'ayant jamais abandonné ton martyre, y pense, si possible, avec plus de *ferveur* et de joie encore, sais-tu bien, Rimbe. C'est ça : aime-moi, protège et donne confiance. Étant très faible, j'ai besoin de tes bontés [...]. Je ne t'emmiellerai plus

1. C'est Carjat qui avait traité Rimbaud de « crapaud ».

avec mes petites garçonnades [...]. Enfin on s'occupe de toi, on te désire [...]. Et l'on est tout tien. » Comme l'exilé trouve le temps long, Verlaine insiste : « Certes, *nous nous reverrons*. Quand ? Attends un peu. Nécessités dures. Opportunités roides ! Soit ! Et merde pour les unes comme merde pour les autres ! [...] Enfin m'être sempiternellement communicatif en attendant mieux, après *mon ménage retapé* [...]. Et ne jamais te croire lâché par moi. *Remember ! Memento !* »

Indigné de ne plus recevoir aucun secours pécuniaire de Paris, Rimbaud s'insurge : « Quand vous me verrez manger positivement de la merde, vous ne trouverez plus que je coûte trop cher à nourrir [1]. » Pour l'apaiser, Verlaine l'assure que, bientôt, ils tireront vengeance des gens qui les ont persécutés : « Nous manigançons contre quelqu'un que tu sauras [M. Mauté] de badines *vinginces*. Dès ton retour, pour peu que ça puisse t'amuser, auront lieu des choses *tigresques* [...]. Il s'agit d'un monsieur qui n'a pas été sans influence dans tes trois mois d'Ardennes et mes six mois de merde. Tu verras quoi ! » Et, plus loin, ce conseil pour l'avenir de leur couple : « Fais en sorte, au moins quelque temps, d'être moins terrible d'aspect qu'avant : *linge, cirage, peignage, petites mines* ; ceci est nécessaire si toi entrer dans projets tigresques ; moi, d'ailleurs, lingère, brosseur, etc. (si tu veux). » Lui-même va feindre, dit-il, de se ranger. Grâce aux démarches de sa mère, il entrera comme rédacteur dans une compagnie d'assurances, la Lloyd's belge. Mais cet emploi honorable ne changera rien à ses sentiments pour Rimbaud : « Dernière recommandation, lui écrit-il dans la même lettre : dès ton retour, m'empoigner de suite, de façon à ce qu'aucun secouisme — et tu le pourras si

1. Cet échange de lettres date d'avril 1872.

bien ! Prudences ! » Ainsi, il compte sur Arthur pour, cette fois, ne pas lâcher prise, malgré les efforts des uns et des autres qui chercheront à les désunir. Dans cette affaire, il est le faible, le mou, la femelle, Rimbaud le mâle résolu et rude. Le bonheur de Verlaine est de se soumettre, celui de Rimbaud est de dominer. Comme ils se complètent bien, comme ils ont besoin l'un de l'autre ! « Maintenant, salut, revoir, joie, attente de lettres, attente de toi [1]. »

Après avoir tracé ces lignes, Verlaine retrouve sa femme, souriante, ignorante et quotidienne. C'est sans le moindre scrupule qu'il joue devant elle le rôle du mari fidèle et attentionné. Ce qu'il veut, c'est goûter tantôt à la fade cuisine conjugale, tantôt à la cuisine épicée de l'adultère. Toutes les deux lui sont nécessaires, l'une parce qu'elle répond à son appétit naturel et aux recommandations de sa chère maman, l'autre parce qu'elle assouvit sa faim d'avilissement et de destruction, selon la théorie de Rimbaud. Qu'il cajole Mathilde et s'attendrisse devant le berceau ou qu'il écrive à Arthur des lettres enflammées, il ne se sent en aucune façon coupable de duplicité.

Lorsque Rimbaud revient, au début du mois de mai 1872, Verlaine se remet à boire pour fêter leurs retrouvailles secrètes. Un soir, il rentre à la maison, peu avant minuit, dans un état d'ébriété avancée et exige d'emmener le petit Georges chez sa grand-mère paternelle, aux Batignolles. Mathilde a beau lui représenter que, nourrissant son bébé, elle ne peut s'en séparer, il tempête si fort que, par crainte des coups et en l'absence de M. Mauté, elle cède. Tout ce qu'elle obtient de Paul, c'est que la bonne accompagne l'enfant. Le lendemain, tôt le matin, elle va le rechercher rue Lécluse, non sans avoir préalablement averti l'avoué de cette nouvelle incartade de

1. Lettre de mai 1872.

son mari. Le bébé n'a pas souffert. On lui a donné du lait. Pourtant, en le ramenant à la maison, Mathilde a conscience qu'un obscur danger la menace. Elle ignore que Rimbaud est de retour et met le dérèglement de Paul sur le compte de la boisson.

Or, Verlaine est plus que jamais dominé, fasciné par Rimbaud. Il lui a loué une méchante mansarde, rue Monsieur-le-Prince, et le retrouve tous les soirs, au sortir de son bureau de la Lloyd's belge. Cette fois, leurs relations sexuelles se précisent et s'exaspèrent. Ce ne sont plus des caresses mutuelles, mais de farouches chevauchements. Verlaine est la « Vierge folle » qui appelle les assauts de l' « Époux infernal ». Évoquant ces scènes de possession amoureuse, il écrira :

> *Quel Ange dur ainsi me bourre*
> *Entre les épaules tandis*
> *Que je m'envole au Paradis ? [...]*
> *Toi le Jaloux qui m'as fait signe,*
> *Tout me voici, voici tout moi !*
> *Vers toi je rampe encore indigne,*
> *Monte sur mes reins et trépigne*[1] *!*

Parfois cependant, las d'être dominé, pénétré, il inverse les rôles. Mais, la plupart du temps, c'est Rimbaud qui est le mâle dans leur accouplement. Le tempérament de Verlaine le pousse à la soumission. Il lécherait volontiers les pieds du vainqueur. Cela ne l'empêche pas d'être séduit, à ses heures, par l'anatomie féminine. Il apprécie autant un gars bien planté qu'une luronne à la poitrine opulente. Est-ce sa faute si ces deux exigences coexistent en lui, s'il est aussi troublé par les fesses d'un garçon que par celles d'une fille ? Quand il est forcé par un homme, il se dit qu'il ne pourra jamais plus faire l'amour avec une femme ;

1. *Le Bon Disciple.*

quand il possède une femme, il se demande pourquoi aller chercher son plaisir ailleurs. Ses vieux démons le ressaisissent et le promènent d'un bord à l'autre. Il est tour à tour « il » et « elle », un amant avec une sensualité féminine, une maîtresse avec un membre viril. En tout cas, Mathilde ne l'inspire plus. Rimbaud le tient à sa merci. Il lui dispense à la fois les clartés de l'esprit et les ténèbres de la chair.

Cette double communion ne va pas sans heurts. Comme si le fait d'appartenir au même sexe vous prédisposait à souffrir davantage l'un par l'autre. De violentes disputes éclatent, sans motif réel, entre ces deux amants qui se cachent. Le premier, Rimbaud se fatigue des étreintes que Verlaine réclame comme un assoiffé. La répulsion remplace bientôt, chez lui, la compassion et même la simple estime. Déçu, il éprouve le besoin de blesser, d'humilier son partenaire pour se venger de l'avoir placé trop haut. Quand il est soûl, il se plaint en public de la crasse de Verlaine. Goncourt affirme que certains soirs, au café, le pur poète du *Bateau ivre* couchait sa tête sur le marbre d'un guéridon et criait devant Maurice Rollinat : « Je suis tué ! Je suis mort. Il m'a enculé toute la nuit... Je ne puis plus retenir ma matière fécale[1] ! » Une autre fois, toujours selon Goncourt, Alphonse Daudet a entendu Rimbaud affirmer, parlant de Verlaine dans un cercle d'amis : « Qu'il se satisfasse sur moi, très bien ! Mais ne veut-il pas que j'exerce sur lui ? Non, non, il est vraiment trop sale et a la peau trop dégoûtante[2] ! »

Pourtant le couple, à travers cent querelles sordides, tient encore. Peut-être même les éclats de voix et les coups de poing contribuent-ils à sceller l'union. Un soir, Verlaine rentre rue Nicolet les poignets et les

1. Goncourt, *Journal*, 18 avril 1886.
2. *Ibid.*, 8 février 1891.

cuisses tailladés, et prétend s'être blessé en faisant de l'escrime. Ou bien, invité avec Mathilde et les Burty chez Victor Hugo, il arrive en boitant parce qu'il a, dit-il, des furoncles aux jambes. En réalité, il a été rossé d'importance par Rimbaud. Ces violences l'excitent par contagion à se montrer brutal envers sa femme. Il tient devant elle le rôle de dominant que Rimbaud tient devant lui. À maintes reprises, il la menace avec un couteau à cran d'arrêt. Après une altercation plus méchante encore chez les Burty, Mathilde, dès son retour à la maison, fait descendre le berceau dans une chambre du premier étage afin d'éviter que son mari ne s'en prenne à l'enfant. Le lendemain, elle se rend chez Mme Burty pour la prier d'excuser la dispute de la veille, et là elle apprend avec stupeur que Rimbaud est revenu. Ernest d'Hervilly l'a vu plusieurs fois rôdant autour du passage Jouffroy. Tout s'explique. Verlaine, démasqué, avoue. Mais il ne se repent pas de son subterfuge. Il se montre même plus arrogant que jamais envers son épouse, ses beaux-parents, ses confrères.

Un jour, il frappe Léon Hennique d'un coup de canif et hurle des injures à la ronde pendant qu'on l'expulse du café. Un autre jour, il apostrophe Camille Pelletan et brandit un couteau sous son nez. Anatole France, lui aussi, doit subir ses assauts. Verlaine l'empoigne et veut à toute force l'emmener chez lui pour finir la soirée. Chaque fois que le romancier essaie de se dégager, il appuie la pointe de la lame sur son plastron d'habit. Enfin, profitant d'un mouvement de foule dans la brasserie où il cherche à l'entraîner, Anatole France s'enfuit avec sa chemise déchirée et des taches rouges sur la poitrine.

Rimbaud ayant déclaré qu'il ne se supportait plus dans sa mansarde de la rue Monsieur-le-Prince, Verlaine lui loue une chambre à l'hôtel de Cluny, rue Victor-Cousin, à l'ombre de la Sorbonne. Là, par miracle, Rimbaud se remet à écrire. Dans une lettre à Delahaye, datée « Parmerde, Junphe 72 », il annonce : « C'est la nuit que je travince... De minuit à cinq heures du matin... En ce moment, j'ai une chambre sur une cour sans fond, mais de trois mètres carrés. Là, je bois de l'eau toute la nuit. Je ne vois pas le matin, je ne dors pas, j'étouffe. » Ayant composé, dans la hargne et le désespoir, quelque poème sublime, telles *La Chanson de la plus haute tour* ou *Bonne Pensée du matin,* il descend acheter un morceau de pain qu'il dévore en l'arrosant de « vertes ». Ses compagnons de trinquées sont souvent Ponchon, Richepin, Forain. Après avoir avalé son poison quotidien, il remonte l'escalier en vacillant, se jette sur son lit, trace quatre lignes en prose (*Illuminations*) et s'endort, pensant à la vanité de ses efforts au milieu d'un monde qu'il déteste. Tous ses amis l'ont trompé, à commencer par Verlaine, qui l'a fait revenir à Paris en lui promettant une éclatante revanche sur les Mauté, sur Mathilde, sur la clique des bourgeois timorés. Et voici que ce minable est de nouveau en laisse. Sa belle-famille l'a casé dans un bureau. Il marche droit. Il a peur que les conseils de guerre de la région, qui continuent à condamner par centaines des fonctionnaires favorables à la Commune, ne s'occupent de lui s'il se fait trop remarquer. Il craint aussi, mais cela il ne le dit pas, que M. Mauté, mécontent de la liaison avérée de son gendre avec Rimbaud, ne remette sur le tapis l'affaire de la séparation de corps. De toute évidence, Paul veut, plus que jamais, garder par-devers lui et Arthur et Mathilde. Déchiré entre sa passion terrifiante pour le premier et sa tendresse apitoyée pour la seconde, il lui arrive, entre deux torgnoles, entre deux délires alcooliques, de laisser sourdre de son cœur la divine musique qui l'habite et dont il n'est pas maître :

> *C'est l'extase langoureuse,*
> *C'est la fatigue amoureuse,*
> *C'est tous les frissons des bois*
> *Parmi l'étreinte des brises,*
> *C'est, vers les ramures grises,*
> *Le chœur des petites voix.*

Cette courte poésie paraît en mai 1872 dans *La Renaissance littéraire et artistique*. Le mois suivant, c'est une autre poésie, de même inspiration, qui voit le jour :

> *Le piano que baise une main frêle*
> *Luit dans le soir rose et gris vaguement,*
> *Tandis qu'avec un très léger bruit d'aile*
> *Un air bien vieux, bien faible et bien charmant*
> *Rôde discret, épeuré quasiment,*
> *Par le boudoir longtemps parfumé d'Elle.*

Une fois de plus, la brute avinée se mue, le plus naturellement du monde, en un subtil alchimiste du sentiment. Quand est-il lui-même ? Quand il éructe, quand il divague, quand il cogne ou quand il s'abandonne au bercement de *La Bonne Chanson* ?

Une chaleur de fournaise écrase Paris. Rimbaud peste contre l'univers entier. Verlaine essaie de tenir la balance égale entre son amant et sa femme. Le 7 juillet 1872, Mathilde, qui souffre d'une névralgie, garde le lit. Paul, déjà prêt à se rendre au bureau, lui propose de passer d'abord chez le docteur Antoine Cros et de le lui envoyer. Jamais il ne s'est montré aussi affectueux avec elle. Un couple modèle. Elle le remercie de sa gentillesse. Il lui dépose un baiser sur le front et s'en va. Dans la rue, il se heurte à Rimbaud qui lui apporte une lettre. Et, comme il s'étonne de cette démarche, Arthur lui annonce, tout à trac, qu'il en a assez de Paris, que personne ne l'aime dans cette ville pourrie et qu'il va retourner en Belgique pour y préparer un immense voyage. Abasourdi, Verlaine le supplie de réfléchir encore. Mais Rimbaud est inébranlable : ou il l'accompagne, ou c'est la rupture immédiate, là, sur le trottoir, au milieu des passants. Dans un éclair, Verlaine arrête sa décision. Sa femme malade, son enfant, son bureau, sa mère ne pèsent pas lourd devant ce grand garçon dégingandé et intolérant qui lui commande de le suivre. Il s'entend dire : « Eh bien, partons ! » Et tous deux, tournant les talons, prennent le chemin de la gare du Nord.

Mathilde, cependant, s'inquiète de n'avoir aucune nouvelle de son mari, ni du médecin qu'il est allé quérir. Verlaine ne reparaît pas à l'heure du dîner. La nuit se passe sans qu'il revienne. Est-il allé coucher chez sa mère, comme il le fait parfois, sans prévenir personne ? Le lendemain, elle lance son père à la recherche de Paul. M. Mauté bat la ville scrupuleusement. Partout, il reçoit la même réponse négative. Ni le docteur Antoine Cros, ni Charles de Sivry, ni la mère de Paul, ni aucun de ses amis, ni aucun de ses collègues de la Lloyd's ne l'ont vu de la journée. En désespoir de cause, M. Mauté se rend à la morgue. Son gendre ne figure pas parmi les cadavres exposés. Ayant signalé cette disparition au commissariat de police, il va interroger les habitués des brasseries où Verlaine et Rimbaud aiment à se rencontrer. Là, les langues se délient et il entend, à propos des deux inséparables, des réflexions qui ne laissent aucun doute sur la nature de leurs rapports.

Le soir même, le docteur Cros visite la malade et s'efforce de la rassurer. « Tranquillisez-vous, lui dit-il, c'est simplement quelque énorme soûlographie ! Il sera chez quelque ami[1]. » Mathilde fait mine de le croire. Mais, au fond d'elle-même, elle songe qu'aucun motif avouable ne peut avoir déterminé Paul à la

1. Ex-Mme Paul Verlaine, *Mémoires de ma vie.*

quitter si brusquement. Elle n'est ni veuve, ni séparée, ni vraiment mariée. Son fils n'a pas de père, sans être pour autant orphelin. Toute sa vie dépend des lubies d'un être déséquilibré, méchant et faible, qui ne sait même plus la prendre dans ses bras. Et cependant elle a eu très peur à l'idée qu'il fût mort.

# XI

## LA FUGUE BELGE

À la gare du Nord, Verlaine et Rimbaud montent dans le dernier train du soir, qui doit les conduire à Arras. Ils y arrivent au petit jour, après avoir voyagé toute la nuit. La ville dort encore. Trop tôt pour sonner à la porte des parents ou des connaissances. Le ventre creux, ils s'installent pour prendre un petit déjeuner au buffet de la gare. Leur voisin de banquette, un vieux et lourd paysan à l'air madré, écoute leur conversation avec un intérêt qui les agace. Immédiatement, les deux compères imaginent d'effaroucher ce consommateur indiscret en tenant devant lui, entre haut et bas, des propos révélateurs sur les cambriolages, les viols, les meurtres dont ils se seraient rendus coupables. C'est un de leurs jeux préférés. Au bout d'un moment, l'homme, largement renseigné sur leurs prétendus méfaits, se lève et s'en va, non sans avoir échangé quelques mots avec le garçon de salle. Verlaine et Rimbaud rient encore de la bonne farce lorsque deux gendarmes, bicorne en tête et sabre au côté, s'approchent de leur table et les invitent fermement à les suivre.

Conduits à l'hôtel de ville, ils comparaissent devant le substitut chargé des flagrants délits. Rimbaud, qui est un pitre accompli, verse des larmes en protestant

167

de son innocence et Verlaine, jouant les dignités outragées, exhibe ses papiers, ses tickets de chemin de fer et les quelques billets de banque qu'il a soutirés à sa mère avant de partir. Le magistrat ne tarde pas à comprendre qu'il a affaire à de mauvais plaisants et, les ayant réprimandés pour la forme, ordonne au brigadier de les raccompagner à la gare et de veiller à ce qu'ils reprennent le train pour Paris.

En roulant vers la capitale, qu'ils ont quittée la veille, Verlaine éprouve l'impression grisante d'une absurde et juvénile escapade. Ils n'ont pas encore l'âge de raison : ils font l'école buissonnière. Pas question de rentrer au bercail, de revoir Mathilde, le marmot, les beaux-parents !... À peine débarqués à la gare du Nord, ils se précipitent à la gare de l'Est et achètent des billets pour Charleville. La mère de Rimbaud se trouvant alors à la ferme de Roche, Arthur sait qu'il ne risque pas de l'avoir sur le dos. La voie est libre. On va pouvoir s'en donner à cœur joie avec le père Bretagne !

Le 9 juillet 1872, à l'aube, ce brave paillard ventru se frotte les yeux en voyant surgir chez lui les deux copains rigolards. On passe la journée à discuter, à fumer et à vider des chopines. Un problème se pose aux fugitifs : comment se rendre en Belgique, puisqu'ils n'ont pas de passeports ? Mais Bretagne a plus d'un tour dans son sac. À la nuit tombée, il emmène la paire d'amis jusqu'à la maison du père Jean, un voiturier, et les lui présente comme des prêtres qui, chargés d'une mission secrète, ont revêtu une tenue laïque pour voyager. « Lève-toi ! lui crie-t-il. Et attelle la Bête de l'Apocalypse ! » L'autre obtempère, en pestant contre l'heure indue. Sur quoi Bretagne, malgré son embonpoint et son essoufflement, retourne chez lui au pas de course, en rapporte une guitare et une vieille montre en argent qu'il remet aux faux ecclésiastiques, avec une pièce de quarante sous.

À trois heures du matin, la carriole, ayant franchi la frontière sans encombre par un chemin non gardé, atteint le premier village belge. Verlaine et Rimbaud continuent à pied, en direction de Bruxelles. Tout en marchant, ils savourent les délices d'une liberté insolente. Un ciel clair, de longues trottes dans la campagne, des arrêts fréquents dans les auberges pour se restaurer et s'abreuver, des siestes idylliques à l'ombre d'un arbre, le chapeau rabattu sur le nez, et, par-dessus tout, le sentiment guilleret d'avoir roulé M. Mauté, ce pion sentencieux, et cette gourde larmoyante de Mathilde. Se rappelant leur équipée pédestre, Verlaine écrira, des années plus tard :

> *Le roman de vivre à deux hommes*
> *Mieux que non pas d'époux modèles,*
> *Chacun au tas versant des sommes*
> *De sentiments forts et fidèles [...].*
> *Nous avions laissé sans émoi*
> *Tous impédiments dans Paris,*
> *Lui quelques sots bernés, et moi*
> *Certaine princesse Souris* [1].

Au passage, il admire ce paysage plat et banal, que son allégresse magnifie :

> *Briques et tuiles,*
> *Ô les charmants*
> *Petits asiles*
> *Pour les amants [...].*
> *Gares prochaines,*
> *Gais chemins grands [...].*
> *Quelles aubaines,*
> *Bons juifs errants* [2].

1. *Laeti et errabundi (Jadis et Naguère).*
2. *Walcourt* (« Paysages belges », *Romances sans paroles*).

169

D'un estaminet, Paul adresse à Edmond Lepelletier ce message décousu pour lui prouver qu'il est encore en vie et très heureux de son état : « Mon cher Edmond, je " voillage " vertigineusement. Écris-moi par ma mère qui sait à peine mes adresses, tant je " voillage " !... Ça parviendra — ma mère ayant un aperçu vague de mes stations... Psitt ! psitt ! — Messieurs, en wagon. Ton P.V. »

Si Verlaine est soulagé d'avoir rompu avec son existence régulière d'homme marié, Rimbaud goûte un plaisir diabolique à l'idée que son ascendant physique et moral lui a permis de « bousiller » un jeune ménage. Solitaire, il est donc plus fort que les lois, que les traditions, que les fausses amours bourgeoises. Cette fugue, qui pour Verlaine est une folle récréation, représente pour lui la sombre et satanique consécration de son pouvoir destructeur.

Arrivés à Bruxelles, ils descendent au Grand Hôtel Liégeois. Là, un remords saisit Verlaine et, profitant sans doute d'une absence de Rimbaud, il écrit à sa femme un billet laconique : « Ma pauvre Mathilde, n'aie pas de chagrin, ne pleure pas, je fais un mauvais rêve, je reviendrai un jour. » Puis il rédige une longue lettre à sa mère pour la tranquilliser et lui exposer les vrais motifs de sa fuite : l'impossibilité pour lui de supporter plus longtemps l'ennui, la promiscuité et la bêtise de la vie conjugale.

Ayant reçu les quelques lignes expédiées de Bruxelles, Mathilde, à la fois rassurée et désolée, se précipite chez sa belle-mère qui, en la voyant, a une crise de larmes. C'est qu'elle vient de lire l'autre lettre de Paul. Malgré les prières de Mathilde, elle refuse de la lui montrer. Mais sa sœur Rose Dehée, qui assiste à l'entretien, affirme que Stéphanie, après avoir parcouru la missive de son fils, s'est, de dépit et de colère, lacéré la figure avec ses ongles. Les joues de la pauvre femme portent en effet les traces de ces griffures. Mathilde la quitte sans avoir rien pu obtenir d'elle que des soupirs et des hochements de tête.

Pendant ce temps, Paul apprécie le charme de Bruxelles et de la campagne, écrit des vers dédiés à ces paysages reposants et rencontre quelques proscrits de la Commune. Autour de Georges Cavalier, le fameux « Pipe en Bois », se sont groupés de nombreux exilés, tels Jean-Baptiste Clément, Jourde, Ranc, Gastineau, Delisle, qui n'ont pas renoncé à leurs idées et publient, pour se consoler de leur échec, de petits journaux révolutionnaires. Plongé dans ce milieu subversif, Verlaine se sent redevenir un rouge. Lui qui n'est jamais monté sur une barricade éprouve la tentation de relater l'histoire de ces journées héroïques où le peuple a failli renverser les nantis. Il possède, à Paris, tout un dossier sur l'affaire. Sans réfléchir plus avant, il écrit à Mathilde pour la prier de le lui faire parvenir d'urgence. Elle le trouvera facilement dans un des tiroirs de son bureau qu'il n'a même pas fermé à clef. Qu'elle lui envoie, par la même occasion, du linge et des vêtements chauds pour l'hiver.

En lisant cette dernière recommandation, Mathilde se convainc que Paul n'est pas encore mûr pour le rabibochage et s'en attriste. À plusieurs reprises, elle lui a tendu la perche, lui disant dans ses lettres qu'elle était prête à tout pardonner s'il reprenait la vie commune. Chaque fois, il a répondu à côté, par des formules évasives. Mais, puisqu'il lui écrit encore, puisqu'il a besoin d'elle, tout espoir n'est pas perdu. Docile, elle fouille dans les tiroirs à la recherche des documents qu'il réclame. Elle les découvre sans peine, parmi un fatras de vieilles missives et de manuscrits : *La Bonne Chanson*, des poèmes de Rimbaud... Ce sont les lettres surtout qui attirent son regard. Certaines, du même Rimbaud, datent de mars et avril 1872. Le style en est ordurier, la signification bizarre. À cette époque, Paul assurait qu'il s'était définitivement séparé de son ami. Or, cette correspondance prouve que non seulement il n'avait pas rompu avec lui, mais encore qu'il préparait, en cachette, le retour à Paris de l'irremplaçable Arthur. Comprenant qu'elle a été flouée, Mathilde est partagée entre l'indignation, le dégoût et une angoisse diffuse. Tout est à craindre, quand on a affaire à un désaxé comme Rimbaud ! « Ces lettres, dira-t-elle, étaient tellement étranges que je les crus écrites par un fou et fus très effrayée de voir Verlaine parti avec un pareil compagnon [1]. »

Alors qu'elle est en train de prendre la mesure de son malheur, M. Mauté entre dans la chambre, se saisit des papiers et les emporte dans son bureau. Là, tranquillement, il dresse l'inventaire de son butin, détruit quelques brouillons de la main de Rimbaud et met de côté les lettres compromettantes que celui-ci a adressées à Verlaine. L'avoué en fera ses choux gras.

Le lendemain, après une nuit d'insomnie, Mathilde rend visite au docteur Antoine Cros et à son frère Charles pour leur parler de sa découverte. Le médecin ne lui cache pas que Verlaine et Rimbaud ont été déséquilibrés par l'abus de l'absinthe. Antoine Cros raconte à ce propos qu'un jour, se trouvant au café du Rat Mort avec Verlaine et Rimbaud, ce dernier leur a demandé d'étendre la main sur la table pour leur « montrer une expérience ». Ils s'exécutent, croyant à une plaisanterie, et aussitôt Arthur taillade les poignets de Paul avec un couteau qu'il a sorti de sa poche. Antoine Cros n'a que le temps de retirer ses mains pour ne pas subir le même sort. Une autre fois, assis dans une brasserie à côté de Rimbaud, il quitte la table un moment et, lorsqu'il

_____

1. *Mémoires de ma vie.*

revient, il voit que la bière de son bock bouillonne et déborde. Encore une farce innocente de Rimbaud qui a versé de l'acide sulfurique dans son verre. Conclusion : cet homme-là est à fuir comme la peste.

Les appréhensions de Mathilde sont confirmées. À elle d'agir. Elle a fait preuve de courage pendant le siège de Paris et la Commune. Aujourd'hui, elle se sent capable d'une décision extrême pour sauver son mari du monstre qui le tient prisonnier. Sa détermination est telle que M. Mauté, après mûre réflexion, ne s'oppose plus à son départ pour Bruxelles. Mais Mme Mauté exige d'accompagner sa fille. Mathilde écrit à Paul, au Grand Hôtel Liégeois, pour lui annoncer leur venue. Et, le samedi 20 juillet au soir, les deux femmes, intrépides et naïves, prennent le train de nuit.

Dans l'obscurité du wagon, Mathilde, ne pouvant dormir, dresse le plan de sa vie future. Revenir habiter rue Nicolet, il n'y faut pas songer, car ses parents sont excédés par les extravagances de Paul. Loger ailleurs, il ne le voudra pas, tous ses camarades s'étant peu à peu détournés de lui. Pourquoi ne pas aller très loin, par exemple en Nouvelle-Calédonie ? Nombre de communards, dont Louise Michel, s'y trouvent déjà. Paul serait accueilli par eux comme un frère. Quant au petit Georges, pour lui éviter les fatigues d'un long voyage, on le laisserait à ses grands-parents qui l'adorent. De toute façon, ce séjour au-delà des mers ne durerait pas plus de deux ans. Après quoi, le ménage Verlaine reviendrait en France, exorcisé, régénéré. « On voit par ce projet que je ne pensais guère à moi, écrira Mathilde, car je laissais ma famille, mes amis et jusqu'à mon fils pour me consacrer uniquement à celui que je voulais sauver à tout prix[1]. »

1. *Mémoires de ma vie.*

C'est vers cinq heures du matin que les voyageuses arrivent au Grand Hôtel Liégeois. Verlaine y a retenu deux chambres pour elles, mais s'est empressé de quitter l'établissement la veille, avec Rimbaud. En partant, il a prié le concierge d'avertir son épouse qu'il viendrait la voir à huit heures du matin. La mère et la fille montent dans leurs chambres respectives pour prendre du repos. Restée seule, Mathilde se déshabille, s'allonge sur son lit et ferme les yeux.

À huit heures précises, Verlaine frappe à sa porte. Et c'est l'illumination. En apercevant cette jeune femme à demi nue, il s'embrase de nouveau comme s'il ne l'avait pas dédaignée, rejetée, bafouée pour suivre un homme. Après des étreintes viriles qui l'ont comblé, il a un goût de revenez-y pour la chair lisse et pâle qu'il caresse. Elle lui semble même renouvelée par l'expérience qu'il a eue de l'autre sexe. Se rappelant ce moment exquis d'interférence, il écrira :

> *Je vous vois encor. J'entrouvris la porte.*
> *Vous étiez au lit comme fatiguée.*
> *Mais, ô corps léger que l'amour emporte,*
> *Vous bondîtes nue, éplorée et gaie.*
> *Ô quels baisers, quels enlacements fous !*
> *J'en riais moi-même à travers mes pleurs.*
> *Certes, ces instants seront entre tous*
> *Mes plus tristes, mais aussi mes meilleurs* [1].

Leur corps à corps dans l'amour est à la fois désespéré et sublime, comme s'ils savaient l'un et l'autre qu'il n'y aurait pas pour eux de lendemain. Lui s'étonne de tromper Rimbaud avec tant d'amusement et d'exceller dans les deux disciplines. Elle, de son côté, est fière de triompher d'un rival avec ses armes de femme. Elle a séduit Paul, il est à elle de nouveau, rien d'autre ne compte. Mais, après le

---

1. *Birds in the night (Romances sans paroles).*

foudroiement du plaisir, Paul se ressaisit. Quand elle l'interroge sur ce qu'il compte faire dans le proche avenir, il se dérobe. Ses phrases emberlificotées laissent entendre qu'il n'est pas encore assez sûr de lui pour reprendre la vie commune. Mathilde ne conçoit pas très bien ce qui retient son mari auprès d'un individu du même sexe. Élevée dans le rigorisme hypocrite de l'époque, elle n'a aucune notion des rapports pédérastiques. Pour elle, seule une femme peut provoquer, par sa grâce, l'ardeur amoureuse d'un homme. De toute évidence, entre Paul et Arthur, il ne s'agit pas d'une passion physique, mais d'une indéfinissable amitié. C'est sur le plan intellectuel que se situe leur déplorable entente. Même lorsque Paul tente de lui expliquer, à mots couverts, que l'union homosexuelle est d'une autre nature, elle s'étonne, doute et finit par se dire qu'il a perdu la raison ou qu'il se moque d'elle. Alors, jouant le tout pour le tout, elle lui parle de la Nouvelle-Calédonie. Il paraît intéressé. Mais, visiblement, il ne la désire plus. Il est ailleurs par la pensée. Peut-être avec l'autre. Allez donc y comprendre quelque chose ! Elle se rhabille, se blottit dans ses bras, essaie encore. Peine perdue. Il écrira dans le même poème[1] :

> *Je vous vois encor ! En robe d'été*
> *Blanche et jaune avec des fleurs de rideaux.*
> *Mais vous n'aviez plus l'humide gaieté*
> *Des plus délirants de tous nos tantôts.*

Devinant qu'il est sur le point de lui échapper, elle le met carrément au pied du mur. Qu'il prenne ses responsabilités ! Il y a un train pour Paris vers cinq heures. Elle et sa mère l'attendront, à partir de quatre heures, dans le jardin public, près de la gare.

1. *Birds in the night.*

La rue Nicolet ne sera qu'une brève étape avant Nouméa et la vie heureuse.

Il promet d'être exact au rendez-vous et se retire, inquiet des réactions de Rimbaud. Comme il le redoutait, elles sont férocement négatives. Arthur ne mâche pas ses mots. Il a de l'orgueil et de la volonté pour deux. Il n'est pas une Mathilde qu'on plaque sur un coup de tête. Si Verlaine le quitte, il ira le retrouver à Paris et l'enfer recommencera. Ébranlé, Paul va dans une brasserie et boit comme un trou en espérant que la décision naîtra de l'ivresse. À quatre heures, la tête flottante, les pieds traînants, il prend le chemin du jardin public. En le revoyant, quinteux et pâteux, Mathilde prévoit la faillite sentimentale. Une fois de plus, aidée de sa mère, elle le réconforte, l'exhorte, s'évertue à le charmer par son sourire, à l'émouvoir par ses larmes.

> *La petite épouse et la fille aînée*
> *Était reparue avec la toilette.*
> *Et c'était déjà notre destinée*
> *Qui me regardait sous votre voilette* [1].

Enfin elle l'emmène à la gare ; il marche à contrecœur, s'arc-boutant comme un veau conduit à l'abattoir. Dans le wagon, il saisit un poulet froid qu'il a acheté au buffet et le dévore à pleines dents, sous le regard de deux freluquets qui rient de ses façons grossières. Puis il rabat son chapeau mou sur son nez et feint de s'endormir. À Quiévrain, station frontière, tout le monde descend pour l'inspection des bagages. « Mais, racontera Mathilde, après la visite de la douane, Verlaine disparut et il nous fut impossible de le retrouver. Le train allait repartir et nous dûmes nous décider à monter sans lui. Au moment où l'on fermait les portières, nous l'aperçûmes enfin sur le

1. *Birds in the night.*

176

quai. " Montez vite ! lui cria ma mère. — Non, je reste ", répondit-il en enfonçant d'un coup de poing son chapeau sur ses yeux. Je ne l'ai jamais revu [1]. »

Tandis que Mathilde s'écroule en sanglots sur la banquette de son compartiment, Verlaine découvre, sur le quai de la gare de Quiévrain, Rimbaud qui ricane. Il était dans le train. Il avait tout prévu. Une de ces facéties « tigresques » comme il les aime. Maintenant, ayant récupéré le triste Verlaine, il ne le lâchera plus. Victime de ce navrant imbroglio, Paul tourne sa fureur non contre Arthur, mais contre Mathilde. Dans un accès de rage, il lui écrit : « Misérable fée carotte, princesse souris, punaise qu'attendent les deux doigts et le pot, vous m'avez fait tout, vous avez peut-être tué le cœur de mon ami ; je rejoins Rimbaud, s'il veut encore de moi après cette trahison que vous m'avez fait faire. »

À son arrivée à Paris, Mathilde, brisée par les émotions, a un accès de fièvre et doit s'aliter. Ayant acquis la certitude que son ménage ne se rétablirait pas, elle charge son père de réintroduire la demande en séparation. Tous ses amis sont mis au courant de son infortune. Victor Hugo, à qui elle a montré le billet où elle est traitée de « fée carotte », note dans ses *Carnets intimes,* à la date du 3 août 1872 : « Effroyable histoire de P.V. Pauvre jeune femme ! Pauvre petit enfant ! Et lui-même, qu'il est à plaindre ! »

À Bruxelles, Verlaine, lui non plus, n'en mène pas large. Certes, il est heureux d'avoir retrouvé l'amitié et la confiance de Rimbaud. Mais il a le pressentiment que la police belge s'intéresse de trop près à leur couple insolite. Son beau-père d'un côté, Mme Rimbaud mère de l'autre doivent avoir lancé des limiers à leurs trousses. Il y a comme une odeur d'officier de

---

1. Ex-Mme Paul Verlaine, *Mémoires de ma vie.*

justice dans l'air. Pour s'étourdir, les deux amis se mêlent à la foule sur le champ de foire de Saint-Gilles :

> *Tournez, tournez, bons chevaux de bois,*
> *Tournez cent tours, tournez mille tours,*
> *Tournez souvent et tournez toujours,*
> *Tournez, tournez au son des hautbois*[1].

Ce joyeux vertige, ces flonflons, cette cohue badaude, Verlaine voudrait qu'ils le guérissent de la mélancolie qui le ronge. La présence de Rimbaud à ses côtés ne suffit pas à lui remonter le moral. Soudain, il lui semble qu'ils sont suivis. Il faut changer d'hôtel, changer de ville. On sera mieux à Malines !

> *Vers les prés le vent cherche noise*
> *Aux girouettes, détail fin*
> *Du château de quelque échevin*
> *Rouge de brique et bleu d'ardoise*[2].

Puis les voici à Anvers, à Gand, à Bruges ; ils poussent jusqu'aux bouches de l'Escaut, rôdent au bord de la mer. Là, souffletés par le vent du large, ils se demandent si le salut ne serait pas au-delà de ces vagues grises et écumantes. Seule cette grande étendue d'eau peut mettre une barrière infranchissable entre eux et les tracas familiaux. Il faut crever l'horizon. Déjà Verlaine n'a plus qu'un pied en Belgique. « Il paraît qu'elle [Mathilde] clabaude sur mon départ avec Rimbaud, écrit-il à Edmond Lepelletier. Avec ça que c'est compromettant pour un homme de voyager avec un ami ! [...] Je ne te donne pas mon adresse parce que ami et moi wagonner et paqueboter intensément. Pas t'en formaliser, et

---

1. *Bruxelles (Romances sans paroles).*
2. *Malines (ibid.).*

m'écrire vite, vite ! » Sous-entendu rue Lécluse, chez sa mère. C'est la seule personne sûre qu'il possède à Paris, et même au monde. La seule qui lui pardonne tout.

Les bagages — si légers ! — sont bouclés en un tournemain. Plus rien ne retient les deux vagabonds sur le continent. Le samedi 7 septembre 1872, ils embarquent à Ostende pour Douvres.

# XII

# L'AVENTURE ANGLAISE

Les vagues sont fortes. Des passagers vomissent par-dessus bord. Mais Verlaine et Rimbaud constatent avec fierté qu'ils ont le pied marin. Après sept ou huit heures d'une traversée houleuse, ils débarquent, en pleine nuit, à Douvres. Le lendemain étant un dimanche, ils se décarcassent pour trouver de quoi manger dans la ville, où tous les restaurants, tous les pubs sont fermés. Ils ne restent d'ailleurs sur place que le temps de faire un somme. Londres les attend. À peine y sont-ils arrivés que Verlaine reçoit une convocation de la police anglaise. Il a inscrit sur sa fiche d'hôtel qu'il était né à Metz, le 30 mars 1844, et qu'il était de nationalité française. Or, Metz fait partie des territoires annexés par l'Allemagne. A-t-il officiellement opté pour la France ? Comme il ne peut fournir aucune indication précise à ce sujet, on lui enjoint de se rendre au consulat général pour régulariser sa situation. Là, un fonctionnaire compréhensif lui fait signer une déclaration aux termes de laquelle, bien que né en Lorraine, il est citoyen français. Il ressort des bureaux du consulat la tête haute et le patriotisme au cœur.

C'est avec une surprise amusée qu'il découvre l'énorme cité, grouillante et sage, si différente de

181

Bruxelles et de Paris. « Petites maisons noirousses ou grands bahuts " gothiques " et " vénitiens ", écrit-il à Edmond Lepelletier. Quatre ou cinq cafés potables [...], tout le reste, c'est des *dining rooms* où l'on ne boit pas et des *coffee houses* d'où l'Esprit (*spirits*) est soigneusement écarté. " Nous ne tenons pas d'esprit ", m'a répondu une " maid " à qui je posais cette question insidieuse : " One absinth, if you please, mademoiselle. " Une nuée de boys rouges frotte vos bottes du matin au soir pour un penny [...]. Il n'y a pas un immonde mendiant dont les souliers, semelles et orteils y compris, ne soient cirés comme feu Cyrus lui-même [...]. Dans les cafés-concerts [...] on danse la gigue entre deux *God save*. Ah ! par exemple on y bafoue les Jésuites, et je ne sais comment les pitres chargés de cette exécution ressemblent tous à Leconte de Lisle [1]. »

Il trouve que la Tamise, avec ses flots boueux, a l'air d'un « gigantesque gogueneau débordant », que la circulation des voitures, cabs, omnibus et tramways est un carrousel qui donne le vertige, que les cafés anglais sont petits, étroits et sales, que les femmes anglaises, avec leurs lourds chignons, leurs bracelets de velours et leurs châles rouges (*comme des saignements de nez*, selon l'expression de Vallès), sont « toutes jolies avec une expression méchante et des voix d'anges », que les nègres pullulent, que les pissotières sont trop rares et que les dimanches britanniques constituent un supplice mortel, avec la fermeture des établissements publics quels qu'ils soient et, pour toute distraction, la voix tonitruante des orateurs de Hyde Park et la fanfare lugubre, en plein vent, de l'Armée du Salut.

Au vrai, tout en pestant contre le mode de vie des insulaires, il y prend vite goût. Son premier souci est

1. Lettre de septembre 1872.

de rendre visite, avec Rimbaud, aux Français de Londres. Le peintre Félix Régamey, un copain de l'époque du Siège, les accueille dans son atelier et crayonne leurs portraits : un lavis de Verlaine au lourd front penché, un dessin de Rimbaud assoupi sur une chaise, son haut-de-forme ayant glissé sur son nez, un croquis des deux compères rôdant, débraillés, dans les rues de Londres. Ils revoient aussi des communards exilés, comme Jules Andrieu et Eugène Vermersch, ce dernier condamné à mort par contumace pour avoir figuré dans l'équipe du journal révolutionnaire *Le Père Duchesne*. Tous ces réfugiés, privés de ressources, végètent dans des taudis près de Leicester Square et de Soho Square. Verlaine et Rimbaud, eux, s'installent tant bien que mal dans la chambre que Vermersch, lequel vient de se marier, leur a cédée au 34-35 Howland Street. Ils fréquentent les bars où leurs compatriotes se réunissent pour parler du passé glorieux et des lendemains incertains. Ce petit monde famélique et exalté s'agite, conspire, organise des conférences peu suivies au « Cercle d'études sociales » (fondé par eux) et publie des journaux confidentiels, tels *L'Avenir, Qui Vive ?, Le Courrier de l'Europe, Le Dix-Huit Mars...* Comme à Bruxelles, Verlaine, à leur contact, sent vibrer sa fibre républicaine. Mais il craint que des indicateurs de police ne se soient infiltrés parmi eux et se montre bientôt moins ponctuel à ces assises de la rancune et de la revanche. D'ailleurs, certains des proscrits commencent à être choqués par sa liaison affichée avec Rimbaud. Estimant en effet que ces hommes de liberté peuvent tout comprendre, les deux amis ne songent même plus à leur dissimuler la nature de leur union.

À Londres comme à Paris, la vie commune de ce couple androgyne est traversée de rudes querelles. Jour après jour, les coups alternent avec les caresses et en pimentent l'ordinaire. Parfois, ayant bu jusqu'au vacillement, ils se défient, le couteau au poing, et ne s'arrêtent, dégrisés, qu'à la première estafilade. Sans doute le plaisir est-il plus sauvage, plus profond après de tels affrontements entre la « Vierge folle » et l' « Époux infernal ». L'exil, qui les isole au centre d'un monde étranger, exacerbe leur passion. Condamnés à un face à face permanent, ils s'aiment et se déchirent avec plus de rage que s'ils baignaient dans les habitudes et la langue de leur pays. Tout en se félicitant de s'être expatriés, ils s'inquiètent du manque d'argent. Verlaine écrit à sa mère, qui, indulgente comme à l'accoutumée, le renfloue. Contre toute évidence, elle s'obstine à croire que les méchantes langues ont tort et que les relations de Paul et d'Arthur sont celles d'une exceptionnelle amitié artistique. C'est le père Mauté, pense-t-elle, qui a accroché le grelot pour déconsidérer son gendre et obtenir au nom de sa fille une pension alimentaire plus substantielle. Aux dernières nouvelles, elle réclamerait mille deux cents francs par an, pour elle et son fils en bas âge. Verlaine en est outré : « Tout ça parce que je ne peux plus vivre sous le toit beau-paternel, écrit-il à Edmond Lepelletier. *Jamais plus* je ne rentrerai là-dedans ! d'où toutes les taquineries, indélicatesses, crochetages de tiroirs (que c'en est un tic) et autres menues provocations m'ont expulsé, haineux et défiant, moi toute tendresse et toute naïveté, hélas [1] ! »

À l'entendre, à le lire, il est la vraie victime de cette rupture. C'est Mathilde, chapitrée par son père, qui a tous les torts. Sa femme, qu'il aime encore, l'a abandonné sans raison. Fort de son droit, il écrit même à Victor Hugo : « *C'est moi le quitté.* Quitté pour mon beau-père, pour une coterie qui m'a trouvé

1. Lettre de septembre 1872.

trop sévère, mais faible, durant plus d'un an, quitté par un caprice de pensionnaire infatuée, à cause de *La Bonne Chanson* et de mon inqualifiable faiblesse vis-à-vis de tous ses caprices[1]. »

Avec la même mauvaise foi, il s'indigne des bruits qui courent à Paris sur sa liaison avec Rimbaud. Edmond Lepelletier reçoit de lui cette plaidoirie éloquente : « Quant à l'immonde accusation, je la pulvérise [...] et en rejette tout le dégoûtant opprobre sur ces misérables [...]. Toute cette affaire de cul, qu'on a l'infamie de me reprocher, est une simple intimidation à l'effet d'une pension plus grosse. Tous les illogismes, indélicatesses, mensonges et ruses, tout y passe. » Et il explique à son correspondant qu'il va préparer un mémoire[2] pour exposer « les mobiles hautement honorables et sympathiques de [sa] très réelle, très profonde et très *persévérante* amitié pour Rimbaud[3] ».

Or, à Paris, le procès en séparation, jusque-là quelque peu mythique, devient une terrible réalité. Mᵉ Guyot-Sionnest a déposé sa requête au tribunal civil et Verlaine a été assigné à comparaître, le 16 octobre, devant le président de ce tribunal pour une tentative de conciliation. Comme il n'obtempère pas, étant à Londres, une ordonnance est prise par défaut, autorisant Mathilde à habiter chez ses parents et interdisant à son mari de l'y rejoindre.

Après un accès de rage contre ce « vieux gredin » de Mauté et sa fille sans cervelle, Verlaine constitue avoué lui-même, en la personne de Mᵉ Pérard, rédige à l'intention de celui-ci un exposé de ses griefs contre sa femme et sa belle-famille et fait sommation à Mathilde de lui restituer ses papiers et objets personnels, restés en souffrance rue Nicolet. Pour ce qui est

1. Lettre du 4 octobre 1872.
2. Celui-ci n'a pas été retrouvé.
3. Lettre du 8 novembre 1872.

de l'exorbitante pension alimentaire exigée par sa femme, il charge sa mère d'en discuter avec M. Mauté en personne.

Tout excitée par cette mission, Stéphanie, pour qui un sou est un sou, se rend rue Nicolet et explique vertement à M. Mauté que Paul, puisqu'il est sans travail, se trouve dans l'incapacité de verser une telle somme, qu'elle-même n'a guère de ressources et que, si la partie adverse persiste dans ses prétentions, elle va vendre les terres qui lui restent et « dénaturer [sa] fortune » de façon que ni sa bru ni le petit Georges n'en aient jamais rien. Elle croit intimider son interlocuteur, mais celui-ci, outré, la met à la porte et lui défend toute nouvelle visite.

Après s'être moqué de cette procédure, Rimbaud commence à craindre qu'à l'audience l'avocat de Mathilde ne fasse allusion à ses relations ambiguës avec Paul. Aussi, brûlant ses vaisseaux, écrit-il à sa mère pour la mettre au courant des manigances du clan Mauté et l'assurer que ses rapports avec M. Verlaine sont d'une pureté de cristal. Affolée à l'idée que la justice puisse fourrer son nez dans la vie de son fils, elle lui conseille de revenir dare-dare à Charleville. Ainsi coupera-t-il court à toutes les vilenies qu'on rapporte à son sujet. Mais Verlaine estime, lui, qu'une telle fuite, loin d'innocenter Arthur, le ferait apparaître comme un misérable fautif cherchant à se dérober. « Qu'en dis-tu ? mande-t-il à Edmond Lepelletier. Moi, je crois que ce serait leur donner la *seule arme : ils ont cané, donc ils sont coupables*, tandis que nous sommes prêts, Rimbaud et moi, à montrer s'il le faut nos culs (vierges) à toute la clique — et ce sera justice [1]. » Et il écrit directement à Mme Rimbaud pour lui exposer ses vues et lui communiquer les adresses de sa mère, des Lepelletier, des Mauté et

1. Lettre du 23 novembre 1872.

des deux avoués. Il compte sur cette femme énergique pour le défendre en défendant l'honneur d'Arthur. On n'a jamais trop d'alliés dans une telle gadoue. Avertie des détails de l'affaire, Mme Rimbaud se précipite chez Stéphanie et les deux femmes tombent d'accord pour juger que leurs fils, unis dans la plus naturelle des amitiés, sont diffamés par des bourgeois sans cœur. Emportée par l'élan, elle se rend ensuite rue Nicolet et déclare à M. Mauté et à Mathilde qu'elle ne se mêlera pas des querelles du ménage Verlaine mais qu'elle réclame l'arrêt de la campagne de calomnies qui éclabousse Arthur, lequel, cela saute aux yeux, n'a rien à se reprocher sous le rapport des mœurs. « La bonne dame venait tout simplement me demander de renoncer à la séparation, parce que, disait-elle, cela pourrait nuire à son fils », écrira Mathilde [1]. En outre, Mme Rimbaud exige qu'on lui restitue les lettres et les manuscrits d'Arthur. Il lui est répondu qu'il n'y a aucun manuscrit en dépôt rue Nicolet et que toutes les lettres sont entre les mains de l'avoué. Éconduite poliment mais fermement, Mme Rimbaud repart bredouille. Plus que jamais, elle est résolue à faire revenir à Charleville son fils un peu fou, compromis par les ragots des malveillants.

À Londres cependant, malgré la menace du procès, Verlaine et Rimbaud mènent une existence de loisirs et de baguenaude. On les rencontre dans les cafés français, aux docks, au musée de cire de Mme Tussaud, à Hyde Park, au Salon des Artistes français, où ils revoient avec mélancolie, parmi les tableaux exposés, le *Coin de table* de Fantin-Latour, dans des restaurants bon marché où ils goûtent l'affreuse *oxtail soup* (« Fi l'horreur ! de la chaussette d'homme où flotte un clitoris pourri »), dans le *Towers Subway*,

1. *Mémoires de ma vie.*

« tube immergé en pleine Tamise, avec des becs de gaz à hauteur d'homme » (« Ça pue, ça est chaud et ça tremble comme un pont suspendu, avec la rumeur de l'eau énorme, ambiante »)[1]. Verlaine profite de ses sorties pour apprendre des bribes d'anglais dans la rue et dans les pubs.

Ces distractions touristiques ne l'empêchent pas d'écrire. Bien au contraire. Lui d'ordinaire si crispé devant le papier blanc s'abandonne au plaisir de raconter sa peine. Car il aime toujours sa femme. Et il veut qu'on le sache. À la fin de novembre 1872, il a pratiquement terminé son nouveau recueil de poèmes, *Romances sans paroles*. Il y a là, à côté de délicates évocations des paysages belges ou anglais, un nostalgique rappel de la petite Mathilde qui l'a ensorcelé naguère :

> *Sur votre jeune sein laissez rouler ma tête*
> *Toute sonore encor de vos derniers baisers ;*
> *Laissez-la s'apaiser de la bonne tempête,*
> *Et que je dorme un peu puisque vous reposez*[2].

Mais la fiancée angélique est devenue femme et ce sont les premières blessures :

> *Vous n'avez pas eu toute patience,*
> *Cela se comprend par malheur, du reste ;*
> *Vous êtes si jeune ! et l'insouciance,*
> *C'est le lot amer de l'âge céleste*[3].

Puis viennent les invectives contre celle qui, par son intransigeance, a brisé le cœur du poète :

> *Vous n'avez rien compris à ma simplicité,*
> *Rien, ô ma pauvre enfant !*

1. Lettre à Edmond Lepelletier du 23 novembre 1872.
2. *Green (Romances sans paroles).*
3. *Birds in the night (ibid.).*

*Et c'est avec un front éventé, dépité,*
  *Que vous fuyez devant* [...].
*Et vous gesticulez avec vos petits bras*
  *Comme un héros méchant,*
*En poussant d'aigres cris poitrinaires, hélas!*
  *Vous qui n'étiez que chant*[1] *!*

Cependant, ce n'est pas la violence qui domine l'ensemble du recueil. Par une étrange disposition d'esprit, ce révolté de la chair et de l'âme s'épanouit dans les demi-teintes du sentiment. Alors qu'il est, dans la vie courante, porté aux pires éclats, le voici qui se meut avec délices dans le domaine du clair-obscur, du frôlement intime, du frisson à fleur de peau. Qu'une pluie légère descende sur les toits, et il chante d'une voix douce :

*Il pleure dans mon cœur*
*Comme il pleut sur la ville.*
*Quelle est cette langueur*
*Qui pénètre mon cœur ?* [...]
*C'est bien la pire peine*
*De ne savoir pourquoi,*
*Sans amour et sans haine,*
*Mon cœur a tant de peine*[2].

Ainsi, lui qui balance constamment entre « amour » et « haine » se dit malade d'une tristesse que ni l'amour ni la haine ne justifient. Quand est-il sincère ? Quand il échange des horions avec Rimbaud, quand il insulte Mathilde ou quand il pince entre ses doigts les cordes d'une guitare solitaire, au crépuscule ? Sa phrase n'a jamais été plus légère, son trouble plus raffiné que dans *Romances sans paroles*. Est-ce sous l'influence de Rimbaud qu'il s'est affranchi des règles traditionnelles de la prosodie ? Certes, il

1. *Child Wife (ibid.).*
2. *Romances sans paroles* (III).

y a dans ses dernières poésies une hardiesse dans les rythmes, une invention dans les rimes qui lui ont peut-être été inspirées par les théories de son jeune ami. Mais, alors que Rimbaud accumule des images d'outrance frisant l'hallucination, lui demeure au niveau de la sentimentalité quotidienne. Le premier se brise dans un effort désespéré pour nier tout ce qui reste en lui d'humain, le second accepte humblement, superbement de n'être, avec ses chagrins, ses rêves, ses rancunes et sa honte, qu'un homme faible parmi les hommes. Le but du premier, c'est d'étonner ; le but du second est d'émouvoir. Et le second touche d'autant plus profondément le lecteur que sa langue est tout unie, sans apprêt, sans effets. Ce que Rimbaud obtient par le choc des mots rares, Verlaine l'obtient par la simplicité, quasi enfantine, de son propos. Il n'a pas l'air de parler pour un public, mais pour un confident privilégié. N'importe qui, semble-t-il, pourrait dire ce qu'il dit avec les mêmes phrases chuchotées, les mêmes formules de tous les jours, et cependant il est le seul à réussir ce tour de force de la banalité exceptionnelle, du naturel magique.

Bien que satisfait de son travail, Verlaine n'évalue pas exactement l'importance de ces « ariettes ». Il songe à faire imprimer le recueil sur les presses du journal *L'Avenir*. À compte d'auteur, évidemment ! Mais où trouver l'argent nécessaire ? Pour regarnir sa bourse, il donne quelques leçons de français, accepte d'effectuer des traductions commerciales chichement rétribuées. Cette pénurie exaspère Rimbaud. Tout en reconnaissant le talent de son compagnon, il ne peut plus supporter ses jérémiades. Le foin manquant dans les râteliers, les chevaux se battent. À l'approche de l'hiver, dans la chambre mal chauffée, les disputes sont de plus en plus fréquentes. Les embrassements alternent avec les coups. C'est une passion de plaies et bosses dans le brouillard fantomal de Londres. La nuit, devant ce corps d'adolescent assoupi à ses côtés, Verlaine est partagé entre une admiration coupable et le souvenir vénéneux de Mathilde. Malheureux, indécis, il se dit qu'en gardant Arthur auprès de lui il s'expose à être accusé de détournement de mineur. Or, il a déjà sur les bras la demande en séparation. C'est trop pour une seule tête ! D'ailleurs, Rimbaud lui-même parle avec insistance de la nécessité pour lui d'obéir à sa mère et de retourner, provisoirement, à Charleville.

Peu avant Noël, Arthur part, laissant Paul à Londres, seul et désemparé. Comme un enfant perdu dans le noir, Verlaine appelle sa mère. Qu'elle vienne le consoler, vite, vite ! Mais, souffrant d'un érysipèle, Stéphanie ne peut entreprendre le voyage. Alors il se lamente auprès d'Edmond Lepelletier : « Rimbaud (que tu ne connais pas, que je suis seul à connaître) n'est plus là. Vide affreux ! Le reste m'est égal. C'est des canailles. C.Q.F.D. et ce qui le sera démontré. Mais chut ! Zut[1] ! » Les jours suivants, son abattement devient tel qu'il croit n'avoir plus toute sa raison. Il se sent, dit-il, « positivement crever ». Pris de panique, il télégraphie à sa mère et à sa femme de venir d'urgence. Même supplication à Rimbaud. Quant à ses amis, Edmond Lepelletier, Émile Blémont, Forain, il leur envoie des lettres d'adieu à la vie, de véritables faire-part. Il approche du tombeau. Il est déjà dans l'autre monde. Mathilde se demande comment il ose, alors qu'ils sont en procès, la convoquer à Londres. Quant à Stéphanie, elle se précipite, flanquée d'une cousine, Victorine Dehée, au secours de son rejeton. En les voyant, Paul renaît à la lumière. Elles le guérissent, dit-il, « non certes d'une claquaison prochaine, mais d'une crise qui eût été, certes, mortelle dans la solitude[2] ».

1. Lettre du 26 décembre 1872.
2. Lettre à Edmond Lepelletier de janvier 1873.

À Charleville cependant, Rimbaud trouve le temps long. Les rues sont envahies de soldats allemands et les distractions se font rares. Il regrette Londres. Et peut-être même la compagnie de Verlaine. Revenir là-bas ? Sa mère lui refuse l'argent du voyage. Alors il s'adresse en secret à l' « autre mère », celle de Paul. Et Stéphanie, sachant que le retour d'Arthur rendra le goût de vivre à son cher petit, lui envoie cinquante francs, poste restante, par l'intermédiaire de Delahaye. Dès qu'il a reçu la somme, Rimbaud, en dépit des clameurs maternelles, prend ses jambes à son cou et disparaît. « N'écoutant que son amitié, il est revenu aussitôt ici où il est encore, écrit Verlaine à Émile Blémont, le 17 janvier 1873, et où ses bons soins contribueront peut-être à prolonger moins péniblement ma pauvre existence damnée. » Une fois de plus, il se justifie : « Je suis en proie à la sottise et à l'avidité les plus féroces [...]. Ce qu'il y a de plus écœurant, c'est que je crève par d'indignes mains : on saura bientôt, après ma mort, ou avant — c'est à peu près synchronique —, tout ce que j'ai eu à souffrir et combien je ne fus pas à blâmer, et combien il faut me plaindre. »

À présent, il a autour de lui, dans sa chambre sordide de Howland Street, sa mère, sa cousine et son amant qui le bichonnent et le réconfortent. Aveuglée par l'amour maternel, Stéphanie ne voit rien d'anormal à une situation que d'autres jugeraient équivoque. Mais Rimbaud ne goûte que médiocrement ce cocon familial reconstitué autour du valétudinaire Verlaine. Toutes les conversations tournent autour de la satanée séparation juridique. Ces dames conseillent à Paul de rentrer à Paris, de revoir sa femme en tête à tête et de l'adjurer, au nom de leur passé, de leur amour, de leur enfant, d'abandonner la procédure. De deux choses l'une : ou elle accepte et le vaisseau repart sur une mer calmée, ou elle refuse et on négocie, hors la présence des avoués, un modus vivendi honorable et peu coûteux. Pour décider son fils, Stéphanie affirme que, d'après le jeune Camille Barrère, qui l'a dit à Lepelletier, Mathilde n'est pas hostile à une réconciliation. Rimbaud hausse les épaules. Mais Verlaine est remué. Après tout, sa mère a peut-être raison. Ce n'est pas à distance qu'on peut mener des tractations aussi subtiles. Une fois à Paris, il clouera le bec à ses détracteurs et ranimera l'ardeur de ses vrais amis. Et puis, il chargera un éditeur en renom, Lemerre par exemple, de publier ses *Romances sans paroles.* « J'ai l'intention de bientôt retourner à Paris afin de terminer *moi-même* toutes ces affaires, écrit-il à Lepelletier. Seulement, je voudrais connaître les êtres [...], savoir un peu qui est ou fut pour ou contre moi parmi les camarades, afin d'éviter tout impair et de savoir à qui je dois tendre la pince [...]. Ça finit par être ridicule, d'autant plus que ma défense est si simple. La négation pure et simple de tout, le défi de fournir une preuve ou un témoin, enfin cette suprême chose : il m'était impossible de rester chez les Mauté, et ma femme a préféré tuer son ménage que de me céder sur ce point[1]. »

Pourtant, tout à coup, la résolution de Verlaine s'effrite. Sa mère et sa cousine étant reparties vers la fin de février, il se met à douter. Ne risque-t-il pas, en regagnant Paris, de tomber dans les filets de la police ? Depuis la mort, le 19 janvier 1873, de Napoléon III, la répression a repris de plus belle contre les partisans, vrais ou supposés, de la Commune. Les Mauté seront trop contents de dénoncer leur gendre aux autorités et de le faire jeter en prison sous quelque mauvais prétexte. Cela d'autant plus qu'à Londres, comme à Bruxelles, il s'est compromis en fréquentant les milieux révolutionnaires. Bref, il

1. Lettre de février 1873.

préfère attendre des jours meilleurs pour franchir la Manche. Afin de se donner un but dans l'existence, il s'impose d'apprendre sérieusement l'anglais. Entraîné par lui, Rimbaud fait de même. Ils piochent dans des dictionnaires, dans des grammaires, et sollicitent des cartes permanentes de lecteurs au British Museum. Mais cette occupation studieuse ne détourne pas Verlaine de son idée fixe : revoir Mathilde et la convaincre de renoncer à la séparation. Peut-être s'est-il monté la tête au sujet des intentions de la police à son égard ? Peut-être Mathilde attend-elle qu'il fasse le premier pas pour se jeter, repentante, dans ses bras ? Peut-être acceptera-t-elle à l'avenir d'être une épouse accommodante, s'abandonnant à ses caresses et lui laissant, pour le reste, la liberté de vivre à sa guise ? Ah ! quels magnifiques poèmes il écrira alors, s'il lui est permis d'aller de sa femme à Rimbaud en toute impunité !

Un jour, il se résout à courir sa chance et, sans en prévenir son compagnon, prend le train pour New-haven. Toutefois, sur le quai d'embarquement, son attention est attirée par deux gentlemen suspects, qui parlent entre eux de la nouvelle vague d'épuration en France. Aussitôt il retourne à Londres, où du moins il est, croit-il, en sécurité. Cependant la tentation subsiste et même se renforce. Un peu plus tard, le 4 avril 1873, il récidive. Cette fois en compagnie de Rimbaud. Ils embarquent à Douvres pour Ostende. Arthur compte se rendre à Charleville et, de là, au hameau de Roche, près d'Attigny, dans sa famille. Paul, lui, se fixe comme première étape Namur. Par une lettre pressante, aux accents testamentaires, il adjure Mathilde de le rejoindre dans cette ville. Il y sera seul, sans Rimbaud. Il le lui promet. Ensemble, ils examineront la situation. Elle comprendra tout ce qu'elle perdrait en s'obstinant à faire régler leur différend par la justice. Qu'elle pense à leur passé, qu'elle pense au petit Georges ! Maintenant, il est sûr d'avoir accumulé tous les arguments pour la convaincre. Alors qu'il se berce encore d'illusions, le rapport d'un agent secret, envoyé de Londres à la préfecture de Paris, le 4 avril même, signale son départ : « Verlaine, ex-employé avant et pendant la Commune, ami de Vermersch, d'Andrieu et Cie, parti hier pour Paris (règlement d'affaires de famille)[1]. »

À bord de la *Comtesse de Flandres*, Verlaine respire l'air du large avec la sensation d'inaugurer une autre vie. Avant de gravir l'échelle de coupée, Rimbaud et lui ont rencontré une jeune fille blonde, belle et distante. La vision de cette inconnue poursuit Verlaine entre ciel et mer, dans le vent, le bruit de l'eau déchirée et le vol des mouettes. Elle lui semble une préfiguration de son avenir, tout d'harmonie et de pureté. Vite, il griffonne un petit poème, *Beams*, pour fixer cette image fugitive :

> *Elle se retourna, doucement inquiète*
> *De ne nous croire pas pleinement rassurés ;*
> *Mais nous voyant joyeux d'être ses préférés,*
> *Elle reprit sa route et portait haut sa tête [...].*

À peine Verlaine a-t-il posé sa valise à Namur que le supplice recommence : il attend avec un espoir fou la lettre de Mathilde lui annonçant son arrivée. Chaque jour, il se présente au guichet de la poste restante et s'entend dire qu'il n'y a pas de pli à son nom. Pour prendre patience, il rend visite au chanoine Lambin et aux abbés Xavier et Jean-Baptiste Delogne, anciens curés de Paliseul, et leur raconte ses déboires conjugaux et son désir sincère de renouer avec son épouse. Ils l'assurent de leur compassion, lui

---

1. Cf. A. Martin, *Documents de police* ; cité par Pierre Petitfils dans *Verlaine*.

promettent de prier pour lui et l'engagent à se tourner vers Dieu quand les hommes (ou les femmes) le déçoivent. Et soudain la lettre est là. Il décachète l'enveloppe avec des mains tremblantes. Tout son être souhaite le « oui » libérateur. Mais c'est un « non », sec comme une claque. Mathilde lui dit qu'elle tient à aller jusqu'au bout de la procédure, qu'elle est sûre de gagner et qu'il ne doit plus l' « obséder de lettres ». Sous le choc, il a un éblouissement et vacille sur ses jambes.

Ayant perdu tout espoir, il se rend à Jéhonville, chez sa tante Julie, d'où il implore sa mère de le rejoindre pour l'aider à prendre le dessus. Quand elle arrive, le 24 avril, il lui demande à brûle-pourpoint : « As-tu des argents, au moins ? » En outre, depuis quelques jours, un soupçon horrible le tourmente : Mathilde ne l'a-t-elle pas trompé en son absence ? Oubliant ses propres écarts avec Arthur, il se livre à une jalousie tatillonne et haineuse. Si son épouse lui est infidèle, et s'il parvient à le prouver, il disposera d'un argument de poids contre elle dans le procès. Que Lepelletier se renseigne donc sur la conduite de cette soi-disant « abandonnée ». Après une brève enquête, celui-ci avoue n'avoir rien décelé de répréhensible dans la vie de la jeune femme. Verlaine feint d'être soulagé et écrit, une fois de plus, à Mathilde pour lui annoncer qu'il exige son retour immédiat, moyennant quoi il lui pardonnera ses méchancetés. « Il est clair, affirme-t-il à Lepelletier, que si, d'ici à très peu, elle ne me donne pas satisfaction, force me sera d'agir, car il serait trop connard de me brûler le sang et la vie dans une attente sous l'orme aussi prolongée que cruelle [1]. »

Bien entendu, Mathilde fourre la lettre comminatoire de son mari dans un tiroir sans même la lire.

---

1. Lettre du 16 mai 1873.

Cependant, Verlaine ne désarme pas. Pour plus de sûreté, il a chargé le même Lepelletier d'une autre démarche. Qu'il aille trouver Mme Léon Berteaux, la statuaire chez qui Mathilde et lui se sont vus pour la première fois, et qu'il la prie d'intervenir amicalement auprès de « l'égarée » afin de l'avertir des conséquences désastreuses qu'aurait « la poursuite d'un acte aussi révoltant que ce sale et grotesque procès ». « Elle [Mme Berteaux] peut ajouter, conclut-il, que je suis, si l'on me désespère jusque-là, déterminé à *me défendre à outrance,* et que moi aussi je crois le procès imperdable, et que néanmoins *il me fait peur,* parce que je sais que c'est le bonheur à nous deux qui va céder la place à toutes sortes de *remords* pour elle et de regrets pour moi. »

Sans doute Edmond Lepelletier, excédé par cette avalanche de missions, n'a-t-il même pas alerté Mme Berteaux sur l'affaire. En tout cas, Verlaine, las de ne recevoir aucun écho à ses cris, finit par laisser la justice suivre son cours. Sa meilleure consolation, il la puise, comme toujours, dans la poésie. Le 19 mai 1873, il envoie à Lepelletier, de Jéhonville, le « phameux manusse » en demandant à son ami de le placer chez un éditeur. À son avis, il faut absolument que *Romances sans paroles* sorte en librairie avant le procès pour qu'on ne l'accuse pas de vouloir exploiter « le retentissement-réclame que cela fera ». Le « voluminet » doit être dédié à Rimbaud. « Je tiens beaucoup à la dédicace à Rimbaud, écrit-il encore à Lepelletier. D'abord comme *protestation,* puis parce que ces vers ont été faits lui étant là et m'ayant poussé beaucoup à les faire, surtout comme témoignage de reconnaissance pour le dévouement et l'affection qu'il m'a témoignés toujours et particulièrement quand j'ai failli mourir. » Toutefois, comme Edmond Lepelletier juge l'idée de la dédicace à Rimbaud provocante et même dangereuse, Verlaine se résigne : « Donc, si tu le crois bon, supprime. » Et Lepelletier « supprimera ». En revanche, l'auteur est intraitable sur le chapitre de l'art poétique dont il entend s'inspirer dans toute son œuvre : « Je ne veux plus que l'effort se fasse sentir... Je suis las des " crottes ", des vers " chiés " comme en pleurant, et des tartines à la Lamartine [1]. » Par ailleurs, il songe à écrire un drame en prose, *Madame Aubin,* dont le héros est « un cocu sublime [...] qui rendra des points à tous les aigrefins de ce con de *Dumafisse* ». Il envisage aussi de reprendre un « opéra bouffe XVIIIᵉ siècle », commencé avec Charles de Sivry. Et puis, pourquoi ne pas se lancer dans « un roman féroce et sadique [...] très sèchement écrit ? » Tous ces projets, qu'il agite jour et nuit dans sa tête, le distraient de ses obsessions conjugales. Les nouvelles de Paris sont mauvaises. Les mouchards continuent de traquer ceux qui ne pensent pas comme M. Thiers. Le retour à Londres s'impose. Il faudrait en parler à Rimbaud.

À plusieurs reprises, Verlaine le rejoint près de la frontière pour un déjeuner avec Delahaye qui, lui, vient de Charleville. Rimbaud a commencé à écrire *Une saison en enfer.* « Livre païen ou livre nègre », affirme-t-il, sarcastique. Il se plaint parce qu'à Roche il est dans « un triste trou, parmi des paysans obtus ». Chaque fois qu'il le revoit, à Bouillon, dans le Luxembourg belge, Verlaine se persuade un peu plus qu'il lui sera difficile de regagner Londres sans lui. Le 18 mai, entrant dans une auberge où ils se sont donné rendez-vous, il n'y trouve personne. Sans doute Delahaye et Rimbaud ont-ils été empêchés de venir. S'étant restauré et abreuvé copieusement, il écrit à Rimbaud, sur un coin de table : « Arrivé ici à

---

1. Lettre du 23 mai 1873.

midi, pluie battante, de pied... Vais repartir par la malle. Ai dîné avec un Français de Sedan et un grand potache du collège de Charleville. Sombre feste ! [...] Frérot, j'ai bien des choses à te dire, mais voici qu'il est deux heures et la malle va chalter. Demain peut-être je t'écrirai tous les projets que j'ai, littéraires et autres, tu seras content de ta vieille truie. Je suis ton *old cunt ever open* ou *opened* (je n'ai pas là mes verbes irréguliers...). Pardon de cette stupide et orde lettre. Un peu soûl. »

Bientôt ses plans se précisent et Rimbaud, qui en est informé, donne son accord. Le 23 mai, Verlaine annonce à Lepelletier qu'il va, dès le lendemain, rejoindre Arthur à Bouillon, que de là ils iront visiter Liège et qu'ils s'embarqueront à Anvers pour l'Angleterre. « Dix-huit heures de mer, sans compter l'Escaut et la " Thames River ", mais ça coûte bon marché et je ne suis pas malade en mer [...]. Quant au pays de la soupe, de la pomme sautée, des serpents [sergents de ville] et des beaux-papas (j'ai dit Paris), j'y retournerai peut-être vers l'automne — une fois l'anglais bien su — mais je voudrais être sûr de n'être pas emmerdé par les susdits serpents. Tout ce qu'on peut m'en vouloir, c'est, après mon séjour à l'Hôtel de Ville dans mon emploi, d'avoir fait, à Londres, partie d'un cercle appelé des *Études sociales* fondé par Lissagaray et composé de gens en redingote de la Commune. »

Alors que les deux amis, à bord d'un steamer de la Great Eastern Railway, jouissent des plaisirs d'une traversée « inouïe de beauté », Thiers est renversé à Versailles. Va-t-on vers une restauration monarchique ? Tandis que le maréchal de Mac-Mahon s'installe à l'Élysée, l'agitation gagne tout le pays. Royalistes, libéraux, conservateurs, républicains se prennent aux cheveux.

En débarquant à Londres, Verlaine se réjouit,

certes, de la chute du bourreau des communards, mais il augure mal du destin de ses *Romances sans paroles* qui vont paraître dans un monde où la poésie est devenue le dernier souci des citoyens malades de politique.

# XIII

## LE COUP DE FEU

À toute vie nouvelle doit correspondre un cadre nouveau. Le premier soin de Verlaine et de Rimbaud, en arrivant à Londres, est de changer de domicile. Ils louent une chambre chez Mrs. Alexander Smith, 8 Great College Street, dans le quartier de Camden Town (N.W.), derrière King's Cross, non loin de Highgate où foisonnent les artistes : « Un quartier très gai, écrit Verlaine à Émile Blémont. On se croirait à Bruxelles. » Pour ce qui est de son humeur, il affirme à son correspondant qu'elle s'est raffermie dans l'épreuve. « Me voici [...] sûr maintenant de l'affreuse bêtise de ma femme — ou de sa profonde méchanceté. Mais passons, si vous voulez bien : je n'embêterai plus personne de mes affaires. C'est la Justice qui tranchera ça[1]. » Son principal souci est de gagner un peu d'argent pour continuer à vivre en Angleterre, car, dit-il : « Je gobe assez Londres et ces mœurs-ci, quoique puériles et dures. C'est peut-être sain d'être parmi les barbares, un temps[2] ! »

Tout en continuant de piocher l'anglais, il cherche

1. Lettre du 30 mai 1873.
2. Lettre du 25 juin 1873.

à donner des leçons particulières. Un directeur d'école lui ayant offert une place de pion, avec quatre heures de présence par jour, il décline cette proposition trop astreignante et fait passer, pour lui et pour Rimbaud, des annonces dans le *Daily News, The Echo,* le *Daily Telegraph...* « Leçons de français en français — perfection, finesse — par deux gentlemen parisiens. Verlaine, 8 Great College, Camden Town. » Par miracle, un élève se présente. Deux heures de cours par jour, à trois shillings : « Ce n'est pas le Potose[1], mais c'est de quoi payer mon loyer et mon tabac », écrit Verlaine, philosophe, à Émile Blémont[2]. Leur temps libre, les deux amis l'emploient à bouquiner au British Museum, à comparer les boissons des différents cabarets du coin et à fréquenter, le soir, le Princess' Theatre et le Saint James Theatre où se produisent des troupes françaises et belges. Et puis ils écrivent, avec un acharnement renouvelé. Rimbaud met la dernière main à son « livre païen ou livre nègre » (*Une saison en enfer*) et Verlaine songe à un prochain volume de vers, qu'il intitule provisoirement *L'Île.* Il pense aussi à son drame qui, dit-il, est fait dans sa tête, à son roman... Que de pain sur la planche ! Il déclare à Émile Blémont : « J'ai reconquis courage et santé. L'indignité de mon malheur et la bêtise de la trahison dont j'ai cru mourir m'ont, par leur excès, sauvé. *Je n'y pense plus*[3]. »

Affirmation hasardeuse. En vérité, il ne s'est jamais senti plus tourmenté, plus indécis ni plus misérable. Alors qu'il éprouve le besoin d'être entouré par l'affection et l'estime de ses compatriotes exilés à Londres, ceux-ci lui battent froid à cause de

1. Allusion aux mines d'argent de Potosí, en Bolivie, exploitées par les Espagnols après la conquête du pays sur les Incas.
2. Lettre du 25 juin 1873.
3. *Ibid.*

son collage notoire avec Rimbaud. On rit sous cape à leur entrée, bras dessus, bras dessous, dans un café, on leur tourne ostensiblement le dos quand ils s'avancent, la main tendue. Pour tous ces pisse-vinaigre, la conduite scandaleuse du couple compromet la réputation de la France auprès des Anglais ! Nul doute qu'ils n'en parlent dans leurs lettres au pays. Ces rumeurs, sans cesse amplifiées, font le jeu des Mauté. De quelque côté que Verlaine se tourne, il ne rencontre qu'incompréhension et malveillance. Il s'en plaint à Rimbaud, et celui-ci, excédé par ce pleurnichard aux nerfs de femme, qui se raccroche à lui tout en regrettant son épouse, le rabroue durement. Verlaine se rebiffe. Après un échange d'injures, ils en viennent aux mains. Les couteaux brillent. On s'égratigne pour de bon. Quand le sang a coulé, vite on court se rabibocher dans un pub, avec des *pints of bitter* ou des *gills of brandy*. Et on regagne la maison, titubant, à demi inconscient, écœuré de soi-même et de l'autre. « Pitoyable frère ! Que d'atroces veillées je lui dus, écrit Rimbaud dans *Illuminations*[1]. Après cette distraction vaguement hygiénique, je m'étendais sur une paillasse. Et presque chaque nuit, aussitôt endormi, le pauvre frère se levait, la bouche pourrie, les yeux arrachés — tel qu'il se rêvait ! — et me tirait dans la salle en hurlant son songe de chagrin idiot. »

Le « chagrin idiot » tourne de plus en plus autour de Mathilde, ce que Rimbaud ne peut tolérer. Par esprit de provocation, il exagère, devant témoins, son attitude d'amant dominateur aux côtés d'un Verlaine mollasse. Son outrecuidance est telle qu'un jour Andrieu le met à la porte de chez lui. Le récit de cet éclat fait le tour de Londres et parvient à Paris. Les rapports de police envoyés à la Préfecture parlent

1. *Vagabonds.*

203

d'une « liaison d'une étrange nature » et précisent que « la famille de M. Verlaine est si sûre de l'authenticité de ce fait dégradant qu'elle base sur ce point un des éléments de sa demande en séparation ».

Le mépris et l'insolence de Rimbaud croissant de jour en jour, Verlaine en arrive, de nouveau, à souhaiter une franche rupture. Une idée le travaille : si Mathilde a refusé de le rejoindre à Namur, pourquoi ne lui proposerait-il pas de venir le retrouver à Bruxelles, comme elle l'a déjà fait spontanément, avec sa mère, l'année précédente ? Elle aime bien Bruxelles. Ayant reçu l'assurance qu'il y sera sans Rimbaud, elle comprendra qu'il lui offre là la plus grande chance de sa vie. En cachette, il prépare sa valise et se renseigne sur les jours et heures de départ des bateaux pour Anvers.

Le 3 juillet 1873, il rentre du marché, tenant d'une main des harengs, de l'autre une bouteille d'huile. Penché à la fenêtre, Rimbaud ricane : « Eh ! la bobonne ! » Et, quand Verlaine franchit le seuil de la chambre, il ajoute : « Ce que tu peux avoir l'air con avec ta bouteille et ton poisson ! » Ce sarcasme révulse Verlaine qui, pourtant, en a entendu bien d'autres depuis des mois. Il blêmit, jette les harengs et la bouteille d'huile à travers la pièce, empoigne sa valise toute prête, hurle qu'il ne peut plus supporter cette existence maudite, dégringole l'escalier et court en direction de la Tamise. Après un moment d'hésitation, Rimbaud s'élance sur ses talons. Mais Verlaine a pris de l'avance. Parvenu aux docks Sainte-Catherine, il monte à bord d'un bateau en partance pour Anvers. Sur le quai, Rimbaud agite ses grands bras et lui crie de revenir. Il est midi. Le mugissement de la sirène couvre sa voix. Verlaine, inébranlable, regarde ailleurs. On lève l'échelle de coupée. Les roues à aubes battent l'eau qui bouillonne.

Lorsque le vapeur a quitté le port, Verlaine

descend au fumoir et écrit à Arthur : « Mon ami, je tiens à te dire que tu dois, *au fond,* comprendre, *enfin,* qu'il me fallait absolument partir, que cette vie violente et toute de scènes sans motif que ta fantaisie ne pouvait m'aller foutre plus ! Seulement, comme je t'aimais intensément (honni soit qui mal y pense), je tiens aussi à te confirmer que si, d'ici à trois jours, je ne suis pas r'avec ma femme dans des conditions parfaites, je me brûle la gueule [...]. Si, comme c'est trop probable, je dois faire cette dernière connerie, je la ferai du moins en brave con. Ma dernière pensée sera pour toi, pour toi qui m'appelais du *pier* [jetée] tantôt et que je n'ai pas voulu rejoindre *parce qu'il fallait que je claquasse, enfin !* Veux-tu que je t'embrasse en crevant ? Ton pauvre P. Verlaine. »

De son côté, abandonné sans un penny à Londres, Rimbaud écrit à Verlaine une lettre pathétique : « Reviens, reviens, cher ami, seul ami, reviens. Je te jure que je serai bon. Si j'étais maussade avec toi, c'est une plaisanterie où je me suis entêté ; je m'en repens plus qu'on ne peut dire. Reviens, ce sera bien oublié. » Mais le lendemain, quand il reçoit le message funèbre rédigé à bord du bateau, ses sentiments changent du tout au tout. Devant cette nouvelle preuve de la veulerie de Verlaine, ses remords s'envolent. Il hésite entre le rire et la nausée. Quelle loque et quel comédien que ce minable Paul ! « Cher ami, répond-il, j'ai ta lettre datée " En mer ". Tu as tort, cette fois, et très tort. D'abord, rien de positif dans ta lettre. Ta femme ne viendra pas ou viendra dans trois mois, trois ans, que sais-je ? Quant à claquer, je te connais ! Tu vas donc, en attendant ta femme et ta mort, te démener, errer, ennuyer les gens [...]. Avec moi seul tu peux être libre, et, puisque je te jure d'être très gentil à l'avenir, que je déplore toute ma part de torts, que j'ai enfin l'esprit net, que je t'aime bien, si tu ne veux pas revenir, ou que je te rejoigne, tu fais un crime et *tu t'en repentiras de longues années, par la perte de toute liberté, et des ennuis plus atroces* peut-être que tous ceux que tu as éprouvés. Après ça, resonge à ce que tu étais avant de me connaître [...]. Certes, si ta femme revient, je ne te compromettrai pas en t'écrivant — je n'écrirai jamais. Le seul vrai mot, c'est : reviens. Je veux être avec toi, je t'aime. Si tu écoutes cela, tu montreras du courage et un esprit sincère. Autrement, je te plains. Mais je t'aime, je t'embrasse et nous nous reverrons[1]. »

Le vendredi 4 juillet, Verlaine arrive à Bruxelles et descend, comme de coutume, au Grand Hôtel Liégeois. De là, il écrit à Mathilde que, si elle n'accourt pas auprès de lui dans les trois jours, le 7 juillet à midi au plus tard, il se fera sauter la cervelle. Or, cette lettre, comme les précédentes, Mathilde la rangera dans un tiroir sans la lire. En même temps, Verlaine prévient sa mère : « J'ai résolu de me tuer si ma femme ne vient pas dans trois jours ! Je le lui ai écrit [...]. Adieu, s'il le faut. Ton fils qui t'a bien aimée. » Pour donner plus d'éclat encore à son geste, il avertit également Mme Rimbaud de sa décision irrévocable. Et il confirme sa lettre à Mathilde par un télégramme. Ainsi, pense-t-il, toutes les personnes qui lui portent de l'intérêt seront au courant de son malheur et prendront leurs responsabilités.

Le lendemain, samedi 5 juillet, il rencontre par hasard, dans la rue, un peintre de sa connaissance, âgé de vingt ans : Auguste Mourot, filleul de sa mère. Incapable de tenir sa langue, il lui fait part de son projet de suicide. L'autre le raille de vouloir se tuer pour une femme et lui conseille plutôt, s'il a

1. Lettre du 5 juillet 1873.

choisi d'en finir avec la vie, de se dévouer, en soldat, à une noble cause. Pourquoi ne s'engagerait-il pas dans les troupes de don Carlos en lutte contre la jeune république espagnole ? On peut, dit Auguste Mourot, s'inscrire comme volontaire à l'ambassade d'Espagne. Verlaine feint d'être séduit par l'idée, mais, quoique attiré par les solutions extrêmes, il hésite à se faire trouer la peau au-delà des Pyrénées. À Auguste Mourot qui le presse de questions, il promet de réfléchir sérieusement à cette issue héroïque. Plus que deux jours avant la date où il doit appuyer le canon d'un revolver contre sa tempe ! Poursuivant la préparation de sa « sortie de scène », il alerte cette fois Lepelletier : « Mon cher Edmond, je vais me crever. Je voudrais seulement que personne ne sût cela avant la chose faite et qu'en outre il fût bien prouvé que ma femme — que j'attends encore jusqu'à demain après-midi — a été prévenue trois fois, télégraphiquement et par la poste ; que donc c'est son obstination qui aura fait le beau coup [1]. » Par ailleurs, il écrit en Angleterre, à Ludomir Matuszewicz, un ancien chef communard, pour le supplier de lui donner des nouvelles de Rimbaud : « Vous a-t-il vu après mon départ ? Écrivez-moi là-dessus. Ça m'intéresse tant (toute garce blague à part, hein ?). Le temps n'est plus à la blague, nom de Dieu ! » Un autre billet part à l'adresse de sa logeuse, Mrs. Alexander Smith, la priant de prendre soin de ses effets en attendant son *retour*. Au vrai, il ne sait au juste si sa prochaine étape sera la mort solitaire ou la reprise de la vie sordide à Londres. Plutôt, il se doute bien qu'il ne se supprimera pas, mais refuse d'en convenir. Il joue, avec de délicieux frissons, à préparer un suicide qu'il juge improbable.

Dans l'intervalle, sa mère arrive, éperdue

1. Lettre du 6 juillet 1873.

d'angoisse, et l'adjure de renoncer à son funeste dessein. En même temps, il reçoit deux lettres. Une de Rimbaud qui, ayant eu sous les yeux son billet à Mrs. Alexander Smith, lui écrit : « Tu veux revenir à Londres ! Tu ne sais pas comme tout le monde t'y recevrait et la mine que me feraient Andrieu et autres s'ils me revoyaient avec toi ! Mais il n'y a plus rien dans la chambre. Tout est vendu, sauf un paletot [...]. Pourquoi ne m'écris-tu pas à moi ? Oui, cher petit, je vais rester une semaine encore. Et tu viendras, n'est-ce pas ? Dis-moi la vérité ! Tu aurais donné une marque de courage. J'espère que c'est vrai. Sois sûr de moi, j'aurai très bon caractère. À toi, je t'attends. Rimb. »

La deuxième missive, très longue, est de Mme Rimbaud mère. En la lisant, Verlaine s'étonne qu'une personne aussi distante, aussi revêche et aussi inculte lui donne cette leçon de noblesse : « Se tuer quand on est accablé par le malheur est une *lâcheté*, se tuer quand on a une sainte et tendre mère qui donnerait sa vie pour vous, qui mourrait de votre mort, et quand on est père d'un petit être qui vous tend les bras aujourd'hui, qui vous sourira demain, et qui un jour aura besoin de votre appui, de vos conseils, se tuer dans de telles conditions est une *infamie* [...]. Monsieur, j'ignore quelles sont vos disgrâces avec Arthur ; mais j'ai toujours prévu que le dénouement de votre liaison ne devait pas être heureux. Pourquoi ? me demanderez-vous. Parce que ce qui n'est pas autorisé, approuvé par de bons et honnêtes parents ne doit pas être heureux pour les enfants [...]. Soyez fort et courageux contre toutes les afflictions ; chassez de votre cœur toutes les mauvaises pensées, luttez, luttez sans relâche contre ce qu'on appelle l'injustice du sort ; et vous verrez que le malheur se lassera de vous poursuivre [...]. Quelle que soit la méchanceté des hommes, ne désespérez jamais de Dieu. Lui seul console et guérit, croyez-moi [1]. »

Ayant pris connaissance des deux lettres, Verlaine fait le point : le délai fatidique des trois jours est expiré ; Mathilde n'est pas venue ; elle n'a pas écrit ; et il ne s'est pas suicidé. Reste la « solution Rimbaud ». C'est un pis-aller acceptable. Le mardi 8 juillet, dans la matinée, Verlaine court à la poste et télégraphie à son ami : « Volontaire Espagne. Viens ici, hôtel Liégeois. Blanchisseuse, manuscrits si possible. » Après quoi, il se rend avec Auguste Mourot à l'ambassade d'Espagne. Là, on leur répond que les étrangers ne sont pas admis comme volontaires dans l'armée carliste. Verlaine feint d'être désappointé par cette disposition qui, en réalité, l'arrange. Certes, il regrette un peu d'avoir envoyé, quelques heures auparavant, une dépêche à Arthur lui annonçant son enrôlement dans les troupes de don Carlos. Mais il n'en est pas à une entourloupette près avec son compagnon de folie. Peut-être même riront-ils tous deux de cette mésaventure, lors de leurs retrouvailles. Il ne doute pas, maintenant, que Rimbaud est déjà en train de boucler sa valise pour le rejoindre. Et si, par extraordinaire, Mathilde, prise de pitié, en faisait autant ? Si elle débarquait, larmoyante et consentante, au Grand Hôtel Liégeois, où il lui a fixé rendez-vous ? Il ne faut à aucun prix qu'elle tombe sur Arthur.

Celui-ci arrive à Bruxelles, tard dans la soirée du 8 juillet. Aussitôt, les deux compères et Mme Verlaine mère décampent du Grand Hôtel Liégeois et se transportent à l'hôtel de Courtrai, 1, rue des Brasseurs, à l'angle de la Grand-Place. L'hôtelier leur loue deux chambres communicantes, au premier étage. L'une, bien qu'elle n'ait qu'un lit, est occupée par les hommes. La maman s'installe dans l'autre, sans

---

1. Lettre du 6 juillet 1873.

manifester la moindre gêne de cet étrange arrangement. Sans doute même est-elle attendrie à la pensée que derrière la cloison Paul et Arthur reposent, enlacés et rompus, côte à côte. Il s'agit là, pour elle, d'une très grande affection masculine. Rien de plus.

Le lendemain, mercredi 9 juillet, les deux amis traînent dans les brasseries en essayant de définir leurs intentions respectives. Celles de Verlaine sont claires. Puisque Mathilde n'a pas jugé bon de répondre à son appel de détresse, il se rendra en personne rue Nicolet et obligera sa femme à l'entendre. Au besoin, il la menacera de se tuer devant elle. À ce point de tension, il n'y a pas mieux que le chantage pour forcer la chance ! Et Rimbaud, que compte-t-il faire ? Eh bien, lui aussi annonce qu'il veut rentrer à Paris ! Suffoqué par cette prétention, Verlaine proteste que, en élisant domicile dans la même ville que lui, il ruinerait tous ses plans de reconquête conjugale. Jamais Mathilde n'acceptera de lui revenir si elle sait qu'Arthur tire les ficelles dans la coulisse. Quelles que soient les précautions prises, elle finira par l'apprendre. Que Rimbaud aille donc n'importe où, sauf dans la capitale ! Mais il insiste. Il n'a que faire des soubresauts du ménage Verlaine. Ce ne sont pas les lubies de Paul qui l'empêcheront de vivre où bon lui semble. Il en a assez de Charleville, de Bruxelles, de Londres. C'est Paris qu'il lui faut. Il n'en démord pas. Bref, il consent à la rupture avec Paul, mais pas à l'exil. Dans cette conjoncture, il se sent le maître de la situation et se réjouit de l'affolement de son contradicteur. Toute la journée se passe en palabres, en insultes et en supplications. La nuit les rassemble à nouveau dans le lit unique, trop soûls d'alcool et de paroles pour tenter le moindre geste d'amour.

Le jeudi 10 juillet, vers six heures du matin, Verlaine se lève sans bruit, sort seul de l'hôtel et va flâner du côté de la boutique de l'armurier Montigny, passage des Galeries-Saint-Hubert. Il fait déjà très chaud. La gorge sèche, Verlaine s'octroie quelques petits verres en attendant l'ouverture du magasin. À neuf heures, il y pénètre d'un pas résolu et achète, pour vingt-trois francs, un revolver à six coups, de calibre sept millimètres, avec une gaine de cuir et une boîte de cinquante cartouches. À sa demande, le vendeur lui explique le maniement de l'arme. Il l'écoute en élève appliqué, puis, réfugié dans un café de la rue des Chartreux, introduit soigneusement des balles dans le barillet. Ce geste lui donne le sentiment que lui, le plus faible des hommes, est enfin le plus fort. Qui osera lui résister quand il brandira son revolver ? Ni Rimbaud, ni Mathilde, ni sa mère, ni lui-même... Il boit jusqu'au vertige et, vers midi, sous un soleil de plomb qui lui cuit la nuque, rentre d'un pied lourd à l'hôtel.

Par bravade, il montre son acquisition à Rimbaud. Nullement impressionné, Arthur lui demande à quel usage il destine ce pétard. « C'est pour vous, répond-il, pour moi, pour toi, pour tout le monde ! » Puis ils vont prendre l'apéritif — quelques fortes absinthes — à la Maison des Brasseurs. Un déjeuner vite avalé, en tête à tête, et les voici de nouveau dans leur chambre, à l'hôtel de Courtrai. La chaleur est étouffante. Suant et s'égosillant, les deux amis poursuivent leur querelle. La mère de Verlaine, qui les a rejoints, tente en vain de les calmer. Le train pour Paris est à trois heures. Résolu à le prendre, Rimbaud réclame à Stéphanie les vingt francs dont il a besoin pour acheter son billet de chemin de fer. Elle est prête à lui céder, mais son fils le lui défend. À mesure que les minutes passent, l'exaspération de Paul grandit jusqu'à une fureur démente. De temps à autre, il s'échappe de la pièce pour se désaltérer au prochain caboulot. Il en revient peu après, plus excité encore, l'œil hagard, des cris plein la bouche. Visiblement, il a perdu tout contrôle de ses propos et de ses gestes. Comme Rimbaud persiste à dire que, même sans argent, il rejoindra Paris, Verlaine ferme à clef la porte de la chambre, adosse une chaise au battant, s'assied à califourchon, sort son revolver et glapit : « Tiens, voilà pour toi, si tu pars ! » Debout à trois mètres de lui, l'épaule appuyée au mur, Rimbaud ne bouge pas. Verlaine tire. Une première balle atteint Rimbaud au poignet gauche et reste logée dans les chairs. Une seconde balle frappe le mur à trente centimètres du plancher. Au bruit des détonations, Mme Verlaine mère, qui s'était retirée dans sa chambre, ouvre la porte de communication et se précipite vers le blessé, dont la main ruisselle de sang. Brusquement dégrisé, Verlaine s'écroule, la poitrine secouée de sanglots, sur le lit de sa mère. Puis, tandis qu'elle s'efforce d'arrêter l'hémorragie avec un mouchoir, il tend le revolver à Arthur en gémissant : « Décharge-le sur ma tempe ! » Rimbaud le repousse avec mépris. La blessure n'est que superficielle. L'artère n'a pas été sectionnée. Mais le sang continue à couler.

Plus tard, Verlaine ayant recouvré ses esprits, tous trois se rendent à l'hôpital Saint-Jean. Là, pendant qu'on examine sa plaie, Rimbaud raconte qu'il s'est blessé lui-même en maniant son arme. La balle ne peut être extraite immédiatement. Il faut qu'il revienne demain. En attendant, on lui fait un pansement et on lui remet un calmant pour la nuit.

De retour à l'hôtel, où nul ne s'est aperçu de rien, Verlaine renouvelle devant son ami ses implorations et ses excuses. Agacé par les grimaces larmoyantes de Paul, Arthur lui réplique que rien ne l'empêchera de partir, ce soir, pour Paris. À ces mots, Mme Verlaine mère, craignant que le débat ne tourne mal de nouveau, s'empresse de glisser à Rimbaud les vingt francs qu'il demande pour le voyage. Il les empoche, remercie et se dirige vers la porte. Mais Verlaine, la voix brisée, lui crie qu'il veut, du moins, l'accompagner à la gare. Ils sortent dans la rue, les deux hommes marchant devant, la mère trottant derrière.

À chaque pas, Verlaine se rend mieux compte de sa disgrâce. Par la faute d'Arthur, toutes ses espérances s'effondrent. Au lieu d'une réconciliation raisonnable avec Mathilde, ce sera la reprise d'une guerre d'escarmouches entre lui et le clan Mauté. Acculé à la séparation, il aura perdu sa femme, son fils et son honneur à cause d'un voyou obstiné. Pour peu que la police s'en mêle, il se retrouvera peut-être même derrière les barreaux. Comme ancien communard, comme homosexuel ayant détourné un mineur, comme assassin... Cela, il ne peut l'admettre !

À six heures vingt, le trio débouche sur la place Rouppe. Verlaine, qui a pris de l'avance sur sa mère et son ami, revient brusquement en arrière, se plante devant Rimbaud et porte la main à la poche de son veston. Dans la confusion qui a suivi l'attentat, personne ne s'est avisé de le désarmer. Il a un regard meurtrier. Glacé de peur, Rimbaud fait un bond de côté et détale. Verlaine s'élance à sa poursuite. Le fuyard se heurte à un sergent de ville en faction. « Arrêtez-le ! lui crie-t-il. Il veut me tuer ! » L'agent considère le requérant, qui a le bras en écharpe, et l'homme patibulaire qui arrive sur ses talons. L'affaire lui paraissant des plus louches, il conduit tout le monde au commissariat de l'Hôtel de Ville.

Le commissaire, Joseph Dehalle, saisit le revolver et la boîte contenant encore quarante-sept cartouches, puis procède aux premiers interrogatoires. Rimbaud explique que Verlaine a tiré sur lui dans un moment d'égarement pour l'empêcher de se rendre à Paris ; Mme Verlaine soupire qu'il s'agit de la néfaste conclusion d'une dispute entre deux bons amis ; enfin Verlaine fait allusion aux manœuvres déloyales de sa femme qui, plaidant contre lui en séparation, a osé l'accuser de « relations immorales ». Le commissaire, impassible, rédige son rapport et écroue le « nommé Verlaine », « sous prévention de blessures faites au moyen d'une arme à feu sur la personne du sieur Rimbaud, Arthur ». Tandis qu'on emmène Paul, hébété, sa mère et Rimbaud sont autorisés à se retirer, à condition de rester à la disposition de la justice.

Dans la soirée, Auguste Mourot, venu rendre visite à sa marraine, la trouve en larmes, incapable de prononcer trois mots de suite. C'est Rimbaud qui lui raconte les péripéties du drame. Le lendemain, la pauvre femme, encore bouleversée, exige cependant de conduire elle-même Arthur à l'hôpital Saint-Jean, où l'on doit procéder à l'extraction de la balle. Vu l'état fiévreux du blessé, l'opération est remise à plus tard, mais il est admis, séance tenante, dans l'établissement, salle 11, lit 19.

En le quittant, Mme Verlaine, soutenue par Auguste Mourot qui l'a accompagnée dans sa démarche, se demande, avec anxiété, qui de Paul ou d'Arthur est responsable du cauchemar qu'elle est en train de vivre. N'osant accuser personne, elle finit par se dire qu'elle seule, sans doute, par son excès d'amour maternel, par son indulgence aveugle, par sa naïveté bienveillante, est à l'origine de la folie qui habite son fils. Et l'avenir lui paraît, plus que jamais, lourd de menaces.

# XIV

## PRISON ET CONVERSION

Aussitôt après son premier interrogatoire, Verlaine est conduit au poste de police situé derrière l'Hôtel de Ville et appelé, par dérision, « l'Amigo », en souvenir de l'occupation espagnole. Il se retrouve dans une cellule avec un ivrogne, correctement vêtu, qui tient des discours incohérents, coupés de hoquets et de rires. De la rue, monte le bruit d'une fête foraine, avec chants populaires, piaillements de femmes chatouillées et claquements de pétards. Malgré sa fatigue, il ne peut fermer l'œil de la nuit. Sa position lui semble si abracadabrante qu'il ne conçoit pas qu'elle se prolonge. Dès demain, sa mère fera les démarches nécessaires, on le relâchera avec des excuses et il prendra le train pour Paris.

Le vendredi 11 juillet, il avale goulûment le café au lait clairet et les petits pains bruxellois du déjeuner matinal, servi dans une courette pavée, et regagne sa turne avec la certitude qu'il n'en a plus pour longtemps à moisir ici. Afin de mettre toutes les chances de son côté, il demande de l'encre et du papier, écrit à Victor Hugo pour l'informer de son incarcération et le prie de plaider sa cause auprès de Mathilde et des autorités belges. Après le repas de midi, quand la porte s'ouvre, il croit que le gardien vient lui annoncer sa libération. Mais l'homme lui passe les menottes, l'emmène dehors et le fait monter dans une voiture cellulaire aux panneaux métalliques peints en jaune et en noir. Le fourgon se met en marche sur les pavés irréguliers. L'œil collé à une fente grillagée du « panier à salade », Verlaine aperçoit « des rues montueuses, pleines de foules pauvres, de marchés chétifs ». Ayant traversé la ville, la voiture s'arrête devant la prison des Petits-Carmes. C'est un ancien couvent, avec à l'intérieur de longs corridors aux murs crépis en blanc et des portes aux verrous massifs. Après le passage au greffe, un gendarme débarrasse Paul de ses « poucettes » et l'entraîne rudement. La feuille d'écrou que lui montre le cerbère est d'un beau papier frappé de la balance symbolique et de la formule *Pro Justicia*. Au-dessous de la vignette, Verlaine peut lire ces mots tracés d'une écriture hésitante par la main du scribouillard de service : « Tentatiffe d'asacinat. » Tout à coup, il n'a plus envie de sourire. On l'enferme au quartier du dépôt, où son premier travail consiste à éplucher des pommes de terre, parmi un groupe de prisonniers sournois qui le dévisagent de travers. Au réfectoire, il doit se contenter d'une pâtée d'orge bouilli.

Dans l'après-midi du lendemain, il est convoqué par le juge d'instruction Théodore T'Serstevens et répète devant ce fonctionnaire, au visage sec et au regard impénétrable, ce qu'il a déjà dit au commissaire : il est en instance de séparation avec sa femme, Rimbaud et lui sont liés par une amitié sans équivoque, c'est parce qu'ils ont trop bu l'un et l'autre qu'ils se sont disputés et que, dans un moment d'incohérence, il a tiré deux coups de feu sur son compagnon. Peu satisfait de ces explications, le juge signe l'ordre de transférer l'inculpé au quartier des détenus. Là, Verlaine dispose d'une cellule dont l'ameublement consiste en un hamac, une table, un tabouret, une cuvette et un seau. Mais du moins ne partage-t-il ce cul-de-basse-fosse avec personne. Le régime est strict. Une seule sortie par jour. Les prisonniers s'avancent par sections, chacun portant son seau hygiénique qu'il doit vider dans les latrines et rincer à la fontaine. Puis, sous l'œil du gardien, la promenade commence. Il est permis de fumer, mais non de parler. Verlaine est fasciné par cette théorie de pauvres bougres qui traînent les pieds, à la queue leu leu, avec dans leur tête un bouillon de remords, d'espoirs ou de vengeances. Revenu dans sa cellule, il écrit, à l'aide d'un bout d'allumette noirci d'un peu d'encre :

> *Ils vont ! et leurs pauvres souliers*
>     *Font un bruit sec,*
>     *Humiliés,*
>     *La pipe au bec.*
> *Pas un mot ou bien le cachot,*
>     *Pas un soupir.*
>     *Il fait si chaud*
>     *Qu'on croit mourir.*
> *J'en suis de ce cirque effaré,*
>     *Soumis d'ailleurs*
>     *Et préparé*
>     *À tous malheurs :*
> *Et pourquoi, si j'ai contristé*
>     *Ton vœu têtu,*
>     *Société,*
>     *Me choierais-tu ?*

Et il conclut, avec une sorte de contentement amer :

> *Allons, frères, bon vieux voleurs,*
>     *Doux vagabonds,*
>     *Filous en fleurs,*
>     *Mes chers, mes bons,*

*Fumons philosophiquement,*
*Promenons-nous*
*Paisiblement,*
*Rien faire est doux*[1].

Cependant, le juge T'Serstevens prend l'affaire très au sérieux. Sans désemparer, il recueille les dépositions de l'hôtelier, de l'armurier, de Rimbaud qui est en traitement à l'hôpital Saint-Jean, d'Auguste Mourot et de la mère de Verlaine. Ayant, au cours de l'interrogatoire à l'hôpital, saisi le portefeuille de Rimbaud et les lettres qu'il contenait, il se convainc qu'en dépit des dénégations de l'intéressé ses rapports avec Verlaine ne sont pas de pure camaraderie. Pour en avoir le cœur net, il charge deux médecins, les docteurs Semal et Vlemincks, de procéder à l'examen somatique du détenu « aux fins de constater s'il porte des traces d'habitudes pédérastiques ». Le 15 juillet, Verlaine, dévoré de haine impuissante, doit s'abandonner aux investigations des praticiens. Leur compte rendu, déposé le lendemain, est catégorique : il s'agit bien d'un cas d'homosexualité.

Et l'enquête se poursuit, inexorable. Nouvel interrogatoire de Mme Verlaine mère, de Verlaine et de Rimbaud. Entre-temps, la balle ayant frappé Rimbaud est extraite sans difficulté et le blessé entre en convalescence. Le 19 juillet, il se présente spontanément au Palais de Justice et remet au magistrat une lettre par laquelle il confirme ses déclarations antérieures et renonce à toute action criminelle, correctionnelle ou civile contre Verlaine. Mais le retrait de la plainte ne change rien. La machine judiciaire est en branle. Aucune démarche ne peut plus l'arrêter.

Terré dans sa cellule, Verlaine a l'impression que dehors la société entière se ligue contre lui pour le broyer. Plus il réfléchit à son drame, plus il se

1. *Autre (Parallèlement).*

218

persuade que c'est lui, et non Rimbaud, qui vit « une saison en enfer ». Pour se délivrer de son obsession, il écrit, « sur le papier gras de la cantine », de longs poèmes sataniques. Dans *Crimen amoris*, Rimbaud est évoqué sous les espèces d'un beau démon adolescent, qui, au cours d'une folle orgie dans un « palais de soie et d'or », brandit une torche et met le feu au royaume de tous les vices. Ce faisant, il veut égaler le maître de l'univers et obtenir qu'enfin se rejoignent « les sept péchés » et « les trois vertus théologales ». Mais le Ciel refuse cet holocauste impie. Et, des ruines fumantes, monte une prière vers « le Dieu clément qui nous gardera du mal ». Dans *La Grâce*, poème extravagant où une comtesse, en prison, converse avec la tête tranchée de son mari, l'auteur s'abandonne à une verve macabre, si éloignée de son style habituel que seuls la solitude, l'angoisse, le remords justifient cet écart dans son œuvre. Dans *L'Impénitence finale*, la petite marquise Osine, malgré les exhortations de Jésus-Christ, qui l'a pourtant gratifiée de plusieurs apparitions, s'obstine à tromper son vieux mari. Sur le point de mourir, la malheureuse, dans son délire, demande pardon à son époux effondré. Mais, au moment suprême, elle voit le Seigneur qui passe devant elle, furieux et sourd à sa prière. Dans *Don Juan pipé*, l'éternel séducteur prêche, du fond de l'enfer, la nécessité de céder à tous les appels de la chair ; il veut même soulever les damnés qui l'entourent contre Satan et contre Dieu. Mais Dieu le foudroie et une voix du dehors proclame : *On est le diable, on ne le devient point.*

Ainsi, d'un poème à l'autre, les mêmes hantises reviennent : Dieu, le diable tentateur (alias Rimbaud), les faiblesses de la carcasse humaine, la colère divine... Verlaine tourne en rond dans sa tête comme dans sa cellule. Tous les jours, pour lui, se ressemblent, entre des murs nus et des pensées immuables. Sa mère, ayant quitté l'hôtel, habite maintenant une chambre meublée à Ixelles, 8, chaussée de Walbre. Elle a décidé de rester en Belgique jusqu'à l'issue du procès. Rimbaud, lui, sorti de l'hôpital, loge chez une Mme Pincemaille, débitante de tabac et hôtelière. Aux jours et heures réglementaires, Stéphanie se rend à la prison et voit son fils derrière un grillage, au parloir. Habituée à tout excuser chez cet enfant difficile, elle ne comprend pas que le juge s'acharne contre lui pour une peccadille. Puisque la victime n'a qu'une égratignure, on devrait classer l'affaire. Ce face à face avec sa mère désole Verlaine au lieu de le réconforter. Un long regard, quelques mots de tendresse échangés à voix basse, et c'est de nouveau l'absence, le silence, les murs aveugles, l'attente...

Le 24 juillet, il est convoqué par M. De Paw, le directeur de la prison, un petit homme courtois, aux moustaches vaporeuses et aux favoris poivre et sel. L'ayant fait asseoir, M. De Paw lui annonce que, comme suite à la demande formulée par Mme Verlaine mère auprès du procureur du roi, il sera admis au régime de la pistole, ce qui lui permettra de faire apporter ses repas de l'extérieur. Mais il y a mieux : en réponse à la lettre que le détenu a adressée, voici quelques jours, à M. Victor Hugo, un billet de l'illustre écrivain vient d'arriver aux Petits-Carmes. M. De Paw tend la précieuse missive à Verlaine qui lit avec émotion : « Mon cher poète, je verrai votre charmante femme et lui parlerai en votre faveur au nom de votre tout petit garçon. Courage et revenez au vrai. » Mais qu'est-ce que le « vrai » pour Victor Hugo : le mariage, les amours hétérosexuelles, la religion ? En tout cas, cette lettre, tombée du ciel, vaut un surcroît de considération au détenu Verlaine. Puisqu'il a de tels correspondants, c'est qu'il n'est pas un coupable ordinaire !

Transféré dans le quartier des pistoles, Verlaine occupe maintenant une cellule plus propre, avec un lit convenable, une chaise de paille et une table. Son voisin est un notaire véreux, avec lequel il communique par de petits coups frappés contre le mur. Pour tuer le temps, il observe, par la lucarne aux barreaux serrés, un gardien, sanglé dans un uniforme vert foncé et coiffé d'un chapeau à plume de coq, qui fait les cent pas sur le chemin de ronde. Ou bien il vise la serrure de sa lourde porte et tâche de l'atteindre avec des boulettes de papier mâché. Ou bien encore il écrit. À Victor Hugo d'abord, pour le remercier de sa bienveillance et justifier, autant que faire se peut, sa conduite : « Un instant de folie compliquée et provoquée par de longues et secrètes souffrances m'a fait quitter la voie heureuse et calme où j'étais enfin entré et rentré après d'atroces angoisses. Pourtant, je puis témoigner que dès le lendemain je m'efforçais (il y a juste un an de cela) d'y revenir par tous les moyens [...]. De désespoir, j'étais retourné à Londres, où je m'étais arrangé une vie d'étude et de travail qui n'eût pas manqué de porter de bons fruits, si l'impérieux besoin de revenir " au vrai " ne m'eût pas fait tenter cette dernière et désespérée démarche que les circonstances et un misérable vertige ont convertie en ce dernier malheur [...]. L'ami que j'ai eu le malheur de blesser s'abstient de toute poursuite et ne me laisse pas sans nouvelles de lui. J'ose croire que la justice me tiendra compte de la franchise de mes réponses non moins que de l'état absolument anormal où je me trouvais en ce jour funeste... Mais vous me dites d'espérer. J'espère... La présence même de cet enfant devrait m'être un garant du cœur de la mère... M'écrira-t-elle, ou sera-ce à vous qu'elle répondra ?... Quand vous serez à Paris, vous la verrez, n'est-ce pas ? [...] Mon cher Maître, je continue à mettre toute ma confiance et toute ma confidence en vous[1]. »

1. Lettre du 26 juillet 1873.

En attendant sa libération, qu'il croit toujours prochaine, car pas plus aujourd'hui qu'hier il ne se sent foncièrement coupable, il s'efforce de trouver du charme au sinistre décor où il expie un instant de révolte. Un coin de ciel bleu, la pente d'un toit, le frémissement d'un léger feuillage, une rumeur lointaine, cela lui suffit pour goûter toute la mystérieuse harmonie du monde dont il est exclu :

> *Le ciel est, par-dessus le toit,*
> *Si bleu, si calme !*

Et, à la dernière strophe, cette plainte déchirante dans sa simplicité :

> *— Qu'as-tu fait, ô toi que voilà*
> *Pleurant sans cesse,*
> *Dis, qu'as-tu fait, toi que voilà,*
> *De ta jeunesse* [1] *?*

Il se compare à Gaspard Hauser, ce jeune Allemand amnésique apparu à Nuremberg dans les années trente :

> *Suis-je né trop tôt ou trop tard ?*
> *Qu'est-ce que je fais en ce monde ?*
> *Ô vous tous, ma peine est profonde :*
> *Priez pour le pauvre Gaspard* [2] *!*

Comme lui, il voudrait n'avoir aucun souvenir et n'être traversé que de sensations élémentaires. Le passage d'une souris, filant le long du mur et disparaissant dans un trou, voilà le grand événement de la journée :

> *Dame souris trotte,*
> *Noire dans le gris du soir,*
> *Dame souris trotte,*

---

1. *Sagesse* (III, 6).
2. *Gaspard Hauser chante* (*Sagesse*).

*Grise dans le noir.*
*On sonne la cloche :*
*Dormez, les bons prisonniers,*
*On sonne la cloche :*
*Faut que vous dormiez* [1].

Et soudain, au milieu de ce train-train engourdissant, une rude secousse. L'instruction étant close, Verlaine est appelé à comparaître devant le tribunal correctionnel, sous la prévention de « coups et blessures ayant entraîné une incapacité de travail personnel », délit prévu par l'article 399 du Code pénal.

Le 8 août 1873, des gardes le conduisent au siège de la sixième chambre du Palais de Justice. Il trouve la salle « vilaine, étroite et galeuse » et note qu'au mur d'en face « un Christ dartreux pendait ». Ces détails le distraient des interminables débats. Le substitut du procureur du roi, Stinglhamber, parle de Verlaine comme d'un sympathisant de la Commune, réputé pour ses mœurs spéciales, et affirme que la préméditation ne fait pas de doute puisque l'accusé a acheté le revolver le matin même de l'attentat. Le sieur Verlaine mérite, selon lui, le maximum de la peine : trois ans d'emprisonnement et une amende de trois cents francs. L'avocat de l'accusé, Me Nélis, du barreau de Bruxelles, soutient, lui, que l'arme en question était destinée à intimider et non à tuer ni même à blesser. Verlaine écoute cet échange de propos dans un état somnambulique. Il n'a pas l'impression qu'il s'agit de lui. Le prononcé du jugement le fait tressaillir comme un coup de tonnerre dans un ciel serein : deux ans de prison ferme et deux cents francs d'amende. En sortant de la salle du tribunal, il s'effondre en larmes, tel un enfant puni. Un garde, coiffé d'un bonnet à poil, le réconforte : « C'est pour une fois, ça, mais il y a l'appel, tiens ! »

1. *Impression fausse (Parallèlement).*

223

De retour dans la prison, il signe son pourvoi. Mais le substitut, estimant que la sentence est trop douce, interjette appel, de son côté, à minima. Quoi qu'il en soit, Verlaine n'est plus un simple prévenu. Il est un condamné. Et il craint que cette estampille ne le marque au front pour l'existence entière. Dans ce désarroi extrême, il n'aspire plus qu'à l'anéantissement de toute identité. Le jour même du jugement, il écrit d'une traite :

> *Un grand sommeil noir*
> *Tombe sur ma vie :*
> *Dormez, tout espoir,*
> *Dormez, toute envie !*
> *Je ne vois plus rien,*
> *Je perds la mémoire*
> *Du mal et du bien...*
> *Ô la triste histoire !*
> *Je suis un berceau*
> *Qu'une main balance*
> *Au creux d'un caveau :*
> *Silence, silence !*

Par une bizarre disposition de son esprit, c'est alors qu'il se sent au plus bas de son destin qu'il éprouve le plus intensément le réveil de ses facultés créatrices. Jamais il n'a composé des vers avec autant de joie et de facilité. Sa douleur est si forte qu'elle fait jaillir les mots de son inconscient. Ce que l'alcool obtenait de lui naguère dans un délire rageur, c'est la solitude, la honte, le malheur qui le suscitent aujourd'hui tout naturellement dans sa tête.

Le 27 août 1873, la cour d'appel de Bruxelles confirme la décision des juges de première instance. L'argumentation de l'avocat de Verlaine réclamant une diminution de peine s'est heurtée à l'intransigeance des magistrats, qui ont reçu, entre-temps, une réponse du préfet de police de Paris à leur demande d'enquête. Le document parisien a confirmé le rôle suspect joué par Verlaine pendant la Commune, sa liaison contre nature avec Rimbaud, son ivrognerie invétérée et son abandon du domicile conjugal. Dans un rapport daté du 1er août 1873, le policier Lombard avait averti ses supérieurs en ces termes : « Comme moral et comme talent, ce Raimbaud [sic], âgé de quinze ou seize ans, était et est une monstruosité. Il a la mécanique des vers comme personne, seulement ses œuvres sont absolument inintelligibles et repoussantes. Verlaine devint amoureux de Raimbaud et ils allèrent goûter en Belgique la paix du cœur et ce qui s'ensuit. Verlaine avait lâché sa femme avec une gaieté de cœur sans exemple et pourtant elle est, dit-on, très aimable et bien élevée [1]. »

Après quelques jours d'abattement, Verlaine tente de se raccrocher à la vie et suggère à Edmond Lepelletier de préparer la publication des *Romances sans paroles*. Il songe à un autre recueil intitulé *Cellulairement,* réunissant les vers diaboliques ou tendres composés en prison. Pour l'avenir, il envisage, une fois libéré, de réintégrer Londres où, pense-t-il, on l'accueillera plus favorablement qu'en France. « Les journaux de Paris auraient-ils, par hasard, parlé de cette malheureuse affaire ? » demande-t-il avec angoisse à Edmond Lepelletier [2].

Au début de septembre, sa mère a quitté Bruxelles. Rimbaud, lui aussi, a décampé. Il est rentré à Charleville, puis est allé rejoindre sa famille à Roche. Sans pouvoir chasser le souvenir de Verlaine, il achève de rédiger *Une saison en enfer*. Tout bouge dans le monde des hommes libres alors qu'ici, à la pistole 19, le temps semble s'être arrêté de couler. Pourtant, Verlaine s'attend à être, d'un moment à

1. Cf. A. Martin, *Documents de police* ; cité par Pierre Petitfils dans *Verlaine.*
2. Lettre du 28 septembre 1873.

l'autre, tiré de son trou et transféré dans une autre prison. On le lui a dit. C'est la règle.

Et de fait, le 25 octobre, un wagon cellulaire l'emporte, sous bonne escorte, vers Mons. Là, il est conduit à la « maison de sûreté cellulaire », dont au premier coup d'œil l'aspect folklorique l'amuse. Une sorte de château médiéval à la façade de brique rose, avec des tours, des créneaux et un portail massif. À l'intérieur, règnent le blanc de chaux, le noir de goudron, l'acier et le fer. On accompagne le nouveau pensionnaire à la douche, on lui rase le crâne, on le pousse sous la toise (un mètre soixante-quatorze) et on lui remet son uniforme : un pantalon et une veste de grosse bure verdâtre, un tour de cou en laine, des sabots, une casquette en cuir de forme biscornue et une cagoule bleue, dont il devra se couvrir le visage pendant les promenades sous les préaux et les sorties dans les corridors. Chaque fois qu'il quittera sa cellule, il faudra, en outre, qu'il accroche à un bouton de sa veste la plaque de cuivre portant en relief son numéro matricule. Pour l'occuper, on lui assigne un travail facile : trier des grains de café ! Le soir venu, la lumière éteinte, il écoute, avec un serrement de cœur, les bruits d'un univers inaccessible, dont il doute d'avoir naguère partagé les joies :

> *L'aile où je suis donnant juste sur une gare,*
> *J'entends de nuit (mes nuits sont blanches) la bagarre*
> *Des machines qu'on chauffe et des trains ajustés*
> *Et vraiment c'est des bruits de nids répercutés [...].*
> *Ô ces wagons qui vont dévaler dans la plaine*[1] *!*

Au bout d'un temps probatoire, sa conduite étant jugée satisfaisante, il passe à la cellule 252 de la pistole. Là, il peut lire à son aise des ouvrages empruntés à la bibliothèque de la prison : des livres

---

1. *Tantalized (Parallèlement).*

anglais, pour perfectionner « ce sempiternel engliche », des romans modernes, tout Shakespeare. Mais, ce qui lui tient le plus à cœur, c'est le combat que mène, en France, le brave Edmond Lepelletier pour éditer les *Romances sans paroles*. Le volume pourrait être imprimé à Sens, où le journal républicain *Le Peuple souverain*, après avoir été interdit à Paris, a reparu sous un autre titre : *Le Suffrage universel*. Comme Lepelletier collabore à cette feuille et que Sens se trouve en dehors du territoire encore soumis à l'occupation, tous les espoirs sont permis. En effet, l'homme de confiance, l'ami indéfectible choisit dans les casses de l'imprimerie les caractères qui lui paraissent convenables, achète de ses propres deniers un lot de papier Whatman et expédie les épreuves à Verlaine, qui les reçoit le 24 novembre 1873, à midi, dans sa cellule glaciale. Le détenu relit avec tristesse ces poésies d'une époque heureuse. Comme il a mûri, comme il a vieilli ! Ces vers légers sont d'un autre. Certains morceaux des *Romances sans paroles* lui rappellent ses griefs contre Mathilde. Il y revient dans ses lettres à Edmond Lepelletier : « Croirais-tu qu'un de mes chagrins, c'est *encore* ma femme ? [...] Je la plains de tout mon cœur de tout ce qui arrive, de la savoir là, dans ce milieu qui ne la vaut pas, privée du seul être qui ait compris quelque chose à son caractère, je veux dire *moi*. On a tant fait, on lui a tant fait faire qu'à présent elle est comme engagée " d'honneur " à pourrir dans son dessein. Au fond, j'en suis sûr, elle se ronge de tristesse, peut-être de remords. *Elle sait qu'elle a menti à elle-même*, elle sait qui et quel je suis, de quoi je suis capable pour son bonheur... Elle le sait, voudrait revenir et ne le peut. » Bref, tout est de la faute de ce « pou » de beau-père qui impose à sa fille une conduite absurde. Cependant, la partie est loin d'être perdue : « Une lutte légale avec M. Mauté de Fleurville n'a rien qui m'épouvante, poursuit-il. Et, s'il faut être ficelle, on le sera pour le moins autant que le birbe en question. Quant à la chère enfant, on sera toujours avec elle ce qu'on a été, doux, patient et *bras ouverts*[1]. »

La faculté d'oubli de Verlaine est telle qu'il compte pour rien ses scènes de pochard rentrant à la maison à n'importe quelle heure, cognant sur sa femme, la menaçant de son couteau, s'en prenant même à son fils. Dans son souvenir, il a été pour elle, d'un bout à l'autre de leur union, tout amour et toute mansuétude, avec peut-être, de temps en temps, un verre dans le nez. Est-ce suffisant pour justifier un procès en séparation ? De même, s'il a tiré sur Rimbaud, c'est parce que celui-ci voulait l'empêcher de rejoindre Mathilde. Dans un cas comme dans l'autre, il s'est conduit en homme d'honneur. Et voici qu'en France la Justice s'apprête à briser son ménage et qu'en Belgique elle le fourre en prison avec les voleurs et les assassins. De quelque côté qu'il se tourne, il ne découvre que malveillance à son égard. Victime à la fois d'un beau-père obstiné dans son erreur et de magistrats abusés par les apparences, il est le symbole de l'innocence persécutée. Quand donc la société se lassera-t-elle de lui taper dessus ? Au printemps, on le change de cellule. Mais pas de régime. Pistole 112. Ce n'est ni mieux ni pis qu'avant.

Enfin, le 27 mars 1874, il reçoit les premiers spécimens de *Romances sans paroles*. Tirage modeste : trois cents exemplaires. Une plaquette de cinquante pages. Il juge la chose correctement présentée et en remercie Edmond Lepelletier : « Très content de l'aspect et de la confection du petit bouquin. L'air un peu brochure peut-être — mais c'est très respectable.

1. Lettre du 28 novembre 1873.

Pas trop de coquilles [1]. » En feuilletant le livre, il se dit que peut-être ces quelques vers lancés dans le public, alors qu'il purge en prison une peine imméritée, lui vaudront la compassion et l'estime de ses concitoyens. « Vienne maintenant l'acheteur ! écrit-il encore à Edmond Lepelletier (il est prudent d'employer le singulier, quand il s'agit d'un article d'aussi peu de vente que des vers). » Et il dresse la liste du service de presse dont il prie cet homme de confiance d'assurer l'expédition.

Un exemplaire est réservé à Mathilde. Mais ne sera-t-elle pas froissée par certaines poésies, comme *Birds in the night* ? « Enfin, décide, dit-il à Lepelletier. Moi, pauvre brute de prison, je n'ai plus de tact pour ces choses-là. » En revanche, c'est avec une précision minutieuse qu'il lui désigne les amis, les connaissances, les journalistes auxquels il faut faire parvenir le volume. Pour chacun, il indique la formule à employer. Savant dosage. Les uns ont droit à un simple : « De la part de l'auteur » ; d'autres à un : « Souvenir cordial » ; d'autres encore à un : « Bien cordial souvenir ». Victor Hugo et Théodore de Banville se voient gratifiés d'un : « À mon cher maître », alors que Leconte de Lisle doit se contenter d'un banal « Hommage de l'auteur ». Edmond Lepelletier s'acquitte scrupuleusement de sa mission. Les critiques français, belges et anglais sont alertés par ses soins. Mais tout se passe comme s'il avait jeté l'ensemble de l'édition dans la Seine. Personne n'accuse réception de *Romances sans paroles* ; les gazettes se taisent ; les amis font la sourde oreille ; pour tous les hommes de plume, Verlaine est mort et enterré.

Ne recevant aucun écho de sa publication, Verlaine sombre dans la neurasthénie. À l'ennui d'être

1. Lettre du 27 mars 1874.

enfermé dans une cellule, s'ajoute la déception de l'auteur méconnu. Il a un immense besoin d'être compris, aimé, admiré, et son seul interlocuteur est un mur blanc, auquel est fixé le petit crucifix de cuivre réglementaire. Ce qu'il souhaite, à présent, c'est que quelqu'un de fort le prenne par la main et le guide, pas à pas, en lui évitant de patauger dans les flaques de boue. Sa femme aurait pu le faire. Trop jeune, trop soumise à son père, elle n'a pas eu le courage de remplir ce beau rôle. Qui, alors ? Il regarde le crucifix et une idée germe dans sa tête. Puisqu'il ne sait pas se conduire dans la vie, pourquoi ne pas faire confiance à celui qui assume tous les péchés du monde ? Ce n'est encore qu'une pensée fugitive, mais il en éprouve un étrange réconfort.

Dans la prison, la piété est de rigueur. Chaque repas commence par la récitation du bénédicité ; le dimanche, tous les détenus assistent à la messe, dans la chapelle ; en outre, l'aumônier, l'abbé Eugène Descamp, rend des visites régulières à ceux des condamnés qui le demandent. Sans doute a-t-il reçu une lettre de recommandation de l'ancien curé de Paliseul, l'abbé Jean-Baptiste Delogne, car il s'intéresse vivement au cas de Verlaine. Il le juge certes très respectueux des rites de l'Église, mais trop engourdi pour chercher à en pénétrer le mystère. En tout cas, leurs conversations sont longues et amicales. Ce qui plaît à Paul dans la fréquentation de ce prêtre de trente-huit ans, c'est qu'il retrouve auprès de lui l'atmosphère religieuse de son enfance. En l'écoutant, il a l'impression que ce sont toutes les soutanes des habitués de tante Louise qui le prennent sous leur protection. Il a sept ans, huit ans, il renoue avec la fraîcheur initiale. Encouragé par l'aumônier, il lit quelques livres édifiants et songe à exploiter la veine mystique dans ses prochains poèmes. « Je fais des cantiques à Marie (d'après le Système) et des prières de la primitive Église », écrit-il cyniquement à Edmond Lepelletier. Cependant, peu à peu, il constate que cet exercice littéraire traduit chez lui un trouble profond. Le jeu devient confession, la gymnastique intellectuelle effusion de l'âme.

Là-dessus, un jour du mois de juin 1874, le directeur de la prison pénètre dans la pistole 112. « Mon pauvre ami, dit-il, je vous apporte un mauvais message. Du courage ! Lisez [1]. » Et il tend à Verlaine un papier timbré. C'est la signification du jugement du tribunal de la Seine, en date du 24 avril 1874, prononçant la séparation de corps et de biens du sieur Verlaine, Paul, et de la dame Mauté, Mathilde, son épouse. La séparation judiciaire ayant été déclarée aux torts exclusifs du mari, celui-ci est astreint à verser une pension de cent francs par mois, payable trimestriellement et d'avance, outre les dépens, s'élevant à quatre cent vingt-huit francs vingt-quatre. La garde de l'enfant est confiée à la mère. Dans les attendus du jugement figurent, évidemment, l'ivresse, l'abandon du domicile conjugal, les « relations infâmes » avec un jeune homme et la condamnation, en territoire belge, pour violences exercées dans « un accès de jalousie ».

Accusant le choc, Verlaine s'écroule, en larmes, sur son grabat. Piétiné par le clan Mauté, répudié par ses anciens amis, dénoncé en France comme un pochard, un homosexuel, une brute capable des pires méfaits, pourra-t-il jamais se remettre debout ? Bonhomme, le directeur lui serre la main, applique une tape sur son épaule et s'en va. Deux heures plus tard, n'ayant toujours pas recouvré son sang-froid, Verlaine fait mander d'urgence l'aumônier. L'abbé Descamp accourt et tente de le réconforter en l'assurant de la miséricorde divine. Alors Verlaine, les nerfs

1. Edmond Lepelletier, *Paul Verlaine, sa vie, son œuvre*.

brisés, le prie de lui faire apporter un catéchisme. Quand il a en main le *Catéchisme de la persévérance*, en huit volumes, de Mgr Gaume, il ne cache pas sa déception devant l'exposé des preuves de l'existence de Dieu. Mais le chapitre de l'Eucharistie le transporte. Et, en lisant que tout pécheur doit s'unir au Christ pour se laver de ses souillures et resplendir de nouveau au soleil de la vérité, il se dit qu'il est comme le vieil Adam qui attend d'être tiré de la fange originelle. Contemplant tour à tour le petit crucifix de cuivre et un chromo du Sacré-Cœur, sang et rayons, que l'aumônier vient d'accrocher au-dessus de son lit, il a la conviction, soudain, qu'il n'est plus seul dans sa cellule. On l'écoute, on le comprend, on l'aide. Cela se passe à la fois très loin et ici même. Et, ce qui est le plus émouvant, c'est que cette révélation n'est pas une découverte, mais un retour aux sources. Le voici comme au début de sa vie. Il a tout à apprendre et tout à espérer. « Il faut avoir passé par tout ce que j'ai vu et souffert depuis trois ans, humiliations, dégoûts — et le reste ! — pour sentir tout ce qu'a d'admirablement consolant, raisonnable et logique cette religion si terrible et si douce, écrira-t-il à Edmond Lepelletier. Ah ! terrible, oui ! Mais l'homme est si mauvais, si vraiment *déchu* et puni par sa seule naissance [1] ! »

Quelques jours encore s'écoulent en réflexions et en prières, et puis, un beau matin de juin, après « une nuit douce-amère passée à méditer sur la Présence réelle », il se jette hors de son lit et se prosterne, secoué de sanglots, devant le crucifix de sa cellule. Ayant fait appeler l'aumônier par le gardien, il lui annonce sa « conversion ». Inquiet d'une exaltation qu'il juge morbide, l'abbé Descamp refuse d'entendre, séance tenante, la confession de son ouaille. Il préfère attendre que Verlaine se soit calmé afin d'être

1. Lettre du 8 septembre 1874.

sûr que son ouverture de cœur sera totale. On convient d'une date et, le moment venu, le pénitent, à genoux, avoue ses péchés au prêtre qui l'aide par de subtiles questions. Soudain, l'abbé demande d'une voix unie : « Vous n'avez jamais *été* avec les animaux ? » Verlaine sursaute et poursuit la litanie de ses fautes avec plus d'ardeur encore. À chaque manquement reconnu devant Dieu, il se sent plus propre, plus vaillant et plus libre. Enfin absous, il se redresse, purifié et comme rajeuni. Il est le nouvel Adam relevé de la chute.

Avec la fougue d'un prosélyte, il se plonge dans les Saintes Écritures, les Pères de l'Église, les auteurs catholiques contemporains. Son mysticisme est fondé sur des rapports personnels très étroits entre le Christ et lui. Ce face à face quotidien, il en rend compte dans une suite de sonnets pathétiques, haletants, qui forment, à eux seuls, un chef-d'œuvre :

*Mon Dieu m'a dit : « Mon fils, il faut m'aimer. Tu vois*
*Mon flanc percé, mon cœur qui rayonne et qui saigne. »*

Touché par la grâce, le malheureux se juge indigne de ce choix :

*J'ai répondu : « Seigneur, vous avez dit mon âme.*
*C'est vrai que je vous cherche et ne vous trouve pas.*
*Mais vous aimer ! Voyez comme je suis en bas. »*

Même encouragé par Jésus, il hésite :

*Seigneur, j'ai peur. Mon âme en moi tressaille toute.*
*Je vois, je sens qu'il faut vous aimer, mais comment ?*

Et le dialogue se poursuit, entre l'homme chargé de toutes les indignités et le Rédempteur auréolé de lumière.

*Ah ! Seigneur, qu'ai-je ? Hélas, me voici tout en larmes*
*D'une joie extraordinaire : votre voix*

233

> *Me fait comme du bien et du mal à la fois,*
> *Et le mal et le bien, tout a les mêmes charmes.*

À quoi le Christ répond par ces mots pacificateurs :

> *Pauvre âme, c'est cela !*

Incontestablement, Verlaine est sincère dans son effusion. Privé d'alcool et de satisfactions charnelles par la discipline de la prison, il ne regrette ni les absinthes qui abrutissent, ni les étreintes qui avilissent. La cure pénitentiaire, ayant assaini son organisme, a fait de lui un homme neuf, prêt à se passionner pour la grande idée chrétienne. Du moins pour le moment. Certes, il a encore, de temps à autre, des poussées de fièvre voluptueuse et des regains de colère contre sa femme : « Il faut que cette *petite masque* ravale son crachat », affirme-t-il à Edmond Lepelletier tout en lui envoyant les admirables poèmes qui témoignent de son retour à la foi. Pour faire bonne mesure, il lui déclare en outre qu'après sa libération il reprendra sa lutte contre les Mauté. Ainsi, catéchumène douteux, chrétien vindicatif, il veut bien aimer son prochain, à condition qu'on ne lui marche pas sur les pieds. Pourtant, il semble guéri de l'intempérance, de l'orgueil et du vice. Le 15 août, fête de l'Assomption de la Vierge, il est admis à la table de communion. Quand il reçoit l'hostie sur sa langue, l'extase le frappe en plein cœur, telle une épée de feu. Il écrira le jour même, pensant à cette pénétration céleste :

> *Ô mon Dieu, vous m'avez blessé d'amour*
> *Et la blessure est encore vibrante.*

L'incantation se termine par le constat que Verlaine dresse de sa misère et de sa vilenie, face à la majesté tranquille du Seigneur :

> *Vous Dieu de paix, de joie et de bonheur,*
> *Vous connaissez tout cela, tout cela,*

Le capitaine Nicolas-Auguste Verlaine s'engage à 16 ans dans l'armée. Il est un « excellent élément » et sera décoré de la Légion d'honneur.

Cliché : Jean-Loup Charmet

Le 31 décembre 1831, il épouse la jeune Elisa-Stéphanie Dehée.

Cliché : Jean-Loup Charmet

Le 30 mars 1844, après treize ans de mariage, Stéphanie met enfin au monde un fils prénommé Paul-Marie.

Cliché : Jean-Loup Charmet

Verlaine suit les cours du lycée impérial Bonaparte (Condorcet). En Seconde, il s'y lie avec Edmond Lepelletier. Ce sera le début d'une longue et fidèle amitié.

Cliché : Edimedia

A l'été 1863, Paul se rend en vacances à Lécluse chez sa cousine Élisa Moncomble, devenue Mme Dujardin. Premier amour, hélas ! impossible.

Cliché : Jean-Loup Charmet

Louis-Xavier de Ricard, fondateur de *La Revue du progrès*, dans laquelle paraît le premier sonnet de Verlaine, *Monsieur Prudhomme*.

Cliché : Jean-Loup Charmet

Verlaine est « lancé ». Il est reçu chez Théodore de Banville, au Quartier latin (ci-dessous).

Cliché : Roger-Viollet

Dans le salon de la marquise de Ricard, il rencontre François Coppée (ci-dessus à gauche), Heredia (ci-dessous à gauche) et Catulle Mendès.

Clichés : Roger-Viollet/Edimedia

C'est à Alphonse Lemerre que Verlaine remet, en 1866, le manuscrit des *Poèmes saturniens*. Deux recueils suivront, *Fêtes galantes* (1869) et *La Bonne Chanson* (1870) qui connaîtront tout au plus un succès d'estime.

Photographie de Nadar
Clichés : Jean-Loup Charmet/BN

POËMES

SATURNIENS

PAR

PAUL VERLAINE

PARIS
ALPHONSE LEMERRE, ÉDITEUR
47, PASSAGE CHOISEUL, 47
M.DCCC.LXVI

Portrait de Verlaine par Paterne Berrichon.

Cliché : D.R.

Après avoir publié *Romances sans paroles* et *Sagesse* chez deux éditeurs occasionnels, Verlaine se fixe chez Léon Vanier (caricature ci-contre) avec *Jadis et naguère* (1884).

Cliché : D.R.

Poème manuscrit de Verlaine.

Cliché : BN

Edmond Lepelletier présente à Verlaine
Charles de Sivry, musicien de cabaret, avec
lequel il partage le goût du rire
et de l'ivresse.

Cliché : Jean-Loup Charmet

Joyeuse époque : on s'amuse, on
récite des vers, on boit plus que de
raison ; on inaugure le « dîner des
vilains bonhommes » qui réunit
chaque mois les poètes
parnassiens.

Dessin de Verlaine.
Cliché : Edimedia

Mathilde Mauté de Fleurville. Verlaine la rencontre
chez Charles de Sivry, dont elle est la demi-sœur, et en tombe
instantanément amoureux.
Elle a 16 ans. Pour elle, il composera *La Bonne Chanson*…
et délaissera momentanément l'alcool.
Portrait de Mathilde à l'âge mûr.

Cliché : Jean-Loup Charmet

Malgré la méfiance du père de Mathilde, sa mère (ci-contre) chaperonne les amours de Paul et de la jeune fille. Le mariage a lieu le 11 août 1870 alors que la guerre fait rage.

Cliché : Jean-Loup Charmet

Verlaine peu après son mariage.
Photographie de Carjat.
Cliché : D.R.

Un an après son mariage, Mathilde met au monde un garçon qu'elle nomme Georges-Auguste et dont le poète ne s'occupera guère.
Portrait de Georges à l'âge mûr.

Cliché : Jean-Loup Charmet

Dessin humoristique de Delahaye représentant Verlaine dans son rôle épisodique de père.

Cliché : Jean-Loup Charmet

Fin août 1871, une lettre de Charleville parvient à Verlaine. L'auteur de 17 ans, un inconnu nommé Arthur Rimbaud, y annonce tout à trac qu'il quitte sa province natale et réclame l'hospitalité à Paris.

Photographie de Carjat.
Cliché : Jean-Loup Charmet

Accueilli d'abord chez les Mauté, Rimbaud excelle à se montrer indésirable à la famille et aux amis. Mais Verlaine est envoûté.

Cliché : BN

Partout où il passe, Rimbaud est cause de scandale : jusqu'au « dîner des vilains bonhommes » dont il sera bientôt exclu.

« Le Coin de table » de Fantin-Latour représentant les participants à ce dîner (Verlaine et Rimbaud sont assis à gauche, côte à côte). Cliché : BN

Alors que Mathilde tente de ramener son mari au foyer, Verlaine et Rimbaud fuient une première fois vers la Belgique puis se réfugient à Londres.

Dessin de Felix Régamey. Cliché : Edimedia

A Bruxelles où ils sont revenus, Verlaine blesse Rimbaud d'un coup de revolver et est incarcéré. La rupture est consommée : une dernière fois, Verlaine s'amuse des mésaventures de Rimbaud, dévalisé par un cocher à Vienne.

Dessin de Verlaine.

Cliché : Jean-Loup Charmet

À sa sortie de prison, Verlaine
devient professeur. En 1877, il
succède à son ami Delahaye au
collège de Notre-Dame de Rethel.

Dessin de Delahaye.

Cliché : Roger-Viollet

Là, il se prend d'une affection
paternelle pour un de ses élèves,
Lucien Létinois.
La mort prématurée du jeune
homme le plongera dans une
profonde affliction.

Cliché : Jean-Loup Charmet

Au début des années 1880, Verlaine renoue avec la vie littéraire et collabore à diverses revues. Il fréquente la jeune garde symboliste, dont Jean Moréas (ci-dessus à gauche de Verlaine)

et Charles Morice (ci-dessus).

En haut : Projet de fresque par Cazals.

Clichés : Jean-Loup Charmet

S'il ne partage pas les goûts des décadents, il sympathise avec l'un d'entre eux, le dessinateur et chansonnier Frédéric-Auguste Cazals, qui deviendra son confident et son impresario.

Dessin de Jossot.

Cliché : Jean-Loup Charmet

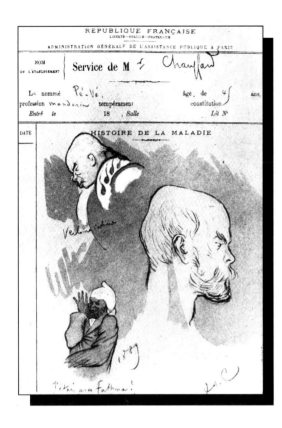

Ses dernières années, Verlaine les passe en traînant une jambe malade de taudis en hôpital, et prend quasiment pension à l'Assistance publique (Verlaine croqué par Cazals à l'hôpital Boussais).

Clichés : Jean-Loup Charmet

Le quartier général du poète : le café François-I[er], sur le boulevard Saint-Michel.

Photographie de Dornac.

Cliché : BN

Malgré sa misère, Verlaine est partout fêté. On l'invite pour des séries de conférences, on le choisit pour présider le huitième banquet de *La Plume* ; il sert de tête d'affiche (en compagnie de Moréas) à l'exposition de peinture des Cent.

Dessins de Cazals.

Clichés : Jean-Loup Charmet

Verlaine sur son lit de mort.

Dessin de Cazals.

Cliché : Roger-Viollet

*Et que je suis plus pauvre que personne,*
*Vous connaissez tout cela, tout cela,*
*Mais ce que j'ai, Mon Dieu, je vous le donne*[1].

Tout compte fait, ce long séjour en prison, s'il le prive de liberté, d'alcool et de caresses, lui apporte une rare quiétude d'esprit. Sa nervosité habituelle a fait place à une sereine résignation. La vie à Mons lui est, en quelque sorte, toute mâchée. N'ayant plus rien à décider par lui-même, il se laisse aller avec délices à la routine, à l'obéissance, et presque à la somnolence. Ce sont, pense-t-il, les saintes compensations de la servitude. Son égalité d'humeur lui vaut la sympathie de tout le personnel pénitentiaire. Le directeur et l'aumônier viennent régulièrement bavarder avec lui et les gardiens lui glissent en cachette des friandises et du tabac. Sa mère, de retour en Belgique, lui rend visite les jeudis et les dimanches. Comme s'il était encore en pension. Et, curieusement, il n'est pas pressé de quitter ce havre de paix cellulaire pour se replonger dans le maelström du monde extérieur. « À partir de ce jour (15 août 1874), écrira-t-il dans *Mes prisons*, ma captivité, qui devait se prolonger jusqu'au 16 janvier 1875, me parut courte, et, n'eût été ma mère, je dirais trop courte. » Cette retraite lui est si chère, rétrospectivement, qu'il ira jusqu'à la célébrer dans un poème :

*J'ai naguère habité le meilleur des châteaux,*
*Dans le plus fin pays d'eau vive et de coteaux [...].*
*Château, château magique où mon âme s'est faite,*
*Frais séjour où se vint apaiser la tempête*[2].

À Edmond Lepelletier, il affirme de même : « Si on te demande de mes nouvelles, dis que tu *sais* que je

1. *Sagesse.*
2. *Écrit en 1875 (Amour).*

me porte mieux et que je me suis absolument converti à la religion catholique, après mûres réflexions, en pleine possession de ma liberté morale et de mon bon sens [...]. J'ai seulement à présent du *vrai* courage. Le stoïcisme est une sottise douloureuse, une lapalissade. *J'ai mieux* [...]. Je ne serai pas un dévot austère, je le crois ; toute douceur envers les autres, toute soumission à l'*Autre* : tel est mon plan[1]. »

Malgré sa gratitude envers la prison de Mons, il compte les jours qui le séparent de sa libération. Une crainte diffuse se mêle à son impatience. Il a tellement changé en deux ans ! Saura-t-il trouver sa place dans l'univers qui l'attend au-delà des barreaux ? Ses amis le reconnaîtront-ils ? Accepteront-ils le nouveau personnage qu'il est devenu loin d'eux ? Et sa femme ? Peut-il espérer encore la revoir ? Autant de questions qui le tourmentent, la nuit, tandis qu'il se tourne et se retourne dans son lit étroit, veillé par le petit crucifix en cuivre.

1. Lettre du 8 septembre 1874.

# XV

## RETOUR EN ANGLETERRE

Le 16 janvier 1875, au petit matin, en enfilant les vêtements civils qui lui ont été restitués la veille, Verlaine a l'impression de changer non d'habits, mais de peau. On lui a également rendu les objets personnels qu'il avait laissés au greffe de la prison. D'une main avide, il tâte son portefeuille dans sa poche, sa montre dans son gousset. Pas de doute, il est un homme libre, convenable, présentable. Son pécule, amassé entre-temps, se monte à cent trente-trois francs et neuf centimes. On ne va pas loin avec une pareille somme ! Mais sa mère l'attendra à la sortie. Aidée de son vieil et fidèle ami M. Istace, elle a fait toutes les démarches possibles pour obtenir une réduction de peine : cent soixante-quinze jours de remise, accordés par faveur spéciale, c'est mieux que rien ! La fiche de « comptabilité morale » du prisonnier porte les indications suivantes : « *Pratique religieuse* : religieuse à la fin. *Caractère et moralité* : faible, assez bonne. *Conduite* : régulière. *Amendement* : probable. »

Une fois habillé en pékin, il prend congé, avec de grandes démonstrations d'amitié, du directeur, de l'aumônier, des gardiens, qui tous l'assurent qu'ils le regretteront. Et c'est la levée d'écrou, le lourd portillon qui s'entrouvre sur un autre monde, la ville, grelottant sous une brume humide, et là, debout sur le trottoir, une silhouette chétive, emmitouflée, qui ouvre les bras : maman !

Mais les effusions sont de courte durée. Comme Verlaine est interdit de séjour en Belgique, par suite de sa condamnation, deux gardes coiffés de bonnets à poil escortent la mère et le fils jusqu'à la gare et les remettent entre les mains de deux gendarmes chargés, eux, de les reconduire à la frontière. D'autres Français expulsés font partie du même convoi. À Quiévrain, ce sont les gendarmes français qui prennent livraison du lot. Après vérification des papiers, Verlaine et sa mère peuvent monter dans le train de Valenciennes qui les mène à Douai. Le soir du même jour, ils sont à Fampoux. L'oncle Julien Dehée et la cousine Victorine les reçoivent avec un mélange de cordialité et d'appréhension. Il est toujours dangereux d'héberger un repris de justice, fût-il un parent. Néanmoins, tous deux se rassurent en constatant que Paul ne boit plus et qu'il va à la messe. « On est si gentil, ici, pour nous, écrit Verlaine à Edmond Lepelletier, il est si bon de respirer l'air — même boréal ! — de la campagne, que la grande ville ne me tente que tout juste [1]. »

Pourtant, il ne tarde pas à vouloir retourner à Paris pour s'occuper de son différend avec Mathilde. Certes, la cour d'appel, par un arrêt du 3 janvier 1875, a confirmé le jugement en séparation du tribunal civil. Mais, bien que Mathilde ait obtenu la garde de leur fils, elle ne peut refuser de le lui « montrer » à sa demande. Quand elle verra avec quel amour il serre Georges dans ses bras, elle sera attendrie comme mère et comme épouse, et, comprenant enfin son erreur, acceptera de reprendre la vie

1. Lettre du 25 janvier 1875.

commune pour le bonheur de leur enfant. Dans ce dessein, il avertit l'avoué de sa femme, Mᵉ Guyot-Sionnest, qu'il a l'intention de l'entretenir d'une question capitale et qu'il se présentera chez lui dans les prochains jours.

Arrivé en coup de vent à Paris, il fait une courte visite à Edmond Lepelletier pour le remercier de s'être occupé de ses *Romances sans paroles* et se précipite rue Vivienne, à l'étude de Mᵉ Guyot-Sionnest. Il a fourbi dans sa tête un discours ferme et émouvant, destiné à lui permettre de rencontrer son fils aussi souvent qu'il le jugera nécessaire. Accueilli par un clerc affable, il attend durant deux heures, assis sur une chaise dans l'antichambre, que l'avoué veuille bien le recevoir. En désespoir de cause, il dicte au clerc un billet insistant sur son désir d'user au plus tôt de son droit de visite à l'égard de l'enfant et se retire, furieux, « par un superbe escalier d'antique hôtel patrimonial ». Le lendemain, une lettre « fort polie » de l'avoué le prie de ne plus « troubler la paix[1] ».

Ce camouflet achève de le mettre à plat. N'était-il pas plus heureux en prison ? Pour retrouver force et confiance, il décide de faire retraite dans un couvent. On vient de reconstruire la chartreuse de Notre-Dame-des-Prés, à Neuville-lès-Montreuil (Montreuil-sur-Mer), sur l'emplacement de l'ancien édifice, datant de 1324. La communauté, d'une cinquantaine de membres, accepte des visiteurs ou « retraitants », qui peuvent, s'ils le désirent, assister aux offices. Exactement ce qu'il faut à ce nostalgique de la claustration. Mais, après une semaine de sagesse et de prières, il renonce à la vocation monastique et se transporte à Arras.

Là, il est avisé par une lettre de Delahaye que

1. Verlaine, *Les Mémoires d'un veuf.*

Rimbaud, ayant fait un bref séjour en Angleterre, vient de passer par Charleville, en route pour Stuttgart, où il compte apprendre l'allemand. Cette nouvelle lui fouette le sang. Non qu'il veuille retomber dans ses erreurs anciennes. Tout au contraire : il lui semble qu'en replaçant Arthur sur son chemin, Dieu lui dicte son devoir. Puisqu'il est devenu un croyant sincère, il va tenter l'impossible pour tirer cet enfant génial et dévergondé du cloaque où il barbote. Ce sauvetage d'une âme en péril tourne chez lui à la hantise. Il demande à Delahaye l'adresse de Rimbaud, mais celui-ci a ordonné de ne la communiquer à personne. Alors Verlaine le charge de transmettre à leur ami commun une lettre d'exhortation chrétienne. Selon Delahaye, la teneur de cette longue missive pouvait se résumer en quatre mots : « Aimons-nous en Jésus. » Après cette bouée lancée au naufragé, Verlaine a la conscience tranquille. Il croit avoir trouvé le secret de la fusion entre l'amour profane et l'amour sacré. S'il persuade Rimbaud, ils feront de leurs exaltations conjuguées le plus pur cadeau que le Christ puisse exiger de deux mortels.

Or, entre-temps, Rimbaud a publié, dans une indifférence totale, *Une saison en enfer*, a connu à Paris la misère physique, le dédain des amis et s'est orgueilleusement désintéressé de toute entreprise littéraire. N'est-ce pas le meilleur moment pour lui apporter les lumières de la spiritualité ?

En recevant cette lettre, que Verlaine affirme avoir « méditée pendant six mois », Rimbaud ricane : « Mince de méditée ! » Le mysticisme de son ancien camarade de débauche lui paraît hautement comique. Dans sa correspondance, il l'appelle Loyola, du nom du fondateur illuminé de la Compagnie de Jésus. Et, comme Verlaine insiste toujours auprès de Delahaye pour obtenir l'adresse du « démon adolescent », ce dernier répond avec un mépris sarcastique : « Ça m'est égal ! Si tu veux, oui, donne mon adresse au Loyola ! »

Une fois informé, Verlaine ne fait ni une ni deux et part pour Stuttgart. Un chapelet entre les doigts, il se sent l'âme d'un missionnaire expédié au fin fond de l'Afrique pour évangéliser des anthropophages. Son accoutrement même — ample macfarlane et chapeau à large bord — est celui d'un prédicateur. Pour l'heure, Rimbaud est précepteur au pair dans la famille du docteur Lübner (ou Luebke ?), demeurant Wagnerstrasse. En voyant débarquer Verlaine, il ne cache pas son étonnement. Ce n'est pas tant le costume du voyageur qui le stupéfie que son propos. Quelle gravité ! Quelle sobriété ! Quelle pieuse réserve ! Verlaine remet à Rimbaud une copie de ses derniers poèmes religieux et déplore que son ami ait cessé d'écrire. Il voudrait réveiller, en cet éphèbe au cœur de pierre, l'enthousiasme de la création. Peine perdue. Rimbaud semble détaché de tout. Cependant, il confie à Verlaine quelques poèmes en prose qu'il a retravaillés à Londres, l'année précédente, et lui conseille de les envoyer à Germain Nouveau, qui peut-être parviendra à les publier. Comme Verlaine tente de lui expliquer la signification merveilleuse de son retour au catholicisme, il l'interrompt en s'esclaffant et lui propose de faire un tour en ville.

Stuttgart regorge de brasseries accueillantes. Les deux amis vont de l'une à l'autre et Verlaine, gonflé de riche bière, retrouve ses instincts débridés d'autrefois. Au lieu de prêcher la bonne parole, il boit comme un trou, jure comme un charretier et rit à plein gosier aux plaisanteries irrévérencieuses de son compagnon. Rimbaud s'amuse de cette métamorphose, mais, craignant que Verlaine ne s'en prenne, selon son habitude, aux autres consommateurs, il l'emmène hors de la ville, dans un bois de sapins, sur les bords du Neckar. Là, une querelle éclate entre les deux hommes. Sans doute Verlaine, excité par une longue abstinence, a-t-il esquissé un geste trop tendre vers Rimbaud qui le repousse. Une lutte de chiffonniers s'engage au bord d'un ravin. Le poing énorme de Rimbaud s'abat sur le crâne de Verlaine qui roule à terre sans connaissance. Puis Rimbaud s'éloigne, dédaigneux. Des paysans ramassent Verlaine encore tout étourdi, le soignent chez eux et le reconduisent à son domicile. Certes, les deux compères se réconcilient le lendemain de l'algarade. Mais Verlaine en conçoit une amère désillusion. Rejeté par sa femme, il vient de l'être également par son ami. La religion sera-t-elle assez forte pour le soutenir au moment où, l'un après l'autre, les humains le déçoivent ? En tout cas, il ne veut pas prolonger son séjour à Stuttgart, puisque Rimbaud lui marque une telle indifférence. Le meilleur refuge, c'est encore l'Angleterre. Loin de Mathilde, loin d'Arthur, il s'abîmera dans les besognes, les souvenirs et la foi :

*La vie humble aux travaux ennuyeux et faciles*
*Est une œuvre de choix qui veut beaucoup d'amour*[1].

Ces vers chantent déjà dans sa tête, alors qu'il fait ses adieux à Rimbaud. Pressent-il qu'il ne le reverra jamais ?

Après son départ, Rimbaud, égal à lui-même, écrit le 5 mars 1875 à Delahaye : « Verlaine est arrivé ici, un chapelet aux pinces [...]. Trois heures après, on avait renié son Dieu et fait saigner les 98 plaies de N.S. Il est resté deux jours et demi, fort raisonnable, et, sur ma remonstration, s'en est retourné à Paris, pour, de suite, aller finir d'étudier là-bas, dans l'île. »

Arrivé à Londres vers le 20 mars, Verlaine descend dans un petit hôtel de Fitzroy Square et se rend aussitôt dans une agence de placement spécialisée,

1. *Sagesse* (I, 8).

afin de solliciter un emploi de précepteur au pair. Une semaine après sa visite, l'office lui propose une place de professeur de français et de dessin dans une école à Stickney, près de Boston (Lincolnshire), un gros village situé à quelque deux cents kilomètres au nord de Londres, non loin de la côte orientale. C'est inespéré ! Il télégraphie son accord et part en trombe. Le voyage à travers la campagne anglaise, verdoyante aux premières tiédeurs du printemps, l'enchante. Il y voit la préfiguration de l'harmonie et de la sagesse qu'il recherche depuis sa conversion.

À la gare de Sibsey, desservant Stickney, l'attend un garçon joufflu qui hisse ses bagages dans un cabriolet, auquel est attelé un poney court sur pattes. Le fouet claque et le petit cheval prend le trot. Mollement balancé, Verlaine s'emplit les yeux de la paix idyllique du paysage :

> *L'échelonnement des haies*
> *Moutonne à l'infini, mer*
> *Claire dans le brouillard clair*
> *Qui sent bon les jeunes baies.*
> *Des arbres et des moulins*
> *Sont légers sur le vert tendre*
> *Où vient s'ébattre et s'étendre*
> *L'agilité des poulains*[1].

Les dix kilomètres qui séparent la gare du village sont couverts rapidement. Verlaine met pied à terre devant la Grammar School de Stickney, un bâtiment de style faussement gothique, flanqué d'un cottage au toit de chaume : la maison du directeur. Celui-ci, Mr. William Andrew, âgé d'une trentaine d'années, ouvre lui-même la barrière. Il a un visage robuste, barré d'une lourde moustache et encadré de favoris touffus. Le sourire aux lèvres, il salue le voyageur

---

1. *Sagesse* (III, 13).

d'un cordial : « Welcome, Moussou. » Et, comme Verlaine secoue, en s'excusant, ses vêtements couverts de poussière, il ajoute : « Veux-tu laver ? » D'emblée, les deux hommes sympathisent dans la simplicité et la bonne humeur. Leur conversation est un mélange d'anglais et de français, souligné par de fortes mimiques. Une seule ombre au tableau : la fille de Mr. William Andrew, un bébé encore dans ses langes, a la fièvre, et Mrs. Andrew, penchée sur le berceau, est trop inquiète pour se réjouir de l'arrivée du nouveau professeur. Mais, dès le lendemain, l'enfant va mieux et la gaieté revient dans la maison.

Le révérend George Coltman, chanoine, « rector » de la paroisse et directeur spirituel de l'école, un noble vieillard à la barbe de neige, qui par chance s'exprime correctement en français, fait subir à Verlaine un petit interrogatoire de moralité et se montre très satisfait de la culture, des mœurs et des convictions chrétiennes de son interlocuteur. Aussitôt, Mr. William Andrew ayant présenté le monsieur venu de Paris à ses élèves, Verlaine se lance dans les leçons. Il commence par le dessin, qu'il enseigne de façon guère orthodoxe mais habile, puis passe au français en se fiant à son instinct pour familiariser les gamins avec une langue dont ils ne savent pas un traître mot.

Les résultats sont si probants que Mr. William Andrew, qui prépare lui-même un examen universitaire, le prie de lui donner des répétitions de grec et de latin en échange de répétitions d'anglais. Peu après, la réputation du pédagogue récemment installé à la Grammar School franchit les murs du collège et rapporte à Verlaine quelques leçons particulières de français — celles-ci rétribuées — dans les familles les plus honorables de l'endroit. Accueilli partout en personne posée et respectable, il s'épanouit dans son nouveau rôle. C'est à croire qu'il est né pour vivre en

Angleterre et apprendre le français à des enfants sages. Il aime ses longues conversations avec le chanoine Coltman, ses rêveries, un petit carnet à la main, dans le jardin de l'école, et jusqu'à la cuisine raffinée des Andrew, avec ses puddings parfumés au zeste de citron, ses rosbifs succulents, striés de gras et de maigre, et ses échines farcies de porc salé, appelées *stuffed chines*. Son contentement éclate dans une lettre à Edmond Lepelletier : « Vie en famille. M. Andrew est un jeune homme qui *lit* le français, comme je lis l'anglais, mais qui ne le parle pas !... Du reste, charmant, cordial, très instruit. Mes " élèves " sont des enfants très bien élevés et assidus, qui m'apprennent autant l'anglais que je leur apprends le français et c'est ça que je cherche précisément. Combien resterai-je ici ? Trois ou six mois, selon que je saurai parler et *entendre* [...]. Je n'ai aucune distraction et n'en cherche pas. Lectures immenses, promenades avec élèves (pas en rangs, tu sauras — rien du pionnisme, ici) à travers de magnifiques *meadows*[1] pleines de moutons, etc. [...] Depuis huit jours, c'est étonnant comme je me porte bien, moralement et physiquement[2]. »

Par crainte de retomber dans les pièges du passé, il rêve de ne célébrer désormais que la Vierge Marie et son divin Fils. Pourquoi ne pas composer une épopée mystique de quelques milliers de vers, qui leur serait consacrée ? Il l'intitulerait *Le Rosaire*. « Mon poème sacré serait immense, écrit-il à Delahaye. Comprendrait depuis Adam et Ève jusqu'à présent. Toutes les civilisations, toutes les légendes[3]. » En attendant de se lancer dans cette entreprise de titan, il veut mettre au point son recueil *Cellulairement*, dont il a déjà expédié des morceaux à Delahaye

1. Prairies.
2. Lettre du 10 avril 1875.
3. Lettre du 29 avril 1875.

pour le cas où il trouverait un éditeur « gratis »[1]. Ce qui l'inquiète, c'est que sa tranquillité actuelle commence à le lasser. Les paysages anglais mêmes le déçoivent à la longue. « Campagne trop jolie. On pense à Florian, écrit-il encore à Delahaye. Mais les bergers ont des cols cassés et des chaînes en aluminium. Un tas de batteuses à vapeur et d'inventions paresseuses, des fumivores, des fumiers perfectionnés, et le " prograis " dans toute sa fleur. Je préfère les Ardennes[2]. » Et, à la fin de la lettre, ces lignes étranges : « Si tu as des nouvelles de Stuttgarce, ou autres lieux, fais savoir, et si y écris, envoie une mienne très cordiale (au fond) poignée de main de ton — P. Verlaine. »

Cette allusion à Rimbaud n'est pas fortuite. Avec une magistrale inconscience, celui-ci vient de faire demander à Verlaine, par l'intermédiaire de Delahaye, le remboursement d'une prétendue dette de cent francs. Comme Verlaine refuse de s'exécuter, Rimbaud riposte en envoyant à Delahaye une lettre « écrite en charabia d'homme saoul ». Ce gamin aux réactions imprévisibles est capable de tout pour nuire à son compagnon d'autrefois. Qu'il avertisse Mr. Andrew des démêlés de Verlaine avec la justice et c'en sera fini de la sinécure britannique ! Hésitant entre la colère et la peur, Verlaine écrit à Delahaye pour se plaindre des malheurs que ce « philomathe » d'Arthur a apportés dans sa vie : « Dix-huit mois de ce que tu sais, mon petit avoir fortement écorné, mon ménage détruit, mes conseils repoussés, la plus grossière impolitesse pour finir ! Grand merci ! [...] Je commence enfin, et ce n'est pas sans mal, à saisir tout le côté profondément " gâteux " de mon attitude de ces deux dernières années passées à Bruxelles et à

---

1. Ces poèmes seront en fait dispersés dans plusieurs recueils : *Sagesse, Jadis et Naguère, Parallèlement*.
2. Lettre du 29 avril 1875.

Londres, avec un qui, au fond, et tu t'en apercevrais si tu faisais quelque expérience du bonhomme, est positivement fermé, bouché par bien des côtés et que son féroce égoïsme *seul* déguise en individu plus intelligent qu'à son tour. » Cependant, il ne peut se détacher du souvenir de ce monstre qui l'irrite, l'intrigue et le charme à la fois. Où est Arthur ? Que fait-il ? Pourquoi n'écrit-il plus de vers ?

Lorsque Germain Nouveau arrive en Angleterre, Verlaine s'impose un voyage à Londres pour rencontrer cet homme qui a sans doute des nouvelles fraîches de Rimbaud. De même, revenu en France pour les mois d'été, il invite Delahaye chez sa mère, à Arras, et le pousse à discourir des heures durant sur les frasques de l'insaisissable Arthur. C'est peu après avoir regagné Stickney, en octobre 1875, qu'il subit une grave déconvenue : le jury qui préside aux destinées des publications du *Parnasse contemporain* refuse d'insérer ses poèmes dans le troisième recueil de sa revue. Pour lui barrer la route, Anatole France a dit : « Non. L'auteur est indigne et les vers sont les plus mauvais qu'on ait vus. » Leconte de Lisle et François Coppée ont approuvé cette sentence. Théodore de Banville, lui, s'est abstenu au moment du vote. Parmi les exclus du sommaire, il y a aussi Stéphane Mallarmé.

Rejeté par ses pairs, Verlaine se replie sur sa blessure : « Peu surpris du résultat, écrit-il à Émile Blémont le 27 octobre. Relativement à ce que vous me dites, c'est de la pire cochonnerie, relativement à moi, c'est de la sottise triple ou quadruple. » En vérité, il constate qu'il n'est apprécié à Paris ni comme poète, ni comme homme. On le met dans le même sac que cette canaille d'Arthur. Ah ! on peut dire que sa rencontre avec Rimbaud ne lui a pas porté chance ! Et pourtant il se sent plus proche de lui que de ces écrivains bourgeois qui lui claquent la porte au nez.

Le 27 novembre, il interroge encore Delahaye : « Envoie des nouvelles d'Homais... [1]. Chez qui il loge ? J'imagine quelque angélique parent ou parente réveillé toutes les nuits par rentrées à quatre pattes, dégueulage (je connais ça) et autres exploits antiboyolaques ! Et la mère, la daromphe, quoi qu'elle dit de ça, est-ce toujours ma faute ? »

Or, dans l'intervalle, Rimbaud a quitté Stuttgart et, ayant traversé à pied le Wurtemberg et la Suisse, est arrivé, exténué et désargenté, à Milan, où il a été recueilli par une vieille dame que son dénuement a profondément attendrie. De là, il est reparti vers le sud, mais, frappé d'insolation sur la route, il a dû interrompre son voyage et a été rapatrié par les soins du consulat de France à Livourne. Après quelques jours passés à Marseille, parmi les débardeurs, il est rentré à Charleville, chez sa mère, et s'est remis à harceler Verlaine de requêtes et de railleries. Exaspéré par tant de folie, de haine et de mauvaise foi, Verlaine finit par adresser à Rimbaud, le dimanche 12 décembre 1875, une lettre de froide raison, dans laquelle il commence par affirmer la profondeur de sa conversion : « Moi, le même, toujours religieux strictement parce que c'est la seule chose intelligente et bonne. Tout le reste est duperie, méchanceté, sottise. L'Église a fait la civilisation moderne, la science, la littérature ; elle a fait la France, particulièrement, et la France meurt d'avoir rompu avec elle. Et l'Église aussi fait les hommes, elle les *crée* ; je m'étonne que tu ne voies pas ça, c'est frappant. J'ai eu le temps, en dix-huit mois, d'y penser et d'y repenser, et je t'assure que j'y tiens comme à la seule planche [...]. Résigné par l'excellente raison que je me sens, que je

1. Un des surnoms que Verlaine donne à Rimbaud.

me vois puni, humilié justement, et que plus sévère est la leçon, plus grande est la grâce et l'obligation d'y répondre. Il est impossible que tu puisses t'imaginer que c'est de ma part pose ou prétexte [...]. Donc le même toujours. La même affection (modifiée) pour toi. Je te voudrais tant éclairé, réfléchissant ! Ce m'est un si grand chagrin de te voir en des voies idiotes, toi si intelligent, si *prêt* (bien que ça puisse t'étonner) ! J'en appelle à ton dégoût lui-même de tout et de tous, à ta perpétuelle colère contre chaque chose — juste au fond, cette colère, bien qu'inconsciente du *pourquoi* ! » Plus loin, Verlaine justifie encore son refus d'envoyer des subsides à Rimbaud : « Étant donné, et d'abord mon besoin de réparer un tant soit peu, à force de petites économies, les brèches énormes faites à mon menu avoir par *notre* vie absurde et honteuse d'il y a trois ans, et la pensée de mon fils, et enfin mes nouvelles, mes fermes idées, tu dois comprendre à merveille que je ne puis t'entretenir. Où irait mon argent ? À des filles, à des cabaretiers ? Leçons de piano ? Quelle " colle " ! Est-ce que ta mère ne consentirait pas à t'en payer, voyons donc ! » De même, craignant que Rimbaud ne le fasse chanter, il s'obstine à ne pas lui révéler son adresse et le prie de continuer à lui écrire par l'intermédiaire de Delahaye, qui « fera suivre ». La dernière phrase est une admonestation conventionnelle : « Allons, un bon mouvement, un peu de cœur, que diable ! de considération et d'affection pour un qui restera toujours — et tu le sais, ton bien cordial P.V. » Sans doute Rimbaud est-il consterné par le ton prêchi-prêcha de cette lettre. Décidément, son ami se complaît dans une philosophie de chaisière. Inutile de lui répondre. Verlaine est à la fois soulagé et piqué par ce silence.

Il s'est mis en tête, depuis peu, de quitter la Grammar School et l'aimable famille Andrew pour s'établir à Boston, où il espère être mieux payé et avoir plus de distractions. En attendant ce grand changement dans son existence, il dédaigne les réjouissances du Christmas anglais et part prendre quelques jours de vacances à Arras, où sa mère s'est fixée, 2, impasse d'Elbronne. Il y retrouve Delahaye, accouru de Charleville (il est employé à la mairie), et Irénée Decroix, pour le compte duquel il a tenté — sans succès — de vendre des bouteilles de vin en Angleterre. Au début de l'année 1876, son installation à Boston se révélant difficile, il retourne à Stickney, auprès des Andrew qui l'accueillent comme un des leurs. Au sein de cette famille si chrétienne, si unie et si paisible, il ne cesse de penser à « l'homme aux semelles de vent ». Delahaye, qu'il presse de questions, lui apprend que Rimbaud vient de perdre sa jeune sœur Vitalie, âgée de dix-sept ans, et que, pour se guérir de migraines récurrentes, il s'est fait tondre le crâne. Un peu plus tard, c'est l'annonce de la brusque passion d'Arthur pour le piano. Il tape dessus du matin au soir. Puis, soudain, la source de renseignements tarit : Delahaye a quitté définitivement Charleville — fief de Rimbaud — pour occuper un emploi de surveillant-répétiteur au collège Notre-Dame de Rethel.

Verlaine se résigne à ne plus entendre parler des extravagances de « Chose », de « Machin », de l' « Œstre », comme il l'appelle dans ses lettres. Ce qui le surprend le plus dans le Rimbaud nouvelle manière, c'est qu'un poète de son talent se soit complètement éloigné de son œuvre, sous prétexte qu'ayant exploré toutes les voies de la création il n'est plus tenté par aucune forme de littérature. Le jeu a fini de l'intéresser. Il rend ses billes. Il se tourne vers autre chose. Mais, pour Verlaine, il n'y a pas « autre chose » dans le monde que le besoin de chanter sa joie, sa peine et son émerveillement : écrire lui est aussi naturel et indispensable que respirer. Pour

Rimbaud, c'est une expérience parmi des dizaines. Puisqu'il a réussi ce qu'il voulait dans ce domaine, à quoi bon continuer ? Il doit chercher ailleurs. Quel abîme entre eux, désormais ! En réfléchissant aux aléas de leur liaison, Verlaine se demande si Rimbaud ne s'est pas détaché de lui en même temps qu'il se détachait de la poésie. Peut-être leur accord sentimental et physique était-il commandé par leur commune passion des lettres ? Peut-être, ayant perdu le goût d'aligner des vers, Rimbaud n'a-t-il plus vu aucune raison de se raccrocher à Verlaine ? Peut-être ce grand amour n'a-t-il pas résisté à une fatale divergence de vocations ? Quoi qu'il en soit, ils ne peuvent plus rien espérer l'un de l'autre. Et c'est tant mieux ainsi.

À Stickney, il pleut sans discontinuer. Transi jusqu'aux os, Verlaine s'ennuie tellement qu'au début de mars 1876 il implore sa mère de venir le rejoindre. Et Stéphanie, toujours disposée à aider son fils dans les moments de cafard, accourt, le sourire aux lèvres. Dès l'abord, cette petite personne de soixante-sept ans charme la famille Andrew par sa gaieté, sa spontanéité et sa gentillesse. Elle bavarde comme une pie avec le chanoine Coltman, distribue du sucre candi au poney Tuffy et à la truie noire Lady Pig, et se rend, le dimanche, à l'église anglicane de Stickney, où elle suit l'office dans son paroissien... romain. Lorsque le jour est venu de partir pour Boston, Verlaine prend congé, avec émotion, de ces braves gens qui lui ont donné, pendant quelques mois, une leçon de dignité modeste et de discrète amitié, puis il monte avec Stéphanie dans le cabriolet de l'école.

À Boston, la mère et le fils logent à l'auberge de la Baleine (*Whale Inn*), 48 Main Ridge. Les chambres sont situées au-dessus d'un cabaret ; au sous-sol, dont les murs sont tapissés de coquillages, gît l'énorme squelette d'une baleine échouée une quarantaine d'années plus tôt sur la côte. Immédiatement, Verlaine publie dans les journaux locaux, le *Boston Guardian* et le *Lincolnshire Herald,* des annonces alléchantes informant la population que M. Paul Verlaine, diplômé de l'université de Paris, serait disposé à donner des leçons de français, de latin et de dessin, avec la précision : *First class references*[1]. Malgré cette assurance, il ne recrute guère plus de deux ou trois élèves. Pas de quoi faire bouillir la marmite. Heureusement que sa mère est là pour subvenir aux dépenses. Or, voici qu'après un long temps mort Delahaye reparle de l' « Œstre ». Rimbaud serait allé à Vienne et aurait eu l'intention d'embarquer à Varna, en Bulgarie, pour le Moyen-Orient. Mais ses projets auraient avorté parce qu'un cocher de fiacre qui le transportait, ivre mort, à travers la ville l'a détroussé (papiers et argent) et a pris la fuite. Réduit à l'état de mendiant, Rimbaud s'est querellé avec un agent de police et a été reconduit à la frontière bavaroise, d'où il a pu regagner Charleville. Amusés par ces péripéties, Delahaye et Verlaine se répandent en dessins humoristiques dans leurs lettres : Rimbaud en dandy, prenant la route de Vienne — *Les voyages forment la jeunesse*; Rimbaud tout nu, regardant s'éloigner un fiacre... Verlaine y va même de quelques vers drolatiques et grossiers :

*C'est pas injuss' de s'voir dans un' pareill' situate !*
*Et pas la queue d'un pauv' keretzer sous la patte !*

Bientôt, il ne supporte plus l'ennui et le désœuvrement qui l'étouffent à Boston. Sa mère part le 1er juin. Il la rejoint à Arras pour se retremper dans la musique de la langue française. Delahaye continue à

1. Références de première classe.

lui communiquer des nouvelles, plus ou moins fantaisistes, de Rimbaud qui serait au cœur de l'Afrique. Ils ne l'appellent plus entre eux que le Cafre, l'Hottentot, le Sénégalais. Les caricatures de Delahaye le représentent en roi des sauvages ou en missionnaire venu de Charleville. Mais, déjà, il faut songer à retourner en Angleterre. Ces va-et-vient fréquents entre l'île et le continent donnent à Verlaine l'impression réconfortante qu'il n'est pas en exil chez les Anglais, mais en visite, avec la possibilité, à tout moment, de leur fausser compagnie. Las de Boston, il a obtenu un emploi de maître interne dans une école de Bournemouth, station balnéaire sur la côte méridionale, en face de l'île de Wight. Des chalets en brique, disséminés sur un plateau couvert de bruyère, et, en contrebas, le moutonnement infini des vagues :

> *Il fait un de ces temps ainsi que je les aime,*
> *Ni brume ni soleil ! Le soleil deviné,*
> *Pressenti, du brouillard mourant dansant à même*
> *Le ciel très haut qui tourne et fuit, rose de crème ;*
> *L'atmosphère est de perle et la mer d'or fané*[1].

Le Saint Aloysius College est dirigé par un homme sévère et froid, Frederick Remington, ancien pasteur converti au catholicisme. Sous son égide, Verlaine enseigne le français, le latin et le dessin à une douzaine de pensionnaires. Quand le temps le permet, il les conduit à la plage et se baigne avec eux. Pendant leur promenade, les gamins se montrent tellement turbulents qu'il s'égosille pour faire respecter la discipline. En hiver, au cours d'une récréation, l'un d'eux lance sur le professeur français une boule de neige lestée d'une pierre qui l'atteint à la tête. Verlaine tombe évanoui. Une fois revenu à lui, il ne

---

1. *Bournemouth (Amour).*

sait qui accuser, car il n'a pas vu d'où est parti le projectile. Personne ne se dénonçant, il décide d'abandonner l'enquête. Encouragés par sa mansuétude, les diablotins anglais redoublent d'insolence dans leurs farces. Mr. Frederick Remington estime que M. Verlaine ne sait pas « tenir sa classe ».

Pour se consoler de ses déboires pédagogiques, Verlaine écrit de délicats poèmes destinés à son prochain recueil : *Sagesse*. Certains sont encore parfumés du souvenir de Mathilde :

> *Écoutez la chanson bien douce*
> *Qui ne pleure que pour vous plaire.*
> *Elle est discrète, elle est légère :*
> *Un frisson d'eau sur de la mousse* [1] *!*

Ou bien :

> *Remords si cher, peine très bonne,*
> *Rêves bénis, mains consacrées,*
> *Ô ces mains, ces mains vénérées,*
> *Faites le geste qui pardonne* [2] *!*

C'est par l'intermédiaire de Charles de Sivry que Verlaine tente de faire parvenir à Mathilde une poésie dont il espère qu'elle goûtera le mélancolique et fidèle hommage. Quand il va se promener au bord de la mer, la vue de cette immensité grise le ramène à sa femme qui vit là-bas, de l'autre côté des flots.

> *La mer est plus belle*
> *Que les cathédrales,*
> *Nourrice fidèle,*
> *Berceuse de râles,*
> *La mer sur qui prie*
> *La Vierge Marie* [3] *!*

1. *Sagesse* (I, 16).
2. *Ibid.* (I, 17).
3. *Ibid.* (III, 15).

D'autres vers chantent dans sa mémoire, et notamment ceux-ci, qu'il destine également à *Sagesse* :

*L'espoir luit comme un brin de paille dans l'étable.*
*Que crains-tu de la guêpe ivre de son vol fou* [1] *?*

L'espoir, toujours l'espoir, contre toute raison : l'espoir en la miséricorde divine, bien sûr, mais aussi l'espoir d'un revirement de Mathilde, l'espoir d'une nouvelle vie de labeur et de dignité, en France. Tout se confond dans sa tête : Dieu, sa femme, sa patrie, son œuvre. Il ne peut plus piffer les *boys* rieurs et sournois de la pension. Sa décision est prise. « Me revoici, ici, pour probablement trois mois, écrit-il à Edmond Lepelletier dès le 19 janvier 1877. Après quoi, muni de testimoniales en règle, je repars et me refixe pour la Capitale du monde " où l'on rigole ", comme dit le poète ! Là, vie plus monastique que jamais, avec, pour seule joie, le petit à voir de temps en temps. Il va sans dire que si peux découvrir emploi, fût-ce modeste, n'importe quoi d'un peu honorable, me faire signe, toi, n'est-ce pas ? »

À Irénée Decroix, il affirme de même qu'il a hâte de retrouver « ce Paris qui a vu [son] enfance et qui verra probablement [sa] vieillesse s'il y a lieu [2] ». Tenant parole, au début d'avril 1877, Verlaine retourne en France. Mais sa première étape est Boulogne-sur-Mer, où il rencontre la famille Decroix. Irénée a renoncé au commerce des vins pour s'intéresser à celui des livres. Il dirige une librairie et se déclare satisfait de son nouvel état. Verlaine l'envie d'avoir découvert sa voie à vingt-sept ans. Lui, à trente-trois, patauge encore.

Pourtant, il ne perd pas tout à fait courage. Après un crochet par Arras, ce sera Paris, les amis

1. *Sagesse* (III, 3).
2. Lettre du 15 janvier 1877.

retrouvés, les ennemis écartés, une frénésie créatrice qui ralliera autour de lui tous les partisans d'une littérature de pureté et de noblesse. Avant de quitter Bournemouth, il a joyeusement averti Edmond Lepelletier : « J'ai des masses de vers. Volume va être achevé. Tâche de m'indiquer un éditeur point trop escorchard. Liras ça bientôt. » Son illusion est telle qu'il a déjà oublié le fiasco de ses précédents ouvrages, la malveillance des confrères et des journalistes à son égard, l'indifférence de Mathilde qui ne veut même pas entendre parler de leur passé commun. Il croit que tout le monde l'attend dans la capitale, alors que personne ne s'intéresse plus ni à lui ni à ses livres. Sa naïveté est celle d'un enfant de sept ans. Mais, au fait, n'est-ce pas ce manque de jugement qui, malgré toutes les vicissitudes, garantit la fraîcheur de son émotion poétique ? Il excelle d'autant plus dans son œuvre qu'il se montre maladroit dans sa vie.

# XVI

## PROFESSEUR À RETHEL

Avant d'affronter Paris, où il espère décrocher un poste, soit dans l'Administration, soit dans l'enseignement privé, Verlaine fignole les poèmes qu'il a rapportés d'Angleterre. Puis, risquant le tout pour le tout, il quitte Arras et part à l'assaut de la capitale. Maigre résultat : nul ne peut lui procurer l'emploi « peinard » qu'il souhaite. À croire que la ville et ses environs n'ont plus besoin de professeurs ni de fonctionnaires. Stéphane Mallarmé, qu'il voit à cette occasion, lui donne son opinion sur la meilleure façon d'initier des potaches aux subtilités de l'anglais et Edmond Lepelletier lui affirme que, tôt ou tard, on arrivera à le caser. Mais où ? Déçu, il erre à travers Montmartre sur les pas de ses souvenirs. Cependant, il n'ose se présenter rue Nicolet, devinant quel accueil il recevrait dans cette maison dont tous les habitants, à commencer par Mathilde, lui sont hostiles. Accablé par la chaleur et le bruit, il écrit à la volée :

*La « grande ville » ! un tas criard de pierres blanches*
*Où rage le soleil comme en pays conquis.*

*Tous les vices ont leurs tanières, les exquis*
*Et les hideux, dans ce désert de pierres blanches*[1].

Bientôt, ne sachant plus trop ce qu'il est venu chercher à Paris, il retourne à Arras. Là, il apprend par Delahaye que Rimbaud, le « Sénégalais », après s'être engagé dans l'armée néerlandaise à Java, l'année précédente, a déserté et est rentré à Charleville, en passant — drôle d'idée ! — par le cap de Bonne-Espérance et l'Islande. Or, le coco est déjà reparti. Pour où ? Nul ne le sait au juste. Si ! Aux dernières nouvelles, il revient de Scandinavie où il a suivi, comme interprète, le cirque Loisset, en tournée dans le Nord. Il aurait été rapatrié par le consul de France à Stockholm. Décidément, songe Verlaine, il a bien fait de rompre. Jusqu'à quel degré d'abjection ne serait-il pas tombé s'il avait continué à naviguer dans le sillage de ce fou ? Il en parle aussi avec un autre ami d'Arthur, le poète et peintre Germain Nouveau, qui lui rend visite à Arras. Et celui-ci l'approuve sur tous les points. Si Verlaine veut vivre heureux, il doit non seulement ne plus voir Rimbaud, mais encore l'oublier. Rien de plus facile, décrète Verlaine. Pour lui, depuis la visite à Stuttgart, Rimbaud a disparu dans une trappe.

Avec Germain Nouveau, il parcourt les vieilles rues d'Arras, admire les façades aux sculptures rongées par le temps, entre dans toutes les églises. Dans la « cathédrale » Saint-Vaast, il s'arrête devant la statue du bienheureux Benoît-Joseph Labre, ascète farouche qui à Rome, dans les ruines du Colisée, disputait aux chats errants les détritus que leur apportaient les commères du voisinage. Nourri de déchets, vêtu de haillons, il avait voyagé en pèlerin pénitent à travers toute l'Europe. C'est, selon Verlaine, « la seule gloire française du xviiie siècle ». Pense-t-il à Rimbaud, le « voyageur toqué », en

1. *Sagesse* (III, 16).

disant cela ? Germain Nouveau écoute son cicérone, regarde la statue, comme fasciné par un exemple à suivre. En quittant Arras, il a le sentiment d'avoir subi une révélation essentielle.

Verlaine cependant juge le moment venu pour lui de se retremper dans Paris. C'est au retour des vacances d'été qu'on a les plus grandes chances de trouver un poste dans l'enseignement. Et puis, il s'est mis en tête, pour gagner de l'argent, d'écrire le livret d'une opérette, *La Tentation de saint Antoine,* d'après le récit de Flaubert, et d'en confier la musique au frère de Mathilde, Charles de Sivry. Une façon comme une autre de se rapprocher de sa femme. Ne va-t-il pas trop vite en besogne ? Son premier objectif : revoir son fils. Il ne s'en est guère inquiété, ces derniers temps. Soudain le prurit paternel le reprend. Un jour, installé dans un café voisin de la rue Nicolet, il envoie à Mathilde, par un commissionnaire, un billet la priant de lui restituer un dessin fait jadis par son père et de confier le petit Georges au porteur. Redoutant un mauvais coup de son mari, Mathilde rend le dessin mais refuse de laisser l'enfant entre les mains d'un inconnu, fût-ce pour quelques heures. Verlaine s'étonne que sa femme se méfie de lui au point de le priver du simple bonheur d'un tête-à-tête avec son fils. Il oublie qu'il a dit naguère aux Dehée, dans un accès de colère, qu'après sa sortie de prison il enlèverait le garçon pour se venger du mal que lui ont fait les Mauté. Ce propos a été rapporté à Mathilde. Elle sort ses griffes. Verlaine se désole. Quoi qu'il entreprenne, il vise à côté de la cible.

Renonçant à l'idée de revoir son fils et — pourquoi pas ? — sa femme, il se remet à chercher une situation. À la fin de septembre 1877, il rencontre à Paris Delahaye, qui, entre-temps, a résilié ses fonctions à la mairie de Charleville et, baccalauréat en poche, a accepté un poste de maître répétiteur à

259

l'institution Notre-Dame de Rethel (Ardennes), tenue par des jésuites. Mais, à la suite d'un léger différend avec la direction, il vient de démissionner pour entrer à l'institution Péchard, à Orléans. Assis avec lui au café, Verlaine l'écoute, avec attention, raconter son itinéraire zigzagant et l'accuse de légèreté. Il craint, dit-il, que son ami n'ait lâché la proie pour l'ombre. Cependant, une idée étrange fuse déjà dans son cerveau. Puisque Delahaye a quitté son emploi, la place est libre. Pourquoi ne pas en profiter ? Il ne souffle mot de son projet et se retire, songeur.

Aussitôt après, il pose sa candidature au poste laissé vacant par Delahaye, en insistant sur ses propres diplômes, ses certificats anglais dûment légalisés et en se recommandant de son ami. Convoqué d'urgence, il se présente au collège Notre-Dame de Rethel et gagne, sur-le-champ, la confiance des bons pères. Lorsque l'affaire est réglée, il adresse une lettre à Delahaye commençant par ces mots ironiques : « Mon cher prédécesseur. » Pas une seconde, il ne lui est venu à l'esprit qu'il aurait dû, au moins, prévenir le brave Ernest de ses démarches. Tout au contraire, sa ruse enfantine le ravit. Delahaye se contente de dire en riant : « Le sournois ! » et il expédie au cachottier une série de dessins comiques évoquant le nouveau « prof », avec sa calvitie, sa barbe en pointe et son air sentencieux, face à ses collègues ensoutanés et à ses démoniaques élèves.

Avec ses vastes cours encadrées de bâtiments de brique et de pierre, ses larges fenêtres, ses arbres, ses classes claires et aérées, le collège Notre-Dame séduit Verlaine dès le premier regard. Le directeur, l'abbé Victor Guillin, est partisan d'une éducation à la fois stricte et moderne. Les maîtres sont, dans l'ensemble, très proches des préoccupations de leurs élèves, si bien que toute la maison baigne dans un climat familial. Il y a, parmi les professeurs, beaucoup de prêtres et quelques laïcs. Les uns et les autres fraternisent dans le respect de la culture et le dévouement aux enfants. D'emblée, Verlaine a droit à leur sympathie. Par prudence, il leur a laissé ignorer ses travaux littéraires et son séjour en prison. Pour eux, il est un pédagogue suffisamment instruit et de mœurs irréprochables. D'ailleurs, impressionné par toutes les soutanes qui l'entourent, il n'a nulle envie de se livrer à des incartades. Raidi dans la décence comme dans sa redingote, il écrit le 19 octobre 1877 à Irénée Decroix : « Je me trouve très confortablement ici sous tous les rapports. Je suis nourri (admirablement), blanchi, chauffé et éclairé dans l'établissement, de plus logé dans une chambre à part. » Et, le 14 novembre de la même année, à Edmond Lepelletier : « Je suis ici professeur de littérature, histoire, géographie et anglais. Régime excellent. Nulle surveillance " pionnesque " [...]. La plupart des professeurs (latin, grec, mathématiques) sont ecclésiastiques et je suis naturellement dans les meilleurs termes avec ces messieurs, gens cordiaux, simples et d'une bonne gaîté sans fiel et sans blagues [...]. J'ai la paix, le calme et la liberté de mes façons de voir et d'agir — bienfait inestimable ! »

Ses appointements s'élèvent à huit cents francs par an pour trente heures de cours par semaine. Sa chambre, meublée d'un lit de cuivre, d'une table, de plusieurs chaises et d'un prie-Dieu, avec des chromos de la Sainte Vierge et du Sacré-Cœur aux murs, représente exactement la cellule monastique dont il a toujours rêvé. La régularité de l'emploi du temps l'engourdit de bien-être. Leçons à heures fixes, récréations sages, prières en commun, repas au réfectoire pendant qu'un élève lit à haute voix quelque texte sacré, conversations sous le préau avec des abbés au pas feutré et à la parole suave — ses nerfs se détendent dans cette atmosphère d'encens, de cire d'abeille, de piété surveillée et de puérile candeur. Les grands événements de ces journées scolaires sont les fêtes liturgiques, de rares représentations théâtrales données par les meilleurs élèves et les visites pastorales de Mgr Langénieux, archevêque de Reims.

En classe, Verlaine a l'impression de jouer un rôle qui lui va comme un gant. Tout ensemble sévère et bienveillant, il sait intéresser son petit monde aux questions les plus rébarbatives. Pour apprendre l'anglais aux collégiens, il use d'une méthode originale, qui consiste à leur faire parler le français avec l'accent britannique. Ainsi, affirme-t-il, les jeunes Français s'habitueront, dans leur langue maternelle, aux intonations de leurs camarades d'outre-Manche et, plus tard, ils n'auront aucune difficulté à s'exprimer en anglais avec une prononciation oxfordienne. Obéissant à ses instructions, les gamins se lèvent à son entrée et le saluent en chœur d'un retentissant : « Baonnjour Maossiun Vœulaine. » Par ailleurs, il veut que son enseignement, dans toutes les matières, soit l'illustration des dangers que court un être neuf en s'éloignant de l'idéal chrétien. S'il n'a pu sauver Rimbaud de la fascination du Mal, il prétend du moins en préserver les âmes innocentes qu'on lui a confiées. Les abbés, ses collègues, apprécient ce prosélytisme chez un laïc ; lui, en secret, espère follement que les échos de son actuelle sagesse parviendront à Mathilde et lui ouvriront le cœur.

En 1878, pendant le congé de Pâques, il se rend à Arras et, le 23 avril, assiste, dans le village voisin de Fiefs, en qualité de témoin, au mariage de son ami Irénée Decroix. Tous les invités remarquent son air sombre. Est-ce la réminiscence de ses propres noces avec Mathilde qui l'attriste ou le pressentiment des ennuis qui attendent le pauvre Irénée maintenant qu'il a pris femme ? Delahaye, l'incorrigible, dessine Paul à la mairie, derrière le jeune couple, avec, dans une bulle sortant de sa bouche, cette exclamation : « Le malheureux ! »

En été, Verlaine débarque à Paris, visite l'Exposition universelle, rencontre Charles de Sivry, qui n'a toujours pas écrit une note de la « Tentate » (*La Tentation de saint Antoine*), puis, revenu chez sa mère à Arras, admet qu'il s'ennuie à périr. Le 14 septembre 1878, il envoie à son beau-frère une nouvelle version du livret de *La Tentation*. Par lui, il apprend que le petit Georges a été gravement malade. Alors, il réitère auprès des Mauté sa demande de voir l'enfant. Et, cette fois, la mère de Mathilde lui fixe un rendez-vous.

Après quelques tergiversations et quelques retards, il se présente, au début d'octobre, rue Nicolet. Il tremble à l'idée de pénétrer dans ces lieux tout imprégnés du souvenir de sa femme. Mais elle ne se montre pas. C'est Mme Mauté qui le reçoit au chevet de l'enfant encore alité. Verlaine a apporté des cadeaux : jouets divers, livres illustrés, panoplie de jockey, friandises. Le garçon, âgé de sept ans, regarde avec surprise ce monsieur inconnu dont on ne lui a jamais parlé et qui semble si gentil et si ému. Mme Mauté est compassée, crispée. Manifestement, elle a hâte que Verlaine s'en aille. « Mon père monta aussi le voir, raconte Mathilde. On ne parla guère que de Georges, mon nom ne fut pas prononcé et aucune allusion ne fut faite au passé. Il partit heureux, demandant à venir encore une fois avant son départ, permission qui lui fut accordée[1]. » Au cours de cette deuxième entrevue — toujours en l'absence de Mathilde —, Verlaine raconte à Mme Mauté la vie édifiante qu'il mène à Rethel, dans un milieu d'ecclé-

1. Ex-Mme Paul Verlaine, *Mémoires de ma vie*.

263

siastiques savants et bienveillants. Il lui confie même son souhait de revenir un jour habiter cette maison hospitalière de la rue Nicolet qu'il a quittée jadis pour son malheur. Touchée par son repentir, Mme Mauté ne dit ni oui ni non et il s'envole, porté par les ailes de l'espérance. Mis au courant de cette visite, Delahaye l'illustre par une série de dessins humoristiques : le petit Georges dans les bras de Verlaine, dont il s'amuse à tirer la barbe, ou à cheval sur le dos de son cher papa qui le promène à quatre pattes à travers l'appartement. Légende : *L'équitation sans danger ou le bonheur d'être père.*

De retour à Rethel, Verlaine s'enferme dans sa chambre et, après avoir corrigé les copies de ses élèves, écrit en secret :

> *Et j'ai revu l'enfant unique ; il m'a semblé*
> *Que s'ouvrait dans mon cœur la dernière blessure,*
> *Celle dont la douleur plus exquise m'assure*
> *D'une mort désirable en un jour consolé*[1].

Mais n'y a-t-il pas une bonne dose d'affectation dans cette prétendue torture ? Au vrai, ce n'est pas d'être séparé de son fils que Verlaine souffre tant, mais d'être privé de sa femme. Georges n'est, à ses yeux, qu'un moyen détourné pour la rejoindre. C'est elle qu'il veut reconquérir et non un enfant, qu'il aime, certes, mais qui ne pèse pas lourd dans son existence. L'affection paternelle n'est chez lui qu'une convention ; l'amour pour Mathilde est une obsession dévorante.

Par ailleurs, il voudrait récupérer le manuscrit des *Illuminations* de Rimbaud, qui se trouve entre les mains de Charles de Sivry, et charge le professeur de musique du collège, M. Leleu, qui doit se rendre à Paris, d'aller en prendre livraison en son nom. Mais

1. *Sagesse* (I, 18).

Charles se dérobe en multipliant les excuses. La vérité est que sa sœur lui a interdit de se dessaisir de ces pages brûlantes par crainte que Verlaine ne les publie. Si les *Illuminations* sont éditées, on en parlera dans la presse, on évoquera les relations suspectes de l'auteur avec le père de Georges et, une fois de plus, la famille sera éclaboussée. Puisque, par malheur, l'enfant s'appelle légalement Verlaine, tout ce qui pourrait entacher ce nom doit être combattu avec la dernière énergie. Il y va de la tranquillité et de l'honneur des Mauté.

Devinant les raisons pour lesquelles Charles de Sivry a préféré garder par-devers lui le manuscrit de Rimbaud, Verlaine s'en attriste. Décidément, Mathilde est indécrottable. Tous les prétextes lui sont bons pour l'humilier et le repousser. « Malheureusement, notera Mathilde, ses bonnes dispositions ne duraient pas. Il cessa d'écrire à ma mère, parut oublier qu'il avait un fils et nous n'entendîmes plus parler de lui [1]. »

Renvoyé à son indignité et à sa solitude, Verlaine s'avise soudain que sa seconde année à Rethel sera sinistre. Plus rien ne le séduit dans la routine de cette caserne pour religieux. De temps à autre, son collègue Leleu l'invite dans sa chambre pour un innocent apéritif. Il reprend goût à l'alcool et boit en cachette, dans sa turne, pour se consoler : du bitter, du vermouth, de la bière. Mais il s'interdit encore l'absinthe. Bientôt, il retourne dans les cafés. Rethel en compte un grand nombre. Celui qu'il préfère a nom : *Au Père Martin*. Son ivresse est légère, à peine perceptible. Certains jours pourtant, il lui arrive de s'emporter contre un élève et de crier en martelant du poing la chaire professorale.

De même, après une longue abstinence, il est de

---

1. *Mémoires de ma vie.*

plus en plus fréquemment assailli par des images de volupté. La prière ne suffit pas à expurger son cerveau d'un désir qu'il réprouve. Sans doute a-t-il, plus d'une fois, recours à de misérables pratiques solitaires qui le laissent soulagé, écœuré et déçu. Un soir de juin, il se trouve dans sa chambre, la fenêtre ouverte, lorsqu'il entend chuchoter dehors. Sur le chemin qui longe le mur, des amoureux s'embrassent avec frénésie. Pris d'une colère subite, Verlaine leur vide sur la tête son pot à eau en criant : « Tas de salauds ! » Le monde lui semble plein de chats en rut et de chattes en chaleur. Comment ne pas en vouloir à tous ces gens qui se caressent et forniquent, alors qu'il est enfermé dans un terrible vœu de chasteté ? S'il est une énigme pour lui-même, il l'est aussi pour les abbés qui l'entourent. Ils se demandent, chacun à part soi, pourquoi il ne parle jamais de sa famille, de son passé, de ses études. Que fait-il au juste, après les cours, dans sa cellule ? Quels secrets motifs l'ont poussé, lui, un Parisien, à venir s'enterrer à Rethel ? On le soupçonne d'avoir une double existence. On hume autour de lui une odeur de scandale. On craint d'avoir introduit le loup dans la bergerie.

Malgré ce changement d'attitude à son égard, Verlaine ne songe pas encore à quitter le collège. C'est que, parmi ses élèves, il vient d'en remarquer un, Lucien Létinois, âgé de dix-huit ans, dont la franchise, la piété et l'innocence l'émeuvent. Ses parents sont cultivateurs à Coulommes, un village à quatorze kilomètres de Rethel. Grand et rustaud, il a de beaux yeux bruns et un regard résolu. Il n'en faut pas plus pour que Verlaine s'enflamme. Mais il ne veut pas répéter en sa compagnie l'expérience Rimbaud. Ce nouveau venu, se jure-t-il, loin d'être un prétexte à plaisirs physiques, sera pour lui une âme à diriger, à protéger, à élever dans le respect des mœurs et de la religion. Le gentil Lucien remplacera dans son cœur non l'affreux Arthur, mais le petit Georges dont on lui interdit d'assurer l'éducation. Puisqu'on lui refuse son fils selon la chair, il aura un fils selon l'esprit. Au lieu d'un gamin de huit ans, il prendra sous son aile tutélaire un adolescent auquel il enseignera ses devoirs d'homme, de citoyen et de chrétien. Cette deuxième paternité le grise. Dieu, pense-t-il, vient de lui désigner une tâche à la hauteur de ses ambitions.

Pour gagner l'affection de Lucien Létinois, Verlaine commence par employer la manière forte. Il l'accable de remontrances et de pensums. Le garçon se rebiffe. On s'explique « entre quat'z'yeux ». Et on tombe sous le charme l'un de l'autre. Lucien est flatté qu'un professeur s'intéresse à lui au point de lui consacrer des heures de conversation et Verlaine se sent à la fois purifié et revigoré au contact de cette jeunesse. Hier, avec Rimbaud, il rampait ; aujourd'hui, avec Létinois, il domine. Il pourrait presque dire qu'il crée. Oui, il goûte, à conseiller, à gronder, à punir, à récompenser ce petit paysan inculte, le plaisir d'un sculpteur pétrissant la terre glaise. Peut-être même ne se doute-t-il pas du bonheur païen qui se glisse en lui alors que, assis tout près du jouvenceau à l'haleine fraîche et au regard candide, il le catéchise à voix basse. À présent qu'il a découvert cet ange lourdaud, il est de nouveau enclin à l'indulgence pour l'univers entier. Et d'abord pour lui-même.

La veille de la Fête-Dieu, vers onze heures du matin, trois ou quatre grands élèves du collège transportent, dans une charrette à bras, des fleurs et des feuillages destinés à orner les reposoirs. Ils traversent la ville avec leur chargement et aperçoivent Verlaine qui, du seuil d'un café, leur crie : « Venez donc vous rafraîchir un peu, les enfants ! » Les gaillards ne se font pas prier. On trinque. On retrinque. On passe d'un cabaret à l'autre. On varie les apéritifs. Et, vers midi, on rentre, d'un pas chaloupé, au collège Notre-Dame. L'abbé Jacques, professeur de septième, veillant au portail, se précipite sur le petit groupe, jette un regard courroucé à Verlaine qui marche devant et, pour éviter le scandale, enferme les chenapans dans sa chambre afin qu'ils s'y dégrisent.

L'affaire est évidemment rapportée à l'abbé Guillin. Celui-ci a d'ailleurs été prévenu par Mgr Langénieux, qui a, dit-on, entendu le poète en confession. Peu avant la distribution des prix, fixée au 1er août 1879, le directeur convoque Verlaine et lui annonce, d'un ton melliflue, que ses cours seront supprimés à la rentrée. C'est un congé enveloppé de paroles courtoises. Verlaine s'y attendait depuis longtemps. Cette mise à pied, loin de l'affliger, le soulage. En effet, il y a quelques semaines, Lucien Létinois, ayant échoué à son brevet, a décidé de quitter le collège pour retourner chez ses parents. Or, Verlaine ne conçoit pas la vie dans ces murs en l'absence de son jeune protégé. Rethel privé de ce merveilleux garçon, c'est le désert de la soif, sans une gourde d'eau à portée de la main. Ah! les bons pères! En chassant leur étrange collègue, ils ne se doutent pas qu'ils lui rendent service. Tout est écrit, là-haut, pour le salut de tous. Il n'y a qu'à laisser faire les événements et on finit par retomber sur ses pattes. Verlaine ignore où il ira, ce qu'il entreprendra, par quels chemins il aboutira au bonheur suprême, mais il sait, de source inspirée, que son avenir, qui s'appelait autrefois Mathilde ou Arthur, s'appelle désormais Lucien.

# XVII

## LUCIEN LÉTINOIS

Que faire d'un fils spirituel de dix-huit ans dont on veut former le caractère et enrichir le bagage intellectuel ? L'emmener en Angleterre, parbleu ! Il ne déplaît pas à Verlaine de revenir dans ce pays qu'il a découvert jadis aux côtés de Rimbaud, avec, cette fois, un compagnon tout neuf, incarnant la revanche du Bien sur le Mal. À chaque pas qu'il fera dans cette île, il pourra comparer sa félicité actuelle aux tristes erreurs d'antan. Et puis, plus que jamais, il sera pour Lucien le maître omniscient, celui qui a tout vu, qui montre tout, qui explique tout : le guide. Là-bas, le garçon apprendra l'anglais en donnant des répétitions de français dans un collège, au pair, tandis que lui-même gagnera un peu d'argent comme professeur. Mais il faut d'abord convaincre les parents de Lucien. Rien de plus facile. Le père et la mère sont ravis de confier leur fils à un monsieur si instruit et si distingué, qui a enseigné à Notre-Dame de Rethel. Cela d'autant plus qu'il ne leur en coûtera pas un sou.

Ayant obtenu la bénédiction familiale, Verlaine s'emploie à organiser le voyage. Immédiatement, il pense au secourable Mr. Andrew et lui demande s'il n'y aurait pas deux places vacantes à la Grammar School de Stickney. Il n'y en a qu'une. Ce sera pour

Lucien. Quant à lui, il espère trouver à se caser à proximité, dans un établissement scolaire de Boston. Mais toutes ses démarches échouent. Déçu, il doit se rabattre sur un emploi à Lymington (Hampshire), à trois cent cinquante kilomètres de là. Cette énorme distance ne va-t-elle pas refroidir leurs rapports ? Pour se consoler d'une séparation inévitable, ils promettent, la main sur le cœur, de s'écrire souvent.

À peine arrivé en Angleterre, à la fin de septembre 1879, Verlaine installe Lucien à la Grammar School et prend lui-même, l'âme lourde, le chemin de Lymington. Le collège qui l'a recruté, Solent Collegiate School, est dirigé par le maire de l'endroit, Mr. William Murdoch, « un Écossais très alerte, très causeur et très fumeur [1] ». Il est assisté dans ses fonctions par sa sœur, une vieille fille âgée et modeste. La moralité de l'institution est garantie par un prêtre catholique, le révérend Patrick O'Connel, capitaine de l'équipe locale de cricket [2].

Verlaine est chargé de veiller sur une trentaine d'élèves, dont deux Français. Pour les reposer de la fatigue des cours, il les emmène, de temps à autre, en promenade dans la forêt voisine. Parfois, ils croisent un pensionnat de jeunes filles, marchant en rangs, les yeux baissés. Rencontre « très romantique », juge Verlaine. Bien entendu, les deux communautés s'ébattent à distance respectueuse.

Pendant que les gamins jouent et se chamaillent, Verlaine ne cesse de penser à Lucien et de déplorer son absence. Mais il suffit qu'une lettre lui parvienne de Stickney pour que la journée la plus grise soit soudain inondée de soleil. Les moindres lignes tracées de cette main juvénile le bouleversent. Il voit de l'innocence là où il n'y a que de la balourdise, de

1. *Notes on England.*
2. Cf. Pierre Petitfils, *Verlaine.*

l'émotion derrière les fautes d'orthographe, de l'affection sous les plus plates formules de politesse. Débordant de gratitude envers son lointain correspondant, il écrira :

> *Ô ses lettres dans la semaine*
> *Par la boîte vitrée, et que fou je promène,*
> *Fou de plaisir, à travers bois, les relisant*
> *Cent fois [...]* [1].

Et aussi :

> *Mais lui ! ses lettres ! l'ange ignorant de nos routes,*
> *Le pur esprit vêtu d'une innocente chair ! [...]*
> *Mots frais, la phrase enfant, style naïf et chaste*
> *Où marche la vertu dans la sorte de faste,*
> *Déroulement d'encens, cymbales de cristal,*
> *Qui sied à la candeur de cet âge natal,*
> *Vingt ans ! [...]* [2].

Pour lui-même, il se présente comme un initiateur inspiré, un berger chrétien qui n'a d'autre souci en tête que de conduire Lucien sur la voie de la perfection morale :

> *J'éclatais de sagesse et de sollicitude,*
> *Je mettais tout mon soin pieux, toute l'étude*
> *Dont tout mon être était capable, à confirmer*
> *Cette âme dans l'effort de prier et d'aimer* [3].

Au vrai, il a tellement peur d'être accusé, une fois de plus, d'homosexualité qu'il exagère ses justifications jusqu'à l'invraisemblance. À l'entendre, il n'a pour Lucien qu'une claire inclination sentimentale. L'un et l'autre sont de transparents esprits, unis dans l'amour de Jésus. Et si, parfois, l'idée d'un attouchement agréable les visite, ils la chassent avec horreur.

---

1. *Amour* (XXIII).
2. *Ibid.* (VI).
3. *Ibid.*

D'ailleurs Verlaine, inquiet de l'interprétation qu'on pourrait donner chez les Mauté de son séjour en Angleterre avec Lucien Létinois, a chargé Delahaye d'aller tâter le terrain, rue Nicolet. C'est M. Mauté qui reçoit, à trois reprises, l'émissaire de son gendre. Il est raide comme la justice. Apparemment, là-bas, rien n'a bougé. On ignore pourquoi Verlaine est reparti pour l'étranger, on s'étonne qu'il ne soit pas venu voir son fils aux dernières vacances et on s'indigne qu'il persiste à vouloir reprendre la vie conjugale avec Mathilde. Comme Delahaye essaie de plaider la cause de son ami, M. Mauté l'interrompt d'un ton sec en déclarant que certaines choses sont irréparables et certaines brisures définitives.

Averti de cette réponse, Verlaine comprend enfin que tout espoir est perdu. Mathilde ne reviendra jamais à lui. C'est pis que si elle avait cessé de vivre :

> *Ô Jésus, vous voyez que la porte*
> *Est fermée au Devoir qui frappait,*
> *Et que l'on s'écarte à mon aspect.*
> *Je n'ai plus qu'à prier pour la morte*[1].

C'est encore en pensant à Mathilde et à son fils (le vrai) qu'il écrit :

> *Je vois un groupe sur la mer.*
> *Quelle mer ? Celle de mes larmes.*
> *Mes yeux mouillés du vent amer*
> *Dans cette nuit d'ombre et d'alarmes*
> *Sont deux étoiles sur la mer.*
> *C'est une toute jeune femme*
> *Et son enfant déjà tout grand*
> *Dans une barque où nul ne rame,*
> *Sans mât ni voile, en plein courant [...].*
> *Un jeune garçon, une femme !*

---

1. *Il parle encore* (*Amour*).

Ce poème est intitulé : *Un veuf parle*. Curieusement, Verlaine se sent en deuil de Mathilde et, dans le même temps, gratifié avec Lucien d'une paternité de rechange. Ce nouveau fils, qui lui est né à l'âge de dix-huit ans, le comble comme un don de Dieu. Il court le retrouver à Stickney pour les vacances de Noël. Hélas ! chez les Andrew, on n'a guère apprécié le petit protégé de Verlaine. On le trouve sournois, distant, paresseux et incapable d'enseigner quoi que ce soit. Bref, c'est un échec sur toute la ligne. Vexé, Verlaine décide d'arrêter là leur expérience anglaise et emmène Lucien, d'abord à Lymington, puis à Londres. Là, dans un garni, le soir de Noël, le jeune homme en larmes avoue que, malgré les mises en garde de son mentor, il s'est laissé séduire par une *miss* très avenante et a fauté avec elle. Au lieu d'en sourire, Verlaine est frappé d'une stupeur dramatique. Ainsi, cet être qu'il a considéré comme l'incarnation de la pureté céleste, sur lequel, en dépit de la tentation, il n'a jamais osé la moindre caresse, le voici ravalé au rang de vulgaire chasseur de filles ! Ayant perdu sa virginité, il a perdu son âme. Un pécheur parmi les autres. Rien de plus. Comment lui faire confiance dorénavant ? Et ce coup, Verlaine le reçoit dans la nuit même de la Nativité. Le faux père et le faux fils pleurent la perte de leurs illusions. Peut-être, d'ailleurs, s'en consolent-ils dans les bras l'un de l'autre. L'ombre crépusculaire envahit la chambre.

> *Ô l'odieuse obscurité*
> *Du jour le plus gai de l'année*
> *Dans la monstrueuse cité*
> *Où se fit notre destinée !*
> *Au lieu du bonheur attendu,*
> *Quel deuil profond, quelles ténèbres !*
> *J'en étais comme mort, et tu*
> *Flottais en des pensers funèbres.*

273

*La nuit croissait avec le jour*
*Sur notre vitre et sur notre âme,*
*Tel un pur, un sublime amour*
*Qu'eût étreint la luxure infâme ;*
*Et l'affreux brouillard refluait*
*Jusqu'en la chambre où la bougie*
*Semblait un reproche muet*
*Pour quelque lendemain d'orgie.*
*Un remords de péché mortel*
*Serrait notre cœur solitaire.*
*Puis notre désespoir fut tel*
*Que nous oubliâmes la terre*[1].

Est-ce le « péché mortel » qu'a commis Lucien avec la *miss* ou celui qu'ils viennent de commettre tous deux qui tourmente le plus Verlaine ? Toujours est-il qu'il s'accuse d'avoir laissé le jeune homme loin de lui, sans surveillance. S'il avait été à ses côtés, il aurait su déjouer les pièges du Malin.

Ils rentrent en France au début de 1880, et Verlaine partage son temps entre Arras où habite sa mère, Fampoux où il a tant de souvenirs et Coulommes où il est l'hôte des Létinois. La campagne, autour de Coulommes, lui plaît, il s'intéresse aux travaux des champs. La vue de Lucien marchant sur une route de son pas égal de paysan lui procure une sensation de calme et de plénitude. Pourquoi aller chercher ailleurs le secret de la vraie vie ? Ébloui par la révélation, il décide d'acheter une exploitation agricole et d'allier la poésie à l'agriculture. Une ferme est à vendre à Juniville, à dix-sept kilomètres de Coulommes (arrondissement de Rethel). L'ayant visitée et trouvée à sa convenance, Verlaine se rend à Arras pour persuader sa mère d'avancer les fonds nécessaires à l'opération. Avec une éloquence fiévreuse, il lui démontre que, dans cette cambrousse, il

1. *Amour* (VIII).

échappera aux dangereuses séductions de la ville et qu'il y vivra sainement des produits de la terre par lui cultivée. Ce sera à la fois le salut de l'âme et celui du portefeuille. Attendrie par les honnêtes dispositions de son fils, la brave femme consent à prélever trente mille francs sur l'héritage de son mari. Alors Verlaine, excipant du fait qu'il est toujours tenu de servir une pension alimentaire de cent francs par mois à Mathilde et qu'il n'en a pas versé à ce jour un centime, suggère de réaliser l'acquisition au nom de M. et Mme Létinois, pour éviter d'éventuelles poursuites. Il serait trop bête que les Mauté, profitant de la situation, s'avisent de saisir le bien pour récupérer l'arriéré de la pension! Répondant des Létinois comme de lui-même, il affirme que la combinaison n'offre aucun risque et qu'au besoin il exigera du père de Lucien une contre-lettre. Après quelques hésitations, Stéphanie accepte. Que ne ferait-elle pour assurer le bonheur de son grand garçon ballotté par la vie?

Grâce à l'argent de Verlaine, M. et Mme Létinois se portent acquéreurs de la ferme de la Petite-Paroisse, rue de l'Aby, à Juniville, d'une contenance de vingt-trois hectares, vingt-cinq ares, soixante-dix-sept centiares. Ils s'y installent en mars 1880, avec leur fils et son protecteur, homme instruit et pieux, qui les a chargés de faire marcher la maison et de diriger les travaux agricoles. Verlaine est aux anges dans ce pays si tranquille et si pittoresque, « avec sa rivière bien nommée (la Retourne) qui l'enveloppe de ses mille plis et son sous-bois de peupliers plein de ruisselets, d'air pur et de doux ramages [1] » :

> *Le petit coin, le petit nid*
> *Que j'ai trouvés,*
> *Les grands espoirs que j'ai couvés,*
> *Dieu les bénit.*

1. *Nos Ardennes.*

*Les heures des fautes passées*
*Sont effacées*
*Au pur cadran de mes pensées.*
*L'innocence m'entoure et toi,*
*Simplicité.*
*Mon cœur par Jésus visité*
*Manque de quoi[1] ?*

Il ne loge pas dans la ferme avec les Létinois, mais
— décence oblige ! — dans un pavillon voisin.
Hormis sa mère, personne ne connaît son adresse. À
ses amis, il indique celles d'Arras ou de Fampoux.
Est-ce pour mieux cacher son bonheur ou par crainte
que son nouveau mode de vie ne réveille d'absurdes
ragots ? Du matin au soir, il est aux côtés de Lucien,
l'accompagnant aux champs, au café, au bal... C'est
quand il contemple son « fils adoptif » travaillant la
terre qu'il se sent le plus proche de Dieu :

*J'y voyais ton profil fluet sur l'horizon*
*Marcher comme à pas vifs derrière la charrue,*
*Gourmandant les chevaux ainsi que de raison,*
*Sans colère, et criant diah et criant hue ;*
*Je te voyais herser, rouler, faucher parfois,*
*Consultant les anciens, inquiet d'un nuage ;*
*L'hiver à la batteuse ou liant dans nos bois ;*
*Je t'aidais, vite hors d'haleine et tout en nage[2].*

Son essoufflement le ravit comme un juste tribut
payé à la condition rustique. Le soir, pendant le dîner
en famille, il écoute parler fumaison, semis, récolte et
s'ingénie, par quelques phrases choisies, à parfaire
l'instruction de Lucien qui prépare son examen de
volontariat. Ainsi, le garçon a deux pères : un qui l'a
conçu et ne lui est plus rien, l'autre venu sur le tard et
qui le couve avec une insidieuse tendresse. Dans le

1. *Amour* (XIII).
2. *Ibid.* (XIV).

voisinage, on est un peu surpris par la présence à la ferme de ce monsieur qui est vêtu comme à la ville et parle en termes alambiqués. Son long macfarlane à carreaux et son haut-de-forme détonnent parmi les labours. Comme on a entendu dire qu'il a vécu en Angleterre puis à Coulommes, on le surnomme « l'Anglais de Coulommes ». Certains ajoutent que le jeune Létinois est son filleul. Tout cela n'est pas très catholique. Et pourtant le monsieur va régulièrement à la messe, avec Lucien. Leur attitude durant l'office dominical est exemplaire. Assis côte à côte, ils suivent le déroulement de la liturgie sur leur missel, se signent, s'agenouillent, baissent le front pendant l'Élévation. À la sortie, s'ils s'attardent parfois dans l'un des deux cafés du bourg (le Cheval Rouge et la Girafe), ils n'y boivent que modérément.

Dès les premiers jours de l'été, Stéphanie arrive à Juniville et reconnaît que son fils a eu raison d'opter pour la vie bucolique. Il a bonne mine et bon moral. Les Létinois ont l'air de gens simples, mais honnêtes. Et Lucien paraît être un brave petit gars, qui gagnera à être dégrossi. Elle repart rassurée.

Verlaine cependant n'a nullement l'intention de sacrifier sa carrière de poète à celle de cultivateur. Oublié, sinon méprisé par ses confrères en littérature, il veut refaire surface avec éclat. Ce seront, écrit-il à Léon Valade, ses « re-débuts ès Lettres françaises [1] ». Dans son prochain livre, *Sagesse*, il entend se mettre à nu avec fierté, avouer ses malheurs conjugaux, sa déchéance, son séjour en prison, sa découverte de la foi. L'ouvrage se substituera à celui qu'il a précédemment envisagé sous le titre de *Cellulairement*. Il sera plus ample, plus franc, plus frémissant, plus complet. Mais la mode n'est pas à la poésie religieuse. Tour à tour Mallarmé, Delahaye, Lepelletier,

1. Lettre du 30 mai 1880.

chargés de placer le manuscrit, se voient éconduits par les éditeurs auxquels ils le présentent. Enfin Victor Palmé, directeur de la Librairie catholique, accepte de publier le recueil à compte d'auteur. Verlaine lui verse une provision de six cents francs pour un tirage de cinq cents exemplaires et dédie le volume à sa mère, qui, sans doute, a payé l'avance. En juillet 1880, il se rend à Paris pour régler les détails de l'affaire et rédige une préface au style bénisseur : « L'auteur de ce livre n'a pas toujours pensé comme aujourd'hui. Il a longtemps erré dans la corruption contemporaine, y prenant sa part de faute et d'ignorance. Des chagrins très mérités l'ont depuis averti, et Dieu lui a fait la grâce de comprendre l'avertissement. Il s'est prosterné devant l'autel longtemps méconnu. »

Germain Nouveau, qui lui fait visite à Juniville au mois d'août, le trouve en pleine crise mystique et très excité à l'idée du bruit que fera son livre, véritable bombe de sincérité, d'humilité et de foi. Les deux amis sont maintenant aussi croyants l'un que l'autre. Nouveau offre à Verlaine une toile représentant le crucifix de l'église Saint-Géry d'Arras, qu'ils ont tant admiré naguère, et exécute un portrait au pastel de Lucien, qui laisse tout le monde rêveur car, bien que le garçon soit brun, il lui a fait les cheveux roux et le teint rose.

Après le départ du peintre-poète, Verlaine se préoccupe de l'avenir de son protégé, qui vient d'être convoqué au service militaire. Il a obtenu pour lui le régime du volontariat, grâce auquel Lucien restera un an au lieu de cinq sous les drapeaux. Pour arriver à ce résultat, le conscrit a dû subir un examen de culture générale et Verlaine acquitter une taxe conditionnelle de quinze cents francs. Sans doute est-ce encore sa mère qui a allongé la somme. Lorsque le jeune Létinois va rejoindre son régiment d'artillerie à

Reims, Verlaine ne peut s'empêcher de le suivre. Il l'admire en soldat comme il l'a admiré en bouseux. L'uniforme sied si bien à cet Éliacin à la taille de guêpe et aux larges épaules !

> *Je te vois encore à cheval*
> *Tandis que chantaient les trompettes*
> *Et ton petit air martial* [...].
> *Je te vois toujours en treillis*
> *Comme un long Pierrot de corvée,*
> *Très élégant sous le treillis*
> *D'une allure toute trouvée* [1].

Au bout de quelques jours passés à rôder autour de la caserne et à entraîner Lucien dans les cafés dès que celui-ci a quartier libre, Verlaine apprend que la batterie du « petit » va être envoyée au camp de Châlons pour des exercices de tir. Qu'à cela ne tienne ! Il s'y rend aussi et s'installe à proximité, chez un cantinier. De la diane à l'extinction des feux, la sonnerie des trompettes règle sa vie. Quand il ne peut voir Lucien, il se console en buvant. Enfin, il se lasse et abandonne l'idée d'accompagner partout le régiment comme un chien mascotte. Mais il ne veut pas revenir à Juniville. Le bourg a perdu pour lui tout attrait depuis que l'enfant de la maison n'est plus là pour réchauffer les lieux par sa présence.

Laissant les parents de Lucien s'occuper de l'exploitation du domaine, il regagne Arras en décembre 1880 et se consacre au lancement de *Sagesse* qui vient de paraître. C'est un petit volume de cent six pages, sous couverture « chamois ». Un exemplaire est envoyé au pape Léon XIII, un autre, Dieu sait pourquoi, à Son Altesse Impériale Eugénie. Quant à Victor Hugo, il a droit à une admonestation apostolique sous forme de sonnet :

---

1. *Amour* (XII).

279

*J'aime Dieu, son Église et ma vie est de croire*
*Tout ce que vous tenez, hélas ! pour dérisoire.*

Seuls les trois derniers vers corrigent le camouflet :

*Or, je sais la louange, ô maître, que vous doit*
*L'enthousiasme ancien ; la voici franche, pleine,*
*Car vous me fûtes doux en des heures de peine* [1].

Pour assurer le retentissement de *Sagesse* parmi les journalistes, Verlaine a rédigé, à leur usage, un prière d'insérer des plus élogieux : « Nous annonçons avec plaisir la publication d'un volume de vers, paru chez l'éditeur Palmé. L'auteur, M. Paul Verlaine, déjà connu dans le monde des lettres par des livres qui ont eu un vif succès auprès des amateurs de la vraie poésie, donne, cette fois, une note toute nouvelle. Sincèrement et franchement revenu aux sentiments de la foi la plus orthodoxe, il applique aujourd'hui son rigoureux talent à traiter des sujets chrétiens [...]. La forme, toujours savante, conserve à l'ouvrage le ton hautement littéraire qui lui assure un grand succès de bon aloi. »

Malgré ce coup de réclame, la sortie du livre passe presque inaperçue. Quelques aigres articulets dans les gazettes, dont celui de Jules Claretie pour *Le Temps*, sur ce « rimeur à demi oublié », et celui d'Émile Zola pour *Le Messager de l'Europe* [2], sur cet auteur « aujourd'hui disparu », et voilà tout. Après des mois, la vente n'a atteint que huit exemplaires. Verlaine tombe de haut. Un espoir lui reste : que Mathilde, du moins, lise *Sagesse* et comprenne ! Pour l'y inciter, il lui fait apporter, par Charles de Sivry, le manuscrit primitif du recueil. Elle le rend à son frère sans même l'avoir feuilleté. Verlaine l'apprend et en

---

1. *À Victor Hugo en lui envoyant « Sagesse ».*
2. Revue publiée à Saint-Pétersbourg.

est encore plus meurtri que par le dédain de la critique.

Néanmoins, il refuse de baisser les bras. Puisque sa poésie ne rencontre pas d'amateurs, pourquoi ne pas s'essayer à la prose ? Il se croit doué d'une belle verve satirique et décide de dénoncer les tares de la démocratie française dans un pamphlet : *Voyage en France par un Français*. Il y donne libre cours à sa haine de la révolution de 89, du parlementarisme, de l'athéisme, de la laïcité. Prédicateur déchaîné, il assomme, à coups d'ostensoir, tous ceux qui osent se dresser contre l'Église. Il ordonne à son fils spirituel de déserter si la gangrène républicaine, qui a abouti à l'expulsion des jésuites en juin 1880, étend dans l'armée son ignoble travail de pourriture. Au passage, il excommunie Zola, Daudet, les Goncourt, Flaubert... L'ouvrage en préparation est déjà annoncé sur la feuille de garde de *Sagesse*. Mais, ayant pris connaissance du brûlot, aucun éditeur n'en veut. En désespoir de cause, Verlaine le fait parvenir à la *Revue du monde catholique*, qui le lui renvoie avec cette sèche appréciation : « Pas dans l'esprit de la revue. »

Alors Verlaine envisage d'écrire un livre de souvenirs sur les poètes qu'il a personnellement connus : Hugo, Coppée, Banville, Mallarmé, Rimbaud. Rimbaud surtout ! L'envie de publier les *Illuminations* le harcèle. Mais il lui faudrait l'autorisation de l'auteur. Or, Rimbaud est insaisissable. On le dit au Harar, en Abyssinie, où il s'occuperait d'on ne sait trop quel commerce. Et il refuse de correspondre avec qui que ce soit en France.

Renonçant à poursuivre son enquête sur le transfuge, Verlaine rentre, morose, à Juniville. Le ciel est à la pluie et l'humeur au désenchantement. Dans les cafés, où il passe maintenant le plus clair de ses journées, on le regarde d'un mauvais œil. Déjà, parmi les villageois, le bruit court que « l'Anglais de Coulommes » est porté sur la bouteille.

Mais voici qu'à l'automne 1881 Lucien revient du régiment. Comme il a changé au contact de la soldatesque ! L'adolescent docile de naguère est devenu un homme volontaire et indépendant, qui supporte mal les remontrances. Au lieu de se remettre courageusement à l'exploitation du domaine, il prétend prendre des vacances pour se reposer de la discipline militaire. Verlaine, trop faible pour le contrarier, l'encourage à la paresse. Il lui a offert un buggy et tous deux parcourent la région au petit trot, s'arrêtant dans les auberges, buvant et jouant aux cartes. Le père Létinois n'étant guère plus actif que son fils, les domestiques, laissés sans surveillance, négligent les travaux des champs. On les voit plus souvent trinquant à la cuisine que remuant la glèbe. L'affaire périclite. Circonstance d'autant plus fâcheuse que les Létinois ont acheté, entre-temps, des terres afin d'arrondir *leur* bien. Surpris par les échéances, ils empruntent à droite et à gauche pour faire face à leurs engagements. Mais les créanciers, les devinant insolvables, multiplient les exploits d'huissier. Pris à la gorge, le père Létinois est menacé de saisie. Tout le pays se ligue contre lui. On lui reproche la vie scandaleuse que son fils mène avec « l'Anglais ». Sa faillite est, dit-on, la juste rançon de ses prétentions inconsidérées de propriétaire. Pourtant, l'adjudication judiciaire est évitée in extremis et l'ensemble est cédé, sur conversion de saisie immobilière en vente volontaire, par-devant Mᵉ Carrette, notaire à Juniville. Sans attendre la fin de la transaction, les Létinois, encadrant leur fils tout penaud, s'enfuient en Belgique. Verlaine seul assiste à la vente. Il écrira :

*Notre essai de culture eut une triste fin,*
*Mais il fit mon délice un long temps et ma joie :*
*J'y voyais se développer ton être fin*
*Dans ce bon travail qui bénit ceux qu'il emploie* [...].
*Hélas ! tout ce bonheur que je croyais permis,*
*Vertu, courage à deux, non mépris de la foule,*
*Mais pitié d'elle avec très peu de bons amis,*
*Croula dans des choses d'argent, comme un mur croule* [1].

De ce Trafalgar financier, Verlaine parvient à sauver une quinzaine de milliers de francs. Il les rapporte à sa mère qui languit impasse d'Elbronne, à Arras. Ensemble, ils pleurent sur sa vocation agricole avortée. Il se voyait si bien en poète laboureur ! Il n'est plus que poète. Et ses vers se vendent encore moins bien que ne se vendaient ses betteraves.

1. *Amour* (XIV).

# XVIII

## SUCCÈS ET DÉCÈS

À force de méditer sur ses mésaventures professorales, campagnardes et autres, Verlaine croit avoir compris pourquoi tout le monde l'a oublié. S'il n'a pu faire carrière, c'est parce que, depuis plus de sept ans, il s'est tenu éloigné de la capitale. Quelle idée de s'exiler en Angleterre, à Arras, à Rethel, à Coulommes, à Juniville, alors que les réputations littéraires se forgent à Paris ! Pour réussir, il doit impérativement y retourner, s'y enraciner, renouer des relations dans les milieux du journalisme. Il s'est conduit en écrivain arrivé qui peut se passer du tam-tam confraternel, alors qu'à trente-huit ans sonnés il n'est qu'un débutant. Il lui faut changer de stratégie. Finie la province ! Il va redevenir parisien, chercher un emploi dans l'Administration, louer un appartement pas très loin du centre et s'y installer avec sa mère qui tiendra le ménage et recevra les copains.

En juin 1882, il est à Paris pour préparer sa nouvelle vie. L'obligeant M. Istace le loge provisoirement chez lui et Edmond Lepelletier, maintenant rédacteur au *Réveil* et éditorialiste au *Mot d'ordre*, le présente à un jeune libraire, Léon Vanier, qui publie la revue *Paris moderne*. Parmi les collaborateurs de cette feuille, Verlaine rencontre de nombreux camarades d'autrefois. À les coudoyer, à les entendre, il reprend goût au remue-ménage des cénacles. Le 25 juillet 1882, il donne à *Paris moderne* un sonnet, *Le Squelette*, d'inspiration résolument parnassienne, qui ne fait aucun bruit mais lui procure l'agréable sensation de s'être remis en selle. Le voici de nouveau imprimé : quel remède miracle aux doutes chroniques de l'écrivain !

Cependant les Létinois, désemparés, sans argent, sans amis en Belgique, débarquent à leur tour à Paris. Ils campent d'abord dans un logis misérable, rue de la Chapelle. En les revoyant, Verlaine a pitié de ce trio déboussolé. Le père, arraché à ses champs, ne parvient pas à s'habituer au mouvement et au tintamarre de la ville ; la mère, résignée, semble avoir renoncé à comprendre ce qui lui arrivait ; même Lucien a un air sauvage et revendicateur, comme s'il tenait son protecteur pour responsable des malheurs de la famille. Au vrai, tout en reconnaissant que le poète l'a éduqué, formé, « spiritualisé » en quelque sorte, il ne peut lui pardonner d'avoir entraîné ses parents, qui étaient heureux sur leur lopin de terre de Coulommes, dans une entreprise ambitieuse vouée au désastre. Partagé entre la gratitude et la rancune, il dira à Delahaye : « Si je ne l'aimais pas, je ne vaudrais pas cher. Si je l'accusais, je serais injuste puisque ses intentions étaient bonnes. Ce qui est sûr, c'est qu'il eût mieux valu pour nous ne pas le trouver sur notre chemin. »

Verlaine, en revanche, ne peut rien lui reprocher. Sa passion l'aveugle d'autant plus qu'il la veut pure de toute tache. Quelques légers accrocs, dans le passé, à cette sainte discipline ne comptent pas dans le bilan de leur amour. Lucien étant toujours sans emploi, Paul se démène pour lui en trouver un. Enfin, sur la recommandation de Delahaye, il réussit à le caser, comme maître surveillant, à l'école d'Aguesseau de Boulogne-sur-Seine. Aussitôt, quittant l'appartement de M. Istace, il s'installe lui-même à Boulogne, à l'hôtel du Commerce, 5, rue du Parchamp. Ainsi sera-t-il tout près du « petit » et pourra-t-il mieux le conseiller. Mais, après trois semaines d'enseignement, Lucien décrète qu'il n'a pas la vocation, démissionne de son poste, accepte un meilleur emploi dans une entreprise industrielle d'Ivry-sur-Seine et déniche un logement à proximité, où ses parents viennent le rejoindre. Ce départ inopiné risquant de compromettre le fonctionnement de l'école, Verlaine s'offre à remplacer Lucien en attendant que le directeur, M. Esnault, ait engagé quelqu'un d'autre. Durant l'intérim, il fait le pion, distribue des pensums, couche dans le dortoir, mais dîne le soir à la table de M. Esnault, qui est un homme énergique et affable, et dont l'épouse confectionne de succulentes pâtisseries. Cependant, dès qu'un nouveau maître interne se présente, Verlaine reprend sa liberté.

Plus rien ne le retient dans cette banlieue lointaine. Mais, par indolence, il reste à l'hôtel du Commerce, où il a ses habitudes. Chaque jour, il boit le vermouth-cassis avec le patron de l'établissement, le garçon boulanger du coin, les ouvriers d'un chantier voisin. Il aime « ce bout si calme de la ville », ce viaduc d'Auteuil qui, à travers « l'élégance massive de ses piliers », laisse voir « l'adorable panorama de Sèvres et de Saint-Cloud ». Une population interlope hante les rues : « des jeunes gens équivoques et des femmes pas du tout équivoques, elles », avec leurs cravates roses ou bleues et leurs traînes crottées. Les sergents de ville surveillent ce petit monde d'un œil paterne. « On entend du Point-du-Jour beugler les cafés-concerts gais et tristes, plutôt gais [1]. » Parfois,

1. *Les Mémoires d'un veuf* (« Auteuil »).

Verlaine s'échappe pour faire un tour au bois de Boulogne ou rendre des visites à Paris. Il rentre harassé, abasourdi et mécontent de sa journée. « Je grimpe mes cent marches à la lueur d'allumettes qui me brûlent le bout des doigts, avec de la fatigue plein les muscles, des chansons de la rue plein la tête, pour m'aller coucher et ne pas dormir au bruit jamais fini des fiacres aux stores baissés et des fardiers et des camions et des charrettes chargées de ferrailles, de meubles cassés et de boues [1]. »

Tous les vendredis soir, il monte dans le petit tramway à impériale, attelé de deux chevaux, de la ligne Auteuil-Saint-Sulpice. Place de l'Odéon, il rejoint au café Voltaire ses anciens amis du Parnasse, Valade, Mérat, Mendès, flanqués du jeune Georges Courteline et du vieux Charles Monselet... Il s'abstient encore de boire de l'absinthe, mais avale jusqu'à plus soif des grogs au rhum sans sucre. Tous s'étonnent de sa capacité d'absorption. La plupart ont bien changé en prenant de l'âge. Leurs tenues sont correctes et leurs propos mesurés. Ils parlent de la littérature comme d'une profession. Verlaine a l'impression qu'il ne leur ressemblera jamais.

Les dimanches sont, pour lui, sacrés : non seulement à cause de la messe, mais parce que Lucien arrive, ce jour-là, à Auteuil, par le train de Petite Ceinture. Quand le jeune homme apparaît au sommet de l'escalier reliant la passerelle de la gare à la chaussée, le bonheur de Verlaine est empreint d'une gratitude mystique :

> *Ta grâce en descendant les marches, mince et leste,*
> *Comme un ange le long de l'échelle céleste,*
> *Ton sourire amical ensemble et filial,*
> *Ton serrement de main cordial et loyal...*

---

1. *Les Mémoires d'un veuf* (« Cheval de retour »).

Devant ce grand garçon qui l'embrasse, il est à la fois comblé dans ses sentiments de père et troublé par le timide et louche plaisir qu'il éprouve à le contempler, si robuste, si simple et si bien portant :

*Mon vieux bras dans le tien nous quittions cet Auteuil,*
*Et, sous les arbres pleins d'une gente musique,*
*Notre entretien était souvent métaphysique.*

Après une promenade, au cours de laquelle maître et disciple ont discuté gravement des problèmes essentiels, tous deux se rendent à l'hôtel du Commerce :

*Et puis nous rentrions, plus que lents, par la route*
*Un peu des écoliers, chez moi, chez nous plutôt,*
*Y déjeuner de rien, fumailler vite et tôt,*
*Et dépêcher longtemps une vague besogne.*
*Mon pauvre enfant, ta voix dans le Bois de Boulogne* [1] *!*

À la tombée de la nuit, ils reprennent le chemin de la gare, bras dessus, bras dessous, et Verlaine songe avec tristesse que la semaine sera longue à vivre avant le retour de son « fils ».

Maintenant, pour lutter contre l'insomnie, il se drogue à l'hydrate de chloral, mais ce calmant l'abrutit et lui donne des névralgies et des troubles cardiaques. Quand il pense à l'existence paisible qu'il menait lorsqu'il travaillait à l'Hôtel de Ville, il regrette le temps des ronds-de-cuir. Pourquoi ne pas tenter une démarche de ce côté-là ? Justement, Edmond Lepelletier est en excellents termes avec le préfet de la Seine, Charles Floquet, et le président du conseil municipal de Paris, Jehan de Bouteiller. Une demande de réintégration est introduite en août 1882, précisant que le postulant a passé sept années dans les bureaux de la Ville et qu'il a été révoqué pour être

---

1. *Lucien Létinois* (*Amour*, XVIII).

resté en service pendant la Commune, alors qu'il n'avait rien à se reprocher sur le plan politique. D'après Edmond Lepelletier, avec l'appui dont on dispose, la réponse ne peut être que favorable. Mais l'affaire traîne en longueur. Verlaine perd confiance et, selon son habitude, appelle sa mère au secours. Trop heureuse qu'il ait encore besoin d'elle à son âge, Stéphanie accourt et s'installe dans une chambre à côté de la sienne, à l'hôtel du Commerce. Réchauffé par sa présence, il lui déclare que son plus cher désir est de l'avoir constamment avec lui. Qu'elle abandonne donc Arras et vienne partager sa vie à Paris ! Ils loueront un petit appartement, modeste mais confortable, dans un quartier bourgeois. Chaque jour, il se rendra ponctuellement au bureau, comme jadis, et le soir ils se retrouveront face à face, pour dîner, sous la suspension de la salle à manger. Ce sera, entre mère et fils, un ménage plus uni et plus paisible qu'entre mari et femme. Enchantée du projet, Stéphanie quitte son Paul après une semaine de chouchoutage pour retourner à Arras et préparer le déménagement.

Au début de novembre 1882, il va la chercher et la ramène, plus vaillante que jamais, à Paris. Furetant aux abords de la rue de Lyon, où leur ami M. Istace tient un café chantant, ils découvrent, au cinquième étage du 17 de la rue de La Roquette, un appartement à louer. Le contrat est signé dans l'heure. Les meubles arrivent. Et c'est toute la jeunesse de Verlaine, celle de Metz, de Montpellier, des Batignolles, qui entre avec ces épaves dans le nouveau logis. Il y a là l'antique guéridon d'acajou, les fauteuils recouverts de velours imitant le pelage du léopard, l'album où des photographies de Mathilde voisinent pacifiquement avec celles de Rimbaud, le Christ pathétique de Germain Nouveau, une lithographie de Stéphanie à vingt ans, un portrait à l'huile de

Nicolas-Auguste Verlaine en uniforme d'officier du génie, le pupitre étroit sur lequel ont été griffonnés tant de vers ! Chaque objet trouve sa place, comme si l'appartement n'attendait qu'eux pour revivre. On emménage dans la joie. Les liens avec le passé se resserrent. Verlaine a de nouveau une femme dans son existence : sa mère.

Certes, Stéphanie a vieilli, mais sa gaieté, son entrain sont restés intacts. Et quel éclat dans ses yeux bridés, « à la chinoise » ! Il veut prendre exemple sur elle et envisager l'avenir avec optimisme. D'ailleurs, pour ce qui est du travail, tout va bien. Grâce à Edmond Lepelletier, il donne au *Réveil* une chronique intitulée « Paris vivant », dans laquelle il évoque, tantôt avec verve, tantôt avec nostalgie, certains aspects de la capitale tels qu'il les a connus au cours de ses vagabondages. Ces textes sont signés, selon son humeur : « Jean qui pleure » ou « Jean qui rit ». Ils attirent sur lui l'attention des autres collaborateurs de la revue : Paul Alexis, Valentin Simond, Émile Bergerat, Henry Bauër... Intrigués par ce revenant à demi chauve et barbu, la pipe entre les dents, ils prennent connaissance de ses vers d'autrefois et s'émerveillent.

La renommée de Verlaine fait tache d'huile. Le jeune et exalté Charles Morice, vingt-deux ans, collaborateur de *La Nouvelle Rive gauche*, commence par l'attaquer à propos de son *Art poétique* (« De la musique avant toute chose ») ; puis, s'étant attiré une réponse de l'auteur dans la même feuille, il engage avec lui des « explications à bols de punch » et, après l'avoir critiqué, devient son plus fougueux disciple. Un autre débutant, Yannis Papadiamantopoulos, qui signera Jean Moréas, vient grossir les rangs de ses admirateurs. Ce « gentilhomme du Péloponnèse » a vingt-six ans, la voix sonore, le port altier et l'élégance dandystique. Son érudition est grande, sa moustache insolente et son monocle dominateur. D'emblée, l'étincelle de l'amitié jaillit entre lui et « le vieux », alors que tout devrait les opposer. À l'exemple de Moréas, la nouvelle génération littéraire découvre avec étonnement ce phénomène antédiluvien dont personne ou presque ne lui a parlé. Le fait qu'il ait — dit-on — mené une existence de bâton de chaise ne fait qu'ajouter à l'amusement et au respect qu'on lui doit.

Mais ce qui recommande principalement Verlaine à la considération des néophytes, c'est que, tout en se proclamant parnassien, il a suivi une voie contraire à celle de François Coppée et de Leconte de Lisle, ces orfèvres ciselant de faux bijoux dans l'orgueilleuse solitude de leur bureau. Agacés par la réputation que leurs parents ont faite à de tels fabricants, ils sont disposés à réhabiliter ce Verlaine qui, lui, a mis tout son cœur, toute sa vie dans ses poèmes. C'est avec une surprise attendrie que l'intéressé assiste à la naissance, encore timide, de son culte dans les cafés de la Rive gauche. Il se demande si ceux qui se groupent maintenant autour de lui ne l'ont pas choisi uniquement parce qu'il incarne, à leurs yeux, la rupture avec le passé. Quelles sont la part d'admiration sincère et la part de juvénile agitation dans cet engouement tardif ? Il préfère ne pas le savoir et se laisse griser par le plaisir d'être enfin lu et reconnu par des laudateurs tout neufs.

En 1883, il donne au *Chat noir* et à *La Nouvelle Rive gauche* quelques poèmes récents [1] et publie dans *Lutèce* (autre mouture de *La Nouvelle Rive gauche*), sous le titre *Les Poètes maudits*, des portraits de Tristan Corbière, de Stéphane Mallarmé et d'Arthur Rimbaud. Le 17 de la rue de La Roquette accueille à présent de nombreux invités, attirés par les étran-

---

1. Ils seront recueillis plus tard dans *Amour* et dans *Jadis et Naguère*.

getés de leur hôte. Stéphanie navigue avec aisance parmi tous ces messieurs, thuriféraires de son fils. Selon son habitude, elle les oblige à croquer sa spécialité, le sucre candi, qui est, selon elle, un remède à tous les maux. Son langage est d'une verdeur désuète. Pour prier un visiteur de s'asseoir, elle dit volontiers : « Monsieur, mettez ici la dix-septième lettre de l'alphabet[1]. » Tout le monde rit. Certains parlent à Verlaine en l'appelant « Maître ». Mais n'est-ce pas surtout à cause de son âge ? Bientôt la quarantaine ! N'importe ! Au milieu de cette petite cour en chambre, il s'épanouit comme dans le plus huppé des salons. Persuadé qu'il a enfin atteint son équilibre, il écrit à Charles Morice : « Je suis absolu-ment résolu à reprendre le combat en prose, en vers, au théâtre et dans le journal au besoin. Vie orageuse, mais trouvé le port et suis maintenant l'homme qui se couche tôt et se lève tôt, à la grande amélioration d'une santé qui fut délabrée, en dépit d'une constitu-tion de fer[2]. »

Sa satisfaction serait complète s'il était réintégré à l'Hôtel de Ville. Or, entre-temps, le préfet de la Seine, Charles Floquet, a cru bon de se renseigner auprès du parquet de Bruxelles, et le procureur du roi, dans le rapport qu'il a envoyé à Paris en retour, a rappelé tous les griefs de la justice belge contre ce personnage à la « moralité plus que douteuse ». Dans ces conditions, le cabinet du préfet a opposé un veto formel à la requête de l'ancien fonctionnaire. D'ail-leurs, Charles Floquet vient de quitter son poste. Il est inutile d'insister. Verlaine reçoit le coup avec l'indignation d'un innocent condamné pour la seconde fois. Ainsi, son casier judiciaire le poursuit à grand bruit par-delà les frontières, telle une casserole

1. D'après Ernest Delahaye, *Verlaine*.
2. Lettre du 5 février 1883.

attachée à la queue d'un chat. Pour l'Administration, il n'est qu'un paria, un maudit. Quoi qu'il fasse, la société le rejettera. N'est-ce pas pour cela que les jeunes, qui ont le goût de la révolte, recherchent sa compagnie ?

Dans son désarroi, il voudrait faire partager ses sentiments au cher Lucien. Mais il est sans nouvelles de lui depuis quelque temps. Soudain, le 3 avril 1883, il apprend que le garçon, atteint de la fièvre typhoïde, a été transporté d'urgence à l'hôpital de la Pitié, salle Serres, et que ses jours sont en danger. Il se précipite et trouve le malheureux amaigri, livide, les yeux exorbités, suffoquant dans son délire :

*Tu me tenais, d'une voix trop lucide,*
*Des propos doux et fous, « que j'étais mort,*
*Que c'était triste », et tu serrais très fort*
*Ma main tremblante, et regardais à vide ;*
*Je me tournais, n'en pouvant plus de pleurs.*
*Mais ta fièvre voulait suivre son thème,*
*Tu m'appelais par mon nom de baptême,*
*Puis ce fut tout, ô douleur des douleurs* [1] *!*

Trois jours de suite, Verlaine, bouleversé, retourne à l'hôpital dans l'espoir d'apprendre une amélioration de l'état du malade. Mais la fièvre ne baisse pas. Les médecins sont pessimistes. Lucien Létinois entre dans le coma. La mort survient le 7 avril 1883.

Après une brève exposition à la morgue, un service funèbre est célébré dans la chapelle de l'hôpital :

*Les cierges autour de la bière*
*Flambent comme des yeux levés*
*Dans l'extase d'une prière*
*Vers des paradis retrouvés* [2].

1. *Amour* (XXI).
2. *Ibid.* (XX).

Verlaine suit à pied, depuis la rue Lacépède jusqu'au cimetière d'Ivry, le corbillard qui tressaute sur les pavés inégaux. Un maigre cortège : le père Létinois, Verlaine et Delahaye ; la mère et quelques voisines. À croire que celui qui s'en va, à vingt-trois ans, laisse peu de regrets sur terre. Pour Verlaine, en tout cas, il ne fait aucun doute que le Seigneur a ouvert grands les bras à ce nouveau venu au paradis des justes. Des tentures blanches drapent le char mortuaire. Verlaine les désigne de la main à Delahaye et murmure : « Comme pour une jeune fille ! Il le mérite bien ! » Après l'inhumation, il exhorte le père et la mère de Lucien au courage, car Dieu veille aujourd'hui, plus que jamais, sur leur fils à tous trois. Les parents éplorés le remercient de ce qu'il a fait pour le « petit ». N'est-il pas allé jusqu'à acheter une concession de cinq ans et à commander au marbrier une croix en granit ?

> *L'affreux Ivry dévorateur*
> *A tes reliques dans sa terre*
> *Sous de pâles fleurs sans odeur*
> *Et des arbres nains sans mystère* [...].
> *Le cimetière est trivial*
> *Dans la campagne révoltante*
> *Mais je sais le coin filial*
> *Où ton corps a planté sa tente*[1].

Enfin, Verlaine et Delahaye raccompagnent les parents de Lucien à leur domicile d'Ivry, 14, rue de Paris. Sur le seuil de la maison, le père Létinois, fidèle au vieil usage de la campagne, insiste pour que les deux amis de son fils partagent avec lui et son épouse le repas funéraire. Force leur est d'accepter, la gorge serrée, ce dernier hommage au défunt.

Les jours suivants, Verlaine revient plusieurs fois

---

1. *Amour* (XXII).

sur la tombe. Abîmé dans les prières, il s'interroge sur le sens de cette disparition inattendue. Dieu a-t-il voulu rappeler à Lui un être trop pur pour le monde affreux de la concupiscence ou bien le punir lui, Verlaine, de ses dérèglements passés ? Délivré de la tentation charnelle, ne va-t-il pas aimer mieux Lucien mort que vivant ? Ce deuil atroce, est-ce le prix qu'il doit payer, selon la volonté du Seigneur, pour accéder à l'excellence ?

> *Voici le soir gris qui descend ;*
> *Il faut quitter le cimetière,*
> *Et je m'éloigne en t'adressant*
> *Une invocation dernière :*
> *— Âme vers Dieu, pensez à moi.*
> *— Commence par prier pour toi* [1].

Ainsi, ce que son « fils spirituel » lui recommande, dans l'au-delà, c'est de s'occuper d'abord de sa propre régénération morale. Du moins est-ce le conseil que Verlaine croit recueillir dans le silence du cimetière. À cette pensée, tous les zinzins de la fête se taisent autour de lui, il ne se soucie plus de sa popularité naissante et en arrive même à se demander s'il est bien nécessaire qu'il reste encore à Paris.

---

1. *Amour* (XXII).

# XIX

## LE DRAME DE MALVAL

Le temps qui passe ne suffit pas à guérir la blessure. Au contraire, de jour en jour, elle mord plus profondément dans les chairs. Songeant à son bonheur perdu, Verlaine écrit :

*Je connus cet enfant, mon amère douceur,*
*Dans un pieux collège où j'étais professeur.*
*Ses dix-sept ans mutins et maigres, sa réelle*
*Intelligence, et la pureté vraiment belle*
*Que disaient et ses yeux et son geste et sa voix,*
*Captivèrent mon cœur et dictèrent mon choix*
*De lui pour fils, puisque mon vrai fils, mes entrailles,*
*On me le cache en manière de représailles [...].*
*Cela dura six ans, puis l'ange s'envola,*
*Dès lors je vais hagard et comme ivre. Voilà*[1].

Des histoires de gros sous se mêlent à son chagrin. Il faut régler définitivement les comptes avec les Létinois. La mère de Lucien, tuberculeuse au dernier degré, est sur le point de mourir[2]. Le père n'a plus un franc devant lui. On arrive à un arrangement honorable. Les Létinois cèdent à Mme Verlaine mère

---

1. *Amour* (XV).
2. Elle mourra au début de décembre 1883.

leur petite maison de Malval, sise au bourg de Coulommes, moyennant le prix fictif de trois mille cinq cents francs. La propriété comprend, outre le bâtiment d'habitation en pierre, des dépendances, une cour et un jardin, le tout d'une superficie totale de sept cent soixante mètres carrés. Le contrat est signé les 30 et 31 juillet 1883 en l'étude de M$^e$ Sabot, notaire à Paris-Batignolles.

En sortant des bureaux de l'officier public, Verlaine a une illumination. Cette opération immobilière n'est pas un simple placement. C'est Lucien qui l'a inspirée. Il a vécu jadis en ces lieux. Et il veut que Verlaine s'y installe à son tour, parmi les souvenirs familiaux. Là plus qu'ailleurs, ils communieront par la pensée. Chaque pas dans la maison, dans le jardin, dans la campagne environnante rappellera au vivant la présence de celui qui n'est plus. Immédiatement, Paul fait part à Stéphanie de sa résolution : quitter Paris, se fixer à Coulommes où Lucien le réclame. D'abord effarée à l'idée des tracas d'un nouveau changement de domicile, elle finit par céder, selon son habitude, aux exigences de son fils. Au début de septembre 1883, les meubles récemment hissés au cinquième étage du 17 de la rue de La Roquette redescendent sur le trottoir et sont chargés dans une voiture de déménagement pour être acheminés vers la gare de l'Est.

Verlaine ne prévient personne de son départ. Même Edmond Lepelletier, qui l'a invité en vain dans sa villa de Bougival, ignore ce qu'il est devenu. De tout temps, Paul a aimé que ses déplacements ressemblent à des fugues. Pourtant, le 30 septembre, il consent à informer Charles Morice de ses impressions après la prise de possession des lieux. C'est un bulletin de victoire : « Ma mère, qui s'attendait à une bicoque infâme, très surprise de trouver petite maison solidissime, bien distribuée, pleine de placards et de débarras, sans compter un beau jardin — qu'il va falloir défricher, par exemple, après plusieurs mois d'abandon. » Il est heureux d'avoir fui Paris, témoin indifférent de son deuil, et de se retrouver dans ces Ardennes qui ont vu son bonheur aux côtés de Lucien. Avec énergie, il s'emploie à aménager la « bicoque » et à bêcher le jardinet. Cependant, grâce à lui, dans la lointaine capitale, on parle pour la première fois de Rimbaud, dont il a pu insérer quelques vers (*Le Bateau ivre*, *Les Voyelles*) dans *Lutèce*. La jeune génération s'emballe pour cette poésie corrosive. L'essai de Verlaine *Les Poètes maudits*, édité en plaquette par Léon Vanier, connaît un grand succès : les deux cent cinquante exemplaires sortis des presses sont très vite épuisés. Et cela bien que les journaux n'en aient guère rendu compte.

Encouragé, Verlaine revient à la poésie. Les douceurs de l'automne, la mélancolie du paysage hanté par l'ombre de Lucien l'incitent à chanter les étapes de sa douleur. Inconsolable et inspiré, il compose à la mémoire du défunt un superbe *lamento* (l'expression est de lui) de vingt-quatre pièces : *Lucien Létinois*, qui formera le centre ardent de son prochain recueil. Toutes les nuances de son chagrin s'y étalent avec une constante aisance d'écriture. En évoquant les péripéties de cet amour, il insiste sur sa pureté, mais, à son insu, l'obsession charnelle apparaît çà et là, au détour d'une strophe. Plus il veut se persuader qu'il n'a éprouvé pour Lucien que des sentiments de père, plus il souffre de ne plus avoir à portée de la main ce corps d'éphèbe. Peu à peu, le païen étouffe en lui le chrétien.

Certes, il ne songe pas à un « remplacement » impie, mais déjà il lorgne goulûment les jeunes gars du village. Il leur paie à boire et divague avec eux dans les rues. L'argent file entre ses doigts. Il prête mille cinq cents francs à un ancien vicaire de Saint-

Gervais, l'abbé Salard, et autant à un forain. Comme sa mère le lui reproche, il la rabroue avec colère. Un jour, pour lui prouver qu'il n'a plus le sou, il retourne son porte-monnaie, qui ne contient que des pièces de bronze, et en verse le contenu dans le civet de lièvre qu'elle fait mijoter sur le feu[1]. La malheureuse est prise de peur devant ce fils dont le dévergondage, la violence et la prodigalité vont croissant. Que deviendra-t-il quand elle ne sera plus là pour le raisonner ? Il faut qu'il ait au moins un toit pour abriter ses vieux jours. Afin d'assurer l'avenir de ce rejeton imprévisible, elle lui fait don de la maison de Malval, mais avec clause d'insaisissabilité. L'acte est passé le 17 avril 1884 en l'étude de Me Chartier, notaire à Attigny.

Devenu propriétaire, Verlaine ne se sent plus. Subitement, tout lui semble permis. Les barrières tombent. Refréné du temps de Lucien Létinois, son goût de la chair fraîche dégénère en crapulerie. À Coulommes, il traîne, accrochés à ses basques, une dizaine d'adolescents, fils de cultivateurs, ouvriers, tâcherons, qui trinquent avec lui dans les cabarets et le suivent, pour d'autres plaisirs, dans les granges. Parmi eux, c'est à qui lui soutirera le plus de « pognon ». On lui passe ses sales caprices, on se fait monnayer le moindre geste égrillard et on rit de le voir tourner au rabâcheur sentimental dans sa soûlographie. Fier de régner sur cette bande de chenapans, il écrira :

> *Il eut des temps quelques argents*
> *Et régala ses camarades*
> *D'un sexe ou deux, intelligents*
> *Ou charmants, ou bien les deux grades,*
> *Si que dans les esprits malades*
> *Sa bonne réputation*

---

1. D'après Mme S. Griet : « Grand-père, parlez-nous de Verlaine », *La Grive*, septembre 1961 ; cité par Pierre Petitfils, *Verlaine*.

*Subit que de dégringolades !*
*Lucullus ? Non. Trimalcion*[1].

Le voisinage est scandalisé par l'ivrognerie et la débauche de « l'Anglais ». On lui reproche d'entraîner les jeunes à boire et à se prostituer. Le lieu privilégié de ces réjouissances est l'auberge du Bardo, à un carrefour sur la route d'Attigny. Là, le champagne et la fine enflamment les cerveaux. En sortant de ces muffées, Verlaine titube. Il se dépeint avec complaisance dans cet état d'excitation alcoolique et sexuelle :

> *Rôdeur vanné, ton œil fané*
> *Tout plein d'un désir satané*
> *Mais qui n'est pas l'œil d'un bélître,*
> *Quand passe quelqu'un de gentil*
> *Lance un éclair comme une vitre.*
>
> *Ton blaire flaire, âpre et subtil,*
> *Et l'étamine, et le pistil,*
> *Toute fleur, tout fruit, toute viande,*
> *Et ta langue d'homme entendu*
> *Pourlèche ta lèvre friande.*
>
> *Vieux faune en l'air guettant ton dû,*
> *As-tu vraiment bandé, tendu*
> *L'arme assez de tes paillardises ?*
> *L'as-tu, drôle, braquée assez ?*
> *Ce n'est rien que tu nous le dises*[2].

Ce que le « vieux faune » apprécie, ce sont les « baisers mangeurs », les « belles boubouches », les « bras musculeux » et les cheveux « longs, bouclés ou ras » de ses partenaires. Alerté par les villageois, qui craignent pour la moralité de leurs fils, le garde champêtre, Frédéric Coutin, que Verlaine appelle

1. *Ballade de la mauvaise réputation (Parallèlement).*
2. *L'Impénitent (ibid.).*

« l'Autorité », surveille discrètement ses allées et venues.

Un soir, en sortant de l'auberge du Bardo, il est pris dans une rixe entre plusieurs de ses compagnons de beuverie. En tentant de les séparer, il reçoit des coups de poing en pleine figure et roule dans le fossé. Au cours de la bagarre, son porte-monnaie a disparu. Le lendemain, il dénonce son agresseur. L'affaire est évoquée en justice de paix, à Vouziers. L'accusé prétend que, si le plaignant a un cocard à l'œil, c'est que, déséquilibré par l'excès d'alcool, il est tombé sur un tas de cailloux. Et Verlaine est condamné à une amende pour ivresse sur la voie publique.

Il s'en soucie comme d'une guigne. Mais sa mère, tout en l'adorant, redoute à présent ses accès de fureur après une bonne biture. À différentes reprises, elle appelle le garde champêtre Coutin pour apaiser son fils qui lui cherche querelle. Elle a soixante-quinze ans et sa tête n'est plus très solide. Ses voisins, des épiciers belges du nom de Dave, lui proposent de l'héberger pendant quelques jours. Espérant que son départ de la maison sera pour Paul un choc salutaire, elle accepte de se réfugier chez eux, en attendant qu'il ait recouvré la raison. Mais il profite de l'absence de sa mère pour accueillir un des vauriens de la bande, et celui-ci fait main basse sur une petite châsse en argent contenant une relique de saint Benoît-Joseph Labre. Le désespoir de Verlaine est tel qu'il s'écroule, terrassé par une crise de nerfs. Dans son désarroi, il ne sait s'il souffre davantage de la perte de l'objet ou du sacrilège que représente ce vol. Ce n'est pas parce qu'il se livre aux pires écarts qu'il cesse de se considérer comme un fidèle de l'Église. Rien ne lui semble plus normal que de marcher les pieds dans la boue et les yeux au ciel. Tout en priant saint Benoît-Joseph Labre de pardonner au sacripant, il dépose une plainte à la gendarmerie. Le coupable est retrouvé, mais non l'inestimable coffret. Une fois le gamin en prison, Verlaine souhaite que la justice ne soit pas trop sévère pour ce jeune dévoyé.

L'obligation de témoigner au procès, constamment retardé, le retient à Coulommes. C'est là qu'il corrige les épreuves de son nouveau recueil, *Jadis et Naguère*. La plaquette paraît chez Léon Vanier, à compte d'auteur, en janvier 1885. Verlaine n'est pas mécontent de la présentation. Cet ensemble hétéroclite évoque aussi bien son amour d'enfance pour Élisa que sa passion pour Mathilde, que le pouvoir satanique de Rimbaud. Brochant sur le tout, des croquis de paysages, des poèmes de circonstance et une comédie en un acte et en vers, *Les Uns et les Autres*, datant de 1871, compromettent encore un peu plus l'équilibre de l'ouvrage. Déroutés par l'absence d'unité de ton, les critiques ne savent que penser de ce salmigondis plein de talent et d'audace. Verlaine est-il catholique, diabolique ou touche-à-tout ? Dans l'impossibilité de le classer sous une rubrique claire, on préfère ne pas commenter les œuvres de ce franc-tireur. Seuls quelques rares amis, dont le jeune Maurice Barrès, lui promettent « le grand succès auprès des lettrés ». Le 29 janvier 1885, il implore Léon Vanier : « Veuillez me dire quelle est la fortune de *Jadis et Naguère* et quels journaux en ont parlé. » L'éditeur ne peut que lui confirmer le silence glacial où est tombé le livre.

Mais, entre-temps, un autre coup le frappe dans le dos. S'appuyant sur la « loi Naquet », qui vient de rétablir le divorce, Mathilde veut maintenant profiter de cette disposition pour revendiquer une entière liberté. La simple séparation ne lui suffit plus. Quelle ingratitude, quelle indécence ! Au vu de l'assignation, Verlaine se rue à Paris et tente une démarche désespérée auprès de l'avoué de sa femme. Il se heurte à un roc. L'homme de loi entend que la procédure suive son cours jusqu'au bout. Telle est d'ailleurs la volonté de la partie adverse. Verlaine s'attendait à cette entourloupe, mais il n'en est pas moins atterré et repart pour Coulommes avec le sentiment d'avoir reçu de Mathilde une gifle imméritée.

Pour se réconforter, dès sa descente du train il va se rincer le bec au café de la Barrière. Ayant bu jusqu'au vertige, il regagne en chancelant la maison de Malval et constate qu'elle est à demi vide. Sa mère y est venue pendant qu'il était à Paris et a emporté son linge et ses effets personnels. A-t-elle donc décidé de loger définitivement chez les « affreux Belges » ? Fou de rage, il court jusqu'au domicile des Dave, y découvre Stéphanie épouvantée, la saisit par les poignets et la secoue en hurlant : « Si tu ne reviens pas chez moi immédiatement, je te tue ! » Il brandit un couteau. Dave s'interpose, arrache la vieille femme aux mains de son fils et le jette dehors d'une bourrade.

Le lendemain, Verlaine interroge des voisins et apprend que les Dave ont pénétré, la veille, dans la maison et ont aidé Stéphanie à déménager ses affaires. Cette fois, il tient sa vengeance. Sans réfléchir plus avant, il se rend à Vouziers et porte plainte pour violation de domicile. Alors Stéphanie, perdant la tête à son tour, écoute le conseil des Dave et riposte en déposant contre son fils une plainte reconventionnelle pour violence et menace de mort.

Pendant que la gendarmerie enquête, Verlaine est informé qu'à Paris le divorce a été prononcé, le 8 février 1885, sans la moindre difficulté puisqu'il s'agit, en l'occurrence, d'une conséquence logique de la séparation de corps acquise neuf ans plus tôt. Il soupçonne Mathilde de songer à se remarier. Un comble ! Elle a perdu sa mère l'année précédente et c'est son père qui, bien entendu, la pousse à cette aberration. Comme si on pouvait accepter un autre homme dans sa vie quand on a eu la chance d'être l'épouse de Paul Verlaine! Il écume de fureur impuissante. Mais c'est son procès contre sa mère qui le tourmente le plus. Il suspecte les Dave de vouloir l'acculer à la ruine afin de racheter sa maison de Malval pour une bouchée de pain. « Mais ils ne l'auront pas », écrit-il à Léon Vanier le 23 février 1885. Et, pour déjouer la manœuvre des scélérats, il vend la bâtisse à un cultivateur, Jean Rigot, pour deux mille deux cents francs, le 8 mars 1885, en l'étude du notaire d'Attigny. Puis il va s'installer dans les environs, avec l'intention de quitter la région dès que la justice n'aura plus besoin de ses dépositions.

Il n'a pas longtemps à attendre : le 24 mars, il est assigné à comparaître devant le tribunal correctionnel de Vouziers. Parfaitement inconscient de la gravité de son cas, il rejoint joyeusement la ville dans le « tape-cul » d'un voisin. Il décrira, dans *Mes prisons*, le « voyage charmant », l'arrivée à Vouziers, « ville gentille à l'extrême », la halte à l'hôtel du Lion d'Or, le « palais de justice en miniature ». Le voici enfin devant le tribunal. Le président Adam et le procureur général ont un air tellement solennel et rébarbatif qu'on les dirait tous deux sécrétés par les sombres tentures de la salle d'audience. On commence par débrouiller des délits mineurs : vagabondages, braconnages, petits vols... « Quand vint mon affaire, racontera-t-il, une espèce de silence se fit dans l'auditoire, assez nombreux ce jour-là. J'étais une espèce de Monsieur dans la région, en outre d'une réputation assez détestable que j'y avais [1]. »

Interrogée en premier, sa vieille mère, très émue,

1. *Mes prisons.*

reconnaît que Paul est d'un tempérament impulsif et que, quand il a bu, il lui arrive de perdre le contrôle de ses propos ; mais, affirme-t-elle, jamais il n'a levé la main sur elle. Les Dave, en revanche, évoquent la conduite scandaleuse de l'accusé, qui a révolté tout le voisinage, et dépeignent en termes crus la scène entre mère et fils à laquelle ils ont assisté bien malgré eux. Ayant entendu les témoins, le procureur se dresse et, d'une voix claironnante à l'accent auvergnat, requiert une peine exemplaire contre « le plus infâme des hommes, le fléau du pays, venu pour déshonorer nos campagnes [1] ». Sous cette avalanche de griefs, Verlaine rentre la tête dans les épaules. De temps à autre, il glisse un regard vers sa mère et, comme il devine qu'elle lui a pardonné, sa honte se transforme en curiosité amusée. Son avocat, Me Boileau, plaide avec habileté l'inconscience de son client, due, ce jour-là, à une ivresse passagère. Il soutient que Verlaine a pour sa mère une véritable dévotion, qu'il n'aurait jamais mis sa menace à exécution et qu'il regrette amèrement de l'avoir effrayée. Tout au long de ce discours lénifiant, l'accusé, dans son box, garde une attitude d'accablement et de repentir. Sa bonne tenue lui vaut les circonstances atténuantes. Il écope du minimum : un mois de prison et cinq cents francs d'amende. Sans doute est-ce encore sa mère qui les paiera. Le délai d'appel expirant le 12 avril, c'est à cette date que, docile et sans rancune, Verlaine se constitue prisonnier.

La petite prison de Vouziers est avenante. Les barreaux de la cellule sont de bois peint en noir. Quatre ou cinq détenus tuent le temps en jouant au bouchon avec le gardien-chef. On se divertit aussi à poursuivre, dans la cour, le corbeau familier, Nicolas. Le volatile ayant réussi à s'échapper, malgré ses

1. *Mes prisons.*

ailes rognées, on le rattrape et on l'emprisonne dans le préau. Pour se venger, il fiente sur le linge que la patronne a mis à tremper dans des baquets. Condamné à mort pour cette insolence, il est tué et mangé en famille. « Il fut trouvé coriace un peu, mais savoureux en diable[1]. »

Le gardien-chef a chargé son prisonnier vedette de deux fonctions : balayer le dortoir le matin et réciter le soir, à haute voix, le *Paster Noster* et l'*Ave Maria*. Chaque jour, le curé de Falaise rend visite aux détenus et écoute leurs doléances. De tous les malheureux qu'il confesse, Verlaine lui paraît le plus méritant. Ne buvant plus, il a recouvré une sérénité angélique.

Le 13 mai 1885, ayant purgé sa peine, il prend congé du gardien-chef qui tire devant lui les verrous du lourd portail. Personne ne l'attend sur la place ensoleillée. Sa mère n'a pas jugé utile de faire le voyage de Vouziers pour l'accueillir. Sans doute sont-ce ces chiens de Dave qui l'en ont dissuadée. Avec qui trinquer pour célébrer la liberté reconquise ? Il propose au gardien-chef de l'accompagner au café du « Bon Coin ». Les deux hommes s'installent à une table, sous la tonnelle. Verlaine commande quelques bouteilles de vin de Voncq, le petit cru aigrelet de la région. Au bout d'un moment, le geôlier, ne pouvant s'absenter plus longtemps, réintègre la prison. Resté seul devant son verre à demi plein, Verlaine se demande s'il ne devrait pas retourner à Coulommes, se jeter aux pieds de sa mère, implorer son pardon, reprendre la vie avec elle... Mais il craint une rebuffade. Assurément, elle est très malheureuse ! Depuis que son fils a été condamné, on la montre du doigt dans le pays. S'il reparaît là-bas, on va se moquer d'eux. Pour habiter agréablement la pro-

1. *Les Mémoires d'un veuf.*

vince, il faut être sans tache. Mieux vaut décamper, fuir les Ardennes, s'enfoncer dans le tourbillon de Paris où tout s'oublie, le mal et le bien, dans un formidable brassement de fausses joies et de peines futiles.

# XX

## LES PIÈGES DE LA COUR
## SAINT-FRANÇOIS

Paris sans un fifrelin en poche, ce n'est plus Paris. Verlaine s'en rend compte dès son arrivée dans la capitale. Sa mère, qui est retournée à Arras, continue à le bouder, et il n'ose lui écrire pour lui demander de l'argent. Les Courtois, ses aimables marchands de tabac de la rue de La Roquette, ont bien accepté de le loger chez eux pour quelques jours, mais déjà ils lui font comprendre que sa présence les dérange. Soudain il se rappelle que, lors de la vente de la ferme de Juniville, en 1882, neuf cents francs ont été retenus comme garantie par le notaire, M$^e$ Carrette, pour une durée de six ans, au taux de 4,50 %. Certes, les six ans ne sont pas encore écoulés, mais peut-être, en signant différents papiers, pourrait-il prélever une petite somme sur le dépôt : cinq cents francs par exemple. Ce serait un fameux viatique. Seulement, ce genre d'affaire doit se traiter sur place.

Vers la fin de mai 1885, Verlaine prend le train pour Attigny. Il veut d'abord se rendre à Cou-lommes, où il espère convaincre deux ou trois de ses débiteurs de lui rembourser les prêts qu'il leur a consentis au temps où il roulait sur l'or. Mais personne, parmi ses obligés, ne se souvient de ses largesses. Néanmoins, certains, pour le dédommager, lui offrent à boire. Tous les cabarets de Coulommes le voient lever le coude avec entrain. Ne sachant où passer la nuit, il accepte de coucher dans la roulotte d'un forain, marchand de balais et photographe. L'homme, attendri par son dénuement, lui glisse, au réveil, dix francs dans la main. Un aubergiste, chez qui il va pleurer misère, lui prête encore quinze francs. Cela lui permettra d'aller à Juniville, but avoué de son voyage. Mais à Attigny, où se trouve la gare, c'est la fête : dans le tournoiement des manèges, la pétarade des tirs, les piaillements des filles sur les balançoires et les roulements de tambour sur les tréteaux d'un cirque ambulant, il est saisi d'un joyeux vertige. Ayant étanché sa soif au bastringue, il se dirige d'une démarche molle vers la gare. Il est coiffé d'un haut-de-forme et engoncé, malgré la tiédeur printanière, dans un pardessus noir et vert, au col de fourrure mitée. Pour se rafraîchir, il suce une glace dont la crème coule le long de sa barbe. Des gamins effrontés reconnaissent « l'Anglais de Coulommes » et lui emboîtent le pas en ricanant :

> *Dans des troquets comme en ces bourgades*
> *J'avais rôdé, suçant peu de glace,*
> *Trois galopins aux yeux de tribades*
> *Dévisageaient sans fin ma grimace.*
> *Je fus hué manifestement*
> *Par ces voyous, non loin de la gare,*
> *Et les engueulai si goulûment*
> *Que j'en faillis gober mon cigare*[1].

Arrivé par le train à la station de Châtelet-sur-Retourne, il songe avec accablement qu'il lui faut encore franchir sept kilomètres à pied pour atteindre Juniville. La route blanche est écrasée de soleil. Les maigres bouleaux qui la bordent ne donnent pas

---

1. *Poème saturnien (Parallèlement)*.

d'ombre. Et le pardessus à col de fourrure pèse sur les épaules du marcheur. Un mendiant, Antoine Fouquet, rencontré dans le village d'Alicourt, le prend en sympathie et lui offre de boire la goutte. Les deux assoiffés entrent ensemble dans un caboulot. « L'eau-de-vie de l'Aisne, marc de bas champagne, rıt bleuâtre dans les gros petits verres », écrira-t-il dans *La Goutte*. On est le 1er juin 1885. Verlaine s'avise que, pendant qu'il sirote cet alcool champêtre, à Paris on transfère au Panthéon le corps de l'immortel Victor Hugo. Ce qu'il ne sait pas, c'est que Mathilde assiste à la cérémonie. « Mon divorce fut prononcé en 1885, notera-t-elle dans ses *Mémoires*. La dernière fois que je signai du nom de Mathilde Verlaine fut sur le registre mortuaire de Victor Hugo. »

La disparition, en forme d'apothéose, du poète des *Contemplations* excite le plaisir malsain que Verlaine éprouve, à l'instant même, dans sa déchéance. Il se sait abject, sans espoir, sans amis, incapable du moindre sursaut de volonté, et se réjouit d'être tombé si bas. La perfection peut être aussi admirable dans la chute que dans l'ascension. Après avoir bu avec Antoine Fouquet, Verlaine poursuit son chemin vers l'étude de Me Carrette. Le notaire est absent. Mais le clerc qui reçoit cet étrange visiteur, éméché et suant sous son harnais d'hiver, ne lui laisse aucune illusion. La créance n'est pas exigible, même en partie, avant le délai spécifié dans l'acte. Malgré son désir d'être agréable à M. Paul Verlaine, Me Carrette ne pourra distraire un franc du dépôt fait entre ses mains.

Comprenant qu'il a tenté le voyage pour rien, Verlaine a alors l'idée de frapper à la porte de l'abbé Jean-Baptiste Dewez, qui a été son ami d'enfance à Paliseul. Ce brave homme est actuellement curé à Corbion-sur-Semoy, près de Bouillon, dans les Ardennes belges. Évidemment, Verlaine est interdit de séjour en Belgique. Mais, pense-t-il, avec un peu de chance, il passera inaperçu des gendarmes. Et l'abbé Dewez, qui est connu pour son bon cœur, ne refusera pas de l'aider. Ses prévisions se justifient point par point. Reçu à bras ouverts par le prêtre, hébergé dans une maison voisine du presbytère et, surtout, renfloué de quelque argent, il reprend le train pour Paris.

À peine débarqué, le problème se pose : où loger ? Comptant et recomptant les francs qui lui restent, il se décide pour une chambre à l'hôtel du Midi, un garni situé cour Saint-François [1], non loin de la Bastille. Cette cour Saint-François, que surplombe le viaduc du chemin de fer de Vincennes, est un cul-de-sac bordé de maisons vétustes, encombré de vieilles caisses, de poubelles et de voitures à bras. Le passage des trains ébranle la façade en briques noircies de l'établissement et empeste tout le quartier de sa fumée. La faune de ce dépotoir humain se compose de chiffonniers, de clochards et de petits artisans du faubourg Saint-Antoine. Mais, à l'hôtel, vivotent aussi des retraités faméliques, des ouvriers et des employés au chômage, des filles en carte et leurs souteneurs. La chambre de Verlaine, au rez-de-chaussée, est une turne obscure, rendue humide par le sol de terre battue et dont l'unique fenêtre, pourvue de barreaux de fer, donne sur une courette qui sert de vide-ordures aux locataires du dessus. Un étroit couloir la sépare du débit de boissons : deux pas à faire pour trouver l'oubli. Comme meubles, un lit, une chaise, une table bancale et une armoire. Pour conjurer cette laideur, Verlaine accroche aux murs les reliques de sa vie : le portrait de son père, avec deux épées en hommage à sa carrière militaire, le portrait de sa mère à vingt ans, le portrait de Lucien Létinois, le Christ de Saint-Géry par Germain Nouveau, une

1. 5, rue Moreau.

gravure de Greuze. Ainsi, du moins, ne se sent-il pas tout à fait exilé.

À la suite d'un accord conclu avec le patron de l'hôtel, un Auvergnat nommé Chauzy, le garçon de salle lui apporte ses repas dans sa chambre. Mais les apéritifs et les digestifs, il les prend à la buvette, parmi les habitués. La famille du père Chauzy se compose, dit Verlaine, « d'une femme et de cinq beaux enfants », dont une gamine de huit ans, « un pur ange de grâce et de bon caractère », et un gamin de onze ans, « espiègle comme cent ». Parfois, une des prostituées, en manque de client, saute à la corde, sur le trottoir, avec la fillette. Quant au garçon, Pierrot, Verlaine le dépeint « pâlot, grandelet, maigrichon », avec « blouse grise, long tablier de lustrine noire boutonné derrière les épaules, autour du buste, une large ceinture noire et rouge de gymnastique ». « Son jeu principal consiste à marcher dans le ruisseau à demi sec pour en faire monter la boue autour de ses pieds lentement avec un bruit doux, ce qui lui attire des calottes à la maison[1]. » Ému par cette fraîcheur insolente, le poète lui consacre les vers délicats, guillerets et un rien équivoques, de *Pierrot gamin*[2] :

*Corps fluet et non pas maigre,*
*Voix de fille et non pas aigre,*
*Corps d'éphèbe en tout petit,*
*Voix de tête, corps en fête,*
*Créature toujours prête*
*À soûler chaque appétit.*

Pierrot aide au service dans le bistrot. Lorsqu'une « dame » ramène un « miché », la mère Chauzy, qui tricote au comptoir, jette un regard significatif à son

1. *Les Mémoires d'un veuf.*
2. *Parallèlement.*

fils et celui-ci apporte au couple un bougeoir et une serviette. Cela n'empêche pas Pierrot de participer à la messe, le dimanche, comme enfant de chœur.

Verlaine se sent à l'aise parmi cette population d'ouvriers déclassés, de catins sur le retour, de mendiants philosophes et de braves ivrognes. Ici, on l'aime tel qu'il est, débraillé et décavé. Le 14 juillet 1885, quand il paraît dans la cour Saint-François au milieu des pétards et des chandelles romaines, les gamins hurlent : « Vive Môssieu Paul ! Vive la République ! »

Il n'y a pas que le petit monde de la rue qui l'acclame. Son retour à Paris réveille la curiosité des jeunes écrivains à son égard. On se demande si, après tout, il n'est pas l'initiateur d'une nouvelle poésie où la musique et l'émotion se rejoignent. Qu'il soit tombé au dernier degré de l'avilissement en fait une sorte de héros à l'envers. Capable du meilleur comme du pire, il semble plus digne d'intérêt dans sa dèche que n'importe quel mandarin littéraire. Il attire parce que sa bouche sait à la fois éructer des ordures et chanter d'une voix séraphique. Un satyre et un saint cousus dans la même peau. Certes, il pourrait exploiter ce début de notoriété en fréquentant les cafés à la mode. Mais l'humidité pénétrante de sa chambre et les apéritifs consommés à crédit dans le bistrot du père Chauzy ont provoqué chez lui une violente crise de rhumatisme. Il n'arrive plus à plier le genou gauche. Le docteur Louis Jullien, frère de Jean Jullien, directeur de la revue *Art et Critique*, diagnostique une hydarthrose et prodigue au malade quelques soins qui n'améliorent guère son état. En fait, Verlaine devrait d'abord renoncer à l'alcool, mais ce sacrifice est au-dessus de ses forces.

Il reste au lit, impotent, la jambe bloquée dans une gouttière. Comme il ne peut se déplacer, ses amis viennent lui rendre visite dans son taudis : Ernest

Delahaye, Edmond Lepelletier, Germain Nouveau, Villiers de L'Isle-Adam, Forain, Remacle, Trézenick, Moréas, Morice... D'autres les rejoignent, intrigués par la renommée de ce clopinard inspiré : René Ghil, Jules Tellier, Fernand Langlois... Quand Verlaine n'a pas trop mal à son genou, il entraîne la compagnie, en boitant, dans l'officine du père Chauzy, où les discussions poétiques et esthétiques s'échauffent, d'une tournée à l'autre, devant le zinc. De retour dans sa chambre, il se recouche et travaille, le buste soutenu par des oreillers, à la lueur jaune d'une lampe à pétrole : vers destinés à des recueils futurs (*Amour, Parallèlement, Bonheur*), nouvelles (*Louise Leclercq*), récits enfin pour compléter ses *Mémoires d'un veuf*.

Mais, de plus en plus, son isolement lui pèse. Pas une lettre de sa mère qui reste obstinément murée à Arras. L'a-t-il perdue pour toujours ? N'osant la relancer personnellement, il charge Charles Morice d'écrire à la vieille dame pour lui exposer la tristesse et le dénuement de son fils. Et Charles Morice s'exécute sur-le-champ : « Je suis convaincu que la solitude est pour lui très dangereuse, mande-t-il à Stéphanie, et ne pensez-vous pas que nulle compagnie ne pourrait lui être aussi bonne que celle de sa mère[1] ? » Le stratagème réussit. De nouveau elle mord à l'hameçon et accourt, éplorée, dévouée, oublieuse de toutes les avanies. Verlaine, débordant de joie, lui fait attribuer une chambre au-dessus de la sienne. Le couple mère et enfant est reconstitué. Plus rien de grave ne peut atteindre Paul.

Ce bonheur en amène un autre. Ayant lu l'article de Verlaine sur Rimbaud dans *Les Poètes maudits*, un ancien professeur du jeune Arthur à Charleville, Georges Izambard, apporte cour Saint-François une

---

1. Cité par Pierre Petitfils, *Verlaine*.

liasse de papiers : des poèmes inédits de l'auteur du *Bateau ivre*. Émerveillé, Verlaine lit pour la première fois *Ophélie*, *Le Châtiment de Tartuffe*, *Vénus Anadyomène*, *Ce qui retient Nina*, *Comédie en trois baisers*, *À la musique*, *Les Forgerons*... Cependant, il ne veut pas garder ces pièces inestimables dans un galetas de la pire espèce, où l'on entre comme dans un moulin. Pour les mettre à l'abri en vue d'une prochaine publication, il les confie à Léon Vanier.

Celui-ci vient de reprendre une revue intitulée *Les Hommes d'aujourd'hui*, lancée par Félicien Champsaur et André Gill ; chaque semaine, elle donne une étude sur un écrivain célèbre, dont la caricature en couleurs orne la couverture du fascicule. Verlaine y évoque aussi bien Leconte de Lisle que François Coppée, Stéphane Mallarmé, Edmond de Goncourt ou lui-même. Ces portraits, lestement enlevés et nourris de souvenirs, amusent le public. Le nom de Verlaine pénètre dans des couches plus larges de lecteurs. Et, détail qui a son importance, il touche dix francs par numéro. D'ailleurs, à la fin de l'année 1885, sa santé paraît s'améliorer. « Voici, écrit-il le 14 décembre au docteur Jullien, ma jambe va beaucoup mieux. Enflure fort diminuée. Le pied revit un peu. La jambe plie d'un centimètre environ sans grand mal. Je puis, avec un peu d'effort, me lever et remuer de long en large. Je me demande si j'oserai essayer de descendre du lit ou s'il faut encore attendre. Enfin, un nouvel appareil (en plâtre, je crois) serait-il nécessaire ? Lettre explicite s'il vous plaît. » Et il signe : « Un danseur impatient. » Le médecin continue à lui recommander le repos et — si possible — l'abstinence.

L'hiver est humide et glacial. Dans ses allées et venues entre sa chambre et celle de son fils, Stéphanie prend froid. Elle doit s'aliter à son tour. Une pneumonie se déclare. La femme de Chauzy partage ses soins entre les deux malades. Elle administre à Verlaine les médicaments prescrits par le docteur Jullien et pose des ventouses et des sinapismes à sa mère. Vers le milieu de janvier, l'état de Stéphanie empire. La fièvre monte, la respiration s'embarrasse, une toux sifflante secoue le vieux corps exténué. Bientôt, le front tourné contre le mur, la moribonde refuse toute nourriture et cesse de parler. Verlaine veut se faire porter auprès d'elle. Mais l'escalier est trop étroit pour le passage d'une civière. Il reste donc en bas, enragé à l'idée qu'il ne recueillera même pas le dernier regard, le dernier soupir de cette femme qui a tout sacrifié pour lui. Le 20 janvier 1886, il écrit à Léon Vanier : « Mère morte peut-être demain matin. Livre prêt et courage quand même, malgré tout. Venez, je vous prie. »

En effet, le lendemain, veillée par les patrons de l'hôtel et par trois ou quatre locataires, la malheureuse expire sans que Paul l'ait revue. Le peintre David Estoppey fait un dessin d'elle sur son lit de mort. La mâchoire soutenue par un linge, les yeux clos, un sourire ironique aux lèvres, elle semble contente d'en avoir fini avec les tracas que lui a causés son gredin de fils.

Assommé par le chagrin, Verlaine fond en larmes, maudit l'hydarthrose qui le cloue au lit et charge Léon Vanier de s'occuper des formalités. Cette disparition lui paraît plus grave pour son avenir que le divorce d'avec Mathilde. Sa vraie femme, c'était sa mère. Et elle vient de le quitter dans sa soixante-dix-septième année. Il se rappelle qu'après leurs disputes elle avait coutume de dire : « Tu verras, tu m'en feras tant qu'un jour je m'en irai sans que jamais tu saches où je suis ! » Eh bien, c'est fait ! Le voici seul pour de bon. Là-haut, juste au-dessus de sa tête, on met Stéphanie en bière. Il a fallu hisser le cercueil par la fenêtre ; on le descend, avec sa mère dedans, par la même voie. Cette acrobatie funèbre révolte Verlaine. Il se mord les poings de douleur et déplore de ne pouvoir accompagner le corps jusqu'à son dernier refuge.

Cependant, ayant appris que son ex-mari, malade, n'assistera pas aux obsèques, Mathilde se rend à la cérémonie religieuse en l'église Saint-Antoine-des-Quinze-Vingts, pour représenter le petit-fils de la défunte, Georges, âgé de quatorze ans, qui est interne au collège de Pons, en Charente-Inférieure. Pendant l'office, elle prie consciencieusement pour cette femme qui ne l'a guère aimée et, après l'absoute, reçoit sans sourciller les condoléances des assistants. Dans le fiacre qui la conduit ensuite au cimetière des Batignolles, elle lie conversation avec des commères de la cour Saint-François qui sont montées en voiture auprès d'elle sans savoir au juste quels étaient ses rapports avec la morte. Une de ces créatures peu recommandables affirme que c'est M. Paul qui a tué sa mère en l'envoyant faire des courses « par un mauvais temps de neige ». Pour donner plus de piquant à son récit, elle imite la voix de Verlaine et, comme lui, ponctue ses phrases de « merde ! » et de « nom de Dieu ! » sonores. Selon elle, ce mauvais fils n'est nullement à plaindre, car il a touché beaucoup d'argent lors de la vente d'une propriété dans les Ardennes. Immédiatement, Mathilde dresse l'oreille. Paul serait donc riche et simulerait la pauvreté pour éviter de payer, depuis douze ans, la pension alimentaire à laquelle il a été condamné !

S'étant recueillie devant la fosse ouverte et ayant secoué le goupillon au-dessus du cercueil, elle rentre dare-dare à la maison et prévient son père, qui prend aussitôt l'affaire en main. À la requête de M$^e$ Guyot-Sionnest, les scellés sont apposés sur la porte de la chambre de feu Mme Élisa-Stéphanie Verlaine, née Dehée. Le 25 janvier 1886, le juge de paix du

XII$^e$ arrondissement procède à leur levée. Le taudis où il pénètre ne contenant aucun objet de valeur, il redescend pour informer le poète de l'inutilité de sa mission. Alors Verlaine se rappelle que Chauzy, son logeur, lui a confié un paquet de titres découverts, après la mise en bière, dans la paillasse de la défunte. Ces papiers, enveloppés dans de vieux journaux, ne signifient rien pour lui. Avec une stupéfiante naïveté, il les tend au magistrat qui s'écrie : « Vous êtes un honnête homme, monsieur ! »

Ce que le juge de paix emporte dans sa serviette, c'est tout l'héritage de Stéphanie, tout ce qu'elle a économisé scrupuleusement pour le laisser un jour à son incorrigible Paul : l'équivalent de vingt mille francs ! Verlaine ne tarde pas à se rendre compte qu'il a commis une sottise. Si sa mère avait été en vie, elle l'en aurait empêché. Mais, puisqu'elle est partie, plus rien n'a d'importance. Ni l'argent, ni la gloire, ni les amis. Il continuera son chemin, bien sûr. Sans but. Par habitude. La sagesse, en ce bas monde, n'est-elle pas de ne jamais espérer ? Pourtant déjà, quelques jours seulement après ce deuil qui l'a ébranlé jusqu'aux racines, il se remet au travail et écrit à Léon Vanier : « Dans tous les cas, vous me voyez tout au " turbin " de la prose. Mais *Amour* et *Parallèlement* marcheront d'un bon pas aussi. Dans ma situation il me faut déployer cette activité doublement. Par nécessité et par distraction [1]. »

1. Lettre du 6 février 1886.

# XXI

## LA DÉGRINGOLADE

Après que le juge de paix a emporté le paquet de titres, Chauzy, qui a assisté à la scène, se frappe le front du plat de la main et traite son locataire de « poire ». Le mot fait son chemin dans la cervelle de Verlaine. Déjà il veut rattraper son geste trop noble. Le 27 janvier 1886, deux jours après la visite du magistrat, il alerte Edmond Lepelletier : « Veux-tu bien voir de ma part Madame Mathilde, lui faire part de mes intentions relativement à la succession de ma pauvre mère, dont je suis l'unique héritier. Tu m'obligeras, car je ne puis bouger. » Ce qu'il exige, c'est la restitution pure et simple des titres. Edmond Lepelletier, ayant accepté la mission, représente à Mathilde que Verlaine est malade et qu'il sollicite un bon mouvement de sa part. Flairant une manœuvre, Mathilde décide de s'adresser au docteur Jullien pour savoir s'il est exact que son ex-mari soit gravement atteint et qu'il manque à ce point d'argent. En apprenant qu'elle cherche à se renseigner sur son compte, Verlaine se drape dans son honneur et écrit au médecin : « Madame mon ex-épouse (*Mauté*, de son nom de demoiselle qu'elle a repris) se propose d'aller vous voir pour s'informer de la nature et de la durée ultérieure de ma maladie. Cette démarche est intéressée, car elle a l'air de s'apitoyer sur mon sort et serait trop heureuse si l'on croit qu'elle vient à mon secours. Une manière comme une autre de mettre les gens sensibles de son côté. Vous savez, par les confidences que j'ai pu vous faire, quelle confiance on peut accorder à cet étalage sentimental à mon sujet, ainsi qu'à la protestation d'amour maternel qui cachent au fond toute sa cupidité personnelle. J'ai trop le sentiment de ma dignité pour accepter une aumône[1]. »

Tout en refusant d'être « secouru » par cette femme qu'il méprise, il ne sait comment se libérer des nombreuses dettes qu'il a contractées. Il doit de l'argent à Chauzy qui l'héberge, au docteur Jullien qui le soigne, au pharmacien qui le fournit en médicaments, au marbrier enfin... Incapable de faire front, il recommande à ses créanciers de s'adresser aux Mauté qui détiennent indûment l'héritage de la défunte. M^e Guyot-Sionnest obtient la nomination d'un séquestre judiciaire et lance une saisie-arrêt sur la succession de Mme Verlaine mère, à concurrence de seize mille sept cent quinze francs soixante-sept, montant total de la pension alimentaire non payée à ce jour. Finalement, plutôt que d'aller jusqu'au procès, Verlaine acceptera de signer un protocole d'accord qui lui laissera trois mille cinq cents francs destinés à régler les factures les plus urgentes. Après les derniers remboursements, il lui restera de quoi vivre quelques jours au plus. « Mes affaires avec mon ex-femme légale se sont arrangées naturellement sur mon dos[2] », écrira-t-il à Edmond Lepelletier. Et, au docteur Jullien : « Ma femme, en faisant ce qu'elle a fait, savait bien me mettre sur la paille et me pousser — à quoi ? à quoi, la scélérate[3]. » Heureusement

1. Lettre du 10 février 1886.
2. Lettre du 13 décembre 1886.
3. Lettre du 31 décembre 1886.

pour lui, sa tante Rose, en mourant, lui laissera à son tour un petit héritage : deux mille quatre cents francs. Mais, là aussi, les créanciers veillent. Talonné par les hommes de loi, il leur abandonnera neuf cents francs.

Maintenant, il ne peut plus compter que sur sa plume pour le nourrir. Sa principale source de revenus demeure sa collaboration à la revue *Les Hommes d'aujourd'hui*, pour deux thunes la notice. C'est mieux que rien. Depuis la mort de sa mère, il a l'impression que tous les garde-fous, autour de lui, sont tombés. Tant qu'elle vivait encore, il avait scrupule à lui imposer le spectacle de ses débordements à domicile. C'étaient le bistrot, la rue qui lui servaient d'exutoires. À présent, il n'a plus aucune raison de se gêner dans la satisfaction de ses instincts. Son ultime lien est tranché avec le milieu « petit-bourgeois » dont il est issu. Il se sent à la lettre en marge de la société, libre de toute entrave, rebelle, dissident et ahuri de l'être.

Comme pour précipiter cette déchéance, il voit arriver à l'hôtel une prostituée qu'il a remarquée l'année précédente, Marie Gambier. Originaire de Picardie, elle se vend pour pas cher et est alcoolique au dernier degré. Ébloui par sa chevelure rousse, sa chair de lait et ses yeux clairs aux cils blonds, Verlaine l'invite à dîner et, le soir même, couche avec elle. Il s'étonne d'éprouver tant de plaisir à faire l'amour avec une femme, lui qui, depuis longtemps, n'était intéressé que par les garçons. Doit-il interpréter ce phénomène comme la revanche du sexe faible après des années d'errements pédérastiques ? Il s'en persuade et s'en amuse. Un vrai faune sait trouver son bonheur en tâtant de tout. Qu'elle se déplace à travers la chambre, dans son corsage rouge à pois blancs qui lui donne « un air d'incendie », qu'elle retire, d'un geste brusque, sa chemise pour apparaître nue, charnue et le pubis offert, qu'elle s'accroupisse sur la cuvette, une éponge à la main, il sent en lui le désir qui bouge. Il la célèbre en prose dans *Deux Mots d'une fille* : « Ô ce corps [...], cette santé forte, mais discrète, cet embonpoint charmant, tout au plus à fossettes vers les endroits juste qu'il faut, cette harmonie des seins, du ventre et des cuisses. » Il la chante en vers dans *À la princesse Roukine* :

> *Mais je la crois mienne entre tous,*
> *Cette crinière tant baisée,*
> *Cette cascatelle embrasée*
> *Qui m'allume par tous les bouts [...].*
> *Cuisses belles, seins redressants,*
> *Le dos, les reins, le ventre, fête*
> *Pour les yeux et les mains en quête*
> *Et pour la bouche et tous les sens.*

Ces batifolages avec Verlaine n'empêchent pas Marie Gambier de continuer à exercer son métier. « Ça, lui dit-elle, c'est mon affaire ! » Tous les soirs, à sept heures, pomponnée et souriante, elle va arpenter le trottoir. À onze heures, elle rentre, un rien lasse et profondément ivre. Et Verlaine, étendu sous l'édredon rouge, lui ouvre les bras. Pour un peu, il la plaindrait de prendre tant de peine avec les autres. Elle le récompense de sa compréhension en se montrant « gentille », malgré sa fatigue. Tout compte fait, il la juge beaucoup plus respectable dans sa débauche que son ex-femme dans sa prétendue bienséance. La vraie garce, c'est Mathilde ! Il a accumulé tant de rancune contre elle qu'il ne peut se retenir d'en parler à Marie Gambier. Un soir que sa jambe le fait moins souffrir, il s'offre une cuite carabinée avec sa maîtresse et, après avoir proféré une bordée d'injures contre Mathilde, saisissant un revolver, s'engage dans la rue en hurlant : « Je vais aller tuer ma femme ! » Un garçon de café le rattrape, le désarme avec l'aide d'un policier et le ramène dans sa chambre. Marie Gambier le couche, le raisonne, et il lui baise les mains en bredouillant : « Pardon ! Pardon ! »

Bientôt d'ailleurs, la putain rousse décide de le quitter pour un nommé Célestin, tonnelier de son état. « Toi, dit-elle à Verlaine en guise d'excuse, tu es un monsieur trop savant pour moi. » Il ne la regrette pas trop. Désormais, il est sûr de pouvoir tirer du plaisir de n'importe quelle autre fille de trottoir. Le quartier n'en manque pas. Elles se succèdent dans sa chambre. Certaines lui font des prix ou même le satisfont gratis, par esprit de bon voisinage.

Tranquille de ce côté-là, Verlaine tente de s'intéresser à un nouveau courant littéraire, celui des « décadents », marqué par la recherche de raffinements bizarres et de vagues déliquescences. Un journal, *Le Décadent,* rassemble les jeunes poètes de cette école, tous antibourgeois et épris d'un idéal inaccessible. Autour d'Anatole Baju s'agitent des personnages aussi divers et pittoresques que Maurice du Plessys, Paterne Berrichon [1], Laurent Tailhade, Georges Fourest, Rachilde... Ces adeptes de la pourriture élégante sont en quête d'un maître et trouvent Verlaine. Ils veulent le sacrer « roi des décadents ». Prudent, il refuse la couronne mais accepte l'hommage. Tout en répugnant à prendre la tête du mouvement, il ne veut pas se priver de l'amitié de ces néophytes aux intentions louables. Cela d'autant plus que parmi eux brille un garçon de vingt et un ans, Frédéric-Auguste Cazals, remarquable par l'esprit et par la tournure. Grand, svelte, le monocle à l'œil et une mèche de cheveux lui barrant le front en diagonale, il s'habille de façon romantique, avec

---

1. Le futur beau-frère de Rimbaud.

redingote, gilet à boutons nacrés ou dorés et pantalons à la hussarde, amples aux cuisses et étroits aux chevilles. Dessinateur et chansonnier, c'est un franc compagnon, toujours prêt à rire mais aussi à rendre service. Il inspire immédiatement à Verlaine de la sympathie, puis de l'affection, et Cazals se divertit à faire vingt croquis du poète dans ses attitudes familières.

Pendant que ces jeunes enthousiastes défilent dans son taudis et découvrent une confirmation de leurs théories dans sa déchéance même, il s'informe discrètement des intentions de Mathilde. Avec stupeur, il apprend qu'à peine divorcée elle vient de se fiancer avec un certain Bienvenu-Auguste Delporte, de nationalité belge, qui est entrepreneur de bâtiment, possède une ferme en Algérie et habite Bruxelles. Divorcé lui-même d'une dame Long, Delporte a trente-quatre ans et est père d'une fille, Augusta. Troquer un poète contre un maçon ! Verlaine ricane. Où est l'abaissement ? De son côté à lui ou du côté de son ex-épouse ?

Pourtant, il y a un avantage dans ce lamentable tour de passe-passe. Puisqu'elle va changer de nom en convolant avec Bienvenu Delporte, elle n'aura plus aucune raison de s'opposer à la publication des *Illuminations* de Rimbaud. Le seul fait qu'elle ne s'appellera plus Verlaine la mettra hors d'atteinte des allusions que l'on pourrait faire aux rapports ambigus entre Paul et Arthur. C'est ce que Charles de Sivry lui explique. Mathilde, à demi convaincue, consent à restituer à son frère les poèmes en prose, les « vers nouveaux » et les « chansons », datant de 1872, à condition que ces textes ne soient pas confiés à Verlaine mais à une personne au-dessus de tout soupçon. Après de longues tractations, ils aboutissent sur le bureau de Gustave Kahn, secrétaire de rédaction de *La Vogue*, et paraissent, à partir du 13 mai 1886, dans quatre numéros de cette revue. L'avant-dernier contient en outre une évocation de Verlaine par lui-même, intitulée « Pauvre Lélian », anagramme de ses nom et prénom, dont la sonorité le ravit. Il se servira souvent de cette appellation pour parler de ses malheurs. À chaque coup dur, il plaindra le « pauvre Lélian » qui ploie l'échine.

En lisant les poèmes de Rimbaud, qui lui appartiennent sentimentalement mais dont des mains étrangères ont assuré le tri, la correction et l'impression, il éprouve un regain de colère contre Mathilde. Elle ne manquera donc pas une occasion de se venger de lui ! En dédommagement, Léo d'Orfer, le directeur de *La Vogue*, lui offre de signer la préface du volume qui doit sortir bientôt en librairie. Il s'agit d'une brève notice. Verlaine la rédige comme un pensum. Le recueil, tiré à deux cents exemplaires sur papier japon et hollande, remporte un certain succès. Mais seuls de rares connaisseurs en goûtent la saveur amère. Quant à la publication d'*Une saison en enfer*, dont Verlaine a fini par remettre le manuscrit au même Gustave Kahn pour *La Vogue*, elle laisse la masse des lecteurs totalement indifférente. L'heure de Rimbaud n'est pas encore venue. Et celle de Verlaine ? S'il en croit les visiteurs qui se pressent dans sa chambre d'hôtel, il est l'un des maîtres de la jeunesse. Mais sa renommée ne dépasse pas le seuil des cafés littéraires. Le Quartier latin le connaît, la France l'ignore.

Au début de juillet 1886, une nouvelle crise de rhumatisme le paralyse sur son lit. De plus, il souffre d'ulcères aux jambes. Quelques mois auparavant, malgré les conseils du docteur Jullien, il a refusé d'être hospitalisé. « C'est peut-être un peu bien traditionnel et bien poétique, ça, l'hôpital ! a-t-il écrit à Léon Vanier. Quelque tentant que ce soit, j'attendrai encore un peu [1]. » Cette fois, son état est tel qu'il ne peut plus reculer. Le docteur Jullien le fait admettre à Tenon, bâtisse toute neuve, près du Père-Lachaise. Mais Verlaine, par précaution, a gardé sa chambre à l'hôtel du Midi.

En arrivant à l'hôpital, il est séduit par la blancheur des draps et la sollicitude du personnel. Sortant de la crasse, du bruit, de l'humidité, du tohu-bohu de son précédent logis, il savoure avec béatitude l'ordonnance hygiénique de celui-ci. Il occupe le lit 21, dans la salle Seymour. On lui a permis d'avoir un encrier sur sa table de chevet. Une planchette en travers des genoux, il écrit dans un épais silence, coupé de temps à autre par des soupirs et des raclements de gorge. Ses voisins ont la souffrance paisible et reçoivent peu de visites. Des massages quotidiens assouplissent sa jambe gauche. Le lundi, le mercredi et le vendredi, on l'emmène aux bains. Le dimanche, les jeunes gens du *Décadent* viennent en pèlerinage à Tenon. Ils s'indignent de voir le « lion des lettres » végétant dans une salle commune parmi d'autres éclopés. Mais Verlaine ne se plaint pas. Bien soigné, bien nourri et déchargé de tout souci, il travaille au lit mieux encore qu'à son bureau. Sans désemparer, il rédige de nouveaux portraits d'écrivains pour *Les Hommes d'aujourd'hui,* corrige les épreuves de *Louise Leclercq,* fignole *Les Mémoires d'un veuf,* griffonne des vers, note des idées d'articles, de poèmes... Il prolongerait volontiers ce séjour enchanteur mais, au bout de deux mois, bien que sa jambe le fasse encore souffrir, il est renvoyé sans ménagement. Le 2 septembre 1886, le père Chauzy vient le chercher à l'hôpital et l'emmène, pour commencer, chez Léon Vanier. Verlaine a pris soin de prévenir son éditeur : « Préparez tout, monnaie comprise. »

1. Lettre du 6 février 1886.

Ayant touché quelques sous, il se replonge dans la triste puanteur de l'hôtel du Midi. Là, il apprend que, pour faire pièce au mouvement par trop fantaisiste du *Décadent*, Jean Moréas a lancé, dans le supplément littéraire du *Figaro*, le « Manifeste du symbolisme ». Cette nouvelle école s'oppose au positivisme scientifique et considère le monde comme un ensemble de *symboles* aux mystérieuses correspondances. Le poète, selon Moréas, doit exalter son moi, chercher des rapports secrets entre lui et les choses, user d'un langage original. Ces théories sont développées dans la revue *Le Symboliste*, dont le rédacteur en chef est, bien entendu, Jean Moréas en personne. Lui aussi se tourne vers Verlaine et réclame son adhésion au groupe. Comme pour les décadents, Verlaine feint d'accepter : il offre un poème au *Symboliste* en gage de bonne volonté et se renfonce dans sa tanière, la poitrine secouée d'un grand rire. Tous ces donneurs de leçons en matière de poésie l'agacent. Comme si des vers de qualité pouvaient s'écrire selon une recette ! En littérature, seule la liberté de ton est payante. Lui-même n'a-t-il pas toujours changé de registre selon son humeur ? Il n'y a pas un Verlaine, mais cinq, dix : il est tantôt ironique, tantôt délicat, tantôt vulgaire, tantôt concupiscent, tantôt pieux... C'est cette diversité qui fait sa force. Du moins veut-il s'en persuader pour avoir le courage de survivre.

Avec l'arrivée de l'hiver, sa jambe, de nouveau, s'ankylose et les ulcères réapparaissent. Il grelotte dans sa turne humide et rêve aux salles bien chauffées et proprettes de Tenon. Le docteur Jullien promet de le faire entrer prochainement dans un hôpital. Lequel ? De toute façon, il n'y a pas de place disponible dans l'immédiat. Et voici qu'au début de novembre 1886 le père Chauzy, voyant s'allonger l'ardoise de son locataire impécunieux, le met carrément à la porte. Alors le brave Cazals a l'idée de l'installer chez une jeune romancière de vingt-six ans, Mlle Rachilde. Elle a remporté un succès de scandale avec son premier livre, *Monsieur Vénus*, imprimé en Belgique et condamné par les tribunaux. Elle en prépare un autre, du même tonneau, *La Marquise de Sade*. Connue pour ses mœurs libres, ses rapports intimes avec les décadents et ses convictions anarchisantes, elle n'hésite pas une seconde à accueillir chez elle, au 5 de la rue des Écoles, le clopinant, barbu et déloqué poète de *La Bonne Chanson*. Comme elle ne dispose que d'un lit, elle le lui cède et va coucher, en attendant, chez sa mère. Mais le matin elle est là, au réveil de son invité, et lui sert chocolat et tartines. Le soir, il se rattrape et fait monter, du café voisin, quelques verres d'absinthe. Elle le gronde pour son intempérance et il se détend au milieu de cette gentillesse et de ce confort, hélas ! provisoires.

Le passage chez Rachilde ne dure guère. Le 5 novembre 1886, grâce aux démarches du docteur Jullien, Verlaine est admis à Broussais, dans le quartier de Plaisance, à Montrouge. Un ensemble de baraquements en bois, plantés dans un terrain vague. L'intérieur est à la fois sévère et vétuste. Par les fenêtres, on aperçoit des jardinets bordant la ligne du chemin de fer de ceinture. Médecins et infirmières sont sans douceur et sans indulgence. Les chariots circulent à grand bruit dans les salles. On bouscule les grabataires pour faire leurs couvertures à l'aube. La nuit, on prépare les tisanes dans un tintement de bidons métalliques. Le poêle de fonte, bourré de mauvais coke, dégage une touffeur pestilentielle. Et les soins, pour énergiques qu'ils soient, demeurent sans effet : massages, bains chauds, sulfate de cuivre, sirop de Gibert, rien n'assouplit la jambe. Le docteur Nélaton, chef de service, y perd son latin. Quant aux ulcères, la Faculté diagnostique qu'ils seraient dus à

une ancienne « castapiane » (blennorragie) et méri-
teraient un traitement spécial. Malgré ces menues
tracasseries, Verlaine reconnaît en bougonnant qu'à
Broussais, comme à Tenon, il a la chance d'avoir sa
pitance assurée, loin des remontrances d'un logeur
impayé et des criailleries des filles des rues qui se
disputent un micheton. Il écrira :

*J'y suis, j'y vis. « Non, j'y végète », on rectifie ;*
*On se trompe. J'y vis dans le strict de la vie,*
*Le pain qu'il faut, pas trop de vin, et mieux couché !*
*Évidemment, j'expie un très ancien péché*
*(Très ancien ?) dont mon sang a des fois la secousse*
*Et la pénitence est relativement douce* [1].

Au cours de cette « pénitence relativement
douce », une nouvelle, à laquelle il s'attendait pourtant depuis quelques mois, le bouleverse : Mathilde
s'est remariée, le 30 octobre 1886, à la mairie du
XVIIIe arrondissement, avec le dénommé Delporte.
Comment a-t-elle osé, elle, une catholique, enfrein-
dre les lois de l'Église et prendre un autre époux ?
Comment n'a-t-elle pas rougi à l'idée de fonder un
second foyer, à trente-trois ans, le jour même de
l'anniversaire de son fils ? Une démarche aussi indécente est bien dans la manière de cette créature
sans entrailles et sans moralité. Au « prince » ridicule qui a pris sa place dans le lit de l'affreuse
« princesse », Verlaine dédie la *Ballade de la vie en
rouge* :

> *Prince et princesse, allez, élus,*
> *En triomphe par la route où je*
> *Trime d'ornières en talus.*
> *Mais moi je vois la vie en rouge* [2].

1. *Écrit en 1888 (Bonheur, X).*
2. *Parallèlement.*

Toutefois, c'est surtout dans *Adieu* qu'il exhale son chagrin et son dégoût :

> *Hélas ! je n'étais pas fait pour cette haine*
> *Et pour ce mépris plus forts que moi que j'ai.*
> *Mais pourquoi m'avoir fait cet agneau sans laine*
> *Et pourquoi m'avoir fait ce cœur outragé ?*

Au passage, il se décerne sans vergogne d'étranges compliments :

> *J'étais né pour plaire à toute âme un peu fière,*
> *Sorte d'homme en rêve et capable du mieux,*
> *Parfois tout sourire et parfois tout prière,*
> *Et toujours des cieux attendris dans les yeux.*

Il admet néanmoins qu'il lui est arrivé de n'avoir pas raison dans son comportement en ménage :

> *J'eus plus d'un des torts, mais j'avais tous les soins.*

Et il affirme, forçant la note pour les besoins de la cause :

> *Votre mère était tendrement ma complice*[1].

Quand il écrit en prose, il traite Mathilde de « salope », de « femme sans cœur » et de « voleuse ». Il craint que, par esprit de vengeance, elle ne dresse son fils contre lui. Pourquoi lui refuse-t-elle toujours de le voir ? Il croit savoir que Georges est maintenant pensionnaire au lycée Rollin et qu'il a eu Mallarmé comme professeur d'anglais. Mais Mallarmé, interrogé, dément. Où donc se cache cet enfant à qui on doit répéter qu'il a un père indigne ? Privé d'épouse, privé de fils, Verlaine se compare, in petto, à Job sur son fumier. Cependant, la plume à la main, il lutte encore. Il achève son recueil de poèmes, *Amour*, envisage des récits en prose et accepte avec philoso-

---

1. *Amour.*

phie l'échec de ses *Mémoires d'un veuf* (ensemble de
« phrases quelconques » et de « quelconques impressions », d'après Théodore de Wyzewa dans *La Revue
indépendante*) et celui de *Louise Leclercq* (« nouvelles
insignifiantes », selon le même critique dans la même
feuille). Mais la réédition des *Fêtes galantes* et des
*Romances sans paroles* réveille l'intérêt de la presse à
son égard. Certains journalistes se demandent s'ils
n'ont pas eu tort de négliger ce poète vieilli dans
l'ombre et dont les vers, si simples, si naturels, ont
une musicalité qui défie le temps. Comme à Tenon, il
reçoit à Broussais la visite des jeunes décadents et
tente de les persuader que la poésie ne doit pas être
affectée, tarabiscotée, mais jaillir de l'âme avec la
spontanéité d'une eau de source. Ils l'écoutent,
l'approuvent, mais n'en pensent pas moins le
contraire.

Soudain, le 13 mars 1887, c'est la fin du rêve.
Renvoyé de Broussais, sans toit, sans argent, il erre,
clopin-clopant, dans les rues, loge tantôt chez un
copain, tantôt dans un garni, et supplie les médecins
de sa connaissance de lui « trouver » un autre hôpital.
« Purée affreuse, inexprimable vraiment ! » gémit-il.
Et il charge Léon Vanier de lui procurer une paire de
chaussettes... et un « chapeau vraisemblable ». Il
veut être, dit-il, « un peu respectable ». « Cette
situation de petites dettes, d'égards tout juste, etc.,
m'ennuie, conclut-il, sans compter l'horrible fatigue
de garder la dignité à ces prix : faim et froid [1]. »

Enfin, le 9 avril 1887, il peut entrer à Cochin,
quartier de Port-Royal. Il s'y sent revivre, dans une
chambre à quatre lits, embaumée par des odeurs
d'éther et de phénol. Entre-temps, Cazals et du
Plessys ont récupéré les objets personnels qu'il a
laissés à l'hôtel du Midi et les ont transportés chez un

1. Lettre du 20 mars 1887.

de leurs amis, Edmond Thomas. Autre bonne nouvelle : sur la recommandation du docteur Nélaton, le directeur de l'hôpital lui obtient un séjour de convalescence à l'Asile national de Vincennes.

La bâtisse immense est entourée de jardins chichement fleuris. Les chambres, petites mais propres, reçoivent chacune trois pensionnaires. Des gardiens, tous d'anciens militaires à la moustache grisonnante, assurent la discipline. Les corvées sont proportionnées à l'état de santé des malades : lits faits au carré, balayage, vidage des seaux hygiéniques. Ayant revêtu la tenue réglementaire — uniforme bleu et calotte de drap —, Verlaine participe sans rechigner à la vie de l'établissement. Il aime par-dessus tout les promenades à pas comptés dans le parc, les parties de boules avec ses camarades de chambre, les bavardages sur un banc, au soleil printanier, la messe dans la superbe chapelle datant de Napoléon III, avec son autel blanc et or et ses tentures écarlates. D'habitude, les séjours de convalescence gratuits n'excèdent pas deux semaines. Par faveur spéciale, il demeure à l'Asile jusqu'au 11 juillet 1887. Après quoi, il retourne à Tenon. Là, on lui promet une seconde cure de repos à Vincennes.

Mais ses besoins d'argent se font de plus en plus criants. Acculé à la mendicité, il décide de s'adresser, une fois de plus, à l'avoué de Mathilde. Au vrai, il n'ose espérer une réaction favorable : « Quant à Mme Delporte, écrit-il à Edmond Lepelletier, autant frapper à la porte de la caverne d'Ali Baba que de risquer une démarche auprès de cette voleuse sur le retour. Tu le vois, mon cher ami, la situation est bien *nette*. Mourir de faim ou trouver quelque chose le plus tôt possible [1]. » La réplique de Mᵉ Guyot-Sionnest à la requête de Verlaine est cinglante :

---

1. Lettre du 7 août 1887.

« Monsieur, j'ai communiqué votre lettre à Mme Verlaine (aujourd'hui Mme Delporte). Elle me répond qu'elle n'a aucun argent à vous envoyer et qu'elle ne se croit pas obligée d'en demander à son nouveau mari pour vous nourrir. » Outré, Verlaine rétorque d'une plume grinçante : « Monsieur, je vous écris poste pour poste, une dernière fois, en me félicitant d'avoir enfin fait montrer à Mme Mathilde le fond de sa pensée qui est décidément malpropre. » Et, après s'être ainsi libéré en prose, il se soulage par une invective en vers :

> *Démon femelle, triple peste,*
> *Pire flot de tout ce remous,*
> *Pire ordure que tout le reste* [...]*.*
> *Gueuse inepte, lâche bourreau,*
> *Horrible, horrible, horrible femme* [1] *!*

Le 9 août, le revoici à Vincennes. Le temps de saluer les premières rousseurs de l'automne, de faire connaissance avec de nouveaux compagnons de misère et, le 9 septembre, il se retrouve sur le pavé, avec soixante-quinze centimes en poche ! Apitoyé par son allure de clochard ahuri, Léon Vanier lui avance un peu d'argent. De quoi se payer quelques absinthes et louer une chambre dans le minable hôtel de la Harpe (6, rue de la Harpe), près de la place Saint-Michel. Verlaine économise sur la nourriture pour ne pas se restreindre sur la boisson. Sa jambe n'est toujours pas guérie. Et, en plus, il souffre d'une péricardite. Parvenu à ce degré de décrépitude et d'abandon, il voudrait avoir le courage d'en finir avec la vie. Cependant, un rien suffit à le remonter...

Un soir de septembre 1887, alors qu'il sirote un petit vin verdelet sur le zinc d'un caboulot, la porte menant à la salle de danse voisine s'ouvre, lâchant

---

1. *Bonheur* (XIII).

une bouffée de musique. Sur le seuil paraît une grande fille brune, en sueur, qui crie avec l'accent du Nord : « Dieu qu'il fait chaud ! Patron, à boire ! » C'est une habituée de l'endroit, Philomène Boudin, plus connue sous le nom d'Esther. Elle porte un corsage en jersey, « bien plein », et une jupe à courts plis, « bien pleine ». Séduit par cette prostituée plantureuse, Verlaine l'interpelle, affirme qu'il connaît parfaitement la province dont elle semble être originaire et lui offre une consommation, « au nom du pays ». Le verre à la main et les yeux dans les yeux, ils causent librement : « à remplir cent volumes », note Verlaine dans *Élégies* (II). D'emblée, il la trouve bonne fille, sans chichis : un cœur et un corps à prendre. L'affaire se termine au lit. Verlaine pavoise :

> *Ce qui s'ensuivit, par exemple, je l'oublie,*
> *Tout en m'en doutant peu ou prou. Mais toi, pâlie*
> *Le lendemain et lasse assez (moi las, très las),*
> *Peux-tu te rappeler pourquoi, sans trop d'hélas !*
> *Connaissances d'hier à peine, tendres âmes,*
> *Au chocolat matinal nous nous tutoyâmes ?*

Un instant, il croit être « arrivé au port » après les nombreuses tempêtes de sa vie. Mais voilà qu'il est avisé de sa prochaine admission à Broussais. Une telle aubaine ne se refuse pas !

À l'hôpital, le personnel l'accueille comme une vieille connaissance. Il y est chez lui, plus que partout ailleurs. Sa situation lui paraît d'autant plus confortable qu'il vient de recevoir un secours de cinquante francs de François Coppée, une avance de Léon Vanier et un acompte de l'abbé Salard qui, sur les mille cinq cents francs de sa dette, lui verse deux cents francs et lui en promet deux cent cinquante par la suite. Quant à M⁰ Carrette, qui a toujours neuf cents francs en dépôt au nom de Verlaine, il s'obstine à ne vouloir les payer qu'à l'expiration du délai de six ans fixé par l'acte, soit en octobre 1888. Mais c'est tout de même une perspective réjouissante. Rien que d'y penser, Verlaine a l'impression d'entrevoir un coin de ciel bleu au milieu des nuées d'orage.

C'est avec indifférence qu'il apprend, à Broussais, la mort du père de Mathilde, survenue le 30 octobre 1887. « Dieu ait son âme importune ! » se contente-t-il de dire. À ce moment, Mathilde se trouve à Alger avec son mari. Quand elle est de retour à Paris, Edmond Lepelletier va la relancer de la part de Verlaine, essaie de l'attendrir sur la misère physique et morale de son ex-époux et la supplie de ménager une rencontre, à l'hôpital, entre le malade et son fils. « Je fus à la fois très émue et très embarrassée, écrira-t-elle. Verlaine s'étant montré si haineux depuis ma seconde union, l'entrevue de Georges avec son père ne me souriait guère ; d'un autre côté, si Verlaine eût été en danger de mort, il y aurait eu une véritable cruauté à lui refuser son fils. » Avant de décider quoi que ce soit, elle charge un jeune médecin, mari d'une de ses amies, de se mêler aux internes de Broussais pendant la visite et de la renseigner exactement sur l'état du patient. L'expertise a lieu sans accroc. Les nouvelles sont rassurantes : Verlaine souffre de rhumatismes douloureux, mais nullement dangereux. « Je n'envoyai donc pas Georges, poursuit Mathilde, mais lui fis parvenir un petit don anonyme [1]. »

Au paroxysme de la fureur, Verlaine écrit à Edmond Lepelletier : « Si la chose arrive, qu'on n'accuse de ma mort que ma femme, à qui je pardonne en embrassant mon fils qu'on refuse à mon agonie. » Et, passant de sa disparition à celle de l'infâme, il rédige une épitaphe pour la tombe future de Mathilde, qui fut « une épouse vague », « une

1. *Mémoires de ma vie.*

mère inconsciente », consacrant ses loisirs « à des visites, à des soirées et bals chez les bourgeois pervertis [1] ».

Ce qui gâche encore son repos à l'hôpital, c'est la crainte d'en être évacué avant sa guérison. Il voudrait y achever ses jours dans l'insouciance d'un assisté chronique. La société lui doit bien cette faveur après le mal qu'elle lui a fait. « Misère tout de même de vivre ainsi, écrivait-il, de Tenon, à Léon Vanier. Je vous assure que j'ai des larmes dans le cœur en écrivant tout ceci. Mais je ne ferai rien que de fier et de simple [...]. Et mourir chrétiennement, digne de mes parents, en exemple à mon fils [...]. Pourriez parler de moi à ce secrétaire de l'Assistance publique comme incurable intéressant [2] ? » Une autre appréhension le tenaille : le médecin-chef songe maintenant à tenter sur lui une opération. Cependant il hésite, parce que son patient, ayant le cœur en mauvais état, risque de ne pas supporter l'anesthésie. À l'idée de finir sur le billard, Verlaine se hérisse. Lui qui, quelques semaines auparavant, envisageait le suicide comme une délivrance n'a plus aucune envie de mourir. Danger supplémentaire : que l'intervention ne réussisse pas et qu'il se retrouve plus infirme qu'auparavant. Il s'agirait de l'endormir et de lui plier la jambe de force. « Si j'allais changer mon cheval borgne contre un cheval aveugle et avoir une loque, une chiffe en place d'un poteau ? confie-t-il encore à Léon Vanier. Aussi bien, je n'aime pas beaucoup le chloroforme [3]. » Heureusement, le docteur Brun finit par renoncer à son projet et se contente de bains sulfureux et d'un traitement à l'électricité.

1. Ce poème cruciforme figure en fac-similé dans la *Bibliographie et iconographie de Paul Verlaine*, par A. Van Bever et Maurice Monda, Paris, 1925.
2. Lettre du 15 juillet 1887.
3. Lettre du 26 septembre 1887.

Pendant les dernières semaines passées par Verlaine à Broussais, ses jeunes amis multiplient les visites de déférence et de pitié. À Léon Vanier, qui lui envoie de temps en temps un peu d'argent, il réclame, d'une lettre à l'autre, des espadrilles, un pantalon convenable, un encrier portatif, du tabac, des timbres pour sa correspondance... Ce faisant, il n'a nullement l'impression de vivre aux crochets de quiconque. Ayant lu, dans *La Revue nouvelle*, un article évoquant sa misère, il monte sur ses grands chevaux : « Je voudrais bien pourtant qu'il fût connu que je ne suis pas un buveur d'absinthe, non plus qu'un pessimiste, et que je n'ai pas eu que des *velléités* de mysticisme !!! écrit-il à Léon Vanier ; mais un homme, au fond très digne, réduit à la misère par un excès de délicatesse, un homme avec des faiblesses et trop de bonhomie, mais de tout point gentleman et hidalgo. Faudra trouver quelqu'un qui écrive ça [1]. »

Cette obsession de l'honneur sous les guenilles s'exacerbe en lui dès qu'il touche quelque argent de son éditeur. Après avoir souhaité rester le plus longtemps possible à Broussais, il a hâte d'en sortir car, dit-il, il s'y « ennuie mortellement ». Ayant sollicité un acompte de Léon Vanier en novembre, il lui affirme : « Tant, évidemment, que je serai ici, dans cette prison et dans ce sépulcre, je ne pourrai rien faire de bon en matière de débrouillage de ma foutue situation. Avec l'avance dont je vous parlais, je puis du moins essayer de me remuer, de me montrer, voir les gens et prouver que je ne suis ni mort, ni mourant, ni renonçant à rien de la vie, de mes droits d'homme et de littérateur. Mes calculs établissent jusqu'à l'évidence que je puis lutter *deux bons mois* au moins [2]. »

1. Lettre du 9 novembre 1887.
2. Lettre de la fin novembre 1887.

Avec le temps qui passe, cet espoir se renforce. Sa jambe va mieux. La date où il va toucher les neuf cents francs du notaire Carrette se rapproche. Ses amis l'attendent avec confiance à l'extérieur. « Mes finances sont un peu meilleures, annonce-t-il à Edmond Lepelletier, et j'espère à ma sortie avoir quelques sous pour attendre la rentrée des petits fonds qui peuvent me permettre d'un peu naviguer, en attendant du sérieux[1]. »

Au printemps de 1888, les arbres bourgeonnent et Verlaine fait ses adieux aux pensionnaires de la salle Follin, où il a occupé, pendant six mois, le lit numéro 22. On disait de lui, parmi le personnel et les malades : « le poète du 22 ». En franchissant le portail de Broussais, le mardi 20 mars 1888, il éprouve la même sensation de vertige qu'à sa sortie de la prison de Mons. Tout ensemble heureux et inquiet, il se demande s'il ne va pas regretter le confort égalitaire, la blancheur monotone et la fade sécurité de l'hôpital.

1. Lettre du 21 février 1888.

# XXII

## LE JEUNE CAZALS

Toujours la même question : où loger à bas prix ? Cette fois, Verlaine, conseillé par des amis, jette son dévolu sur l'hôtel Royer-Collard (14, rue Royer-Collard), près du Luxembourg. Une maison honnête, tenue par les sœurs Thierry, que sa réputation de poète flatte et effraie à la fois. Ayant fait ses comptes et constaté qu'il dispose de quatre cent cinquante francs d'argent frais, il ne peut résister à la tentation de recevoir, le mercredi soir, les confrères qui veulent bien se souvenir de son existence. Ce jour-là, l'escalier tremble sous les pas des visiteurs qui affluent. Il en vient parfois jusqu'à quarante. Dans la chambre étroite et sur le palier s'entassent, à grand bruit, des écrivains, des journalistes, des curieux, des artistes de tout acabit. On récite des vers, on lance des théories esthétiques, on bâtit et on démolit les réputations en croquant des petits fours et en buvant du rhum, du cognac à l'eau et de la bière. Aussitôt vidés, les verres se remplissent. Jamais la conversation ne languit. Grisé par cette agitation littéraire, Verlaine règne avec bonheur sur la cohue où ses anciens compagnons, tels Mallarmé, Villiers de L'Isle-Adam, Moréas, Tailhade, Rachilde, côtoient les nouveaux, tels Gustave Kahn, Léon Deschamps, Adolphe Retté... Souvent, tout ce petit monde échauffé descend, en pleine nuit, se rafraîchir au café François I$^{er}$, en face des grilles du Luxembourg. Dans la journée, ce même café sert à Verlaine de bureau. Il aime s'y installer, le dos à la banquette de moleskine, le chapeau négligemment planté sur le crâne, pour lire des gazettes, gribouiller des lettres ou bavarder en fumant une pipe avec des amis. Mais il ne dédaigne pas les autres bistrots du coin. On le voit aussi à la Palette, au Coq d'Or, au Palais des Alpes dauphinoises... Partout il consomme, certes, mais sans forcer la dose : il tient à garder une allure correcte à la table d'hôte des sœurs Thierry. Rien ne l'agace davantage que la réputation de pochard invétéré qu'il traîne derrière lui. Il veut bien passer pour un malchanceux, mais non pour une épave ; pour un don Quichotte à la tête un peu fêlée, mais non pour un « lépreux » et un « réprouvé », selon les termes de Léon Bloy. Cela d'autant plus que la grande critique commence à reconnaître ses mérites. Jules Lemaitre estime, dans *La Revue bleue*, qu'il a « des sens de malade, mais une âme d'enfant », et que sa langueur est pleine d'un « charme naïf ». Ferdinand Brunetière, dans *La Revue des Deux Mondes*, salue le talent singulier de cet auteur, « fils de Baudelaire ». Et l'éditeur Lemerre fait figurer huit poèmes de Verlaine dans le troisième tome de son *Anthologie des poètes français*.

Cependant, ce qui préoccupe Verlaine, c'est l'accueil du public à son nouveau-né, *Amour*, que Léon Vanier publie en mars 1888. De ce recueil il écrivait, quelques mois auparavant, à Edmond Lepelletier : « C'est catholique, pas clérical, bien que très orthodoxe [...]. Je pense que ce livre, plus varié de ton que *Sagesse*, aura quelque succès qui pourra m'ouvrir une voie dans des choses un tantinet lucratives [1]. » *Amour* est dédié à son fils et le dernier poème lui est consacré, avec cette recommandation solennelle :

*Crains Dieu, ne hais personne, et porte bien ton nom*
*Qui fut porté dûment.*

Mais c'est un autre « fils » qui inspire la majeure partie de l'ouvrage : Lucien Létinois. Celui-ci a droit à la mélancolique évocation d'un amour paternel frustré. Le reste du volume se compose de souvenirs d'Angleterre, d'impressions carcérales, de dédicaces à des amis, d'élans mystiques, lesquels, quoi qu'en pense Verlaine, sont inférieurs à ceux de l'admirable *Sagesse*. Certains lecteurs sont du reste choqués par la juxtaposition de morceaux d'un lyrisme pieux avec des vers célébrant une tendresse louche entre un homme mûr et un adolescent. Néanmoins, Théodore de Banville félicite chaleureusement l'auteur : « Vous avez fait un prodige. J'ai lu, d'une haleine parce qu'il m'a été impossible de faire autrement, votre livre [...]. Vous avez grandi sans cesse [...]. Vous êtes au premier rang parmi les poètes : et qu'importe le reste ? »

Hélas ! la vente est faible. Pas de rentrée d'argent en perspective. Et les petites réceptions en chambre, à l'hôtel Royer-Collard, finissent par coûter cher. Verlaine doit rogner sur les dépenses de buffet. Personne ne s'en plaint ouvertement, mais déjà l'atmosphère des réunions lui semble moins chaleureuse. Combien de temps pourra-t-il tenir encore ce train de vie ? Ce qui le réconforte, au milieu du remue-ménage, c'est l'amitié croissante du charmant Cazals. Plus Verlaine le voit, plus il lui découvre de qualités. S'il a apprécié jadis en Lucien Létinois la fraîcheur et la naïveté rustaudes, il est fasciné aujour-

---

1. Lettre du 26 octobre 1887.

d'hui par l'aisance, l'élégance et l'humour de Frédéric-Auguste Cazals. Son besoin de communion avec un être de choix est tel qu'il est prêt à se laisser emporter par une nouvelle passion. Il se confie à Cazals, il suit ses conseils, il rit de ses plaisanteries, il admire sa moustache, son monocle, ses cravates, il devine en lui à la fois un guide dans le monde des lettres et un enfant qu'il aurait eu dans une autre existence.

Bientôt, ses festivités hebdomadaires ayant épuisé le peu d'argent qu'il avait mis de côté, il n'a plus de quoi payer sa chambre. Pour se rapprocher de Cazals, il le prie de lui en trouver une, plus modeste encore, dans son quartier. Le jeune homme, qui habite avec son père au 69, rue de Provence, se fait tirer l'oreille. L'exaltation de Verlaine l'inquiète. Il n'est ni un Rimbaud, ni un Létinois. Le poète ne lui inspire qu'un attachement de saine camaraderie. Et ce refus d'aller plus loin dans le sentiment désespère Verlaine. À force de supplications, il obtient cependant que Cazals loue une chambre à côté de la sienne au Grand Hôtel des Nations, 216, rue Saint-Jacques. Vers la fin de novembre 1888, ils échouent ensemble dans cet établissement de dernière catégorie, hanté par des ouvriers et des prostituées.

Malgré un décor peu avenant, les réceptions du mercredi reprennent. Simplement, on s'éclaire à la bougie et on se contente, en guise de boisson, de rhum à l'eau ou de mauvaise bière. Pour leurs repas, les deux compères se rendent habituellement dans un restaurant tenu par Philidor Tarlé : *Au Vieux Cocher*. Comme la maison n'a pas d'enseigne, Cazals découpe une plaque de tôle et peint dessus un cocher, le fouet à la main. C'est Verlaine qui sert de modèle.

Par moments, il éprouve des envies de repos à la campagne, dans une atmosphère bucolique et pieuse. Il se rappelle l'accueil cordial que lui a réservé, en

344

juin 1885, l'abbé Dewez, à Corbion-sur-Semoy. Or, le prêtre lui a écrit dernièrement qu'il serait heureux de le recevoir. L'occasion rêvée ! Mais l'abbé Dewez, pressenti par Léon Bloy et Huysmans, se dérobe en disant qu'il est gravement malade. Furieux, Léon Bloy envoie au prêtre une lettre d'injures. Celui-ci se plaint à Verlaine, qui, jugeant la démarche de ses amis inconvenante, voire grossière, se brouille avec eux.

Une autre déconvenue lui vient du *Décadent*, qui publie de fausses poésies de Rimbaud et fait passer des informations fantaisistes sur une prétendue sous-cription nationale destinée à élever une statue au poète dans l'enceinte de l'Exposition universelle de 1889. Verlaine et Cazals démentent avec tant d'indignation que la campagne de mystification s'arrête et que le journal consent à donner de vraies nouvelles du mythique Rimbaud : il serait en expédition au Choa, dans le centre de l'Abyssinie. Qu'est-il allé foutre là-bas, parmi des peuplades sauvages ? Du commerce, dit-on. Mais quel commerce ? Trafic d'armes ? Traite des nègres ? Il est capable de tout ! Verlaine hausse les épaules avec une réprobation admirative. Sur cette histoire burlesque se greffe une dispute entre Izambard, Verlaine et Vanier pour la possession de certains manuscrits de l'auteur des *Illuminations*. Ainsi, même absent de la scène parisienne, Rimbaud continue à mener la danse. Pendant qu'il s'adonne à de louches activités en Afrique de l'Est, ici on se querelle autour de ses poèmes, on s'arrache les moindres lignes de son écriture, on le porte aux nues et on le dénigre avec un égal entrain. C'est le plus bel exemple d'une œuvre qui fait son chemin en dehors de la volonté de l'auteur.

Verlaine, au contraire, est résolu à lutter lui-même, pied à pied, pour imposer sa copie. Mécontent de Léon Vanier, qui à son avis le paie chichement et ne sait pas pousser les ventes, il s'est adressé à un autre éditeur, Alfred Savine, à qui il a fait remettre en secret, par Cazals, ses dernières productions. Un contrat a été signé le 15 septembre 1888, pour *Bonheur* et *Histoires comme ça*, et Verlaine a reçu un acompte. Averti de son infidélité, Léon Vanier engage avec lui une escrime subtile qui tourne au désavantage du poète. Entre-temps, Savine se montre de moins en moins pressé de publier *Bonheur* et surtout *Histoires comme ça*, qu'il juge médiocres. Alors Verlaine, estimant que l'imbroglio a assez duré, revient à Léon Vanier, tête basse, et lui confie son recueil de vers à condition qu'il rembourse à Savine l'avance versée au moment du contrat. Le même Léon Vanier s'engage à rééditer *Dédicaces*, d'abord publié par Léon Deschamps, directeur de *La Plume*, au moyen d'une souscription. L'ouvrage, d'un intérêt mineur, se présente comme un ensemble de sonnets en hommage à tous les amis, qu'ils soient rimeurs, romanciers, peintres, journalistes ou médecins, dont Verlaine a eu à se louer.

Ayant réintégré, bon gré mal gré, l'écurie Vanier, il est enfin rassuré pour l'avenir. Tous les éditeurs se valent, pense-t-il. Ce ne sont que des marchands de papier. Du moins a-t-il ses habitudes avec ce Léon Vanier à l'œil rapace et à la moustache en croc, qui le persécute, le paie en rechignant et triche sur ses comptes. Quoi qu'il arrive, celui-là ne le laissera jamais crever de faim. On ne change pas de cheval au milieu du gué. Verlaine est d'autant plus disposé à en rabattre qu'une nouvelle crise de rhumatisme immobilise sa jambe. Condamné à la chambre, il est en outre complètement fauché. Rien dans les poches, et même pas une paire de chaussures convenables s'il veut faire trois pas hors de son lit. Honteux de ses perpétuels quémandages, il implore néanmoins le docteur Jullien de lui venir en aide : « Pourriez-vous me prêter un louis ? Ou alors me fader de vieux souliers, d'une chemise et de deux chaussettes ? [...] Je n'oublie pas les 20 francs que je vous dois. Total, y compris ces 20 francs-ci, s'il vous est possible : 40 francs qui vous seront rendus fidèlement. Je ne suis pas un tireur au cul. » Le docteur Jullien fait mieux que prêter un louis à Verlaine : il obtient son admission, une fois de plus, à Broussais. Sauvé ! À l'hôpital, la débine n'est plus la débine. Tous les malades sont égaux, avec le même bonnet de coton sur la tête et le même urinal à portée de la main.

# XXIII

## LES HÔPITAUX

Salle Parot, lit 1. Logé parmi les « chroniques »,
Verlaine se soumet de mauvaise grâce aux rites
hospitaliers. Ce qu'il supporte le plus difficilement,
c'est, chaque jour, la visite médicale du patron et de
sa cohorte d'assistants et d'élèves. Allant d'un malade
à l'autre, ils ne se gênent pas pour commenter entre
eux ces misères numérotées. On croirait qu'ils passent en revue un cheptel livré à leur bon plaisir.
Certains se montrent même carrément grossiers.
Fiers d'être ingambes et instruits, ils assènent, du
haut de leurs blouses blanches, des formules savantes
aux malheureux qui attendent d'eux la guérison. Le
plus exécrable de tous ces messieurs est l'interne
Grandmaison, bouffi de graisse et de prétention, à
qui Verlaine décoche quelques vers en forme d'*Invectives* :

> *Tu fus inhumain*
> *De sorte cruelle.*
> *Tu fus inhumain*
> *De façon mortelle* [...].
> *Tu fus dur et sec*
> *Comme un coup de trique* [...].
> *Le pauvre à ta voix*
> *Tremblait comme feuille* [...].

*Donc maudis sois-tu,*
*Vil bourreau dodu.*

En revanche, il n'a que gratitude envers le docteur
Chauffard, qui s'occupe personnellement de lui et ne
manque pas une occasion de rappeler aux externes et
internes de son escorte qu'ils ont affaire à un grand
poète. Mme Triollet, la surveillante de la salle Parot,
se met en quatre, elle aussi, pour adoucir le séjour à
l'hôpital de M. Paul Verlaine, cet écrivain dont on
parle dans les gazettes. Peut-être finirait-il par s'ac-
commoder de la monotonie aseptique de ses journées
s'il n'éprouvait le cuisant regret d'être séparé de
Cazals. Rivé à son lit, il ne cesse de penser au jeune
homme fringant qui loin de lui doit voler de
conquête en conquête. Ce farceur n'aurait-il pas une
femme dans sa vie ? Les doutes assaillent Verlaine et
il ne sait comment les exprimer pour ne pas heurter
Cazals, qui en est resté à l'idée d'une simple camaraderie virile. Après avoir tourné sept fois sa plume
dans l'encrier, il lui écrit, le 12 janvier 1889 :
« Pardonne-moi encore une fois [...]. Je suis en effet
jaloux, *jaloux* comme un tigre qui serait un agneau
[...] enragé de notre belle et noble amitié, qui est et
restera ma dernière passion humaine. » Et il compose à son intention une épître, véritable déclaration
d'amour :

*Mon ami, ma plus belle amitié, ma meilleure [...].*
*Elle met dans tout moi le renouveau charmant*
*D'une sève éveillée et d'une âme entrouverte [...].*
*Déployant tout le peu que j'ai de paternel*
*Plus encor que de fraternel, malgré l'extrême*
*Fraternité, tu sais, qu'est notre amitié même*
*Exultant sur ce presque amour presque charnel,*
*Presque charnel à force de sollicitude*
*Paternelle vraiment et maternelle aussi.*

Emporté par son enthousiasme, il invoque Jésus-Christ qui, selon lui, ne peut que serrer contre son cœur

*Ce couple infiniment bénissable d'Amis* [1].

L'isolement et l'indigence où il se trouve aiguisent sa susceptibilité. Edmond Lepelletier ayant publié, dans *L'Écho de Paris* du 12 février 1889, un article indigné sur le sort d'un des plus grands poètes français réduit à traîner, sans ressources, d'hôpital en hôpital, Verlaine prend la mouche et lui reproche vertement sa maladresse. Ne dit-on pas aussi qu'il touche une rente de mille deux cents francs sur le legs Boucicaut, alors qu'il n'a reçu, en tout et pour tout, que cent francs, son cas n'ayant pas été jugé assez intéressant pour une attribution plus importante ?

Sur ces entrefaites, Maurice Barrès lui rend visite et lui offre de régler ses frais de pension dans un hôtel décent, pendant sa convalescence. Cet acte de charité littéraire émeut Verlaine aux larmes et, le 21 février 1889, il quitte Broussais pour s'installer à l'hôtel de Lisbonne (4, rue de Vaugirard), que son bienfaiteur a choisi pour lui. C'est un établissement à la clientèle tout à fait convenable, dont la gérante, Mme Marie Agresch, personne affable mais collet monté, a une passion pour les poètes. Verlaine achève de la séduire en lui offrant, pour sa fête, un sonnet qu'il a, dit-il, « pépié, comme le plus humble des merles ». La table d'hôte, présidée par la patronne, réunit des étudiants, des écrivassiers, des employés et même un ecclésiastique. Le ton de la conversation est d'une dignité exemplaire. Du moins en présence du prêtre et des dames. Tous les mercredis, Verlaine reçoit des amis dans sa chambre. Cependant ses visiteurs sont plus rares qu'auparavant et les boissons qu'il sert limitées au strict minimum. Cazals, qui habite toujours au

1. *Bonheur* (XV).

Grand Hôtel des Nations, vient le voir régulièrement. Mais il n'a plus le même entrain qu'autrefois. Souffrant d'un abcès dentaire, il est devenu irritable à l'extrême. Les disputes pour un rien sont fréquentes et Verlaine se désespère d'être si peu compris par un être qu'il aime tant. Comme Cazals va de plus en plus mal, il le fait admettre, en usant de ses relations, à Broussais.

Dans l'intervalle, il apprend la mort d'un de ses jeunes amis, le poète Jules Tellier, victime de la fièvre typhoïde, comme jadis Lucien Létinois. Ce deuil le rejette dans un passé funèbre. Il compare la gentillesse rustique de Lucien à la joyeuse arrogance de Cazals. Ce dernier s'est encore vanté dernièrement, devant lui, de ses succès féminins. Or, Verlaine est trop tyrannique dans ses affections pour tolérer que l'être aimé reporte son attention, même provisoirement, sur d'autres. Au moindre relâchement des liens, il se croit abandonné, trahi. Tel un gamin capricieux, il pique des colères, profère des insultes, menace, pleure, quitte à regretter aussitôt après ses emportements. Sa constitution est celle d'un enfant déraisonnable, ou plutôt celle d'une femme dominée par ses nerfs. À certains moments, c'est une maîtresse délaissée, désœuvrée, possessive et furibonde qui s'accroche à Cazals et lui demande des comptes. Autour d'eux, quelques bonnes âmes attisent le brasier : « Mon pauvre Cazals, vous fréquentez ce sadique de Verlaine. Votre réputation est faite, vous passez pour l'être [1]. » Et Cazals, rageur, rapporte ces propos à Verlaine qui feint, lui aussi, d'en être blessé. Mais n'est-il pas secrètement flatté de l'empire qu'il paraît avoir pris, aux yeux du monde, sur un jeune homme aussi talentueux et aussi distingué ? De malentendus en réconciliations, leur amitié se main-

1. Lucien Adressy, *La Dernière Bohème.*

tient cahin-caha au milieu des commérages. Les billets que Verlaine adresse à Cazals, toujours hospitalisé à Broussais, sont tantôt des reproches déguisés, tantôt de louches excuses : « Oui, j'ai eu tort et t'ai méconnu un instant et me suis trompé, et je suis plein de dessous, d'arrière-pensées, de colères et de brutalités, avec cela, franc, bon — j'ose le croire du moins : on ne sait pas trop ces choses-là soi-même[1]. »

Cazals est tour à tour agacé et attendri par cette mainmise fiévreuse sur sa personne. Le meilleur moyen d'imposer silence aux mauvaises langues serait de rompre avec Verlaine. Mais, chaque fois qu'il est sur le point de le faire, il recule à l'idée d'une explication définitive. Ainsi, ligoté par la pitié, le respect, l'admiration, il ne peut ni accepter sans révolte cette adoration sénile, ni assener à son vieil ami un coup qui, peut-être, le tuerait. De son côté, Verlaine s'enfonce progressivement dans l'illusion d'une paternité mystique. Il en vient même, lui qui ne possède rien, à rédiger un testament en faveur de Cazals. Ce dernier riposte en faisant la cour aux infirmières : une façon comme une autre de prouver qu'il n' « en » est pas. Et Verlaine se lamente : « Je pleure en t'écrivant. Je ne t'ai plus là. Je suis un corps sans âme. Et je parle, tu sais, si sincèrement. » Pour se « guérir » (le souhaite-t-il vraiment ?), il invite de loin en loin Esther-Philomène. Bientôt, la pudibonde Mme Agresch lui rappelle que les visites féminines de ce genre sont interdites dans l'établissement. Il rogne et grogne, mais renonce à quitter l'hôtel. Le confort avant tout !

À quelque temps de là, le directeur des *Annales gauloises*, le poète-imprimeur Henri Bossanne, désigné par les rédacteurs de la revue, fait le voyage d'Annonay à Paris pour enquêter sur le mode de vie

---

1. Lettre du 10 mai 1889.

de Verlaine. Tant de légendes entourent le poète saturnien ! Est-il véritablement misogyne ? A-t-il une répugnance congénitale pour le corps de la femme ? Préfère-t-il, comme le disent certains, la compagnie des jeunes gens ? Averti de ses intentions, Verlaine reçoit le « délégué » en tenue d'intérieur et lui montre deux dames légèrement vêtues qui se pelotonnent, mutines, dans son lit. Montées clandestinement, elles font au visiteur le meilleur accueil. Henri Bossanne, ravi, se persuade que Verlaine n'est pas, loin de là, insensible au charme du beau sexe et, les deux « Parisiennes » s'étant rhabillées, on va trinquer tous les quatre dans le café le plus proche[1]. Rentré à Annonay, le directeur des *Annales gauloises* rend compte, en vers, de sa mission et Verlaine le remercie par un sonnet :

> *Or, il advint qu'au jour où j'eus le cher plaisir*
> *De vous connaître*
> *J'étais chez moi, rideaux tirés sur la fenêtre,*
> *En manches de chemise et chaussons de loisir,*
> *Avec deux femmes !!!*
> *Et vous : « Ce n'est donc pas CE prince des*
> *[infâmes[2] ! »*

En réalité, le « prince des infâmes » souffre de plus en plus d'être séparé de Cazals. D'ailleurs, les ulcères sont revenus sur sa jambe et, de nouveau, il n'arrive pas à plier le genou. Asticoté par lui, le secourable docteur Jullien, qui ne peut décidément rien lui refuser, le fait hospitaliser à Broussais, dans la salle Lassègue où est soigné son ami. Les retrouvailles, le 8 juillet 1889, ont lieu dans une explosion de joie. Verlaine occupe le lit 31 et Cazals le lit 24. Les autres malades ne sont pas gênants.

---

1. F.-A. Cazals et Gustave Le Rouge, *Les Derniers Jours de Paul Verlaine.*
2. *Dédicaces.*

Et la discipline, pour ces deux hôtes exceptionnels, est très tolérante.

Maintenant qu'il n'est plus « seul » à Broussais, Verlaine apprécie mieux la régularité conventuelle de cette existence en vase clos. Le bruit assourdi du chemin de fer de ceinture, dont la voie longe l'hôpital, marque le début de la journée. À sept heures du matin, les infirmières apportent le bol de soupe matinal et Verlaine ne manque jamais de leur décocher un compliment gaillard. Vers neuf heures, c'est la visite médicale, annoncée par trois coups de cloche. Le docteur Chauffard, « entouré de son état-major d'internes en tablier blanc et calotte de velours, et d'externes en costume de ville », passe de lit en lit. Devant Verlaine, il se plaît à évoquer quelque problème littéraire, tandis que certains internes détournent ostensiblement la tête pour marquer leur dédain envers ce déclassé, cet ivrogne, dont le patron a tort de tant s'occuper. Après le départ des médecins, les malades à peu près valides se lèvent, endossent leur capote bleue réglementaire et circulent, à pas comptés, dans l'établissement. Que le temps soit clair ou pluvieux, Verlaine bourre sa pipe en merisier, fourre un journal dans sa poche et va se promener, avec Cazals, sous les galeries en bois du cloître.

À l'heure du déjeuner, ils remontent tous deux à leur étage. Là, les rations arrivent sur de petits chariots grinçants, à quatre roues, que pousse une fille de salle. On la salue par des galanteries, « dans le but, peu platonique, écrit Cazals, d'en obtenir un surcroît de portions[1] ». Une fois servi, chacun dispose son couvert sur sa table de chevet : assiette massive en terre de fer, carafon de gros vin du Midi et

1. F.-A. Cazals et Gustave Le Rouge, *Les Derniers Jours de Paul Verlaine*.

verre épais marqué aux initiales de l'Assistance publique. Accompagné par la trépiditation et le sifflement des trains, on mange sans véritable appétit cette cuisine sinistre : bouilli insipide ou veau délavé, inévitables fayots et, le vendredi, harengs frais à la sauce moutarde et « colin démocratique ». Bien entendu, on fait des échanges entre malades. Quand il y a discussion, c'est Verlaine qui, en raison de son instruction, est pris pour arbitre. Mais déjà les chariots métalliques roulent de nouveau, à grand bruit, dans les couloirs. L'heure fixée pour le repas est écoulée. Il est temps de desservir. Les retardataires mettent les bouchées doubles et, lorsque la fille de salle réapparaît, c'est à qui la taquinera avec le plus de grivoiserie pour la faire rougir.

Après le déjeuner, Verlaine et Cazals retournent sous les galeries ou dans le jardin et s'y prélassent, devisant, lisant et fumant jusqu'à l'arrivée, à trois heures, des premiers visiteurs. Par faveur spéciale, Verlaine peut accueillir ses amis chaque jour de la semaine alors que, pour les malades ordinaires, cela n'est autorisé que le jeudi et le dimanche. La petite salle Lassègue, aux lits blancs, au parquet ciré, se transforme instantanément en salon littéraire. Les infirmières s'empressent d'apporter quelques chaises de paille pour les dames, les intimes prennent place au bord du lit, des jeunets s'asseyent par terre et la conversation s'allume. Tour à tour, Anatole France, Maurice Barrès, Rachilde, Paterne Berrichon, Huysmans, des poètes inconnus, des journalistes, des camarades de café viennent faire leur cour à Verlaine. Enveloppé dans sa houppelande bleue, il préside à ces étranges réunions en pacha éclopé. Des femmes l'appellent « maître », avec dans la voix un vibrato de déférence. Leurs robes aux couleurs vives, leurs vastes chapeaux à plumes mettent une note de gaieté dans la grisaille de l'hôpital. Et leurs parfums capiteux luttent victorieusement contre les senteurs sévères du phénol et de l'iodoforme. Un jour, une Américaine, amenée par Anatole France, offre à Verlaine une gerbe de magnifiques orchidées. Embarrassé par ce présent, il rince son urinal, l'emplit d'eau claire et y plante le prestigieux bouquet. Le lendemain, il en fait cadeau à la surveillante. Ses amis lui apportent aussi des chocolats, des bonbons, des oranges, du tabac, des livres et même des flacons d'absinthe qu'il dissimule en un tourne-main. Les autres malades observent de loin, les yeux ronds, ces assises de la pensée, comme s'ils assistaient, gratis, à une représentation théâtrale dont le sens leur échappe.

Quand les visiteurs se retirent, chargés, la plupart du temps, de cent missions de confiance auprès des éditeurs et des journaux, Verlaine et Cazals, trompant la surveillance des infirmières, courent siffler un verre chez le mastroquet voisin et reviennent, lestés d'alcool, pour le dîner. Le menu du soir n'est guère plus alléchant que celui du midi. Après une courte récréation, toutes les lumières sont éteintes. Mais, par un privilège dû à sa qualité de poète, Verlaine a droit à une petite lampe à pétrole sur sa table de chevet. Isolé dans ce rond de clarté jaunâtre, entouré de toux et de ronflements, secoué de temps à autre par le grondement d'un train qui passe, il écrit sur le papier à en-tête de l'Assistance publique :

*Je vis à l'hôpital comme un bénédictin* [1].

Parfois, le docteur Chauffard, dont l'indulgence n'a pas de bornes, octroie à sa paire de lascars la permission de l'après-midi ou même de la journée, à condition qu'ils ne boivent que de la grenadine ou du sirop d'orgeat. Aussitôt revêtus de leurs habits de

1. *Limbes.*

ville, ils passent fièrement devant le concierge, font la tournée des éditeurs et des journaux pour se garnir les poches de quelque monnaie et finissent la matinée devant deux belles piles de soucoupes, au café François I$^{er}$. Lors d'une de ces escapades, ils s'offrent un large apéritif en compagnie de Vicaire et de Moréas, puis un plantureux déjeuner chez Vachette. Après le dessert, Verlaine allume un énorme londrès et quitte la compagnie sous prétexte qu'il a une dame à visiter et que Cazals doit faire pour lui certaines démarches auprès des gazettes. Les deux amis, déjà passablement éméchés, conviennent de se retrouver à quatre heures, au François I$^{er}$.

Verlaine est ponctuel au rendez-vous, mais Cazals, retardé par les différentes missions dont il a été chargé, n'arrive qu'à cinq heures. Exaspéré par ce contretemps, Verlaine déclare que, dans ces conditions, il ne retournera pas à l'hôpital. À grand-peine, Cazals le persuade qu'il serait ingrat et malséant de leur part de mécontenter le bon docteur Chauffard en abusant de l'exeat qu'il leur a accordé. Alors Verlaine, qui n'a plus un sou en poche, décide que, par économie, ils rentreront à pied. Et il sort du café en boitant. Arrivés à la hauteur du bal Bullier, ils sont surpris par une averse. La Closerie des Lilas est toute proche. Ils s'y abritent. Que faire dans un débit de boissons si ce n'est consommer ? Au bout d'une demi-heure, la pluie s'arrête et les deux compères repartent vaillamment. Mais, de nouveau, le ciel crève au-dessus de leurs têtes. Une petite brasserie, située à l'angle de la rue Denfert-Rochereau et de l'avenue de l'Observatoire, les reçoit, trempés, jurant et riant. Le patron est un vieil Alsacien. En tant que Messin, Verlaine se croit obligé de fraterniser avec lui devant des verres remplis à ras bord. Cazals le tire par la manche pour l'obliger à se remettre en route. Parvenus au Lion de Belfort, ils courbent les épaules sous un retour furieux du déluge. Une troisième halte dans un bistrot se traduit par des libations supplémentaires. Verlaine, la langue pâteuse, répète en frappant le sol de sa canne qu'il ne « ren-tre-ra-pas ». « Eh bien, lance Cazals, s'il n'en rentre qu'un je serai donc celui-là ! » Et, faisant mine d'abandonner son compagnon, il se dirige vers la porte. Verlaine le rattrape, lui prend le bras et se laisse guider, en maugréant, sous la pluie.

Il est huit heures passées lorsqu'ils atteignent la grille de l'hôpital. Le concierge, goguenard, refuse de leur ouvrir le portail. Il faut de longs pourparlers et de plates excuses pour le fléchir. Enfin, il laisse entrer les deux coupables qui, mouillés jusqu'aux os et recrus de fatigue, se faufilent dans la salle Lassègue, se déshabillent à tâtons et se blottissent dans leurs lits.

Durant ces journées de cohabitation sanitaire avec Cazals, Verlaine savoure les plaisirs conjugués de l'amitié, des soins constants, de la sécurité quotidienne et de la chasteté dans la discipline et la bonne humeur. Il resterait bien encore à Broussais, mais le docteur Chauffard insiste pour qu'il suive une cure à Aix-les Bains, dont les eaux sont tout indiquées dans son cas. Tenté par cette promesse de guérison, Verlaine s'emploie à rassembler l'argent du voyage. Tous les amis, Edmond Lepelletier en tête, sont mis à contribution. Le docteur Jullien envoie cinquante francs à son malade et lui indique les démarches qu'il devra faire dès son arrivée à la station thermale : se rendre d'abord chez le docteur Guilland, médecin à l'hôpital d'Aix, qui, déjà prévenu, l'hébergera la première nuit, puis se présenter aux docteurs Monard et Cazalis qui chercheront un gîte à sa convenance et surveilleront son traitement.

Ainsi encadré, Verlaine ne doute plus d'avoir agi avec sagesse en optant pour la cure. Certes, il est triste de laisser Cazals à Paris, mais la perspective d'un changement de décor, d'un changement de vie, l'espoir d'une résurrection par les eaux, le besoin aussi de respirer l'air revigorant des cimes, tout cela l'excite et le rajeunit. Et puis, que diable, il ne séjournera pas là-bas plus de quelques semaines ! Il écrira à Cazals tous les jours. Et, quand ils se retrouveront, leur amitié n'aura fait que croître et se purifier dans l'absence. Le 19 août 1889, de bonne heure, Verlaine se rend en fiacre à la gare de Lyon.

# XXIV

## UNE CURE À AIX-LES-BAINS

Le voyage est plus long et plus pénible que prévu. Le train s'arrête à chaque gare. Heureusement, les buffets sont bien approvisionnés en spiritueux, surtout aux abords des grands vignobles de Bourgogne. Verlaine déguste, remonte en wagon et somnole. À Mâcon, il doit attendre la correspondance pour Aix. Réfugié dans un café, vers cinq heures du matin, il griffonne un billet à Cazals : « Éreinté [...]. Solitude. Fais-la cesser en écrivant, pas ? Ne serai à Aix que très tard. » Et il trace sur la page un croquis dédié à Lamartine, Mâconnais d'origine, avec cette mention : « Salut de poète à poète. » Après quoi, il retourne à la gare.

Débarqué à Aix en pleine nuit, il n'ose aller sonner à la porte du docteur Guilland, comme le lui a conseillé le docteur Jullien, et, par économie, plutôt que de chercher une chambre d'hôtel, préfère se réfugier dans un café à musique où, écroulé sur une banquette, il s'endort. Réveillé à six heures du matin, il écrit encore à Cazals : « Ami, va au Chat [*Le Chat noir*] et dis qu'on m'envoie *vite* un mandat. Pôvre, ainsi que tout. T'écrirai quand timbre (envoie). Vais me débrouiller (6 h du matin !). Surtout écris-moi. Évidemment Hôp[ital]. Et te serre la main. »

Après une courte promenade pour s'aérer le cerveau, il se présente dans un hôtel et demande une chambre. Mais, devant cet individu aux vêtements fripés, aux souliers boueux et à la face de brigand mongol, la gérante, glacée de méfiance, répond que l'établissement est complet. Puis, comme Verlaine, sans l'écouter, lui tourne le dos et s'engage d'autorité dans l'escalier, elle appelle le commissaire de police. Celui-ci accourt et interroge le nouveau venu d'un ton menaçant. Alors Verlaine tire de sa poche les lettres de recommandation dont il a pris soin de se munir. L'effet est immédiat : le commissaire de police et la gérante se confondent en excuses devant cet hôte de marque qu'ils avaient pris pour un voleur. Le commissaire pousse même la bienveillance jusqu'à accompagner Verlaine, dans sa voiture, au domicile du docteur Guilland, lequel, ravi, prie le voyageur à déjeuner et lui offre une chambre pour la nuit en attendant un arrangement avec l'hôpital.

Dans l'après-midi, Verlaine se rend chez le docteur Cazalis, déjà prévenu par le docteur Jullien et Stéphane Mallarmé. Ne l'ayant pas trouvé à la maison, il lui laisse un message laconique : « Un poète, Verlaine, sollicite une entrée à l'hôpital d'ici (Dr Jullien m'a recommandé !). Puis-je vous voir ? Quand ? Où ? Je crois à l'hôpital, car pauvre infiniment. Je me présente néanmoins chez vous et m'autorise d'un mot de Mallarmé. D'ailleurs nous nous sommes vus autrefois [1]. » Le docteur Cazalis est lui-même poète et publie sous le pseudonyme de Jean Lahor ou de Jean Caselli. Dès son retour, il lit le billet de Verlaine, se précipite sur ses traces à travers la ville et, l'ayant découvert, lui déclare avec enthousiasme qu'Aix-les-Bains est fier de sa venue, que la place d'un si grand

1. Léon Binet et Pierre Vallery-Radot : « Verlaine à Aix-les-Bains », *L'Expansion scientifique française*, 1958 ; cité par Pierre Petitfils, *Verlaine*.

362

écrivain n'est certainement pas à l'hôpital et qu'il se débrouillera pour lui obtenir un hébergement gratuit dans quelque hôtel honorable. Aussitôt, il organise une collecte parmi les curistes les plus huppés pour procurer au « grand Verlaine » une chambre en ville.

Tout heureux de cet accueil, Verlaine doit cependant, le lendemain de son arrivée, affronter une nouvelle qui le navre : son vieil ami Villiers de L'Isle-Adam, écrivain pauvre comme lui et animé d'un bel idéalisme mystique, est mort dans la nuit du 18 au 19 août 1889. On l'a enterré au cimetière des Batignolles où reposent, dans le caveau de famille, ses parents à lui. « Cette coïncidence dans la mort (ou tout comme, car au fond je suis une façon de mort) après ces similitudes dans la vie, misère, insuccès, mêmes croyances, maladroitement mises en œuvre avec la même bonne volonté, ne peut manquer de te frapper et d'en frapper d'autres », écrit-il, le 24 août 1889, à Cazals. Deux jours plus tard, au même : « Je repense à Villiers et à ce que j'en disais autrefois. Certes, sa vie fut plus digne que la mienne, mais pas plus fière au fond. J'ai fait plus d'efforts que lui et je fus — hélas ! *je fus !* — un chrétien plus logique. Mes chutes sont dues à quoi ? Accuserai-je mon sang, mon éducation ? Mais j'étais bon, chaste [...]. Ah ! la boisson qui a développé l'acare, le bacille, le microbe de la Luxure à ce point en ma chair faite pour la norme et la règle. » Et, pour finir, cet aveu capital : « Je suis un féminin — ce qui expliquerait bien des choses !! »

À présent, grâce aux démarches du docteur Cazalis, il est installé à la pension Héritier, route de Mouxy, près de l'établissement thermal. Dans sa chambre, très simple, meublée d'un lit, d'une table et de deux chaises, il a fixé, autour de la glace de la cheminée, trois portraits de Cazals, un de Lucien Létinois, un du peintre Marius Michel et deux de lui-même, l'un « en calotte et pince-nez » et l'autre où il est endormi, « tel Booz ». À la table d'hôte, tous les clients, hommes et femmes, sont gens de bonne compagnie. On surveille sa santé en devisant de tout et de rien, sans jamais élever la voix. Cette existence patriarcale incite Verlaine à vouloir, lui aussi, s'acheter une conduite. Dès qu'il a respiré l'air des montagnes aixoises, il s'est senti renouvelé de l'occiput aux orteils. « Un sérieux étonnant vient de se faire en moi, déclare-t-il à Cazals. Je vais prier pour nous, efficacement, je crois bien. Je vais travailler [...]. Je le répète, il y a du mieux moral en moi. Est-ce définitif ? Eh bien, *oui !* Je pense que ton amitié, ta sérieuse et si méritante affection filiale et fraternelle sera heureuse de cette bonne nouvelle : ma résurrection intellectuelle, ma Naissance vraie après toute cette lamentable " fausse couche " [...]. Je te dis, je suis le vrai moi, maintenant. Plains le faux qui est mort. Sois exquis en m'écrivant tout le temps [1]. »

Pour s'entretenir dans cet état d'esprit raisonnable, il se rend régulièrement à la messe le dimanche, prie avec ferveur parmi une assistance où les « gens bien mis » et les mondaines côtoient de rudes paysans, lit des livres de piété. Tôt le matin, c'est la douche. « On se met nu comme un ver et on entre dans une piscine où deux solides gaillards vous prennent, vous assoient sur un tabouret et allez-y de deux puissants jets d'eau à 35 degrés, légèrement sulfureuse et chaude de source [...]. Après un quart d'heure de ces exercices, vous vous mettez debout et on vous lance un jet d'eau devant, derrière et de côté sur la partie malade. Un jet d'eau à vous renverser si on ne se cramponne pas à des choses aux murs, là exprès. Après, on va dormir ou se reposer. »

1. Lettre du 21 août 1889.

La promenade qui suit la sieste fait également partie de la cure. Marchant à petits pas dans les rues en pente ou à travers le parc, Verlaine admire « les montagnes sourcilleuses d'alentour », « avec des cimes qui flânent au-dessus des nuages ». Tout, dans ce pays accidenté, lui plaît et l'amuse. « Bérets, chariots tirés par des vaches. Patois italien. Gens très bons ou paraissant tels [1] », écrit-il encore à Cazals. Et il déplore d'être trop serré dans son budget pour prendre l'omnibus jusqu'au lac du Bourget, chanté par Lamartine. En tout cas, c'est sans regret qu'il a renoncé aux apéritifs. Jamais il n'a été aussi propre intérieurement et extérieurement. Grand air, hydrothérapie et religion, voilà, pense-t-il, le triple secret de la bonne santé du corps et de l'esprit ! Les médecins locaux le félicitent de sa sagesse. Il bavarde volontiers avec eux et le docteur Guilland le présente au Cercle, où il reçoit un accueil chaleureux. Sa candeur est telle qu'il n'en revient pas d'être célèbre loin des cafés de Paris !

Le sculpteur Jean Boucher, à qui il rend visite, tient à exécuter son buste. Ce n'est pas la première fois que Verlaine pose. Son visage, tout en bosses et méplats, attire irrésistiblement les artistes. La même année, un Suisse de vingt-six ans, Auguste Rodo de Niederhausern, a modelé maintes effigies de lui, plus ou moins fidèles [2]. Mais, en fait de statue, c'est surtout celle de Ganymède, dans le parc d'Aix, qui l'émeut. Ce pâtre adolescent de la mythologie grecque, remarqué par Zeus, est représenté dormant sur le dos de l'aigle qui doit l'enlever. « Tête fine, cheveux bouclés, retombant, corps fluet, mais au point [3] »,

1. Lettre du 26 août 1889.
2. Ces études ont servi à Rodo de Niederhausern pour l'horrible monument à Verlaine qui sera érigé, en 1911, dans le jardin du Luxembourg.
3. Lettre du 29 août 1889.

note Verlaine, en connaisseur, à l'usage de Cazals. Dans une autre lettre, il avoue qu'un très jeune garçon, aperçu à Aix, le trouble par son apparence séraphique. « Il y a une quinzaine d'années, je rêvais souvent d'un petit ami, neuf à dix ans, conseiller en même temps que camarade de jeux [...]. Et de quelle amitié virile nous nous aimions ! [...] Et ce petit Jésus du Temple, ce petit Louis XVII au Temple me conseillait [...]. C'est drôle qu'à cette époque-là Létinois, que je ne connaissais pas, avait un peu plus de cet âge, que toi, inconnu plus encore et venant de plus loin (côté des anges), avais cet âge aussi. Le petit d'ici m'a rappelé tout *Cela*, qui est " bête " mais si frais, mon Dieu[1] ! »

Déjà, la saison thermale tire à sa fin. Le temps est à la pluie. Les hôtels se vident de leurs clients étrangers, Anglais ou Italiens pour la plupart. Verlaine constate que la cure n'a guère amélioré son état, mais il veut croire qu'un traitement d'appoint, à Paris, achèvera de le remettre. Au dos d'une carte postale où un curiste est aux mains de deux masseurs, il écrit :

> *On m'a massé comme un jeune homme,*
> *Ut, ré, mi, fa, sol, la, si, ut !*
> *Et douché fallait voir ! Mais comme*
> *Cela ne m'a pas guéri, zut*[2] *!*

Soudain, il a hâte de fuir ce pays devenu humide, aux rues maintenant désertes et aux montagnes embrumées. Cazals lui ayant envoyé le mandat dont il a besoin pour acheter son billet de retour, il lui fixe rendez-vous le dimanche 15 septembre, à onze heures et quart, au débarcadère de la gare de Lyon. Pour

---

1. Lettre du 14 septembre 1889.
2. Cf. G. Zayed, *Charles Morice* ; cité par Pierre Petitfils, *Verlaine*.

renouer avec les bonnes habitudes, les deux amis déjeunent chez la mère Allermoz, rue Moreau, prennent le café chez Chauzy et vont ensemble au *Chat noir* et au *Figaro*.

Le lendemain, Verlaine retrouve son lit 31 dans la salle Lassègue, à Broussais. Cazals, lui, a entretemps quitté l'hôpital. Privé de son voisinage, Verlaine n'a plus le moindre plaisir à cette existence de reclus. D'autant que son ami n'estime pas utile de le visiter régulièrement. Que s'est-il donc passé dans l'intervalle ? Avec tristesse, Verlaine devine que Cazals cherche à s'éloigner de lui pour éviter de se compromettre davantage. Sans doute les effusions sentimentales de son vieux compagnon lui tapentelles sur les nerfs. Il a peur de se laisser entraîner, de concession en concession, à une liaison que Verlaine voudrait sublime et que le brave garçon juge louche. Comme tous les non-initiés, il se méfie des apparences, il recule devant le qu'en-dira-t-on, il se révèle timide sous des airs bravaches. Quand Verlaine lui a annoncé qu'il comptait lui dédier une ballade, dont le refrain serait : *Prince de l'Homme et de la Femme*, il l'a prié de s'abstenir. De même, il n'apprécie guère d'avoir été inclus dans une série de portraits amicaux sous le titre *Gosses, mômes monoclés*. Rien que le mot « gosse », avec sa nuance de souriante affection, l'horripile. Bien sûr, il y a loin de ce léger retrait à une franche animosité. Aucun rapport avec l'attitude de certains confrères de Verlaine qui le haïssent et le méprisent ouvertement. Leconte de Lisle, lui aussi hospitalisé à Broussais, mais dans une autre salle, ne décolère pas d'avoir ce gueux pour voisin : « Ah ! il vit toujours, celui-là ! s'écrie-t-il. Il ne mourra donc jamais ! Pourvu que ce ne soit pas sur un échafaud ! » Edmond de Goncourt traitera le poète de « cynique », lui reprochera sa pédérastie et affirmera même qu'au dire de Coppée il sent « la cage d'oiseau mal tenue, pas nettoyée[1] ».

D'autres, en revanche, trouvent un charme pittoresque à son refus des conventions et à sa misère. Leur engouement se fortifie lors de la parution presque simultanée, à la fin de 1889, d'une réédition de *Sagesse* et d'un nouveau recueil : *Parallèlement*. Si *Sagesse* bouleverse le public par la naïveté de son élan religieux, *Parallèlement* le scandalise par son impudeur. Mais tout Verlaine est dans ce va-et-vient entre le profane et le sacré. Dieu et le diable, selon les jours, se partagent sa chair et son âme. Rien de ce qui procure la jouissance n'est condamnable. Forniquer, d'une façon ou d'une autre, n'est-ce pas encore louer le Seigneur pour l'excellence de sa création ? Au vrai, c'est la sincérité de ces poèmes, dans leur grâce comme dans leur violence, dans leur érotisme comme dans leur tendresse, qui fait l'extraordinaire valeur du livre. Emportées par la musique du verbe, fleurs et déjections sont également admirables.

Comme s'il ne pouvait se dispenser de revenir constamment en arrière, Verlaine commence, dans *Parallèlement*, par crier sa haine à l'égard de Mathilde, responsable de tous les maux dont il souffre : « Cocodette un peu mûre », « petite oye » écrivant des « lettres bêtes », « veuve mal morose », « coquine détestable ». Puis il célèbre les amours saphiques, rend hommage aux filles qu'il a connues, avec leur chevelure flambante et leur peau chaude, évoque des souvenirs de prison, de vagabondages rimbaldiens, de rêveries androgynes. S'adressant au graveur Félicien Rops auquel il commandait un frontispice pour le volume[2], Verlaine écrivait, dès le début de l'année 1888 : « Vous y trouverez je pense

---

1. *Journal*, 19 mai 1892.
2. L'idée du frontispice fut, par la suite, abandonnée.

ce que j'ai voulu y mettre, un homme qui est moi parfois — tout rond, tout franc dans son vice, si l'on veut — tellement c'est sincère, et comme gentil à force d'être sincère, sans surtout nul sadisme. » Il avait confié de même à Edmond Lepelletier : « Un recueil tout à fait profane [...] et même assez roide [...] amusant, je crois[1]. » Et aussi : « Un autre [livre] tout prêt, assez hardi, comme orgiaque, sans trop de *mélancolie*[2]. » Tiré à cinq cents exemplaires, l'ouvrage se vend bien, à cause précisément de son caractère licencieux. Mais Verlaine n'y a pas inséré certains poèmes encore plus osés. Paterne Berrichon, mis dans la confidence, les propose à l'éditeur belge Kistemaeckers, qui accepte de les publier sous le manteau. C'est une galerie de tableaux galants où figurent quelques anciennes maîtresses de l'auteur. Comme il fallait s'y attendre, le volume, intitulé *D'auculnes* et signé par un certain Pablo de Herlagnez, pseudonyme déjà utilisé vingt ans plus tôt, est saisi par la police et le tirage envoyé au pilon[3].

En tout cas, la réputation d'élégante luxure qui entoure maintenant Verlaine lui vaut l'amitié et la protection du comte Robert de Montesquiou. Ce prestigieux seigneur, raffiné, impertinent, névrosé et décadent, compte déjà parmi ses familiers Mallarmé, Heredia, Bourget, Huysmans... On chuchote qu'il a des mœurs très spéciales[4]. Le rôle de son secrétaire particulier, d'origine péruvienne, Gabriel Yturri, dit « de Yturri », apparaît plus que louche. Poète à ses moments perdus, le comte de Montesquiou raffole

1. Lettre du 26 octobre 1887.
2. Lettre du 28 novembre 1887.
3. Plus tard, le livre sera réimprimé en Angleterre sous le titre : *Femmes*.
4. Marcel Proust s'inspirera de lui pour camper le personnage du baron de Charlus dans *À la recherche du temps perdu*.

des fleurs, des bibelots rares, des musiques subtiles et des teintes tendres. Il est attiré par Verlaine et le range d'emblée parmi ceux que sa grande fortune lui permettra de secourir. Rien n'est plus doux à son cœur de mécène que ce sentiment d'admiration nuancée de pitié.

Une si noble recrue dans le clan de ses partisans réconforte Verlaine, mais ne le comble pas. En effet, une grave blessure d'amour-propre lui est bientôt réservée. *L'Écho de Paris* ayant organisé un concours de poésie doté d'un prix de mille francs, il se dépêche d'envoyer au journal un long poème, composé à Aix et intitulé *France* :

> *L'amour de la patrie est le premier amour*
> *Et le dernier amour après l'amour de Dieu.*

Un bon Français, dit-il, doit être prêt à mourir pour son pays, même si la République dépravée ne mérite pas un tel sacrifice. En dépit de cette réserve finale, l'inspiration du morceau est si farouchement patriotique, civique et claironnante que Verlaine est sûr de recevoir la palme. Cela d'autant plus que, dans le jury présidé par Théodore de Banville, siègent nombre de ses amis : Mallarmé, Armand Sylvestre, Catulle Mendès... Connaissant sa misère, ils ne peuvent lui refuser cette manne de mille francs ! D'après le règlement, cinq suffrages sont requis pour être couronné. Verlaine n'en obtient que quatre. Mallarmé tente de corriger l'affront en faisant mettre l'auteur hors concours avec un prix spécial de cinq cents francs, mais on lui objecte que les manuscrits doivent rester anonymes. Le lauréat est un certain Ephraïm Mikhaël, avec son *Florimond*. Ulcéré, Verlaine subodore derrière cet échec un complot ourdi contre lui par Leconte de Lisle, Catulle Mendès et le journaliste Bertol-Graivil, qui le déteste et a incité le jury à punir le poète parce que l'homme serait « une sale bête [1] ».

La « sale bête » se morfond toujours à Broussais. Cazals ne vient plus que de loin en loin, comme s'il craignait la contagion de la pédérastie. Mais, heureusement, Verlaine reçoit d'autres visites qui lui remontent un peu le moral. C'est ainsi que, le 9 janvier 1890, il voit arriver deux jeunes inconnus, perclus de respect, André Gide et Pierre Louÿs, âgés d'une vingtaine d'années. Ils s'aventurent ici comme ils iraient au zoo : par curiosité. « Un visage socratique à un point inouï, racontera Pierre Louÿs. Des yeux de faune, très obliques, un front énorme, une barbe inculte, longue, poussant jusque sous les yeux, mais très rare sous le menton. Voilà ce qui me frappa tout d'abord. Puis, je regardai tout autour. Quelle misère ! Sur un lit de fer, des draps grossiers et sales, et, au fond, adossé sur un oreiller presque vide, et lisant *L'Intransigeant*, il avait sur la tête un bonnet de coton pâle d'où tombaient sur un gros cou des mèches droites de cheveux gris, et, sur le corps, une chemise en grosse toile, marquée de majuscules noires H (Hôpital) B (Broussais). La chemise, entièrement ouverte par-devant, laissait voir sa poitrine velue, grise et grasse [2]. » Verlaine parle aux deux visiteurs de ses travaux, de sa conception de la poésie, de ses soucis de santé, et ils se retirent émus, avec l'impression d'avoir vécu des minutes historiques.

Le 19 février 1890, Verlaine quitte à nouveau Broussais et trouve à se loger à l'hôtel des Mines, 125, boulevard Saint-Michel. La maison est relativement paisible. Il y reçoit encore, le mercredi, de rares compagnons de lutte. Et, sa jambe allant un peu mieux, il se permet des sorties : chez Mallarmé, rue

1. *Invectives* (XVI).
2. Pierre Louÿs, *Vers et prose*.

de Rome, au Soleil d'Or, au Procope, au François Iᵉʳ. C'est à ce moment-là qu'Esther-Philomène reparaît dans sa vie. Ne pouvant compter sur l'affection de Cazals, qui ne vient plus guère le voir, il accueille avec gratitude cette femme cajoleuse et autoritaire. Elle connaît ses caprices en matière d'amour et les satisfait à ses heures, tout en continuant à écumer le macadam. Dès le début de leur liaison, elle lui demande de rompre avec Cazals, qu'elle exècre. Pourquoi s'intéresse-t-il à cet homme qui n'est même pas son « mignon » ? Définitivement déçu par celui qui fut son grand ami, Verlaine le prie, par une lettre très sèche, de lui restituer les livres, autographes et photographies dont il est le dépositaire. La rupture est consommée sans regrets de part ni d'autre. D'ailleurs, Verlaine n'a plus un sou. Force lui est de retourner à l'hôpital. Cette fois, ce sera Cochin, dans le faubourg Saint-Jacques. Il s'y installe le 19 juin 1890.

À peine s'est-il familiarisé avec les lieux qu'il reçoit une lettre d'un étudiant originaire de Nancy, Jules Nathan (dit Jules Rais), lequel aurait fait ses humanités à Janson-de-Sailly. Poursuivi par la pensée de son fils, dont on lui cache toujours l'adresse, il convoque l'inconnu avec l'espoir que celui-ci a rencontré Georges au lycée. La démarche se révèle infructueuse, mais Verlaine prend plaisir à bavarder avec le visiteur en se promenant dans le jardin de l'hôpital. « Il allait, battant les buis de sa canne, écrira Jules Rais, très grand, très raide, avec cette allure martiale héritée du capitaine de génie qu'était son père et qui, dans cet invalide, contrastait avec son bonnet de coton [1]. »

Peu après, Verlaine quitte Cochin pour l'Asile national de Vincennes. Puis, c'est le retour à Brous-

---

1. Jules Rais, *Dernières Lettres inédites de Verlaine* (tirages à part de *La Revue des vivants*, 1923) ; cité par Pierre Petitfils, *Verlaine*.

sais, toujours salle Lassègue. L'occupant du lit qu'on lui destine (le 27 *bis*) vient de passer l'arme à gauche. On emporte le cadavre, enveloppé dans un drap, sur une civière à roues. Et Verlaine constate, avec une ironie funèbre, qu'il lui faut entrer dans le lit « encore tout froid » du mort. Par chance, un de ses amis, Fernand Langlois, un peintre aussi décavé que lui, atterrit dans le lit voisin. Verlaine affirme que ce long garçon squelettique a dû naître « du mariage inces-tueux d'une sole frite et d'une canne à pêche [1] ». Le nouveau venu ne manque pas d'idées. Au cours d'une conversation, il suggère à Verlaine de publier un choix de ses meilleurs poèmes en dehors de Vanier, chez Fasquelle par exemple. Aussitôt, Verlaine envoie Félicien Champsaur chercher, sous un faux prétexte, un exemplaire de chacun de ses ouvrages dans la réserve de Vanier. Entre-temps, il reçoit la visite d'Eugène Carrière qui veut faire son portrait. Le tableau est brossé en une séance. Sur la toile aux tons bruns, le masque du poète s'impose avec une intensité mystérieuse, dans un halo de brume. C'est moins une effigie réaliste qu'une apparition de l'au-delà. En la contemplant, Verlaine voit surgir son fantôme. « Carrière m'a fait en Christ à bout d'ha-leine », dit-il en riant. Mais il n'est pas mécontent du résultat.

Malgré toutes les précautions prises, Léon Vanier est vite mis au courant du projet relatif au *Choix de poésies*. Bien entendu, il s'indigne de ce qu'il appelle une trahison. Selon lui, il a des droits sur toute l'œuvre de l'auteur et déjà il brandit la menace d'un procès. Aussi, dès sa sortie de l'hôpital, Verlaine se précipite chez lui pour régler l'affaire. Les deux hommes se disputent à grands cris sans parvenir à un accord. En quittant le bureau, Verlaine, ivre de rage,

1. Cf. G. Le Rouge, *Verlainiens et Décadents*.

fait des moulinets avec sa canne et jure d'estourbir un jour cette crapule qui le vole. Dans la rue, il se heurte à Cazals et, oubliant leur brouille, lui fait part de son différend avec l'éditeur. Imperturbable, Cazals lui recommande d'aller de l'avant, sans se préoccuper des vociférations de Vanier. Le conseil se révèle judicieux et Fasquelle, flairant la bonne combine, signe un contrat le 20 décembre 1890. Le volume, comportant trois cent soixante pages, sera illustré d'une lithographie de Carrière et paraîtra en librairie au mois de juin 1891. Ce sera le premier succès de vente du poète.

Avec cette anthologie de son œuvre, Verlaine a soudain l'impression d'asseoir sa renommée auprès de la postérité. Mais sa vie quotidienne n'en est guère améliorée. En quittant l'hôpital Broussais, il a tellement peur de la solitude qu'il s'installe à l'hôtel de Montpellier (18, rue Descartes) où Esther-Philomène a une chambre. L'établissement, d'allure louche, est géré par un certain Lacan, dit l'Américain, qui est aussi le souteneur attitré de la belle. Heureuse d'avoir repris en main M. Paul, Philomène n'en continue pas moins à vendre ses charmes aux passants. Sans doute met-elle même les bouchées doubles dans l'exercice de son métier, car Verlaine finit par en concevoir de l'ombrage. Pour la punir, il s'affiche avec des filles faciles du Quartier latin. Mais, comme elle ne manifeste aucune jalousie, il se lasse de ces aventures sans lendemain et revient, tout penaud, sous la domination de sa maîtresse.

Là-dessus, une crise de rhumatisme au poignet gauche l'oblige à retourner à l'hôpital. Cette fois, il échoue à Saint-Antoine, salle Bichat. Il s'accommoderait très bien de ce nouveau refuge si un de ses voisins de lit, un légionnaire d'Afrique aux grosses moustaches, ne s'obstinait à le traiter de « ratichon », parce qu'il l'a entendu parler de Dieu avec le médecin-chef. Mais un désagrément plus grave lui est réservé pendant ce séjour. Invité par Moréas à présider, avec Mallarmé, un grand banquet qui aura lieu au restaurant Marguery le 2 février 1891, le carton qu'il reçoit annonce la seule présidence de Mallarmé. On ne l'a pas jugé digne d'un tel honneur ! On a voulu l'humilier ! Peut-être même lui donner une leçon ! Il proteste auprès de Moréas et de Mallarmé. De toute façon, il n'ira pas à cette cérémonie grotesque ! Pour atténuer l'affront, Mallarmé, à l'heure des toasts, lève son verre à la santé du « cher absent Verlaine ». Par ce banquet, les organisateurs prétendent fêter l'enterrement du symbolisme et la naissance de l' « école romane », placée sous le signe de la clarté, de l'équilibre et de la perfection formelle. D'autres « écoles » naissent dans la confusion, et Verlaine raille sans ménagement cette stupide frénésie esthétique :

> À bas le symbolisme, mythe
> Et termite, et encore à bas
> Ce décadisme parasite
> Dont tels rimeurs ne voudraient pas !
> À bas tous faiseurs d'embarras !
> Amis, partons en caravane.
> Combattons de taille et d'estoc !
> Que le sang coule comm' d'un broc
> Pour la sainte école romane [1] !

Et encore :

> Ghil est un imbécile. Moréas
> N'en est foutre pas un, lui, mais hélas !
> Il tourne, ainsi que ce Ghil, « chef d'école »
> Et cela fait que de lui l'on rigole [2].

1. *La Ballade de l'École romane (Invectives).*
2. *Conseils (ibid.).*

En ce qui le concerne, sa religion est faite : un poète ne doit s'enrôler dans aucun groupe littéraire, ne se réclamer d'aucun maître, n'obéir qu'aux battements secrets de son cœur :

> Chef d'école au lieu d'être tout de go
> Poète vrai comme le père Hugo,
> Comme Musset et comme Baudelaire,
> Chef d'école, au lieu d'aimer et de plaire[1].

Même les jeunes gens qui gravitent autour de lui et l'encensent à longueur de journée l'exaspèrent. Il les soupçonne de se moquer de lui et de comploter derrière son dos. « Il y a d'affreux jeunes, décidément prouvés faux, *laudatores proesentis*, bêcheurs de l'absent, à tous vents, et aussi bien pour vous aujourd'hui qu'hier pour moi, écrit-il à Jean Moréas. Faudrait s'entendre par-dessus la tête de ces gens-là, puisqu'on ne peut pas s'en débarrasser et qu'au fond ils nous peuvent être utiles[2]. » Il en reçoit pourtant quelques-uns, à Saint-Antoine, de ces « jeunes-z-amis qui ont l'air un peu trop de se foutre de nous », sous des airs de dévotion artistique.

Mais ce sont surtout les visites féminines qui le ravissent. Et parmi elles, bien sûr, celles de la chère Philomène. Elle arrive vêtue comme pour la messe, avec un grand chapeau, des gants, un réticule, une voilette. À la voir si digne, personne ne pourrait imaginer qu'elle est une habituée des trottoirs parisiens. Chaque fois, elle apporte un petit cadeau, fleurs ou friandises, à *son* malade. Et elle l'embrasse devant ses compagnons de chambrée, tout ébahis de la chance du « ratichon ». Attendri par la sollicitude de Philomène, Verlaine songe sérieusement à se mettre en ménage avec elle dès sa sortie de l'hôpital : « Verras (verrat) comme vais vivre sauvage avec ma

1. *Conseils (Invectives).*
2. Lettre du 27 janvier 1891.

femme, écrit-il à Cazals le 28 janvier 1891, et quel chouette ménage, et que je vais travailler et me sortir d'affaire, avec le moins de rapports possible dans le monde littéraire. »

Cazals est bien placé pour le comprendre, car lui-même vit, depuis peu, en concubinage avec une jeune femme de trente ans, Marie Crance[1], qui a été blanchisseuse et a eu un enfant (Fernand Crance) de son patron, un ancien capitaine d'artillerie. Mais Marie Crance, malgré son « péché » de jeunesse, est une personne droite, gaie, saine et au total vertueuse. Philomène n'a certes pas toutes ces qualités. Bah ! elle en a d'autres. Au lit notamment. Verlaine se dit même parfois qu'à force d'amour et de patience il obtiendra qu'elle renonce à la prostitution. Ce qui l'étonne, c'est que, grâce à elle, il ait retrouvé le goût de la femme. Maintenant, les garçons qu'il a l'occasion de rencontrer le laissent froid. Toujours ce mouvement de pendule entre les deux sexes. Pourtant Philomène n'est pas une beauté. Grande fille râblée, au visage frais mais vulgaire, au regard hardi, elle parle avec l'accent des Ardennes, rit très fort et a des façons de poissarde. Ces défauts sont compensés, aux yeux de Verlaine, par une gentillesse et une simplicité reposantes. Peu importe qu'elle ait la cuisse accueillante et qu'elle répète à tout bout de champ qu'un sou est un sou. Et puis, il a eu tant de déboires avec sa première femme que Dieu ne peut lui en réserver autant avec celle-ci. Bien au contraire, dans la logique du Seigneur, la joie doit succéder à la peine, la réussite à l'échec.

Fort de cette conviction, en quittant l'hôpital Saint-Antoine le 6 février 1891, Verlaine retourne à l'hôtel de Montpellier, où Philomène et son souteneur l'attendent de pied ferme.

---

1. Il l'épousera en 1912.

# XXV

## ENTRE PHILOMÈNE ET EUGÉNIE

Protecteur de Philomène, Lacan prétend être aussi celui de Verlaine. Il est fier que sa « femme » ait un amant de cette importance. S'il gagne du fric grâce au commerce galant qu'elle exerce, il gagne de la notoriété grâce aux rapports qu'elle entretient avec le poète. Dans les bars, où il coudoie d'autres souteneurs, il affiche pour lui un profond respect : « Monsieur Verlaine est un grand écrivain, répète-t-il. Et si jamais quelqu'un s'avisait d'y toucher, c'est à moi qu'il aurait affaire. Bien des fois, sans qu'il s'en doute, il m'est arrivé de le suivre à une vingtaine de pas en arrière, pour lui éviter une mauvaise rencontre quand il revenait, à une heure avancée, de son café à son hôtel[1] ! » Par naïveté ou par commodité, Verlaine accepte cette complaisance du couple à son égard. Se déplaçant avec peine, il charge volontiers Philomène-Esther de démarches auprès de son éditeur et des journaux. Elle les accomplit avec empressement, car elle sait que plus il touchera de « pognon », plus elle pourra lui en soutirer. Il s'émerveille de son obligeance et elle de sa jobardise.

1. F.-A. Cazals et Gustave Le Rouge, *Les Derniers Jours de Paul Verlaine.*

Entre elle et Lacan, il a l'impression agréable d'être à la fois dans un lupanar et en famille.

De plus en plus, les gazettes s'intéressent à ce hors-la-loi génial. En mars 1891, le journaliste Jules Huret, menant une enquête sur « l'évolution littéraire », lui donne rendez-vous au François I$^{er}$ et lui demande, à brûle-pourpoint, ce qu'il pense du symbolisme. À cette question, le regard de Verlaine étincelle sous ses gros sourcils en broussaille et il s'écrie : « Le symbolisme ?... Comprends pas... Ça doit être un mot allemand... Ils m'embêtent à la fin, ces Cymbalistes, eux et leurs manifestations ridicules !... À présent, on fait des vers à mille pattes ! Ça n'est plus des vers, c'est de la prose, quelquefois même ce n'est que du charabia... Et surtout, *ça n'est pas français*, non, *ça n'est pas français !* On appelle ça des vers rythmiques ! Mais nous ne sommes ni des Latins ni des Grecs, nous autres ! Nous sommes des Français, sacré nom de Dieu ! » Avec autant de véhémence, il démolit les décadents, les transcendantaux, tous les faux poètes qui cherchent midi à quatorze heures au lieu de s'abandonner à la simple musique de la confidence. Entraîné par le même esprit de bravade, il tient devant un autre journaliste, envoyé par *La Vie parisienne*, des propos étranges sur la grandeur des amours socratiques. Ainsi, bien qu'attaché à Philomène, il se souvient avec gratitude de ses relations orageuses avec Rimbaud, de son adoration équivoque pour Lucien Létinois, de sa passion jugulée pour Cazals. Au vrai, quelle que soit la nature de sa liaison, il se retrouve avec des nerfs de femme, tantôt devant une autre femme, tantôt devant un homme qui le domine, l'humilie et le comble. À son interlocuteur ébahi, il avoue avoir commis tous les péchés capitaux et être digne de l'enfer malgré ses aspirations au Ciel. Edmond de Goncourt rapportera ce constat désabusé de l'auteur de *Sagesse,* mais aussi de *Femmes* et de *Hombres* : « Heureux, moi ? Les femmes que j'ai aimées m'ont trompé avec des hommes et les hommes que j'ai aimés m'ont trompé avec des femmes[1]. »

Si *Femmes* est un hymne délirant à la chair féminine, à ses rondeurs, à ses odeurs, à ses secrets, *Hombres* est une prière haletante adressée au « cul » des jeunes gens, « fleur de joie et d'esthétique ». Dans ce recueil qui ne paraîtra, sous le manteau, qu'après sa mort[2], Verlaine raconte, avec une franchise jubilatoire, son agenouillement devant le sexe de ses partenaires masculins. Aucune précision ne lui fait peur. Tout ce qui a trait aux exigences du corps est sacré à ses yeux. Il l'écrit et il le dit autour de lui sans fausse honte.

Alors qu'il se déboutonne ainsi, prêtant le flanc à la critique bien pensante, une grande joie lui est réservée. Il a composé autrefois une petite pièce dans le style galant, *Les Uns et les Autres*, et une saynète, *Madame Aubin*. Sur l'initiative de Rachilde et de Charles Morice, le théâtre des Variétés s'apprête à monter *Les Uns et les Autres*, interprété par la troupe du Théâtre de l'Art. Il s'agira d'une représentation de gala, au profit de Gauguin, à vingt francs la place. La distribution, prestigieuse, comprendra Coquelin cadet, Mme Segond-Weber, Lugné-Poe. Le Tout-Paris est en effervescence. Verlaine rêve d'acquérir à la scène une popularité comparable à celle de Coppée, qui lui permettra de s'affirmer comme auteur dramatique et de gagner beaucoup d'argent. La veille du spectacle, prévu pour le 21 mai 1891, Paul Fort, qui en est l'ordonnateur, lui remet quelques invitations et une avance de cent francs. Au programme figurent aussi des lectures de poèmes, et d'autres pièces très

1. *Journal*, 20 avril 1893.
2. *Hombres* sera publié clandestinement en 1903. Verlaine l'avait mis au point en 1891.

courtes, signées Maeterlinck, Charles Morice, Catulle Mendès. La comédie de Verlaine est une jolie réussite. Mlle Marguerite Moreno, dans le rôle de Rosalinde, est charmante. Les vers de l'auteur font se pâmer d'aise les dames élégantes du parterre et des loges. Il se voit déjà renfloué. Mais, le lendemain, Paul Fort lui apprend que les frais engagés ont dépassé la recette et qu'il devra se contenter des cent francs perçus. Furieux, Verlaine se répand en imprécations contre ces apprentis qui ont trop dépensé pour payer des costumes et des décors inutilement somptueux. On essaie d'apaiser sa colère en organisant une collecte qui lui rapporte à peu près la même somme. En outre, il compte obtenir cent francs pour la publication des *Uns et les Autres* chez Vanier.

C'est Philomène qui est chargée de se rendre chez l'éditeur pour « toucher les sous ». À la suite d'une mystérieuse confusion, elle revient bredouille. Verlaine la soupçonne d'avoir empoché l'argent. Ce ne serait pas la première fois qu'elle le roulerait ainsi. Subitement, il la juge néfaste, rompt tout rapport avec elle et annonce à Léon Vanier, le 20 juin 1891 : « Vous connaissez mes ennuis financiers [...]. Si je ne puis me rendre chez vous lundi matin, une toute petite femme y irait, munie d'un mot. » Or, Philomène est grande et Léon Vanier la connaît bien. La « toute petite femme », qui remplace Philomène dans la confiance et le lit de Verlaine, est une certaine Eugénie Krantz, dont il a déjà apprécié les faveurs autrefois. La taille rabougrie, la face camuse, la tête rentrée dans les épaules, elle n'a rien pour racheter sa laideur. Dans sa jeunesse, elle a remporté quelque succès au bal Bullier, où on l'a surnommée Nini Mouton à cause de ses cheveux frisés, et au Châtelet comme danseuse légère. Elle a côtoyé Vallès et Gambetta dans les cafés, et prétend avoir été la maîtresse de Constans, ce ministre anticlérical que

Verlaine a baptisé « le vidangeur ». Puis, après avoir glissé dans le ruisseau, elle s'est rangée, à quarante ans, et a pris un métier honnête : giletière en chambre pour les magasins de la Belle Jardinière. Sa mansarde reluit de propreté. Penchée sur sa machine à coudre, elle pédale avec application, tandis qu'un bœuf miroton mijote sur le fourneau. Mais de temps à autre, en souvenir de la belle époque, elle descend en cheveux dans la rue et ramène un client, pas trop regardant sur le physique. À la fois soigneuse, popote et rapace, elle est constamment en train de calculer la meilleure manière d'amasser des « fafiots ». Ses éclats de voix font trembler Verlaine et ses cajoleries l'attendrissent. De jour en jour, elle s'affirme comme la parfaite gouvernante de ce vieil enfant désorienté. Si Philomène lui plaît par sa sensualité et sa gaieté, Eugénie Krantz le rassure par sa rigueur ménagère. Chacune le plume à sa façon. Elles sont d'ailleurs amies. Du moins l'étaient-elles avant que Verlaine passât de l'une à l'autre. Il écrit avec une joyeuse insolence :

> *Bien qu'elle soit ta meilleure amie,*
> *C'est farce ce que nous la trompons*
> *Jusques à l'excès, sans penser mie*
> *À elle, tant nos instants sont bons [...].*

> *Trompons-la bien, car elle nous trompe*
> *Peut-être aussi, tant on est coquins*
> *Et qu'il n'est de pacte qu'on ne rompe,*
> *Trompons-les bien. Nuls remords mesquins*[1] *!*

Mais, tout en reconnaissant les rudes qualités de la virago dont il a fait sa maîtresse, il garde du sentiment envers l'insouciante et coquette Philomène. La première lui fournit une impression de sécurité, la seconde le divertit et le charme. La première incarne

---

1. *Chansons pour elle* (XXIV).

la sagesse bourgeoise, la seconde la fantaisie bohème. Ainsi leur commune putasserie présente des nuances entre lesquelles le cœur de Verlaine hésite délicieusement. Elles ne se ressemblent que sur un point : l'une et l'autre ont pour lui, dit-il, les attentions « d'une maman pour son moutard[1] ». Ah ! ce besoin de retrouver la génitrice dans la femme avec qui il fait l'amour ! Il ne se débarrassera donc jamais de cette nostalgie du ventre maternel ? Dans son nouveau recueil, *Bonheur*, qui paraît à la fin du mois de juin 1891, il écrit :

> *Je voudrais, si ma vie était encore à faire,*
> *Qu'une femme très calme habitât avec moi,*
> *Plus jeune de dix ans, qui portât sans émoi*
> *La moitié d'une vie au fond plutôt sévère[2].*

Le livre, très inégal, ne remporte aucun succès. Certains, dans l'entourage de l'auteur, se demandent même si sa verve n'est pas définitivement tarie. Lui, cependant, continue à faire de ses expériences, amoureuses et autres, le prétexte de nombreux poèmes, dont ceux de *Chansons pour elle*. Il tient en particulier à affirmer sa conversion au culte de la Femme :

> *Je fus mystique et je ne le suis plus,*
> *(La femme m'aura repris tout entier)*
> *Non sans garder des respects absolus*
> *Pour l'idéal qu'il fallut renier* [...].
> *J'allais priant le Dieu de mon enfance,*
> *(Aujourd'hui, c'est toi qui m'as à genoux)[3].*

Ce morceau, où il renie à la fois son homosexualité et sa piété de naguère, est inspiré par Eugénie. Pourtant, il continue à vivre à l'hôtel de Montpellier, sous le même toit que Philomène. Cette trahison n'est

---

1. *Livre posthume.*
2. *Bonheur* (XX, 1).
3. *Chansons pour elle* (XXV).

pas du goût de la jeune femme délaissée, ni de son protecteur qui pense surtout au manque à gagner. Et Verlaine essaie d'amadouer son ancienne maîtresse par des louanges rimées :

> *Aime-moi,*
> *Car sans toi,*
> *Rien ne puis,*
> *Rien ne suis* [1].

Mais, dans le même temps, il apostrophe ainsi Eugénie Krantz :

> *Or, malgré ta cruauté*
> *Affectée, et l'air très faux*
> *De sale méchanceté*
> *Dont, bête, tu te prévaux,*
> *J'aime ta lascivité* [2].

De jour en jour, de scène en scène, le « partage » devient plus aléatoire. Bientôt, Lacan menace de jeter Verlaine dehors s'il ne règle pas l'arriéré de son loyer. Le 17 septembre, alors que le poète reçoit un jeune journaliste, Henri Cholin, et que tous deux discutent bruyamment dans la chambre, autour d'une bouteille, le souteneur ouvre la porte et s'écrie qu'au lieu de boire son locataire ferait mieux de songer à payer sa note. Indigné, Henri Cholin déclare qu'il ne peut tolérer la façon dont le gérant de cet hôtel borgne traite un écrivain de génie. Des injures volent de bouche en bouche. La dispute dégénère en bagarre et Verlaine, déséquilibré sous les coups, bascule dans l'escalier. Un agent de police, requis sur place, emmène tout le monde au poste. Là, Henri Cholin porte plainte contre Lacan. Endolori et consterné, Verlaine déménage et prend une chambre au 15 de la

1. *Chansons pour elle* (II).
2. *Ibid.* (IV).

rue Descartes. C'est là qu'habite Eugénie Krantz. Aurait-elle donc gagné la partie ? Réfugié auprès d'elle, Verlaine la décrit ainsi à Léon Vanier : « Une personne qui est digne de toute confiance, que j'aime beaucoup, qui m'empêche de faire des sottises et qui prend soin de moi et de mes affaires d'une façon admirable [1]. »

Mais, les premiers froids venant, il juge plus raisonnable de retourner à Broussais. « Re-rhuma-tismes, annonce-t-il au poète Gabriel Vicaire, souffles cardiaques, commencement de diabète et fin de syphilis. Joli programme, n'est-ce pas ? — et qui demandera du temps [2]. » Ayant retrouvé les douces habitudes de la salle Lassègue, il profite de ses loisirs pour achever les *Chansons pour elle*, les *Odes en son honneur* et travailler au récit en prose de ses séjours dans les hôpitaux. Et voici qu'entre les lits blancs reparaît l'inévitable, l'inoubliable Philomène. Comme par le passé, elle lui apporte des fleurs, des friandises. Elle l'embrasse. Elle est fraîche. Elle sent bon. Comment a-t-il pu se détacher d'elle pour s'enticher de l'affreuse Eugénie ? Heureusement, rien n'est irréversible en amour. Le retour de flamme est même parfois plus lumineux que le feu qui vient de prendre. Avec une joyeuse détermination, Verlaine rend sa confiance à la jeune femme et l'envoie de nouveau chercher de l'argent chez Léon Vanier, avec ce billet : « J'autorise Mlle Philomène Boudin à retirer de chez vous la correspondance qui pourrait s'y trouver pour moi. Demain, vous aurez des vers que vous voudrez bien régler entre les mains de Philomène [3]. »

Tout semble donc rentré dans l'ordre quand, vers la fin de l'année, les journaux annoncent la mort de

1. Lettre du 24 septembre 1891.
2. Lettre du 13 novembre 1891.
3. Lettre du 3 novembre 1891.

Rimbaud, dans un hôpital de Marseille, « des suites d'une affection à la jambe contractée dans ses voyages [1] ». D'autres échos, colportés de bouche à oreille, complètent cette information laconique. Atteint d'une tumeur au genou, Rimbaud a dû être rapatrié en hâte et, son mal s'aggravant, amputé de la jambe. Après un bref passage dans sa famille, il a été derechef hospitalisé à Marseille et s'est éteint, pieusement dit-on, entre les bras de sa sœur Isabelle. Cette disparition survient au moment même où les œuvres du poète sont publiées par les soins de Rodolphe Darzens, sous le titre : *Le Reliquaire*. Mais l'édition a été si maladroitement préparée et lancée qu'elle coule à pic.

En apprenant que Rimbaud n'est plus, Verlaine éprouve un vertige funèbre. L'homme aux semelles de vent s'est transformé en unijambiste. Puis en cadavre. Quelle sinistre dérision ! Qu'est-il allé chercher dans les déserts d'Abyssinie ? Il avait les plus beaux paysages du monde dans sa tête. Sa fièvre du voyage, du gain et du risque a-t-elle suffi à remplacer pour lui l'ivresse de l'inspiration poétique ? Quand a-t-il eu conscience de réussir sa vie ? Quand il vendait des caisses de munitions ou quand il écrivait *Le Bateau ivre* ? Verlaine s'étonne de toute cette part du destin de Rimbaud qui lui échappe. L'adolescent fugueur et génial qu'il a connu n'a rien de commun avec le grabataire squelettique de Marseille. Est-il exact qu'Arthur agonisant se soit confessé à un prêtre ? Le vrai Rimbaud, c'est le poète en révolte, non l'aventurier insatiable, se répète Verlaine, au bord des larmes. Toutes les péripéties de leur liaison lui remontent au cerveau avec une violence telle que, pendant plusieurs jours, il ne peut s'occuper de rien d'autre que de ses souvenirs. Mort, Arthur lui devient plus proche que

1. *L'Écho de Paris*, 6 décembre 1891.

vivant. À Adolphe Retté, qui lui rend visite quelques semaines après l'événement, il confie, avec un regard d'hypnotisé : « Depuis sa mort, je le revois toutes les nuits. Il y avait, dans ce garçon, une séduction démoniaque. Son souvenir est un soleil qui flambe en moi et qui ne veut pas s'éteindre [1]. »

Il compte sur le travail pour se guérir de son obsession. À la fin de 1891, paraissent les *Chansons pour elle*, suite de prosternations lubriques devant le corps de ses maîtresses. Les gestes de leur toilette intime l'émoustillent. Même quand elles s'épouillent, il les admire avec gourmandise :

> *Lorsque tu cherches tes puces,*
> *C'est très rigolo.*
> *Que de ruses, que d'astuces !*
> *J'aime ce tableau [2].*

Célébrant, de l'une à l'autre, le « précieux trésor d'une croupe », les « mollets ensorceleurs », les « beaux seins aux fiers dessins » et affirmant que son « désir fou croît tel un champignon des prés », il se donne l'illusion d'une virilité toujours vaillante malgré les années.

À la même époque, il publie encore *Mes hôpitaux*, chronique bonhomme de ses stages dans les établissements de l'Assistance publique. Il les connaît si bien qu'il pourrait faire une étude comparative des avantages et des inconvénients (literie, cuisine, appareillage sanitaire) entre ces différents refuges parisiens de la détresse humaine. Puis, au début de 1892, il commence une série de douze poèmes, *Élégies*, composés de lourds alexandrins sans invention, sans humour, sans grâce, destinés à magnifier les divers aspects de son faux ménage.

---

1. Adolphe Retté, *Le Symbolisme, anecdotes et souvenirs.*
2. *Chansons pour elle* (XXI).

Peu après, il s'attelle à un autre recueil, *Dans les Limbes*, lui aussi inspiré par Philomène. Cette fois, il assimile son amour pour elle à une seconde religion aussi forte que la vraie :

> *C'est fait, littéralement je t'adore !*
> *On adore Dieu, créateur géant.*
> *Or, ne m'as-tu pas, plus divine encore,*
> *Tiré de toutes pièces du Néant* [1] *?*

Un pas de plus dans la déraison, et le voici décrivant la visite de Philomène à l'hôpital comme une descente de la Sainte Vierge sur la terre :

> *J'attends, quand ma journée est faite, ta venue :*
> *Et tu viens, puissante et souriante, devenue*
> *Une apparition presque à mon cœur tout coi,*
> *Tout extasié, car Notre-Dame, c'est toi* [2].

Aussitôt d'ailleurs, il apporte un correctif à cette sanctification :

> *Hélas ! tu n'es pas vierge ni*
> *Moi non plus. Surtout tu n'es pas*
> *La Vierge Marie et mes pas*
> *Marchent très peu vers l'infini*
>
> *De Dieu ; mais l'infini d'amour,*
> *Et l'amour, c'est toi, cher souci,*
> *Ils y courent, surtout d'ici,*
> *Lieu blême où sanglote le jour* [3].

Après des semaines passées à désirer, du fond de son lit d'hôpital, cette muse à la fois si gentille et si lointaine, il quitte Broussais, le 20 janvier 1892, et s'installe chez elle, à l'hôtel de Rennes (272, rue Saint-Jacques). Il s'attend au paradis et, dès le début,

---

1. *Dans les Limbes* (XIV).
2. *Ibid.* (I).
3. *Ibid.* (II).

c'est l'enfer. Philomène veut bien l'héberger, mais à condition de continuer à exercer son négoce de charme dans la rue. Or, chauffé à blanc par une longue abstinence, il exige qu'elle soit à lui seul. Cela, en bonne commerçante, elle ne peut y consentir. Des disputes éclatent, de plus en plus violentes. Enfin, excédée par les prétentions possessives de son vieil amant, Philomène le met à la porte. Vexé, il la somme, par lettre, de lui restituer tous les objets personnels qu'il a laissés sur place. Qu'elle s'exécute sur-le-champ, lui écrit-il, « en dépit de ce que ton amant de cœur ou ton sale maque exige. Merde. P.V. [1] ». Pour plus de sûreté, il alerte également le gérant de l'hôtel de Rennes : « Prière de me rendre immédiatement tout ce que j'ai chez vous. Quant à la demoiselle Esther [Philomène], et à son " type ", ils ont cessé de me plaire et je serai forcé de me plaindre ou de me faire faire [*sic*] justice moi-même [2]. » Toujours obligeant, Cazals se charge de récupérer le mince dépôt chez Philomène et de le transporter chez Vanier.

Le désarroi de Verlaine, chassé par sa maîtresse, est tel que ses amis le prennent en pitié. Ils l'ont vu « bourré », chancelant, hagard, le 8 mars 1892, au banquet de *La Plume*. Le très observateur et très caustique Jules Renard, qui assiste à la réunion, le dépeint ainsi dans son *Journal* : « L'effroyable Verlaine : un Socrate et un Diogène sali ; du chien et de l'hyène. Tout tremblant se laisse tomber sur sa chaise qu'on a soin d'ajuster derrière lui. Oh ! ce rire du nez, un nez précis comme une trompe d'éléphant, des sourcils et du front [...]. Il ressemble à un dieu ivrogne. Il ne reste de lui que notre culte. Sur une ruine d'habit — cravate jaune, pardessus qui doit être

---

1. Cf. G. Zayed, *Cazals*.
2. F.-A. Cazals et Gustave Le Rouge, *Les Derniers Jours de Paul Verlaine*.

en plus d'un endroit collé à la chair — une tête en pierre de taille de démolition. » Le même Jules Renard notera encore dans son *Journal,* à la date du 20 juillet 1892, le récit d'une visite que Marcel Schwob a faite à Verlaine dans le courant de l'année : « Un matin, dit Schwob, je suis allé chez Verlaine dans une auberge borgne. Inutile de vous la décrire. Je pousse la porte. Il y avait un lit, moitié bois, moitié fer. Un pot de chambre en fer plein de choses, et ça sentait mauvais. Verlaine était couché. On voyait des mèches de cheveux, de barbe, et un peu de peau de son visage, de la cire d'un vilain jaune, gâtée. " Vous êtes malade, maître ? — Hou ! Hou ! — Vous êtes rentré tard, maître ? — Hou ! Hou ! " Sa figure s'est retournée. J'ai vu toute la boule de cire, dont un morceau enduit de boue ; la mâchoire inférieure menaçait de se détacher. Verlaine m'a tendu un bout de doigt. Il était tout habillé. Ses souliers sales sortaient des draps. Il s'est retourné contre le mur, avec ses " Hou ! Hou ! " Sur la table de nuit, il y avait un livre : c'était un Racine. »

Le 12 mars 1892, trente-six hommes de lettres et artistes (parmi lesquels François Coppée, Laurent Tailhade, Anatole France, Jules Renard, Eugène Carrière...) se cotisent pour verser à Verlaine une petite rente mensuelle. Au début, elle atteint quatre-vingts francs ; puis elle baisse et s'éteint, au grand dam du bénéficiaire. Privé de ressources et d'amour, il traîne de café en café, tel un chien sans maître. Et soudain, il tombe sur Eugénie Krantz qui prospecte, elle aussi, le quartier. Feignant la compassion, elle lui offre sa chambre. Mais il craint les représailles de Philomène ou de son souteneur et demande que, pour sa tranquillité, elle change de domicile. Abandonnant sa mansarde de la rue Pascal, Eugénie s'installe au 9, rue des Fossés-Saint-Jacques. Il espère redécouvrir avec elle la saine discipline d'un ménage bourgeois où la femme porterait la culotte. Aussitôt, elle retrouve son rôle d'intermédiaire entre Verlaine et Léon Vanier. De brefs billets l'accréditent auprès de l'éditeur : « Je vous serais obligé de bien vouloir remettre à Mlle Krantz, porteur de ce mot, le plus que vous pourrez sur le présent envoi, soit 10 francs, et 10 francs à titre d'avance, sur le prix total du bouquin [1]. » Le « bouquin » en question, c'est *Mes prisons*, évocation à la fois triste et ironique de ses expériences carcérales. Eugénie revient avec les vingt francs escomptés. Oui, on peut faire fond sur elle !

Le répit sera de courte durée. Quelques jours plus tard, grave alerte : les abcès aux jambes réapparaissent. Retour à Broussais, salle Lassègue, lit 30. On est en pleine épidémie de typhus. Ceux qui en sont atteints prennent jusqu'à quatre bains par nuit, ce qui dérange le sommeil des autres. Et, alors que Verlaine espère une visite d'Eugénie, c'est Philomène qui, selon son habitude, le relance à l'hôpital. De nouveau il divague de tendresse devant cette femelle crampon, capricante et rouée. Ne devrait-il pas revenir à elle ? Par malchance, elle tombe malade à la fin du mois d'août et il l'attend en vain, d'heure en heure. Dans sa lettre d'excuses du 2 septembre 1892, elle laisse percer, à travers vingt fautes d'orthographe, la raison de son insistance à renouer avec lui : « Mon cher Paul, je voudrait bien revenir te voire, mai je suis encore si faible, je puis apaine me trénée de mon lit à la fenettre. Tu vois comme je suis malade. Tâche d'avoire le plus dargent possible car jais besoin beaucoup sous [...]. Je t'embrasse comme je t'aime. *Ton diable*. Esther [2]. » Il n'en faut pas plus pour que Philomène, alias Esther, retrouve toutes ses chances dans la compétition qui l'oppose à Eugénie.

1. Billet du 14 juin 1892.
2. F.-A. Cazals et Gustave Le Rouge, *Les Derniers Jours de Paul Verlaine*.

Dès qu'elle est rétablie, Verlaine la charge de reprendre ses fonctions de « fidèle économe » auprès de Vanier, à qui il écrit par ailleurs : « Mlle Philomène, en qui décidément toute mienne confiance et toute mienne amitié — bon sens, gentillesse et probité, elle ! —, vous remettra le sonnet pour vous, dû [1]. » Quelques jours plus tard, le même Vanier est prié de régler « entre les mains de *ma femme* » le prix de deux autres poèmes. Verlaine a-t-il déjà oublié qu'elle l'a grugé à plusieurs reprises ? Toujours est-il qu'en quittant l'hôpital il ne sait pas au juste s'il doit rejoindre Eugénie, la matrone raisonnable et cupide, ou Philomène, la charmante voleuse. Incapable de choisir, il emménage seul dans un garni, 9, rue Saint-Séverin, et compte sur le hasard pour lui dicter sa décision.

L'occasion ne se fait pas attendre. Fin octobre, un certain Blok, libraire-éditeur de La Haye, rencontré chez Vanier, propose à Verlaine de donner en Hollande une série de conférences sur les poètes français contemporains et sur lui-même. Il n'y a pas à hésiter. On signe un accord et Verlaine obtient une provision pour frais de vêtements et de voyage. Comme il a besoin d'une vie calme et réglée pour préparer ses discours, il écarte la solution Philomène pour se ranger à la solution Eugénie. Celle-ci, flairant la possibilité de substantiels bénéfices, l'accueille à bras ouverts en son domicile de la rue des Fossés-Saint-Jacques. Tout en la remerciant de sa compréhension, Verlaine, qui se méfie, demande à Blok de lui adresser l'avance convenue non chez lui, non chez Vanier, mais chez un libraire du quartier, Chacornac, 11, quai Saint-Michel.

Une fois lesté, il boucle ses valises. Et le 2 novembre 1892, jour des Morts, laissant au logis une

---

1. Lettre du 25 octobre 1892.

Eugénie énamourée, il se rend en fiacre à la gare du Nord et monte dans l'express Paris-La Haye. Le luxe du wagon-toilette de première classe qui lui est réservé le comble d'aise. Habitué aux garnis et aux hôpitaux, il se croit riche à millions dans cet écrin d'acajou, de capitons et de glaces coulissantes. Il y a même une tablette relevable pour écrire ! À la gare de Saint-Quentin, il se paie un panier-repas à quatre francs cinquante qu'il déguste rêveusement, en contemplant derrière la vitre le paysage artésien de son enfance, avec son horizon uniforme, ses maisonnettes de brique rouge, ses tristes pâturages et sa brume. On entre en Belgique et un douanier lui demande : « Rien de neuf dans ta malle, monsieur ? » Quel chemin parcouru depuis le temps où il tremblait à la vue d'un uniforme ! Le train repart et, dans cet univers trop connu, il repense à Rimbaud, le vagabond, qui y a laissé son fantôme. Mais voici qu'on s'arrête à Mons. En se penchant, il aperçoit la prison, à l'architecture rosâtre. Il doute d'y avoir vécu si longtemps et regrette presque cette époque de claustration, de réflexion et de mystique jeunesse. Dans le crépuscule, apparaissent maintenant les étendues d'eau et d'herbe, les villages proprets, les moulins à vent de Hollande.

L'arrivée à La Haye se fait en pleine nuit. À sa descente du train, Verlaine, pris dans le mouvement de la foule, a un instant de panique. Mais déjà le libraire Blok se précipite, lui secoue les mains et le désigne, d'un geste théâtral, à la petite délégation venue à sa rencontre. Verlaine remercie, en anglais, en français, éberlué par tant de gentillesse. Sans le laisser souffler, ces messieurs le conduisent dans un restaurant du centre de la ville, où un plantureux dîner leur est servi, arrosé de bitter et de schiedam. Après quoi, l'un des convives, Philip Zilcken, l'emmène dans sa propriété, pompeusement dénommée

« Helena Villa », à la campagne. Rompu de fatigue, Verlaine a tout juste la force de saluer la maîtresse de maison, une Belge « très parisienne », et monte se coucher dans une vaste chambre, excessivement belle, au premier étage.

Le lendemain, à son réveil, il s'imagine transporté sur l'Olympe des richards. Il s'attarderait bien jusqu'au soir dans cette maison confortable, entourée de verdure, de silence et de brouillard ; mais, après un succulent petit déjeuner, le peintre Jean Toorop et le poète Albert Verwey l'entraînent chez Blok. Là, on parle de la manifestation culturelle qui se prépare et, à l'idée de paraître, dans quelques heures, devant le public, Verlaine éprouve les premières atteintes du trac.

Le soir, la conférence a lieu dans la salle digne et sévère d'une loge maçonnique (la loge Gebouw). Une centaine de personnes, parmi lesquelles une majorité de femmes, l'accueillent par des applaudissements de courtoisie. Ému, il s'incline et, après avoir rendu hommage à l'hospitalité de la Hollande, parle des « poètes maudits », Corbière, Mallarmé, Rimbaud. Pour finir, il lit quelques poèmes de *Sagesse*. Mais sa voix enrouée et monocorde, son débit précipité déçoivent. À plusieurs reprises, on l'interpelle : « Plus haut ! Plus haut ! » Il ne tient aucun compte de ce conseil et poursuit, tête basse, regard perdu, comme s'il était seul dans sa chambre. Quand il se tait, de rares battements de mains saluent la péroraison. L'assistance est restée sur sa faim. Cela n'empêche pas Verlaine d'écrire à Léon Vanier : « Succès complet, hier. » Et, dans un élan de générosité, il ajoute : « Si Mlle Krantz a besoin de quelque argent, je vous recommande cette bonne personne[1]. »

1. Lettre du 4 novembre 1892.

La deuxième conférence, toujours dans la salle de la loge maçonnique, réunit encore moins d'auditeurs. Parlant des décadents et des symbolistes, Verlaine ne se fait pas mieux entendre. Pour terminer la soirée, les organisateurs l'emmènent chez le peintre Haverman, dont les invités, à sa grande confusion, lui demandent de lire non point un de ses poèmes, mais *L'Après-Midi d'un faune* de Mallarmé.

Le jour suivant, alors qu'il doit se produire à Leyde, au cercle Amicitia, devant une assemblée d'étudiants et de professeurs, il apprend qu'un de ceux-ci, Jan Ten Brinck, a refusé de venir pour ne pas se trouver dans la même salle qu'un repris de justice. Cette attitude outrageante, loin de desservir Verlaine, lui vaut la sympathie de la jeunesse universitaire. Bien que sa conférence ne soit guère plus réussie que les précédentes, il bénéficie, à la fin, d'une ovation.

À Amsterdam, les étudiants, ne voulant pas être en reste avec ceux de Leyde, ont annoncé sensationnellement dans leur journal la venue du « grand poète français ». À la gare, une délégation l'assourdit de vivats et lui offre des gerbes de fleurs. Serait-il plus apprécié à l'étranger que dans sa patrie ? Le soir, en paraissant sur l'estrade, devant ce public en habit et robe de gala qui se lève pour l'acclamer, il a honte de son veston de drap terne, de ses gestes embarrassés, de sa voix atone et de sa jambe qui traîne. Cette fois encore, à l'issue de son discours, il a droit à des applaudissements de politesse.

Enfin délivré de ces corvées protocolaires, il peut visiter les musées, flâner dans les quartiers à filles, assister à une causerie extravagante, à La Haye, du Sâr Joséphin Péladan, qui, arborant une cape de magicien, une blouse violette et des bottes de cuir, parle « du Mystère, de l'Art et de l'Amour ». Pour clore le programme des réjouissances, l'infatigable Blok le promène en voiture au bord de la mer.

C'est en champion de la littérature française que, le lundi 7 novembre 1892, il reprend le train pour Paris. Il serre contre sa poitrine son portefeuille qui contient neuf cents francs, un fameux matelas ! Dès son arrivée, il étale fièrement les billets de banque devant Eugénie, qui hoche la tête d'un air compétent. Toujours aussi ordonnée, elle l'aide à les ranger en lieu sûr. Mais peu après, comme il veut revoir son argent, elle avoue, troublée, que tout a disparu. Comment ? Elle est incapable de le dire. Un monte-en-l'air se sera sans doute introduit chez eux. Secoué par une fureur démentielle, Verlaine la traite de voleuse, la bouscule, menace de la jeter dans l'escalier. Effrayé par les cris, le concierge court prévenir la police. Deux agents encadrent Verlaine et l'emmènent au poste pour une explication. « Moi, le triomphateur de là-bas, note-t-il avec aigreur, l'acclamé, le choyé à l'étranger, le lendemain de mon retour, au poste, et même pas gris ! » Un moment, il a l'intention de porter plainte. Puis il se ravise, sachant trop que l'instruction n'aboutira à rien : la coupable a sûrement refilé le magot à un complice. D'ailleurs, Eugénie affirme maintenant que l'auteur du larcin n'est autre que Philomène, qui se serait glissée dans l'appartement pendant leur absence et aurait fouillé dans tous les tiroirs. La preuve : la salope porte depuis peu des robes neuves ! Du coup, le naïf Verlaine révise son jugement et écrit à son ami Philip Zilcken : « Une enquête soigneuse m'a démontré qu'il y avait erreur sur la personne et je r'habite rue des Fossés-Saint-Jacques [1]. » Mais ce retour auprès d'Eugénie, pardonnée, ne dure guère. Ébranlé par la perte de son pécule, attaqué par le

---

1. Lettre du 10 décembre 1892.

diabète, il ne voit de salut que dans une cure de solitude à Broussais.

À peine a-t-il rejoint l'hôpital que Philomène reparaît à son chevet. En apprenant les accusations d'Eugénie, elle pousse des cris d'écorchée vive et jure de son innocence avec tant de grâce et de sincérité que Verlaine, une fois de plus, change de conviction. « Une contre-enquête dément l'enquête, annonce-t-il à Philip Zilcken, et je sais presque d'où le coup part, *sive* de la rue des Fossés. » Maintenant, il en est sûr, Philomène est son ange gardien et Eugénie une garce sans cœur et sans moralité. Ayant rendu sa confiance à Philomène, il la charge à nouveau de ses commissions chez Vanier. Mais en même temps il demande à un de ses amis, André-Joseph Salis, dit Bibi-la-Purée, clochard, vendeur de fleurs et de lacets dans la rue, de surveiller les allées et venues des deux femmes. Guenilleux et crasseux, Bibi-la-Purée a une vénération pour Verlaine et ce rôle de mouchard l'amuse. Cependant, avec sa jaquette trop longue, sa bouche édentée, son œil malicieux et son nez au vent, il ne peut passer inaperçu dans le quartier. Aussi bien Eugénie que Philomène se méfient de lui et le détestent. Craignant d'être accusé d'espionnage, Verlaine prévient Vanier : « Bien que je n'aie chargé Bibi que d'une lettre purement *opportuniste* et non pécuniaire, je vous supplie en grâce de ne pas dire à Philomène cela. Elle voit, elle aussi, des espions de l'autre [Eugénie] partout, bien que moins bêtement. N'importe, j'aime beaucoup cette brave fille [Philomène] et je ne veux la perdre (c'est-à-dire la contrarier) à aucun prix. Donc motus sur l'au fond innocent Bibi [1]. » Et, quatre jours plus tard, remerciant Vanier d'une petite avance : « Ça m'a permis d'être gentil avec qui est si gentille avec moi de me venir voir tous

1. Lettre du 31 décembre 1892.

les jours, faire mes commissions et m'égayer un peu la vie [...]. Les temps sont durs. Philomène a réellement besoin d'une pièce de dix francs. Je vous envoie pour vingt francs de " marchandises "[1]. »

Dans l'intervalle, il s'efforce d'attendrir le comte de Montesquiou en lui exposant que le succès remporté en Hollande l'incite à se rendre bientôt en Belgique pour une tournée de conférences et qu'il a grand besoin d'un secours rapide afin de louer une chambre et de se vêtir décemment : « Ma garde-robe est plus qu'incomplète, surtout pour voyager en cette saison et pour représenter quelque peu à l'étranger[2]. » Or, cette fois, il ne s'agit pas d'un vain prétexte : depuis qu'il est à Broussais, il s'est démené comme un beau diable pour se faire inviter à Bruxelles. Affaire conclue, il est pris soudain d'une crainte. Ne va-t-on pas découvrir qu'il est encore interdit de séjour en Belgique ? Quel scandale s'il était arrêté à la frontière, refoulé en France ou, pis, conduit en prison ! Ce serait trop bête de se jeter dans la gueule du loup ! Pour y voir plus clair, il soumet son cas à Me Edmond Picard, avocat au barreau de Bruxelles. Celui-ci le rassure, mais lui conseille de demander une autorisation officielle au ministre de la Justice, lequel, consulté à son tour, lui affirme qu'il peut venir en toute sécurité. Alors, il ose avouer à Me Picard qu'il a aussi à se reprocher un recueil licencieux, publié en Belgique et condamné au pilon par les tribunaux. Rien à craindre de ce côté non plus, déclare l'avocat.

En quittant l'hôpital, à la mi-janvier 1893, Verlaine est sûr d'avoir le vent en poupe. Son voyage s'annonce on ne peut plus agréable et, par ailleurs, Maurice Bouchor s'emploie à réunir un nouveau

---

1. Lettre du 4 janvier 1893.
2. Lettre du 3 janvier 1893.

syndicat d'admirateurs qui garantirait au poète indigent une rente mensuelle de cinquante à soixante francs. En attendant, il supplie Léon Vanier de lui allonger un louis, car, écrit-il, « Philomène est une bonne fille que j'aime beaucoup, beaucoup, mais c'est un panier percé, je dois veiller au grain[1] ». Et il continue à pleurer misère auprès du comte de Montesquiou et de son secrétaire Yturri.

Avec le temps, son animosité envers Eugénie s'est atténuée. Il se dit aussi que, pour mettre au point le texte de ses conférences, il serait plus à l'aise auprès d'elle, qui se préoccuperait de tous les détails de sa vie matérielle, qu'auprès de cette écervelée de Philomène. Le 13 janvier, il a pris sa décision. Il envoie Cazals en ambassadeur, rue des Fossés-Saint-Jacques, pour réclamer le peu de linge qu'il a laissé sur place et proposer un armistice à son ancienne compagne. Elle commence par bouder, puis griffonne en réponse un billet qui n'est ni de refus, ni d'acceptation. À son tour, il lui écrit : « Ma chère amie, est-ce de la plaisanterie ? J'arrive. Veux-tu m'accueillir ou non ? » Et, en post-scriptum : « Finissons-en avec cet ennui et cette solitude. » Cette fois, elle cède. Verlaine, en la retrouvant, a l'impression d'avoir remporté une victoire. Sur qui ? Sur elle, sur Philomène, sur lui-même ? Il n'en sait rien, mais il est heureux.

Son premier soin, ayant réintégré le logis d'Eugénie, est de solliciter d'Octave Maus, l'animateur de la tournée belge, une avance sur ses honoraires afin de pouvoir s'habiller convenablement pour les différentes cérémonies qu'on lui fait entrevoir. Puis, comme l'argent tarde à venir, il se décide à partir dans ses vêtements usés de tous les jours. Aux dernières nouvelles, Charleroi, Bruxelles, Anvers, Liège et Gand l'attendent avec impatience. Mais

1. Lettre du 14 janvier 1893.

400

Louvain et Bruges l'ont jugé indésirable. Autour d'Octave Maus, le comité d'organisation groupe des personnages importants, dont Maeterlinck, l'avocat Edmond Picard, le député Jules Destrée...

Le 24 février 1893, c'est le député lui-même qui accueille Verlaine sur le quai de la gare de Charleroi. Il l'héberge pour la nuit dans sa maison de Marcinelle-lez-Charleroi et, le lendemain, après un copieux repas avec quelques notables, le conduit à l'Éden Théâtre. Quinze cents personnes. Mineurs, métallurgistes et leurs familles sont réunis là pour un concours entre fanfares et harmonies de la région. En prime : la conférence d'un poète nommé Verlaine, dont Jules Destrée affirme en le présentant que c'est un grand homme. Debout sur la scène, Verlaine force sa voix sourde pour dominer le brouhaha de la foule. Ses considérations sur le symbolisme passent très au-dessus de l'assistance populaire, joyeuse et bon enfant. Tout le monde attend le tirage de la tombola qui doit clore la fête. Mais on applaudit le visiteur français par convenance. Ou par charité.

Le lendemain, quand Verlaine débarque à la gare du Midi, à Bruxelles, le comte Henry Carton de Wiart, célèbre avocat venu à sa rencontre, est consterné par sa tenue et l'emmène chez un chemisier pour lui acheter un faux col et une cravate. Une réception bruyante dans les locaux de *La Jeune Belgique* et un déjeuner nombreux chez la comtesse Carton de Wiart préparent mal Verlaine à affronter le public élégant qui se presse dans la salle du cercle Léon-XIII, rue des Paroissiens. Fatigué et enrhumé, il peut à peine se faire entendre. Toutefois, on est entre gens de bonne compagnie. Les invités feignent d'être sous le charme. Après les congratulations d'usage, Verlaine signe quelques exemplaires de *Sagesse* et doit encore participer à un souper donné en son honneur par le sénateur Alexandre Braun, fondateur du Cercle.

Le 26 février, concert français, nouvelle conférence, présentation au ministre d'État, M. Nothomb, banquet en l'hôtel particulier de M$^e$ Edmond Picard. Verlaine navigue, au jugé, parmi le gratin. Jamais encore, lui, le gueux, n'a fréquenté des gens aussi haut placés. Tout en s'enorgueillissant de cette promotion sociale, il regrette presque les éructations de Bibi-la-Purée. À Anvers, il fait un pas de clerc en déclarant à son auditoire flamand : « Je suis d'origine wallonne. » On lui réserve, tout de même, un accueil amical. Revenu à Bruxelles pour une autre conférence, cette fois au Cercle des XX, il est si enroué, si avachi que le public lui lance des quolibets sur sa voix défaillante et sa mise négligée.

Le jour suivant, ayant fait le tour des brasseries du quartier, il arrive passablement éméché au Cercle artistique et littéraire de Bruxelles où il doit prendre la parole. En montant sur l'estrade décorée de plantes vertes, il trébuche, tombe, ramasse ses papiers et son lorgnon, puis se redresse, vacillant, sous les éclats de rire. Ayant perdu le fil de son discours, il bredouille, tandis que la moitié de l'assistance quitte la salle ostensiblement. Aux organisateurs stupéfaits, il annonce, avec une superbe naïveté, qu'il n'est pas mécontent de sa performance, car « l'acoustique était excellente ».

À ces satisfactions d'amour-propre s'ajoutent d'heureuses considérations pécuniaires. « Oui, je suis très bien, admirablement reçu ici ! écrit-il à Eugénie. Tu recevras un paquet de journaux pleins de moi, éloges et éreintements [...]. Je calcule qu'environ un millier de francs seront dans mon escarcelle, et à vos pieds, Madame, jeudi ou vendredi prochain[1]. » À

1. Lettre du 3 mars 1893.

Paris, Eugénie se frotte les mains et, à Liège où il vient de se rendre, Verlaine constate que les fêtes en son honneur continuent. À peine a-t-il déposé ses bagages à l'hôtel du Chemin de Fer que les membres de l'Association libre de l'Émulation lui proposent un pèlerinage aux vignobles de Thier-à-Liège. Comment refuser une si joyeuse occasion de déguster les vins du pays ? Après des arrêts largement arrosés dans plusieurs caves, il est tellement gai que, debout dans la voiture qui l'emporte, il salue à droite, à gauche les passants ébahis, à la façon d'un chef d'État en visite officielle. Une dernière absinthe au café de la Renaissance, et le voici seul sur une estrade, devant un public houleux. Jamais personne n'est monté à cette tribune autrement qu'en habit et cravate blanche. Ce Français insulte les Belges par sa négligence. On le lui fait comprendre en bavardant, en froissant des journaux, en riant sous cape pendant son allocution, d'ailleurs inintelligible. À la réception qui suit, chez le conseiller d'Hofschmidt, il boit trop de champagne et porte un toast égrillard qui fait rougir les dames. Vers minuit, les maîtres de maison, désolés, le font raccompagner à son hôtel, car il est incapable de marcher droit.

Cependant, la date qu'il attend avec le plus d'impatience, c'est celle du 6 mars 1893 : ce jour-là, le Jeune Barreau de Bruxelles l'a invité à prendre la parole au palais de justice. Quelle revanche sur l'humiliation qu'il a connue, vingt ans plus tôt, dans une des chambres correctionnelles de ce même tribunal, assis sur le banc d'infamie, entre deux gendarmes ! Certes, l'édifice a été démoli et reconstruit depuis, mais, si le décor a quelque peu changé, Verlaine se retrouve face à l'appareil habituel de la répression. Autour de lui, plus de cent personnes : avocats en toge, journalistes, curieux, femmes aux grands chapeaux. Une seule différence : cette fois, on ne va pas le juger. C'est lui qui va juger les autres, ou du moins plaider victorieusement sa cause devant eux. Pourtant, il n'est guère plus riche ni plus respectable que lors de sa condamnation. Simplement, il a vécu, il a écrit, on connaît son nom, on oublie son passé, ou même on lui en fait gloire. Avec ironie il commence : « Mesdames, messieurs, vous n'ignorez peut-être pas que je n'avais pas attendu ce présent voyage pour lier connaissance avec Thémis dans son incarnation belge. » Il poursuit en évoquant son hésitation à fouler de nouveau le sol de ce pays où il avait été interdit de séjour. Puis il lit — fort mal — quelques passages de son prochain livre : *Mes prisons*, et se retire sous les ovations. Ainsi acclamé et adopté, il a l'impression que son casier judiciaire est brusquement redevenu vierge.

Une dernière conférence, au Cercle artistique de Gand, lui laisse le souvenir d'un public frivole et bavard, venu là moins pour l'entendre que pour montrer ses toilettes. Puis ce sont des promenades touristiques à Bruges, marquées par l'obligatoire achat de dentelles pour Eugénie, des rencontres avec des journalistes, une réception, le 9 mars, chez le gouverneur de la province, le baron de Kirchove d'Exaerde. À la demande de son hôte, il récite quelques poèmes, mais, comme il n'est pas en habit, on ne le retient pas à dîner.

Le lendemain, la tête pleine de bravos, il dit adieu à ses amis belges et reprend tristement le train pour Paris.

# XXVI

## LA GUERRE DES PUTES

Est-ce par taquinerie ou par crainte de voir s'envoler son argent si péniblement gagné que Verlaine, en arrivant à Paris, ne retourne pas auprès d'Eugénie ? Pendant quelques jours, il évite de se montrer rue des Fossés-Saint-Jacques et loge dans des garnis. Inquiète d'être sans nouvelles de lui, Eugénie Krantz écrit aux amis belges du poète fugueur : « Serait-il malade ? Est-il parti en Hollande ? Je ne sais que penser et vous serais très obligée de m'écrire un mot par retour du courrier, afin de me rassurer [1]. » Peu après, ayant mis à l'abri la recette de la tournée et estimant qu'il a suffisamment fait lanterner sa compagne, Verlaine réintègre, d'un cœur léger, le domicile où elle l'attend avec impatience et colère. Tout rentre dans l'ordre, à sa plus grande satisfaction. Le 13 avril 1893, il a la fierté de présider le huitième banquet de *La Plume*, à sept heures et demie du soir, au café-restaurant du Palais, 5, place Saint-Michel. Acclamé par ses pairs, il leur lit, d'une voix à peine perceptible, deux sonnets insignifiants, et les ovations redoublent. Alors il y va d'un jeu de mots : s'il se défend d'être « un faune », il ne peut cacher qu'il

1. Lettre du 14 mars 1893.

est « aphone ». Nouvelle salve d'applaudissements. Il revient chez lui ivre de vin et d'orgueil.

Malheureusement, le public ne suit pas les jeunes écrivains dans cet engouement si flatteur. Éditées coup sur coup, ni les *Élégies,* ni les *Odes en son honneur,* ni même *Mes prisons* ne connaissent une vente convenable. Pour comble d'infortune, au début de l'été, Verlaine souffre de mystérieux malaises et, suivant les conseils du docteur Chauffard, se réfugie derechef à Broussais. Immédiatement, Philomène ressurgit, comme attirée par l'odeur de la pharmacopée. Mais il trouve à peine la force de la remercier de sa sollicitude. Ses douleurs augmentent. Les médecins diagnostiquent un érysipèle infectieux. Le malade traverse des phases de prostration et de délire. Sa jambe, enflée et violacée, se couvre d'abcès. Le docteur Chauffard se résigne à les percer un à un, au bistouri. Plus de vingt incisions de furoncles (adénophlegmons) en quelques jours. Épuisé par ce supplice et tremblant de fièvre, Verlaine tente cependant de plaisanter avec les internes. Mais il croit sa dernière heure venue. Même le docteur Chauffard ignore si son patient en réchappera. « J'ai maintenant pour réconfort un coup ou deux de bistouri quotidiennement, écrit Verlaine au comte de Montesquiou. C'est abominable de souffrance aiguë puis sourde [...]. Excusez cette pauvre écriture, elle provient d'un fiévreux et d'un squelette qui peut à peine manier une plume [1]. » Enfin une accalmie se dessine et le malade en profite pour reprendre son travail. Il a promis à Blok le récit des *Quinze Jours en Hollande.* Mais ses notes sont restées rue des Fossés-Saint-Jacques, et Eugénie, soupçonnant son amant d'avoir renoué avec Philomène, les a, par vengeance, déchirées. Qui l'a prévenue ? N'est-ce pas ce cancanier de Bibi-la-

1. Lettre du 20 juillet 1893.

Purée ? Avec celui-là, on peut s'attendre aussi bien à une embrassade qu'à un croche-pied. Verlaine ne se trouble pas pour si peu et charge Philomène d'aller récupérer quelques pages manuscrites chez Vanier. Il n'aura pas trop de difficulté, pense-t-il, à reconstituer l'ensemble, de mémoire.

Entre-temps, une maladie plus insidieuse que l'érysipèle l'attaque à l'improviste : depuis ses tournées en Hollande et en Belgique, il se demande si, après tant de marques d'honneur reçues à l'étranger, il ne mériterait pas une consécration officielle en France. Le doux François Coppée, dont les vers ne sont certes pas meilleurs que les siens, est bien entré, voici près de deux ans, à l'Académie française. Pourquoi l'auteur du *Passant* et pas l'auteur de *Sagesse* ? Tout en étant le plus misérable des hommes, Verlaine n'a cessé de souhaiter un vernis de respectabilité bourgeoise. Quel camouflet à tous ses détracteurs s'il était élu à son tour ! Quelle gerbe de fleurs déposée sur le tombeau de ses parents ! Quelle assurance de dignité pour ses vieux jours ! Sans doute a-t-il confié ce rêve à quelques gazetiers car, le 24 juillet 1893, *L'Écho de Paris* annonce dans ses colonnes que le poète bohème postule au fauteuil d'Hippolyte Taine, décédé en mars dernier.

Aussitôt, c'est un fantastique tourneboulage dans le monde des lettres. Les uns crient au canular, à la provocation, au scandale, les autres parlent de la démarche légitime d'un écrivain injustement sacrifié. Certains journalistes, tels Montorgueil dans *L'Éclair* ou Caribet dans *L'Écho de Paris*, accusent Verlaine de faire le bouffon. Edmond Lepelletier, l'ami de toujours, déplore lui-même cette regrettable pitrerie. Alors Verlaine le prend de haut et révèle, dans *La Revue parisienne*, qu'il a bel et bien, le 4 août 1893, posé sa candidature en écrivant à M. Camille Doucet, secrétaire perpétuel de l'illustre compagnie. Il a signé fièrement sa requête : « Verlaine, homme de lettres, en traitement à l'hôpital Broussais. »

Cette mise au point fait la joie des étudiants du Quartier latin qui célèbrent, dans les cafés, le courage insolent d'un des leurs. En effet, malgré son âge — bientôt la cinquantaine —, Verlaine est, à leurs yeux, le représentant d'un monde souterrain, qui inquiète les repus, les nantis. Il est le porte-drapeau des traîne-savates. Il est l'éternel *escolier*, comme son prédécesseur, le merveilleux François Villon. Les chansonniers s'emparent de la nouvelle et brocardent gentiment le poète :

> *Il va s'ach'ter un' pair' de gants,*
> *Un gibus des plus élégants*
> *Pour aller fair' — chos' difficile —*
> *Sa visite à Leconte de Lisle.*

Au François I<sup>er</sup>, à la Rotonde, au Café Rouge, chez Pellorier, au Soleil d'Or, au Procope et jusqu'au Chat Noir, sur la rive droite, c'est l'enthousiasme et la rigolade. Quand Cazals lance son couplet :

> *Demain il sera des quarante !*
> *Buvons au roi des Fêtes galantes !*

personne, parmi les jeunes, ne croit à la réalisation de ce vœu, mais tout le monde applaudit.

De toute façon, l'élection n'aura lieu qu'en février de l'année suivante. En attendant, Verlaine, à Broussais, après une rémission de quelques jours, continue à se faire cruellement charcuter. « Le bistouri bat son plein, mande-t-il à Cazals le 10 août 1893, demain deux incisions m'attendent. Je ne m'épate plus. » À présent, il a la conviction que, sur son lit de souffrance, il expie les péchés d'autrefois et que Dieu lui tiendra compte de toutes les blessures de sa chair au moment du Jugement dernier. Ébloui par cette idée, il écrit d'une main faible, entre deux crises :

*Ô Jésus, vous m'avez puni moralement*
*Quand j'étais digne encor d'une noble souffrance;*
*Maintenant que mes torts ont dépassé l'outrance,*
*Ô Jésus, vous me punissez physiquement.*

Et le Christ répond à ce gémissement de douleur :

*Sois humble et souffre en paix, autant que tu pourras.*
*Je suis là. Du courage. Il en faut en ce monde.*
*Qui le sait mieux que moi? Lorsque tu souffriras*
*Cent fois plus, qu'est cela près de ma mort immonde*[1] *?*

Soutenu par la prière, il l'est aussi par les visites presque quotidiennes de Philomène. Le dévouement de la jeune femme est tel qu'il la considère comme son épouse, sinon devant Dieu, du moins devant les hommes. Quant à Eugénie, il ne veut plus entendre parler de cette gale qu'il appelle « la toquée de la rue Saint-Jacques ».

Dès qu'il va un peu mieux, cent projets l'assaillent. Un jeune peintre anglais, William Rothenstein, qui est venu faire son portrait à l'hôpital, l'invite à prononcer des conférences à Oxford, à Cambridge; de son côté, Jules Rais suggère Nancy et d'autres villes de province. À peine debout, Verlaine quitte Broussais et s'installe chez Philomène, au 5 de la rue Broca, dans le quartier des Gobelins. Mais son long séjour à l'hôpital lui a donné la bougeotte. Le 6 novembre 1893, il part pour Nancy, où il est attendu par un groupe local, « La Lorraine artiste ». Le surlendemain, c'est le contact avec le public, dans un salon du Grand Hôtel, place Stanislas. En grimpant péniblement sur l'estrade, Verlaine pense avec émotion à sa ville natale, Metz, qui est sous la domination allemande, alors qu'ici, dans la ville sœur, on est, Dieu soit loué, en France.

1. *Ex Imo.*

Si sa conférence sur les poètes parisiens ne séduit guère, quand il récite, pour finir, son *Ode à Metz*, il sent qu'une vibration parcourt l'assistance. Ce morceau, d'un patriotisme sauvage, dont les vers claquent comme un étendard au vent, réveille les auditeurs prêts à s'assoupir :

> *Patiente, ma belle ville :*
> *Nous serons mille contre mille,*
> *Non plus un contre cent, bientôt ! [...]*
> *Nous chasserons l'atroce engeance,*
> *Et ce sera notre vengeance*
> *De voir jusqu'aux petits enfants,*
> *Dont ils voulaient — bêtise infâme ! —*
> *Nous prendre la chair avec l'âme,*
> *Sourire alors que l'on acclame*
> *Nos drapeaux enfin triomphants !*

Au terme de cet appel à la revanche, le public éclate en applaudissements. Verlaine est ravi. Il croit que c'est son talent qu'on acclame, alors que c'est la promesse d'un retour à la France des provinces perdues. Le lendemain, il écrit en hâte à Philomène : « Ma conférence d'hier soir a complètement réussi. La salle était pleine de beau monde et les journaux m'ont été très favorables [...]. Je t'embrasse de tout mon cœur, comme je t'aime, chère femme adorée[1]. »

À Lunéville, où il arrive vers deux heures de l'après-midi, les choses s'annoncent moins bien. L'organisateur, le poète Charles Guérin, a insuffisamment préparé les habitants à la venue parmi eux de Verlaine. Au début, le petit salon des Halles de l'hôtel de ville est presque vide. Mais Maurice Barrès, qui a été alerté juste à temps, bat le rappel des milieux militaires. Tout à coup, les rangs de

---

1. Lettre du 9 novembre 1893.

chaises s'emplissent d'un flot d'officiers, flanqués de leurs épouses. L'honneur est sauf. Et le succès assuré.

Verlaine repart pour Paris avec cent francs en poche. Sa « femme », Philomène, l'attend à la gare de l'Est. Mais il ne s'attarde pas auprès d'elle. William Rothenstein et un jeune écrivain anglais, Arthur Symons, grand admirateur du poète, ont organisé pour lui des conférences à Oxford et à Londres. Une avance de trente francs lui est versée par un mandataire pour frais de déplacement. Il en réclame trente de plus pour que Philomène ait de quoi vivre en son absence. Ayant obtenu satisfaction, il prend, à la gare Saint-Lazare, le train pour Dieppe.

Quand il met pied à terre, en pleine nuit, la mer est démontée, les bateaux restent à quai, et tous les hôtels sont envahis par les voyageurs furieux de ce contretemps. Mais le gérant du buffet de la gare l'autorise à coucher sur une banquette. Le lendemain, la tempête continue. Le vent arrache les tuiles des toits. Des trombes d'eau balaient les rues. C'est seulement à la tombée du soir que le ciel s'apaise. Le trafic maritime étant rétabli, Verlaine embarque avec appréhension. Pendant la traversée, très agitée, il ne cesse de penser à Philomène qui se morfond, pure et sûre, dans leur petit nid parisien. Malgré tangage et roulis, il écrit à son intention :

> Or, je pars pour ma souveraine
> Et reviendrai l'âme sereine,
> Chargé pour cette douce reine
> De diamants, de perles, d'ors !
> Et bercé, mer, en tes bras forts,
> Et rêvant de trésors, je dors [1].

1. *Souvenir du 19 novembre 1893 (Poèmes divers).*

À une heure du matin, il est enfin rendu à Londres, après avoir longtemps attendu un train sur le quai de Newhaven. Arthur Symons lui offre l'hospitalité dans son agréable appartement de Fountain Court et ils y festoient toute la nuit, croquant des biscuits, fumant des cigarettes, buvant gin et whisky. Aux premières lueurs du jour, des amis de son hôte, dont l'écrivain Edmund Gosse et les éditeurs John Lane et William Heinemann, se joignent à eux. Verlaine retrouve, au milieu de ce groupe cordial, l'ambiance des cafés de la Rive gauche, à Paris. La conférence a lieu à Barnard's Inn, l'ancienne halle des corporations. Verlaine parle, en français, de la poésie contemporaine et lit, selon son habitude, quelques-uns de ses poèmes. Accueil honorable, sans plus. Le lendemain, il se promène en fiacre à travers le vieux Londres afin de raviver ses souvenirs, passe à l'Hôpital français pour faire panser sa jambe, se rend à un spectacle de café-concert à l'Alhambra et écrit à Philomène : « Succès et, j'ai tout lieu de le croire, argent[1]. »

Le 23 novembre, Arthur Symons l'accompagne à la gare de Paddington et le met dans le train d'Oxford. Chargé de le saluer à l'arrivée, Rothenstein le voit débarquer enveloppé d'un long pardessus et le pied gauche dans un chausson. Il ne peut être question qu'il fasse sa conférence en veston. On lui a préparé un habit. Il l'endosse en riant. Après tout, s'il veut être de l'Académie française, il faut qu'il s'habitue à porter un vêtement de cérémonie. Une fois « attifé », on le conduit dans une salle où siègent quelques étudiants égarés et un grand nombre de professeurs en toge. L'assistance est froide, guindée. À la fin de son discours, il ne récolte que des applaudissements parcimonieux et des compliments passe-partout. Manifestement, sa *lecture* (terme anglais pour « confé-

1. Lettre du 22 novembre 1893.

rence ») n'a pas séduit l'auditoire. Or, voici qu'on lui offre de la répéter, la semaine suivante, à Manchester. Cela retarderait son retour à Paris, mais lui rapporterait encore un peu d'argent. Dans l'indécision, il demande son avis à Philomène : « Chérie, moi, je m'ennuie atrocement de ne pas te voir et tu t'en doutes bien. Mais trois ou quatre cents francs ne nous seraient pas inutiles, et je ferai ce que tu voudras, comme c'est mon grand plaisir et mon seul devoir, toujours. Télégraphie, si tu peux, d'un seul mot, *oui* ou *non*[1] ! » Philomène le rassure : elle est tout à fait d'accord pour qu'il prolonge son séjour en Angleterre, ne refuse pas l'idée d'un prochain mariage et demande, dès à présent, quelques menus cadeaux.

Bouleversé par cette triple preuve d'amour, il lui écrit : « Quant au bracelet, etc., si c'est possible, je ferai ta chère volonté. Quant au mariage, si tu parles sérieusement, tu m'auras fait *le plus grand plaisir de ma vie*, et nous irons chez M. le Maire quand tu voudras. C'est d'ailleurs le plus sûr moyen de t'assurer quelque chose de fixe après ma mort. Ô chérie, oui, va, ce sont toujours là mes idées. Je n'aime que toi et combien ! Ici, je mène une vie de pacha, pour rien, à l'œil. Dîners terribles, théâtres, cafés-concerts. Mais cela ne m'amuse guère et j'aimerais mieux infiniment, encore passablement mieux, être près de ma Philomène, même quand elle est méchante, comme ça lui arrive... quelquefois. *Et je ne bois pas*, je ne boirai plus si ma chérie me le défend... gentiment[2]. »

Hélas ! cette euphorie est de courte durée. Ayant appris que Verlaine se trouve en Angleterre et que l'argent qu'il gagne avec ses conférences va à sa

1. Lettre du 23 novembre 1893.
2. Lettre du 25 novembre 1893.

rivale, Eugénie, « la Poison », décide d'intervenir. S'étant procuré l'adresse des organisateurs de la tournée anglaise, elle écrit à *son* poète, aux bons soins de Rothenstein, pour lui ouvrir les yeux avant qu'il ne soit trop tard. Dans sa lettre, elle lui révèle que Philomène, profitant du pécule qu'il a rapporté de Hollande, le trompe avec un certain Alfred, vingt-neuf ans, qui habite du côté de la Glacière et dont la particularité est de se promener toujours tête nue. Comment douter d'une dénonciation quand elle s'accompagne de détails aussi précis ? Frappé par l'évidence, Verlaine s'aperçoit avec rage, avec honte qu'il s'est abusé, une fois de plus, sur celle qu'il considérait déjà comme son épouse. Tant de vilenie sous un visage si avenant ! Toutes les femmes sont-elles des monstres de duplicité ? Ou est-ce lui qui ne sait pas les déchiffrer, les commander, les réduire à l'esclavage qu'elles méritent ? Sa naïveté est celle d'un enfant qui n'a pas vécu. Là où il cherche une mère par le cœur, une partenaire par le sexe, il ne découvre que des goules. Pourtant il veut se donner le temps de la réflexion avant de tout casser. Prudemment, il avertit l'infidèle : « Et toi, sois sage, et pas d'*anarchie* dans notre petit ménage qui irait si bien autrement, toi si heureuse, reine, et moi *te* gagnant de l'argent, *à toi*, non à d'autres, par exemple [...]. Comme c'est donc dur d'être sans toi, jaloux comme je le suis[1]. »

Le lendemain, il ne se contente plus de phrases vagues et lui écrit encore pour la sommer d'avouer ou de se justifier : « Si c'est vrai, dis-le franchement. Ce serait affreux, mais franc et honnête. Si ce n'est pas vrai, prouve-le. C'est-à-dire, dis-le fortement. Alors pardon et que ce mot mariage devienne une réalité. Tu vois, je ne ruse pas, moi. Et tu sais assez combien je t'aime pour ne pas douter combien tu seras

1. Lettre du 27 novembre 1893.

heureuse avec ton vieux [...]. Réponds tout de suite. Je t'embrasse en pleurant[1]. » Aussitôt après, comme il craint de perdre la raison sous les coups de la jalousie, du dégoût, de la révolte, il réitère : « Ce chagrin est si gros que je me sens devenir fou et que pour un peu je me détruirais [...]. Je ne puis me passer de toi et je ne t'ai presque jamais ! Je t'en prie, rassure-moi. Je te dis que je deviendrais fou, si ça continuait. Que n'es-tu près de moi[2] ! »

Pour s'étourdir et oublier, si peu que ce soit, son infortune, il découche et va traîner dans les bas quartiers de Soho ou d'East End. Là, il dépense tout son avoir (six cents francs) entre les mains des prostituées et des tenanciers de bars. Mais cette escapade lui a donné une idée : puisque Philomène le trompe, pourquoi ne pas revenir à Eugénie ? Il punirait ainsi la traîtresse et se réserverait un refuge confortable pour son retour à Paris. La meilleure stratégie consiste donc à les ménager l'une et l'autre pour choisir selon sa convenance, au moment propice. Eugénie reçoit de lui une lettre de réconciliation et d'ouverture : « Plus j'y pense, moins j'aime les trahisons et ferai tout pour châtier celle-ci. Surtout ne dis rien à personne, ça gâterait tout[3]. » Soucieux de se préparer à une autre éventualité, il écrit aussi à Philomène : « Aime-moi, c'est tout ce que je te demande et je ferai tout pour toi, comme précédemment. Je t'embrasse de toute façon et je t'aime mieux que ma vie[4]. » L'enveloppe porte la suscription : « Madame Verlaine, 5, rue Broca », dont le but évident est de rassurer la destinataire. C'est dans cette lâche et louche indécision que Verlaine se rend, le 1er décembre 1893, à Manchester. Juste avant son

1. Lettre du 28 novembre 1893.
2. Autre lettre du 28 novembre 1893.
3. Lettre du même jour.
4. Lettre du 29 novembre 1893.

départ, on lui remet une lettre d'Eugénie et une de Philomène. Toutes deux sont ambiguës. Ces femmes se jouent de lui. Laquelle croire ?

À Manchester, il est accueilli par un jeune pasteur, le révérend Theodor London, qui le reconnaît sur le quai de la gare grâce au signalement qu'Arthur Symons lui a envoyé : « C'est un vieux monsieur qui boite très fort de la jambe gauche. Il a un visage tout yeux, un feutre noir, un grand pardessus rendu vénérable par l'âge et l'usage et un foulard multicolore déteint[1]. » À peine présenté à la famille du pasteur, chargée de l'héberger, il se réfugie dans sa chambre et écrit à Philomène : « Ô non, ne me trompe pas ! Ne me sois plus méchante. Je t'assure que j'ai comme perdu la tête ces jours-ci. Pour un peu, je faisais... je ne sais quoi ! Tu vois, c'est pour toi que je travaille, je fais et ferai tout pour toi[2]. »

La conférence réunit une cinquantaine de personnes dans une salle d'école dépendant du temple. Une partie de l'auditoire ne comprend d'ailleurs pas le français. Aucun journaliste ne s'est dérangé. Le discours de Verlaine, traitant de la poésie contemporaine et agrémenté de quelques mots sur Shakespeare et sur Racine, ne suscite que peu d'intérêt. Il s'en rend compte, mais n'en souffre pas, car son esprit est ailleurs.

De retour à Londres, il se replonge, avec d'étranges délices, dans son micmac amoureux. À Philomène il affirme : « Je t'aime trop. Mais je ne puis m'en empêcher, ni de t'embrasser de tout mon cœur[3]. » Et à Eugénie il recommande : « Silence. Autrement tout est foutu[4]. » Quel que soit son attrait pour Philomène, il ne veut plus ignorer que les

1. V.P. Underwood, *Verlaine et l'Angleterre*.
2. Lettre du 1er décembre 1893.
3. Lettre du 2 décembre 1893.
4. Lettre du 3 décembre 1893.

marques de tendresse qu'elle lui prodigue sont les artifices d'une ignoble cupidité. Elle se fait entretenir par lui, mais ouvre ses cuisses à un autre. Il est le dindon de la farce, le cocu intégral qui casque sans rechigner pourvu que, de temps en temps, on lui fasse risette. Les yeux enfin dessillés, il écrit à celle qui hier encore pouvait se croire Mme Verlaine : « Tout m'indique que tu as un amant, que tu demeures avec lui et qu'il se *fout* de moi, comme de toi. À ton âge, on n'a pas *pour rien* des amants de vingt-neuf ans !... Je te propose ceci : restons bons amis. Nous pourrons nous revoir et je ne te refuserai jamais un service. Mais vivre avec toi ! D'abord, nous ne l'avons jamais fait, avec tes multiples logements... Puis, c'est trop cher, vraiment... Et tu voudrais que je te confiasse *tout* mon argent. Merci ! et merde aux maquereaux qui s'en pourlécheraient [...]. Néanmoins, je t'aime trop — on peut aimer sans confiance — pour renoncer, moi, à toi. Toi, qui ne m'aimes, tu me l'as dit rue Pascal, que pour mon argent, pour qui je ne suis qu'un miché, qu'un client, qui suis le monsieur qui t'entretient, tandis que d'autres sont tes amants, tu l'as dit à quelqu'un en face de moi, rue Saint-Jacques, tu devrais gentiment m'écrire : " Eh bien oui, c'est vrai. Je suis dans mes meubles avec A..., rue de la Glacière, 20. J'ai quelques sous d'avance. Quand je n'en aurai plus, je te le dirai. " Et nous resterions bons amis. Tandis qu'autrement ce sera toujours des querelles. » Puis, alors même qu'il l'accuse de le trahir « odieusement, salement, ignoblement », son ancien rêve l'envahit derechef et il ajoute, au courant de la plume, avec une rayonnante inconséquence : « Si nous devons vivre ensemble, marions-nous, et je t'assurerai la vie après ma mort. Je crois que je te fais la part belle... Et, la confiance revenue sur preuves, je saurai te rendre la plus heureuse des femmes sur le retour, moi. Ton trop vieux, hélas ! il paraît, P. Verlaine. *Post scriptum* : je ne puis pourtant t'écrire Mme Alfred ni Mme Esther ! Ça sent trop mauvais [1]. »

Ayant expédié cette lettre incohérente, qu'il considère comme une saine mise au point, il se tourne vers Eugénie et lui annonce son arrivée le lendemain, ainsi que son désir de reprendre la vie commune avec elle. Qu'elle vienne donc l'attendre à la gare du Nord, le mercredi 5 décembre, à sept heures du soir, sur le quai du train venant de Calais. « Je me sépare d'Esther avec un gros chagrin, lui écrit-il. J'aime et j'aimerai toujours cette femme-là. Mais elle m'est dangereuse et mon parti est bien pris. Toi, je t'aime aussi. Tu as toujours été bonne pour moi et je travaille bien seulement avec toi. Ne me parle plus de l'autre. Aie un meilleur caractère, tout ira bien. À demain et nous ferons un bon petit dîner, près de la gare, avant de faire dodo. » Quant à l'avenir, il le voit radieux, moyennant quelques précautions élémentaires : « Nous pourrons être heureux, si nous sommes *sages*. Seulement, il faudra changer de quartier. Je *dois* m'éloigner d'Esther autant que possible. On dirait que cette pauvre fille a jeté un sort sur moi et toujours ça va mal avec elle [2]. »

Après quoi, Philomène est informée de la rupture : « Adieu, va ! Ça vaut mieux. Quand tu auras besoin de moi, fais-moi signe et tout je le ferai. Mais vivre ensemble, c'est impossible. Tu te paierais toujours des... jeunes gens et ça finirait par de la charcuterie. » Puis, cédant au désir de lui donner une leçon, il l'invite à venir le chercher à sa descente du train, gare du Nord, non pas le mercredi 5 décembre (date exacte) mais le lendemain, jeudi 6. Ainsi, elle se sera dérangée pour rien et, ne le voyant pas sur le quai,

1. Lettre du 4 décembre 1893.
2. Lettre du même jour.

comprendra qu'il lui a fait une farce en réponse à toutes les avanies qu'il a endurées par sa faute : « J'aurai le plus grand plaisir à t'embrasser, peut-être pour la dernière fois. Surtout ne sois pas accompagnée, comme l'autre jour, à la gare de l'Est, et ne débusque pas tout à coup d'une porte. » La lettre est adressée non plus à Mme Verlaine, mais à Philomène Boudin. Cazals, lui aussi, est prévenu du retour de Verlaine, avec mission de se renseigner sur les agissements de l'inconstante : « La (the) question est l'éternelle Esther *(a bad name. I prefer Philomène)*. Je suis jaloux dans ce pays d'Othello, jaloux à en mourir, si je ne m'étais avisé de rompre avec cette trop aimée, bizarre et savoureuse *middle-aged woman* ! Est-ce vrai qu'elle me trompe et m'exploite dans les grands prix ? Tu peux le savoir et me le dire. Ou est-ce que je me cocufie et me vole moi-même ? Questions ? [...] Tâche de savoir si c'est vrai qu'Esther en ses meubles avec l'homme nu-tête[1]. »

Enfin, ce sont les dernières interviews accordées à des journalistes anglais, les adieux émus aux gentils amis d'outre-Manche, l'embarquement à Douvres. Le ciel est lumineux, la mer paisible. Verlaine voit dans cette embellie un heureux présage pour la nouvelle expérience sentimentale qui l'attend à Paris. Bercé par le mouvement du navire, il écrit :

> *Mon cœur est doux comme la mer*
> *Et je salue encor la France.*
> *Mon cœur est fort comme la mer [...].*
> *Fleurs et pleurs et mon cœur avec,*
> *Mon cœur qu'escortent des mouettes*
> *Gaîment tristes, claquant du bec[2].*

1. Lettre du 5 décembre 1893.
2. *Traversée (Poèmes divers).*

À mesure que la côte française approche, il sent croître une inquiétude. A-t-il eu raison d'appeler à la rescousse cette « toquée » d'Eugénie ? N'aurait-il pas mieux fait de retourner auprès de la « traîtresse » Philomène ? À son âge, il devrait pouvoir se passer de femmes ! Mais la solitude le terrifie. Plutôt l'agitation acariâtre et le bavardage insipide d'une de ces bougresses que le silence et le vide annonçant la mort.

# XXVII

## LE POÈTE MENDIANT

Eugénie se flatte d'être avant tout une femme d'intérieur. Dès que Verlaine l'a invitée à le rejoindre dans le logement qu'il a gardé au 187 de la rue Saint-Jacques, elle veut y mettre sa touche personnelle. Une seule pièce, au cinquième étage, flanquée d'une petite cuisine. Dans cet univers restreint, la nouvelle maîtresse de maison balaie, époussette, astique avec une énergie dominatrice. Les deux fauteuils, les quatre chaises, le grand lit d'acajou, la table, les bibelots, les chromos sous verre, rien n'échappe à son obsession de propreté. Des canaris en cage, des pots de fleurs et l'inévitable machine à coudre viennent s'ajouter au décor. Eugénie n'est plus chez Verlaine, mais chez elle. Et elle entend monter la garde sur le seuil pour empêcher les intrus de déranger leur couple enfin recollé. Attentive aux manigances des espions, elle donne l'ordre au concierge d'éconduire les visiteurs en leur répondant qu'il n'y a pas de locataire du nom de Verlaine dans l'immeuble. Lui-même, d'ailleurs, préfère rester caché, car il redoute toujours une irruption de Philomène. Sur le conseil d'Eugénie, il prévient Vanier de congédier « Mlle Boudin » si elle se présente à lui de sa part. Quand sa jambe lui permet de marcher, il se rend en personne, au bras d'Eugénie, chez son éditeur et encaisse devant elle les quelques francs qu'on veut bien lui payer pour ses derniers vers. S'il est cloué au lit, il envoie sa maîtresse toucher l'argent à sa place avec un mot d'introduction : « Mlle Krantz, vous le savez, est de confiance [1]. » La publication simultanée chez Blok, à La Haye, et chez Vanier, à Paris, de *Quinze Jours en Hollande,* bref et élégant récit de voyage, met un peu de beurre sur le pain du ménage. Mais, dès qu'il a quatre sous devant lui, Verlaine s'échappe de la prison conjugale où Eugénie le tient enfermé pour aller les boire. Convié à un banquet de *La Plume,* le 10 février 1894, il arrive en avance sur le lieu du rendez-vous et, en attendant les autres convives, avale tant d'apéritifs qu'on doit le reconduire à son domicile.

Cela ne l'empêche pas, le 15 février, d'écrire de nouveau au secrétaire perpétuel de l'Académie française qu'il est toujours candidat au fauteuil de Taine mais que, vu son état de santé, il se verra obligé de renoncer aux visites d'usage. Croit-il réellement qu'il a quelque chance ? Sa candeur est telle que, en additionnant les noms de ceux qui, quai de Conti, pourraient être séduits par son talent, il se prend à rêver. L'élection tant attendue a lieu le 22 février 1894. Parmi les concurrents : Anatole Leroy-Beaulieu, Émile Zola, Henry Houssaye, Émile Montégut... Malgré cinq tours de scrutin, aucune majorité ne se dégage. Élection blanche. Tout est à recommencer. Le 31 mai suivant, c'est Albert Sorel qui sera élu, sans que Verlaine obtienne une seule voix. Zola est de même blackboulé par ces messieurs : zéro suffrage. Verlaine n'est guère affecté par cet échec. Sa gloire, pense-t-il, se situe ailleurs que parmi les soi-disant Immortels. Comme pour souligner la dérision dans

1. Billet du 22 mars 1894.

laquelle le « couple Verlaine » tient les honneurs officiels, Eugénie, dont le pinson vient de mourir, l'enveloppe dans une page du *Chat noir* et va déposer le petit cadavre dans la crypte du Panthéon.

La consolation du poète, pour le moment, c'est l'intérêt qu'on lui porte en Angleterre. À l'occasion de son cinquantième anniversaire, William Rothenstein passe le voir et le traite royalement au restaurant. Verlaine correspond avec des éditeurs et des écrivains anglais, publie dans des revues britanniques et remercie ses amis d'outre-Manche en leur dédiant des « poèmes-souvenirs ». L'idée que l'éditeur londonien Lane s'apprête à imprimer un choix de ses poésies le transporte d'aise. Si Eugénie interdit sa porte aux visiteurs français, dont elle se méfie comme d'une invasion de rats, elle l'ouvre toute grande à quiconque vient de l'étranger. Séquestré par elle, Verlaine est à la fois rassuré et agacé par cet esclavage de tous les instants. Il déteste la surprendre en train de manier le torchon et le plumeau, l'œil inspiré, le front en sueur et un tablier autour des reins. Mais, quand elle fait la cuisine et dispose le couvert, il se détend. C'est le bon côté de la vie en commun.

À la fin d'avril 1894, de nouveaux abcès apparaissent sur son pied gauche. Inquiet, le docteur Jullien l'envoie à l'hôpital Saint-Louis, où on l'installe dans une chambre particulière du pavillon Gabrielle (service du docteur Hallopeaux). Repas apportés de l'extérieur, visites à volonté, c'est encore mieux que chez soi. Mais les prix sont salés : six francs par jour. Maurice Barrès lui a glissé à l'oreille de ne pas s'en alarmer. Confiant, Verlaine se laisse vivre, dorloté par des infirmières aux mains douces. Les soins consistent surtout en applications de compresses. Aux heures de loisir, le malade compose pour se distraire des poèmes grinçants, destinés à son recueil *Épigrammes*. Ou bien il lit quelque livre emprunté à la bibliothèque de l'établissement. Ou bien encore, il rend visite à ses voisins, qui sont presque tous des gens aisés, et bavarde avec eux en attendant la tombée du soir. Celui qui le divertit le plus est un financier sud-américain, directeur d'une compagnie de chemin de fer, lequel raconte volontiers comment, se voyant acculé à la faillite, il a raflé le reste des capitaux de l'affaire et s'est enfui sur une locomotive, tandis que ses actionnaires, furibonds, le poursuivaient à bord d'une autre machine. Bientôt d'ailleurs, cet escroc opulent quitte l'hôpital pour regagner son hôtel des Champs-Élysées.

Verlaine, lui, prolongerait volontiers son séjour pendant quelques mois, tant il goûte le calme de ce lieu privilégié. Délivré des vaines criailleries, des ordres comminatoires et des éternels reproches d'Eugénie, il ne souhaite même pas qu'elle vienne le voir. Mais elle considère comme un devoir de s'asseoir, de temps en temps, à son chevet pour l'entretenir de ses soucis domestiques. Lorsqu'elle repasse la porte, il respire. De nouveau il envisage de la quitter pour vivre seul. Or, il n'a pas un sou devant lui. Quand il compare ses prévisions de recettes et ses prévisions de dépenses, il s'affole. Jamais il n'arrivera à joindre les deux bouts ! Ému par son désarroi, Léon Deschamps s'offre à présenter au ministre de l'Instruction publique, Georges Leygues, une demande de pension au bénéfice du poète. Pour appuyer cette démarche, il rassemble les signatures de François Coppée, Jules Claretie, Aurélien Scholl, Stéphane Mallarmé, José Maria de Heredia, Sully Prudhomme, Alexandre Dumas, Jean Richepin et Jean Moréas. Avec une telle armée de grands esprits derrière lui, Verlaine est sûr de réussir. La requête est déposée, en son nom, le 9 juillet 1894. Dans l'intervalle, Maurice Barrès, avec sa générosité habituelle, a retenu pour lui une chambre à l'hôtel de Lisbonne, 4, rue de Vaugirard, et s'est chargé de payer le loyer. Quand Verlaine sort de l'hôpital, le 10 juillet 1894, c'est donc là qu'il va s'installer, seul, malgré les protestations d'Eugénie.

Une semaine après, le 18 juillet, il apprend la mort de son pire ennemi en littérature : Leconte de Lisle. Oubliant ses préventions contre celui qui portait dans l'opinion le titre pompeux de « prince des poètes », il lui consacre un article respectueux. Aussitôt, les académiciens s'inquiètent. Que signifie cette lèche posthume ? Verlaine n'a-t-il pas l'intention de poser sa candidature au fauteuil du défunt ? Pourtant il devrait comprendre qu'il n'a aucune chance. Certains le lui font savoir, à mots couverts. Il les rassure et annonce au secrétaire perpétuel qu'il n'est plus intéressé que par le quarante et unième fauteuil, celui de Balzac, de Flaubert et de Baudelaire. Mais, si les messieurs du quai de Conti se préoccupent de remplacer Leconte de Lisle dans leur compagnie, d'autres veulent lui trouver un successeur dans la dignité de prince des poètes. En août 1894, Georges Docquois organise un référendum dans *Le Journal*. Près de quatre cents hommes de lettres et lecteurs, âgés de dix-huit à vingt-cinq ans, sont ainsi interrogés. Cent quatre-vingt-neuf répondent au questionnaire. Verlaine sort largement vainqueur de la consultation avec soixante-dix-sept suffrages, contre Heredia (trente-huit), Sully Prudhomme (trente-six), Mallarmé (trente-six), Coppée (douze). Quelques voix se sont égarées également sur Henri de Régnier, Maurice Bouchor, Albert Samain, Jean Moréas, Catulle Mendès...

Certes, Verlaine eût préféré une élection à l'Académie, mais cette distinction populaire ne prouve-t-elle pas que, si les Immortels le dédaignent, la vraie France, celle des écrivains et du public, l'a choisi d'enthousiasme ? En vérité, les jeunes participants au référendum ont voulu honorer en lui un ancien qui s'obstine, contre vents et marées, à mettre la poésie au-dessus de tout. Cette couronne de carton doré, il l'accepte avec reconnaissance. On fête sa promotion à la bruyante brasserie Muller, aux Batignolles. Assise à son côté, Eugénie est radieuse. Verlaine effeuille une rose rouge et en laisse tomber des pétales dans les verres de ses compagnons de beuverie. « Sa face socratique rayonnait de bonne humeur et ses petits yeux bruns étincelaient de gaieté, écriront Cazals et Le Rouge. Le feutre mou rejeté en arrière découvrait son front orgueilleux. C'est l'éternel regret de Madame Eugénie que Verlaine n'ait jamais pu s'habituer à porter le chapeau haut de forme [1]. » Séance tenante, on fonde un ordre de chevalerie bouffon autour du nouveau prince, on en rédige les brevets d'investiture et on vide en chœur les verres d'absinthe où flottent les débris de fleurs distribués par le maître.

Le lendemain, la fête est oubliée et Verlaine retrouve ses soucis habituels. Cependant, sur le plan financier, l'étau se desserre un peu. Maurice Barrès a réglé la presque totalité de la note d'hôpital et, le 9 août 1894, le ministère de l'Instruction publique a accordé sinon la pension demandée, du moins une subvention de cinq cents francs. Enfin, Maurice Barrès, toujours lui, s'emploie à constituer une nouvelle « petite société », dont les quinze membres s'engageraient à verser chacun une obole de dix francs par mois au profit de leur poète favori. La comptabilité de ce cercle de bienfaisance est confiée à M. Giron, le caissier du *Figaro*. Dans la liste des souscripteurs, les noms du comte de Montesquiou, de la comtesse Greffulhe, de la duchesse de Rohan, de la comtesse de Béarn côtoient ceux d'écrivains tels Coppée, Richepin, Sully Prudhomme... Ayant ainsi

1. *Les Derniers Jours de Paul Verlaine.*

mis à contribution la plupart de ses amis, Maurice Barrès estime que la « petite société » pourra fonctionner à partir du mois de septembre prochain. Cette aumône organisée, Verlaine l'accepte sans rougir comme l'aide que lui doivent ses concitoyens les plus favorisés pour le plaisir qu'il leur procure grâce à ses vers. Loin d'être leur débiteur, il est leur fournisseur en rêves. Étant donné ce qu'il apporte à la France, il est normal que la France l'entretienne.

Une seule ombre au tableau : ayant exclu de sa vie Eugénie la Teigne et Philomène la Menteuse, il se découvre soudain aussi triste que si toutes deux l'avaient abandonné. Après avoir aspiré à la paix dans la solitude, il ne supporte plus le vide qui l'entoure. Quand il rentre le soir dans sa chambre, il éprouve l'angoisse de se retrouver face à face avec lui-même, sans personne pour le réconforter, le gronder, le diriger, l'exaspérer. Il lui faut une présence tutélaire à ses côtés, fût-elle abusive, absurde, irritante, despotique, pour qu'il puisse se résigner à l'incommensurable ennui de l'existence. Incapable de tenir en place, il déménage pour s'installer dans un garni de la rue du Cardinal-Lemoine. C'est le quartier où il a habité, jeune marié, avec Mathilde. À cette pensée, son désir d'avoir une femme auprès de lui se renforce et il écrit à Eugénie : « Dès que tu le pourras, viens donc ici, et, mon Dieu ! revivons donc ensemble, en paix, cette fois. Je t'embrasse et t'aime de tout mon cœur [1]. » Et il confesse à Gabriel de Yturri : « Je ne puis, en conscience, me séparer de Mlle Krantz que j'aime beaucoup et qui, en dépit de ses inégalités de caractère, m'est en quelque sorte indispensable. » Quant à Philomène, elle est, dit-il à son correspondant, chassée de son cœur à jamais : « Vous savez combien j'ai été joué par la nommée Esther, la grosse

1. Lettre du 13 août 1894.

femme que vous vîtes à Broussais et que j'ai fini par écarter de ma vie. Il me revient qu'elle médite de nouvelles tentatives sur ma vertu, et que, d'accord avec le marchand de vins du 210 de la rue Saint-Jacques, nommé Chiffeman, celui-ci se permettrait de vous parler à vous ou à M. de Montesquiou d'une note absolument fantastique de dépenses que je répudie absolument aussi [1]. »

À peine Verlaine a-t-il repris la vie commune avec Eugénie, dans sa chambre du 48, rue du Cardinal-Lemoine, qu'il le regrette. La seule vue de cette femme, qui prétend tout régenter chez lui, l'indispose. Sa voix haut perchée lui casse les oreilles. Après une scène violente, elle réintègre son logement, rue Saint-Victor, non sans avoir profité d'une absence momentanée du poète pour emporter ses manuscrits et ses effets personnels, à titre de prise de guerre. Delahaye, s'étant mis en tête de raccommoder le ménage, invite Verlaine et Eugénie à dîner au restaurant Tarlé, rue Soufflot. Comme Eugénie tarde à se présenter au rendez-vous, il va la chercher chez elle. Verlaine le suit dans la rue, à distance. Eugénie s'en aperçoit et gémit : « Il va me tuer ! » À grand-peine, Delahaye apaise ses inquiétudes et la convainc de l'accompagner. Mais, au restaurant, elle a une crise de larmes et tout à coup, repoussant son assiette, s'enfuit hors de la salle. Verlaine lui emboîte le pas aussi vite que le lui permet sa jambe malade. En arrivant devant l'immeuble de la rue Saint-Victor, il se heurte à un sergent de ville qui l'empêche d'entrer. En effet, dans l'intervalle, Eugénie s'est avisée que ce dîner auquel on l'a conviée était sans doute un traquenard et qu'à un moment donné Verlaine quitterait la table, sous un faux prétexte, pour se rendre chez elle à son insu et récupérer ses affaires. Alors elle

1. Lettre du 17 août 1894.

a alerté un sergent de ville, se disant menacée d'un viol de domicile. Verlaine a beau répliquer au gardien de l'ordre que ce logis est aussi le sien, qu'il en paie le loyer et que cette femme détient indûment des objets qui lui appartiennent, l'homme demeure intraitable. Hors de lui, Verlaine retourne au restaurant où Delahaye l'attend en continuant à manger. Lui, en revanche, ne peut plus rien avaler. Eugénie lui a coupé l'appétit. Ensuite, soutenu par son ami, il regagne, tout fulminant, l'hôtel de Lisbonne où il a depuis peu transporté ses pénates. De là, il écrit au comte de Montesquiou : « Mlle Krantz s'étant montrée une dernière fois (qui sera la bonne) *inhospitalière* et reteneuse de manuscrits en outre d'effets miens en dépit de tant de générosité, je demeure actuellement 4 rue de Vaugirard[1]. »

À l'hôtel de Lisbonne, habitent également Cazals et sa compagne, Marie Crance. Tous deux s'occupent de Verlaine avec une sollicitude fraternelle. Ils sirotent l'apéritif avec lui, l'invitent à dîner, parfois, dans leur chambre, renouvellent les pansements de sa jambe « pourrie » et écoutent ses doléances contre la peste-choléra Eugénie. D'ailleurs, par un juste retour des choses, Philomène reprend sa place dans la vie de Verlaine, comme maîtresse, intendante et commissionnaire. Pour la réintroniser dans cette dernière fonction, il lui remet un mot à l'intention de Vanier. Celui-ci, en le lisant, se demande si le signataire n'a pas perdu la boule au milieu de ces fréquents changements de femme et d'adresse : « Prière d'accueillir Mme Esther, encore ma *meilleure amie* qui veut bien être, pour cette fois, mon garçon de recettes auprès de vous et confiez-lui le plus possible[2]. »

Quelle gifle pour Eugénie ! Elle accepterait, à la

---

1. Lettre du 20 septembre 1894.
2. Billet du 21 septembre 1894.

429

rigueur, qu'il couche avec Philomène, mais pas qu'il accrédite cette roulure en qualité d'ambassadrice auprès de son éditeur et de ses amis. La bile dans le sang, elle imagine une subtile vengeance : vêtue d'une robe neuve, coiffée d'un chapeau à la dernière mode, elle se rend chez la concierge de Philomène pour papoter un peu et, recevant des compliments sur sa toilette, déclare fièrement que c'est M. Paul qui la lui a offerte. Le propos est aussitôt rapporté à Philomène. Se retournant avec fureur contre Verlaine, elle lui reproche de payer des frusques à une moins que rien alors qu'il lui refuse un liard, à elle, pour se nipper. Et elle le quitte dans un grand mouvement de divinité outragée. À peine a-t-elle claqué la porte qu'il lui écrit pour se disculper : « Ma chère amie, je n'ai pas un sou en ce moment et *depuis longtemps*. Ce n'est donc pas moi qui ai payé la robe et le chapeau en question, mais bien M. B... [Blok], qui gagne beaucoup plus d'argent que ton serviteur [...]. Quant à Madame E... [Eugénie], ce matin même (ce n'est pas la première fois depuis pas mal de temps), elle s'est vu refuser d'ouvrir ma porte et a entendu un double tour de clef à l'intérieur. J'étais d'ailleurs seul. Mais elle m'a tellement menti tous ces jours-ci que j'ai résolu de rompre définitivement avec elle. Aussi bien je suis souffrant, très souffrant, et Paris me pue au nez tant, depuis que j'y suis, pour mes péchés, venu en 1851 !!! Et dès que je le pourrai enfin ! fuir cette puanteur et cet odieux vacarme, je le ferai pour des mois et peut-être pour toujours. Dès que je le *pourrai* aussi, je t'aiderai d'argent bien que tu aies été *très méchante* avec moi. Mais on a couché ensemble [1]. »

Malgré ces justifications éplorées, Philomène ne bouge pas. Alors, le surlendemain, Verlaine lui

1. Lettre du 13 octobre 1894.

adresse une lettre plus tendre encore : « Ma chère enfant, je regrette amèrement ce qui s'est passé avant-hier, mais je te jure qu'hier soir j'étais très gentil et que je ne me suis mis en colère que d'après le langage de la concierge. Cela m'a rendu plus souffrant que tu ne le crois peut-être. Je ne puis plus marcher. Viens donc, *dès que tu le pourras*, je t'en prie et t'embrasse bien fort [1]. » Cette fois, Philomène condescend à reprendre le chemin de la rue de Vaugirard et Verlaine peut croire que l'incident est clos.

Mais Eugénie continue à remâcher son dépit. Vers le 20 octobre, comme elle passe dans la rue de l'Ancienne-Comédie, elle avise, sur la porte du café Procope, une affiche annonçant la prochaine repré-sensation dans l'établissement d'une courte pièce de Verlaine, *Madame Aubin,* avec en préambule une causerie sur l'auteur. Les yeux hors de la tête, elle se précipite dans la salle et explose en injures contre ce prétendu « grand homme » qui n'est qu'un scélérat. Théo de Bellefond, le patron, s'efforce de la calmer et la pousse dehors. Un quart d'heure plus tard, elle est de retour, portant un lourd cabas. Devant les consommateurs stupéfaits, elle en tire des feuilles de manuscrits qu'elle éparpille par terre, des chemises, caleçons et chaussettes qu'elle lance vers les lustres et, se précipitant sur les affiches murales, elle les déchire avec ses ongles en hurlant comme une possédée. Les garçons de café ont beaucoup de mal à la maîtriser et à l'éconduire. Sur le trottoir, elle vocifère encore en brandissant le poing.

Informé du scandale, Verlaine écrit sévèrement à Eugénie : « Je veux avoir mes papiers, correspon-dances anciennes et confidentielles, mes portraits et papiers de famille, mes manuscrits. Si je ne les ai pas reçus avant vingt-quatre heures, j'aurai l'honneur de

1. Lettre du 15 octobre 1894.

me plaindre auprès de Monsieur le Procureur de la République à votre propos, sous le motif de m'avoir, volontairement, détenu des objets m'appartenant, *preuves et témoins étant là*, objets indispensables à ma vie, autrement dit : *instruments de travail*. Et puis que la *diffamation* cesse, et la *lacération d'affiches* et, peut-être, un ignoble chantage. »

La lettre est datée du 23 octobre 1894. Le lendemain soir, ont lieu la conférence et le spectacle au Procope. Verlaine s'y rend avec inquiétude, car une autre incartade de la part d'Eugénie est toujours possible. Xavier Privas, l'organisateur, a remué tout Paris. La crème de la société, du président de la République aux Rothschild, a reçu des cartons d'invitation. Ceux qui renoncent à venir envoient, par sympathie, une petite somme de participation. Dans la foule, les amis habituels, Lepelletier, Catulle Mendès, Cazals, Armand Sylvestre, forment la claque. La réunion se tient au premier étage du café. Pour commencer, Laurent Tailhade lit une allocution aimable sur le héros de la fête. Courbant la tête sous les éloges, Verlaine applaudit plus que les autres. Puis, c'est la représentation, sur une scène minuscule. La pièce ne brille ni par l'originalité du sujet ni par le bonheur de l'expression, mais le public, très cordial, ovationne l'œuvre par respect pour l'auteur. Après le baisser du rideau, dans une atmosphère bon enfant, des acteurs improvisés viennent réciter des poèmes et chanter des chansons dont l'assistance reprend les refrains en chœur. Perdue dans la masse des spectateurs, Eugénie observe d'un œil méchant le triomphe de son vieil amant qui la trompe avec « l'autre ». Mais elle n'intervient pas et s'éclipse sans qu'il ait remarqué sa présence. Seul Laurent Thailhade affirme l'avoir aperçue, fuyant comme une ombre.

Décidément, elle ne lâchera pas sa proie, pense

Verlaine. Or, il veut à toute force récupérer ses manuscrits — ceux du moins qu'elle n'a pas déchirés — et ses affaires personnelles. Comment amadouer cette harpie ? Pavillon bas, il signe, le 3 novembre 1894, un billet la mandatant pour toucher à sa place les huit cents francs qui lui reviennent sur la recette de la soirée au café Procope. Puis, afin de mieux marquer sa capitulation, il lui envoie, le 14 novembre, quelques vers qu'il a écrits à l'occasion de sa fête :

> *Contrariante comme on l'est peu, nom de Dieu !*
> *Tu n'en fais qu'à ta tête — et moi rien qu'à la*
>                         *[mienne [...].*
> *Je ne suis ni comme il faut, ni de génie,*
> *Mais je me souviens qu'on te prénomme Eugénie,*
> *Et je me rappelle aussi que c'est aujourd'hui*
> *Ta fête, et qu'il faut encor que je la souhaite*
> *En dépit de nos torts de femme et de poète,*
> *Et je t'envoie, ô, ce sonnet fait aujourd'hui*[1].

Mais, pas plus que l'argent du Procope, ces vers médiocres ne fléchissent la résolution d'Eugénie. Elle soutient mordicus qu'elle va garder par-devers elle les papiers et le linge confisqués. Faudra-t-il employer la violence pour la contraindre ? Ayant appris les prétentions de cette demi-folle, Gabriel de Yturri déclare à Cazals qu'il est prêt à se rendre chez Mlle Krantz afin de lui faire entendre raison. Sautant sur l'occasion, Verlaine remercie cet émissaire bénévole et, dans sa lettre du 27 novembre 1894, lui donne toutes les instructions nécessaires au succès de sa démarche. Qu'il se présente donc au 16, rue Saint-Victor, « dans une maison d'ailleurs affreuse » où Eugénie occupe la chambre numéro 17, et qu'il lui réclame les objets appartenant à Verlaine : « Quelque linge et vête-

---

1. *À mon amie Eugénie pour sa fête (Invectives).*

ments, une vingtaine de livres [...], cinq ou six portraits de moi par Carrière, le portrait enfin de mon père (une photographie) et celui (photographie aussi) du peintre Marius Michel qu'elle a suspendu à son mur dans un passe-partout. Plus une suite d'articles et de manuscrits, intitulés *Essais* et destinés à l'éditeur Perrin. » Enfin, craignant que la perfide Eugénie ne roule Gabriel de Yturri dans la farine, il ajoute : « Vous savez maintenant qu'elle est une menteuse et ne vous laissez pas " monter le coup " par elle. Intimidez-la plutôt et signifiez-lui, en outre, que toutes ses démarches calomniatrices à mon égard ne servent de rien, auprès de vous et de M. de Montesquiou, non plus que de tous ceux qui me connaissent. »

Cependant, malgré l'intérêt qu'il porte à l'initiative de Gabriel de Yturri, il doit renoncer à suivre le déroulement des opérations. Quatre jours à peine après lui avoir envoyé ses recommandations, il retombe malade. Transporté en hâte à l'hôpital Bichat, il est persuadé que ce sont les tracas que lui causent ces deux femmes agricheuses et disputeuses qui lui ont ruiné la santé. Loin d'elles, il se reposera, il guérira. Mais a-t-il vraiment envie de guérir ?

# XXVIII

## LA DÉLIVRANCE

Hospitalisé à Bichat, salle Jarjavay, lit numéro 16, il reprend peu à peu ses esprits dans un climat de quiétude blanche et de routine sanitaire. Pour limiter les dégâts, il demande à Théo de Bellefond, le gérant du Procope, de récupérer les fragments de manuscrits et les « quelques nippes » qu'Eugénie a éparpillés dans la salle et de les tenir à sa disposition, car c'est, lui écrit-il, « tout mon bien au soleil ». De même, en ce qui concerne la coupable de cette violence, il juge dangereux de la brusquer à nouveau. Après avoir applaudi à l'idée d'une visite d'intimidation à Eugénie, il bat en retraite et écrit à Gabriel de Yturri, le 21 décembre 1894 : « Tout bien réfléchi, peut-être vaut-il mieux ne pas aller rien réclamer à Mlle K. [Eugénie Krantz] pour m'éviter encore de nouvelles scènes dont ma santé n'a pas besoin. C'est une bonne personne au fond, honnête je crois, économe (trop) et beaucoup trop *prévoyante*, seulement elle a le caractère le plus *affreux* qui se puisse imaginer. Depuis cinq ans que je la connais, j'ai tenté quatre et cinq et six et mille fois de demeurer avec elle. Ça a toujours abouti à des scènes atroces. J'aime mieux en finir une bonne fois et n'avoir pas l'air de la provoquer. »

Cependant, alors qu'il songe à la meilleure façon de

435

rentrer en grâce auprès de l'irascible Eugénie, voilà que Philomène rapplique à l'hôpital, dodue et souriante. Ces deux femmes sont comme les figurines d'une horloge à personnages, l'une n'apparaissant que lorsque l'autre a disparu dans sa niche. La première incarne la rigueur et la hargne, la seconde le mensonge et la bonne humeur. Verlaine accueille Philomène avec joie. Malgré toute sa crapulerie, elle le repose de son ombrageuse rivale. Pourquoi ne pas s'offrir une récréation avec cette aimable catin avant de réintégrer la raisonnable prison où l'attend Eugénie, appuyée sur son balai ? Il sera trompé, volé, mais au moins il aura pris du bon temps. Qu'elle vienne donc le plus souvent possible à Bichat, pour commencer. Après, on tâchera d'organiser des soirées plus complètes en ville. Une seule recommandation pour ces visites : « Mets un chapeau, veux-tu [1] ? » Vis-à-vis des autres malades et des infirmières, il veut qu'elle ait l'air d'une dame.

Bientôt, il a tellement hâte de revivre un peu avec elle que, contre l'avis des médecins, il décide de quitter l'hopital, le 21 janvier 1895, et loue une chambre dans un garni, 21, rue Monsieur-le-Prince. Mais la récente publication de son petit recueil *Épigrammes* ne lui a presque rien rapporté et il a à peine de quoi payer le loyer de son nouveau logement. Constatant qu'il est plus pauvre que jamais, Philomène le délaisse. Ce qu'il redoutait se produit plus tôt qu'il ne l'avait prévu. Une fois sur deux, elle manque à ses rendez-vous et il se dessèche à l'attendre pendant des heures. Le 10 février, il s'aperçoit, après le départ de la belle, que ses maigres économies ont disparu. Quand elle revient le voir, arborant le visage de l'innocence, il l'accuse vertement et, malgré ses protestations, la met à la porte. « Plus de femme,

1. Lettre du 6 décembre 1894.

ni de femmes », écrit-il avec rage à Léon Vanier le 13 février. Serment absurde ! Il sait bien qu'il ne peut rester seul. Et chercher une autre compagne, ce serait courir vers un nouvel échec. Elles se valent toutes. Plutôt que de découvrir, un à un, les défauts d'une étrangère, il préfère supporter ceux d'une Eugénie qu'il connaît comme sa poche. Mais voudra-t-elle toujours de lui ? Tout à coup, la mansarde de la rue Saint-Victor lui paraît l'unique havre possible pour l'épave qu'il est devenu. Or Eugénie, sentant que le poisson est ferré, le laisse encore se débattre dans la solitude. Plus elle le boude, plus il estime urgent de la retrouver. À condition d'accepter la loi tyrannique de la mégère, il pourra vivre en petit bourgeois et travailler en poète. Son idéal ! Peut-être lui rouvrira-t-elle sa porte si elle apprend qu'il a enfin touché l'argent de la subvention ministérielle ? Depuis le temps qu'on la lui promet, celle-là ! Même quand l'ordre est signé, l'Administration lambine au lieu de payer, c'est bien connu !

Et voici que les abcès réapparaissent sur sa jambe. À quoi bon lutter quand la chair est pourrie, la tête flottante et la bourse plate ? De plus en plus, il songe au suicide comme à la plus sûre délivrance. Un soir, le critique Adolphe Retté, accompagné de quelques touristes anglais, le surprend accoudé au parapet du pont au Change, le buste incliné en avant et le regard plongeant dans la profondeur du fleuve. « Je délibérais, leur dit-il, si je ne ferais pas mieux de me jeter à l'eau [1]. » Adolphe Retté et ses amis lui offrent à dîner dans une gargote. À table, il s'anime. Mais, dès qu'il les a quittés, son désespoir le reprend. Réduit à demander merci, il écrit à son indispensable et inflexible bourreau : « Ma chère Eugénie, je suis

---

1. Adolphe Retté, *Le Symbolisme, anecdotes et souvenirs*; cité par Pierre Petitfils, *Verlaine*.

beaucoup plus malade et beaucoup plus triste que tu ne le penses. Triste à mourir — mais il faut vivre, et, pour vivre, travailler. Je travaille pour le *Fin de siècle*[1]. C'est dans trois jours que j'aurai mon argent du ministère, et alors nous verrons. Je t'en prie, d'ici là, patience. Hélas ! j'en ai besoin, moi aussi. Aussitôt nanti de cet argent, *je t'écrirai*. J'ai des projets qui, s'ils se réalisent, nous sauveront. Ma jambe va mieux et je la soigne. Je t'embrasse et je t'aime de tout mon pauvre vieux cœur[2]. »

Cette promesse de subvention, ces projets de publications finissent par intéresser Eugénie. Estimant que l'épreuve a assez duré, elle accepte que Verlaine revienne chez elle. Il retrouve avec bonheur le parquet ciré, les pots de fleurs, les canaris, la machine à coudre, tous ces humbles témoins de son esclavage. Avec soulagement, il annonce à Jules Rais son « énième » changement d'adresse et de maîtresse : « Quant au 21 rue Monsieur-le-Prince, fini : kleptomanie. Zut alors ! Venez donc... Frappez fort et entrez [...] 16 rue Saint-Victor[3]. » Comme il est obligé, la plupart du temps, de garder le lit et que sa jambe malade nécessite des soins constants, Eugénie se remet bientôt à grogner contre ce compagnon encombrant et paresseux, incapable de gagner leur vie à tous deux. Elle est aidée, dans son ménage, par une femme de peine, Zélie, petite vieille dévouée et discrète, qu'on paie quand on y pense et qui se nourrit de rebuts. Mais il faut aussi régler le médecin, le pharmacien, l'épicier, le boulanger, le boucher... Ces gens-là ne font pas crédit. Et Vanier lâche ses billets de banque avec des élastiques. Sans répit, Verlaine le bombarde de lettres de récriminations :

1. C'est le libraire-éditeur de cette revue qui publiera, plus tard, la première édition des *Confessions*.
2. Lettre du mois de mars 1895.
3. Lettre du 15 mars 1895.

« J'ai dû payer notre terme, de nombreuses dettes, retirer d'anciennes choses du Mont-de-Piété, me soigner enfin et les médicaments coûtent cher, sans compter que je ne suis pas guéri et ne marche pas encore. » Ou bien : « Il est notable que vous gagnez de l'argent avec mes livres, alors que je ne reçois de vous ni compte ni réponse qui vaille [1]. »

Tout en composant de petits poèmes faciles, il rédige *Confessions*, le récit en prose de ses années de jeunesse, de son amour pour Mathilde, de son mariage, du siège de Paris, des combats de la Commune... Style cursif, léger, propos délibérément humoristique. Le livre s'arrête avant la rencontre de l'auteur avec Rimbaud. Son intention est de lui donner une suite. Mais en aura-t-il le loisir ? Ses forces déclinent. Pour écrire ces *Confessions*, il a dû fouiller dans ses souvenirs. Quel gâchis que son existence ! Rien que des ratages, avec Mathilde, avec Rimbaud, avec Létinois, avec Cazals et, à présent, avec Philomène et Eugénie ! La seule chose dont il soit sûr, c'est de n'avoir jamais trahi la poésie. « Plus on me lira, écrivait-il déjà dans la préface à une édition des *Poèmes saturniens*, plus on se convaincra qu'une sorte d'unité relie mes choses premières à celles de mon âge mûr. »

Et en effet, c'est le même homme qui, ayant traité des amours vagues et enrubannées au printemps de sa vie, chante sur le tard la femme vraie, épouse ou maîtresse, la femme nue, vicieuse, brutale et généreuse tour à tour. Le même homme qui, après s'être diverti du jeu des « masques et bergamasques », étale ses plaies en pleine lumière et appelle Dieu au secours dans la solitude d'un cachot. Si sa musique émeut les lecteurs, c'est parce qu'elle exprime toujours un sentiment sincère. Il ne se prête pas, il se donne. Sans

1. Lettres d'avril et de juin 1895.

ostentation, mais aussi sans pudeur. Au point où il est parvenu, il n'a rien à cacher. « La naïveté me paraît être un des plus chers attributs du poète, dont il doit se prévaloir à défaut d'autres », écrivait-il encore dans la même préface. Il a brisé le vers en déplaçant la césure, il a jonglé avec les rimes, mais toujours cette prosodie élaborée a servi à mieux faire jaillir les cris de sa chair, les soupirs de son âme. Pourtant, il voudrait couronner cette œuvre par un grand poème, un grand sujet. Certains soirs, il doute d'en avoir le courage, la patience, le talent. À l'usure du corps répond l'usure de l'esprit. Sa jambe le fait tellement souffrir qu'il renonce à assister, le 28 juin 1895, à l'inauguration du buste de Murger dans les jardins du Luxembourg. Le prix de la participation au banquet officiel ayant été fixé à six francs, les étudiants du Quartier, entraînés par Cazals, ont organisé leur propre banquet, à deux francs, et sont allés dévoiler la statue de l'écrivain avant le ministre de l'Instruction publique, Raymond Poincaré ! Merveilleuse farce que Verlaine ne se console pas d'avoir manquée...

Un autre jour, la fameuse artiste de café-concert Eugénie Buffet vient chanter dans la cour de l'immeuble au profit d'une association de bienfaisance. Apprenant qu'elle se produit sous les fenêtres de Verlaine, elle grimpe les quatre étages jusqu'à sa chambre pour le saluer. Alors qu'il la remercie avec émotion de sa démarche, son Eugénie à lui surgit, toutes griffes dehors, et, prenant la cantatrice pour une espionne de Philomène ou une ancienne maîtresse de Paul, la flanque à la porte en la traitant de voleuse. D'autres locataires conspuent la malheureuse qui dévale l'escalier. Elle se fait intercepter par la concierge et son mari qui veulent avertir la police. Mais la foule, privée de ses chansons favorites, assiège la loge. Affolé, le pipelet brandit un revolver, tire et brise une vitre, dont les éclats blessent au bras l'infortunée Eugénie Buffet. Perdant son sang, elle est emmenée en fiacre par ses admirateurs furieux. Clopin-clopant, Verlaine descend les marches et arrive sur les lieux après la bataille. Il est très affecté par ce nouveau scandale provoqué par *son* Eugénie. Mais il a peur d'elle et n'ose pas lui donner tort devant les autres. Dans la soirée, un journaliste des *Débats* étant venu l'interviewer sur l'événement, il se contente de dire : « Elle n'a pas de chance, cette pauvre Eugénie Buffet ; elle vient me voir et elle est mordue par une concierge enragée [1]. »

Au début de l'été, il est avisé par Jules Rais que la ville de Nancy a décidé de donner le nom de « Paul Verlaine » à une de ses rues. Stupéfait, il se demande s'il ne s'agit pas d'une plaisanterie. Mais non, les documents sont là : « Cher ami, j'ai reçu les plans, où j'ai vu ma *street* ! » écrit-il, émerveillé, à son correspondant. Autre bonne nouvelle : l'autorisation, délivrée par Mlle Isabelle Rimbaud, de publier toute l'œuvre de son frère. Aussitôt, à l'instigation de Vanier, Verlaine rédige une préface au recueil, en exprimant, une fois de plus, sa tendre admiration pour la poésie et la prose de son ami d'autrefois. Il a l'impression qu'il ne sera jamais en reste avec cette ombre diabolique et charmante. Alors qu'il se remémore ses étranges amours avec l'homme aux semelles de vent, un certain Max Nordau fait paraître un ouvrage, prétendument scientifique, dans lequel il présente Verlaine comme le type accompli du dégénéré. Cette basse insulte afflige d'autant plus le poète qu'en Angleterre une vague de puritanisme vient de se déclencher après le retentissant procès d'Oscar Wilde en corruption de mineurs. Le public londo-

---

1. F.-A. Cazals et Gustave Le Rouge, *Les Derniers Jours de Paul Verlaine*.

nien, indigné par tant de turpitude chez un auteur célèbre, saccage les vitrines des libraires qui propagent cette littérature décadente. Inquiet pour sa propre firme, l'éditeur Lane renonce à publier les *Poésies choisies* de Verlaine et se réfugie aux États-Unis en attendant la fin de l'orage.

En France aussi, d'ailleurs, une large partie de l'opinion se déclare offusquée par les mœurs de certains écrivains outrageusement choyés dans les milieux intellectuels. Deux ans auparavant déjà, Edmond de Goncourt notait avec férocité : « Malédiction sur Verlaine, sur ce soûlard, sur ce pédéraste, sur cet assassin, sur ce couard traversé de temps en temps par des peurs de l'enfer qui le font chier dans ses culottes, malédiction sur ce grand pervertisseur qui, par son talent, a fait école dans la jeunesse lettrée, de tous les mauvais appétits, de tous les goûts antinaturels, de tout ce qui est dégoût et horreur [1] ! » Il récidivait au début de 1895 : « Oui, c'est positif en ce temps, on a le goût de la vie malpropre. En effet, quels sont, en ce moment, les trois dieux de la jeunesse ? Ce sont Baudelaire, Villiers de L'Isle-Adam, Verlaine : certes trois hommes de talent, mais un bohème sadique, un alcoolique, un pédéraste assassin [2]. »

Se sachant honni par les uns, admiré par les autres, Verlaine éprouve le sentiment que, jusqu'à la fin de sa vie, il en sera ainsi. Faudra-t-il qu'il disparaisse pour qu'on ne lui reproche plus les écarts de sa chair ? Dans les circonstances actuelles, ce qui le préoccupe par-dessus tout, c'est la baisse inexorable de ses finances. La petite pension versée par l'entremise du *Figaro* n'arrive que très irrégulièrement ; la subvention ministérielle est déjà avalée et digérée. « Que

1. *Journal*, 1er juillet 1893.
2. *Ibid.*, 27 janvier 1895.

442

faire, moi, si les gens qui s'intéressaient à moi ces derniers temps cessent d'y penser ? écrit-il au comte de Montesquiou. D'autre part, je le répète, la littérature telle que je la conçois ou je la fais, c'est tout comme, ne nourrit pas son homme, véritablement[1] ! » Réduit, une fois de plus, à la mendicité, il soumet une nouvelle demande de subvention au ministre de l'Instruction publique, Raymond Poincaré, et se répand en lamentations auprès de ses relations littéraires et mondaines. Dix francs par-ci, vingt francs par-là, sa sébile est toujours tendue.

La pauvreté est d'autant plus difficile à supporter dans la mansarde de la rue Saint-Victor qu'on y étouffe l'été et qu'on y grelotte l'hiver, sous le zinc du toit. Estimant que ce logis est insalubre pour un infirme, Eugénie décide d'en changer. Verlaine n'ose la contrarier, bien qu'il répugne à tout bouleversement dans ses habitudes. Ne peut-on le laisser dépérir tranquillement dans son coin ? Après de nombreuses hésitations, Eugénie opte pour un petit appartement, deux pièces avec cuisine, au quatrième étage d'un immeuble ancien situé 39, rue Descartes, derrière le Panthéon. On y accède par un escalier étroit et raide. À droite, en entrant, une salle à manger pauvrement meublée ; à gauche, la chambre à coucher, dont les deux fenêtres ouvrent sur la rue. Entre les fenêtres, ornées de la cage aux serins et des pots de fleurs, trône une commode-toilette en acajou plaqué. Un canapé de velours rouge râpé est adossé à l'un des murs. Sur la table, qui occupe le centre de la pièce, une lampe à pétrole, dont le réservoir figure un hibou, éclaire un fouillis de paperasses. Partout, des photographies, des dessins sous verre.

1. Lettre du 13 août 1895.

Là, Verlaine mène une vie paisible qui, dit-il, ressemble à celle qu'aurait un chanoine « recueilli par Jenny l'Ouvrière [1] ».

Il sort de moins en moins. Mais ses apparitions dans la rue sont toujours surprenantes. Le plus souvent, il est accompagné de quelques familiers qui l'encadrent et le soutiennent. Paul Valéry, alors à peine âgé de vingt-quatre ans, le voit passer avec un effarement respectueux. « Ce maudit, ce béni, boitant, battait le sol du lourd bâton des vagabonds et des infirmes, écrira-t-il. Lamentable, et porteur de flammes dans ses yeux couverts de broussailles, il étonnait la rue par sa brutale majesté et par l'éclat d'énormes propos. Flanqué de ses amis, s'appuyant au bras d'une femme, il parlait, pilant son chemin, à sa pieuse petite escorte. Il créait de brusques arrêts, furieusement consacrés à la plénitude de l'invective. Puis la dispute s'ébranlait. Verlaine, avec les siens, s'éloignait, dans un frappement pénible de galoches et de gourdin, développant une colère magnifique, qui se changeait quelquefois, comme par miracle, en un rire presque aussi neuf qu'un rire d'enfant [2]. » Dans un autre article, le même Paul Valéry s'étonnera que « ce chemineau, parfois si brutal d'aspect et de parole, sordide, à la fois inquiétant et inspirant la compassion », soit l'auteur « des musiques poétiques les plus délicates, des mélodies verbales les plus neuves et les plus touchantes qu'il y ait dans notre langue [3] ». Cette heureuse anomalie s'explique par la persistance de l'enfant dans le « vieil » homme. Ni le vice, ni la misère, ni la maladie n'ont altéré en lui cette fontaine de fraîcheur. Tantôt écrits avec une absolue négligence, tantôt murmurés comme dans

---

1. F.-A. Cazals et Gustave le Rouge, *Les Derniers Jours de Paul Verlaine*.
2. *Variété* (« Passage de Verlaine »).
3. *Ibid*. (« Villon et Verlaine »).

l'ombre d'un confessionnal, tantôt éclatants de verve joyeuse, ses vers ont toujours l'accent de son humeur du moment.

Cependant, en cet automne de l'année 1895, il lui arrive de croire qu'il ne pond plus que par habitude. La plume court encore sur le papier, mais l'esprit est ailleurs, le génie s'est éteint ; ses seuls plaisirs sont ceux de la somnolence et de la soupe. Il rêvasse, impotent, dans son fauteuil, écoute Eugénie lui lire les faits divers dans un journal et se prépare, avec une lassitude écœurée, à regagner son lit :

> *C'est ainsi que sous la lampe*
> *Passent les heures du soir.*
> *La nuit s'est faite : je rampe*
> *Me coucher, las de m'asseoir* [1].

Un jour, Eugénie fait l'emplette, chez un marchand de couleurs, d'un flacon d'or liquide : « Ce sera pour dorer notre cage d'oiseaux », lui dit-elle. Verlaine, très excité, se met immédiatement au travail. Il goûte une satisfaction puérile dans le barbouillage. Ayant doré l'habitacle des serins, il se divertit à tout peindre en or dans l'appartement : vases, tabourets, pots à fleurs, coquetiers, coupe-papier et même le porte-plume dont il se sert chaque jour. À un ami qui le surprend dans cette occupation, il dit, en souriant d'aise : « Aux oreilles près, je suis comme le roi Midas, je change tout en or. »

Si Eugénie s'amuse de cette innocente manie de son Paul, elle continue à filtrer soigneusement les visiteurs. Certains, tel Bibi-la-Purée, sont indésirables et, pour bien leur marquer sa désapprobation, elle fait le ménage en leur présence, époussetant, astiquant, maniant le balai jusque dans leurs jambes. D'autres, tel Delahaye, venus pour Verlaine, ont

---

1. *Épigrammes* (XV).

droit à ses lamentations à elle sur la dureté de sa vie aux côtés d'un « feignant » qui n'a pas honte de se faire entretenir par une honnête travailleuse. Elle accuse le poète de garder des « accointances » avec des gueuses, puis, sans transition, évoque ses succès au théâtre, du temps où ses admirateurs lui envoyaient des fleurs dans sa loge. Sous l'afflux des souvenirs, son regard s'allume, elle chante des refrains de café-concert et Verlaine, ravi, l'accompagne en agitant des castagnettes.

À de tels moments, il a l'impression que son passé conjugal avec Mathilde s'est complètement détaché de lui. Mais voici que tous les problèmes ressurgissent en la personne de son fils. Un jour d'octobre 1895, il reçoit une lettre de Georges, postée à Soignies, en Belgique. Le jeune homme — il a vingt-quatre ans — lui annonce qu'il est apprenti chez un certain M. Collet, horloger, et qu'il aimerait revoir son père pour « causer un brin ». Celui-ci ne pourrait-il venir en Belgique ou, du moins, lui envoyer un peu d'argent afin qu'il aille, lui, à Paris ? Étonné et ému, Verlaine répond que son état de santé ne lui permet pas de voyager et que, totalement démuni, il est dans l'impossibilité de lui payer, pour l'instant, un billet de chemin de fer. Après un second échange de lettres, plus rien. Georges s'est comme volatilisé. Inquiet, Verlaine interroge le bourgmestre de Soignies, lequel lui apprend que l'intéressé ne réside plus dans la commune et que, malade, il est retourné chez sa mère à Bruxelles, 451, avenue Louise. Alors, la fibre paternelle brusquement chatouillée, Verlaine prie son ami belge, Me Henry Carton de Wiart, de prendre contact avec son fils à l'adresse indiquée, mais, bien entendu, à l'insu de la mère, l'abominable Mathilde Delporte. Peu après, l'avocat l'informe qu'au 451 de l'avenue Louise on ne connaît aucune personne de ce nom. (En fait, Mathilde habite au 454 de ladite avenue.) Du coup, Verlaine se persuade que les lettres de Georges ont été inspirées par sa mère et qu'il s'est agi, en l'occurrence, de tâter le terrain en vue d'un chantage. Selon toute évidence, s'il avait obéi à la demande de son fils, d'autres exigences pécuniaires auraient suivi. Les Mauté sont insatiables. Georges, qu'il le veuille ou non, appartient à la race maudite. Mieux vaut se tenir à l'écart de ces gens-là.

Au vrai, malgré ses protestations de tendresse, Verlaine n'a jamais marqué qu'un intérêt très banal à l'héritier de son nom. Ses seuls enfants, ce sont ses poèmes. Il vit pour eux, non pour un obscur descendant qui ne les lira peut-être pas. L'amour paternel est, juge-t-il maintenant, une convention bonne pour les bourgeois, mais indigne d'un homme libre. Il faut savoir ramer à contre-courant. Tapi dans l'antre de la rue Descartes, il essaie encore de se délivrer de ses soucis par des jeux de plume. Dernières insultes contre Mathilde, échos d'une querelle avec Eugénie, adieux à tout ce qui fut son existence :

> Ainsi donc, adieu, cher moi-même,
> Que d'honnêtes gens ont blâmé,
> Les pauvres ! d'avoir trop aimé [...].
> Adieu, cher moi-même en retraite,
> C'est un peu déjà du tombeau [...][1].

Il s'étonne parfois du parallélisme qu'il constate entre sa carrière de poète vivant et celle, posthume, de Rimbaud. On dirait que le public les découvre en même temps à travers des lenteurs et des malentendus de toutes sortes. Son devoir, pense-t-il, est, aujourd'hui plus que jamais, d'aider celui dont il a jadis partagé la folie. Pour donner plus d'éclat à la publication des *Poésies complètes* de Rimbaud, il les

---

1. *Poèmes divers (Épilogue).*

présente au public anglais dans *The Senate* d'octobre 1895, raconte l'arrivée du diabolique enfant à Paris dans *La Plume,* tente de nier ses écarts de conduite, sa paresse et son impiété dans *Les Beaux Arts.* Mais ces articles sont chichement payés. Alors il y renonce et accepte de composer, pour un collectionneur, Pierre Dauze, des sonnets à dix francs pièce sur la bibliomanie. Une grippe maligne l'oblige à interrompre, dès novembre, ce travail alimentaire. Il se soigne d'autant plus énergiquement qu'il a été invité à dîner, le 7 décembre, au restaurant Foyot, par son bienfaiteur, le comte de Montesquiou, et qu'il ne veut à aucun prix manquer ces réjouissances seigneuriales. À demi guéri, il se met sur son trente et un et va au rendez-vous. Mais le comte de Montesquiou, empêché, s'est fait représenter par son secrétaire, Gabriel de Yturri. La compagnie n'en festoie pas moins copieusement et gaiement. Sur le menu destiné à Montesquiou, initiateur de ces agapes, quelqu'un écrit : « Nous n'avons fait que regretter votre absence, mais nous avons bu le premier verre de champagne à votre bonheur. » Parmi les signatures, celle de Paul Verlaine. Il apprécie le raffinement du repas (écrevisses et foie gras) et déclare : « Je me sens jeune, ce soir ! »

Toutefois, en rentrant chez lui, il s'écroule, épuisé. Le retour de la grippe se complique d'une crise hépatique. C'est ce dîner chez Foyot qui l'a mis sur le flanc. Eugénie le soigne en grognant. Il s'excuse auprès d'elle des désagréments qu'il lui cause par sa fichue santé. Sa jambe gauche enfle, son ventre est ballonné, douloureux. La nuit, il a le délire et divague. Eugénie lui ayant lu, la veille, un article sur l'équipement de l'armée britannique engagée dans la guerre du Transvaal, il rêve qu'il est un officier anglais, qu'il a égaré une partie des casques confiés à sa surveillance et qu'on va le punir pour cette perte de matériel. Au réveil, il n'est guère plus rassuré : s'il n'a pas à s'occuper des casques manquants, il doit songer aux dettes du ménage qui grimpent et à l'argent qui ne rentre pas. Le 30 décembre 1895, il lance un appel au secours vers le comte de Montesquiou : « Ceci est un cri de désespoir. Nul argent à la maison. Je suis malade comme jamais, je ne puis rien garder [...]. *Thank-full for an immediate money !* par le facteur ou mieux par vous-même. »

L'idée de la mort ne le quitte plus. Il l'attend avec autant d'impatience que s'il s'agissait d'une visite amicale. Quand elle entrera dans la maison, tout s'aplanira, tout se purifiera, tout se résoudra. En son honneur, il écrit un poème de dignité et de confiance :

> *La mort que nous aimons, que nous eûmes toujours*
> *Pour but de ce chemin où prospèrent la ronce*
> *Et l'ortie, ô la mort, sans plus ces émois lourds,*
> *Délicieuse et dont la victoire est l'annonce*[1] *!*

Et il salue ainsi la nouvelle année :

> *Pour naître mourons ainsi que l'autre année ;*
> *Pour naître, où cela ? Quelle terre ou quels cieux*
> *Verront aborder notre envol radieux*[2] *?*

Touché par la détresse de *son* poète, le comte de Montesquiou lui fait adresser par Gabriel de Yturri un secours de cent francs. Mais cette somme suffira tout juste à payer le loyer. « Puis-je compter sur *Le Figaro* ? lui écrit Verlaine. Autrement, je suis *à quia* et *ne sachant plus que faire* [...]. Je suis au lit, très malade et puis à peine tenir cette plume. Les médecins m'ont mis au lit et au lait absolu. Ça peut durer longtemps. Ça est de la gastrite, de la cyrrhose

---

1. *Poèmes divers (Mort !).*
2. *Ibid. (Pour le Nouvel An).*

et une menace de jaunisse. En outre ma jambe ! Écrivez, n'est-ce pas, ou plutôt venez me voir très bientôt, j'ai beaucoup à vous dire[1]. »

Cette fois, le comte de Montesquiou devine que Verlaine a besoin non seulement de subsides, mais surtout d'estime et d'amitié. Et lui, l'arbitre des élégances, rend visite à la misérable taupinière de l'écrivain. Il y retrouve Maurice Barrès, venu lui aussi réconforter le poète sur son lit de souffrance. Eugénie, flattée, assiste à la rencontre et fait la mondaine entre ces trois hommes de lettres. Mais voici qu'on frappe à la porte. C'est Philomène qui, ayant appris la maladie de Verlaine, a décidé de forcer la consigne et de lui souhaiter la bonne année. Dès les premiers mots de l'intruse, Eugénie, transformée en tigresse, se rue sur elle en glapissant des injures. Un crêpage de chignon en règle. Les larmes aux yeux, Verlaine supplie : « Assez ! Assez ! Qu'on me laisse mourir en paix ! » Avec tact et autorité, le comte de Montesquiou tente de calmer la forcenée : « Vous emplissez une tâche sublime, Madame, votre rôle sera immortel, vous soignez le grand poète Paul Verlaine, soyez donc raisonnable, sinon on sera obligé de vous le retirer[2]. »

Devant cette menace, Eugénie rentre ses griffes, Philomène s'éclipse, et la paix revient dans le logis. La paix, mais non l'aisance. Où trouver de l'argent ? On ne peut tout de même pas taper indéfiniment Montesquiou ! Et Vanier se dit, lui aussi, au bout du rouleau. Reste le gouvernement. Delahaye est rédacteur au ministère de l'Instruction publique. Il y compte des collègues influents. Verlaine le convoque d'urgence rue Descartes. Lorsqu'il s'y rend, le 4 janvier, il est frappé par la face exsangue et grisâtre du

---

1. Lettre du 2 janvier 1896.
2. Maurice Barrès, *Mes cahiers*.

malade : un masque mortuaire à l'œil vitrifié. Aussitôt, il promet d'alerter son ami Henri Mornand, qui, dit-il, interviendra auprès de Jules Gauthier, le chef de cabinet du ministre. Comme tous les esprits sont échauffés, pour l'heure, par la menace d'une intervention allemande dans la guerre du Transvaal, ce qui entraînerait fatalement la France dans le conflit, Verlaine soupire, le regard au plafond : « Ça m'est égal, je suis foutu ! »

Le lendemain, dans l'après-midi, deux rédacteurs de *La Revue rouge*, Jules Heyne et Francis Norgelet, lui apportent les épreuves de son dernier poème, *Mort !* Il les relit attentivement et reste silencieux, comme perdu dans une conversation funèbre avec lui-même. Les visiteurs se retirent sur la pointe des pieds. Dans la rue, ils rencontrent un jeune poète originaire de Béziers, Henri-Albert Cornuty, grand admirateur du « maître ». En apprenant que celui-ci est gravement malade, il se précipite. Eugénie lui ouvre la porte, mais lui interdit de franchir le seuil, sous prétexte que M. Verlaine ne reçoit pas. À ce moment, Cornuty entend une voix mourante, venant de la chambre : « Qu'il entre ! Qu'il entre ! » Alors, il écarte Eugénie, s'avance vers le lit et, s'étant assis au chevet de Verlaine qui se ranime, il demeure un long temps à bavarder avec lui. Il revient le lundi 6 janvier et constate avec soulagement que le mieux se confirme.

Le mardi matin, Cornuty est de nouveau là, en infirmier conscient de ses devoirs. Verlaine, un peu ragaillardi, s'est levé et s'est fait habiller par Eugénie et par Zélie, la femme de ménage. Il décide de fêter cette amélioration en invitant à déjeuner Gustave Le Rouge et sa femme. Cornuty se charge de la commission auprès d'eux. Les Le Rouge accourent et sont étonnés de trouver leur hôte de si bonne humeur. Pendant le repas, il s'efforce de plaisanter, comme par le passé, mais il ne mange guère et ne boit que du vin blanc coupé d'eau de Vichy. Mis en verve par quelques rasades de ce breuvage léger, il raconte qu'il a reçu dernièrement d'un Américain de San Francisco un coupe-papier en lapis-lazuli, « grand comme un sabre ». Ce cadeau était accompagné d'une lettre chaleureuse et d'une bouteille de rhum. « Malheureusement, dit-il avec mélancolie, il y a longtemps déjà que je ne puis plus boire de rhum... et le gigantesque coupe-papier m'est arrivé brisé en plusieurs morceaux [...]. Ne trouvez-vous pas que mon admirateur yankee eût été tout aussi bien inspiré en m'envoyant, à moi qui suis podagre, une bicyclette ? Il m'aurait été impossible de monter dessus, mais j'aurais toujours pu la vendre. »

Le dessert est servi dans de vieilles assiettes à personnages et Verlaine s'amuse à découvrir des ressemblances entre ces figurines peintes et certains de ses familiers : « Celui-ci, c'est Moréas, celui-là, c'est évidemment Cazals, et cet autre, est-ce assez la tête de Paterne Berrichon ? » « Et celui-là ? » demande un des convives en désignant l'image d'un horloger dans sa boutique. Le front de Verlaine se rembrunit. « C'est mon fils, mon Georges, que je ne verrai peut-être jamais », dit-il. « Votre fils est donc horloger ? » « Oui, il l'a été comme le Naundorff [le faux Louis XVII]. Toutes les grandes familles n'ont-elles pas leur Naundorff ? Georges, c'est mon Naundorff à moi ! » Et il ajoute, dans un soupir : « Je lui laisserai tout de même un nom qui en vaut bien un autre [1]. »

Soudain, il cède à la fatigue et quitte ses invités pour aller se recoucher. Eux demeurent dans la salle à manger afin d'écrire quelques lettres destinées à

---

1. F.-A. Cazals et Gustave Le Rouge, *Les Derniers Jours de Paul Verlaine.*

alerter les amis, dont, en premier lieu, Cazals. Après leur départ, Eugénie lit le journal au malade. Les nouvelles du Transvaal ne sont pas trop alarmantes. Il s'endort paisiblement. Au milieu de la nuit, des quintes de toux le réveillent. Il gémit, remue entre les draps, roule sa tête sur l'oreiller. Le sirop que lui administre Eugénie apaise la brûlure de sa gorge. Il se calme, s'assoupit, puis rouvre les yeux et veut aller satisfaire un besoin naturel. Mais, en cherchant à se mettre debout, il perd l'équilibre et s'écroule, de tout son poids, par terre. Incapable de bouger, il appelle Eugénie. Elle essaie de soulever ce grand corps inerte et ne peut y parvenir. N'osant déranger ses voisins dans leur sommeil, elle se contente de glisser un oreiller sous la tête de Verlaine et de disposer sur lui des couvertures et un édredon. Le dos sur le carrelage glacé, il grelotte de fièvre et respire par saccades.

Le matin du 8 janvier, dès l'arrivée de Zélie, Eugénie, aidée d'une voisine, hisse Verlaine sur le lit. Mandé d'urgence, le docteur Parisot se déclare très inquiet : une congestion pulmonaire, dans cet état de délabrement, risque d'être fatale... Et il reproche à Eugénie d'avoir laissé le malade étendu, pendant des heures, sur le sol, au lieu d'aller quérir du secours. Furieuse, elle le met dehors.

Au début de l'après-midi, Cazals, prévenu entre-temps, surgit avec un ami, Édouard Jacquemin. En apercevant le grabataire, tous deux sont consternés. Comme Cazals tente de plaisanter pour cacher son angoisse, Verlaine répète dans un souffle : « Je suis foutu, foutu ! » Prenant les visiteurs à part, Eugénie leur confie que, selon le docteur Parisot, il n'y a en effet plus d'espoir. Leur chuchotement, dans la pièce voisine, parvient aux oreilles de Verlaine et il lance : « Ne chaussez pas encore les souliers du mort ! » Puis il retombe dans une douloureuse agitation, suffo-quant, transpirant, les yeux exorbités. À sa demande, on le tourne, on le retourne, on lui éponge le visage. Ultime recours : on envoie chercher le docteur Chauffard. Il ne peut que constater le désastre et ordonner des sinapismes afin de soulager le malheureux dont la respiration est devenue sifflante. En se retirant, lui aussi accuse Eugénie d'imprévoyance dans un moment crucial.

Un journaliste de *L'Écho de Paris*, Georges Stiegler, a pu s'introduire dans la chambre. « Sous la lampe chétive, écrira-t-il, je ne vois d'abord qu'une masse blanche d'où s'échappe le cri rauque. Je m'approche : les bras hors du lit, son front chauve enveloppé d'un mouchoir, la chemise entr'ouverte, c'est Verlaine[1]. » La voix à peine perceptible, le « pauvre Lélian » se plaint du sinapisme qui lui brûle la peau : « Ça me mord ! » Et, d'une main tâtonnante, il froisse les journaux qui gisent sur son lit. L'un d'eux est une revue, *Fin de siècle*, pleine d'illustrations galantes. Verlaine la repousse en gémissant : « Enlevez-moi tous ces culs-là ! » Plus de femmes ! Même pas en image ! Elles l'ont trop fait souffrir. Mais les amis, qu'ils viennent tous : « Oui, Coppée !... Oui, Lepelletier ! » bafouille-t-il. Puis il se tait. Son halètement s'enfle entre les quatre murs. Ce sont les dernières expirations d'un soufflet de cheminée hors d'usage.

Cornuty, parti quérir un prêtre à Saint-Étienne-du-Mont, revient avec l'abbé Schoenhentz, un Alsacien grand et râblé, aux yeux bleus. Mais le moribond n'a déjà plus toute sa conscience. Renonçant à le confesser, l'abbé ne peut que lui administrer l'extrême-onction. Quand il a terminé, on entend Verlaine murmurer : « François... » De quel François s'agit-il ? De François Coppée, de François Villon, du café

---

1. G. Stiegler : « Paul Verlaine — Derniers Moments », *L'Écho de Paris*, 10 janvier 1896 ; cité par Pierre Petitfils, *Verlaine*.

454

François I$^{er}$ ou de la cour Saint-François où sa mère est morte, dix ans plus tôt ? Oui, sans doute est-ce à elle qu'il pense au moment de se détacher du monde. Il va la rejoindre, rentrer dans son giron, retrouver la chaleur originelle qu'il a cherchée en vain, depuis si longtemps, chez les autres femmes. Une brève aspiration soulève sa poitrine. Sa tête s'incline doucement sur l'oreiller. Ses traits se détendent. C'est fini.

La nouvelle se répand promptement dans la ville. Maurice Barrès arrive le premier, contemple avec attention le visage pacifié du poète et demande à Eugénie la permission d'emporter, en souvenir, un des livres que Verlaine venait de lire : les *Poésies* de Sainte-Beuve. Elle l'y autorise avec la dignité affligée d'une veuve. « J'employais bien votre argent, lui dit-elle. Je lui avais acheté un bel habit complet à la Samaritaine, il est là, tout plié dans l'armoire[1]. » Puis voici Catulle Mendès, Léon Vanier, le comte de Montesquiou, Gabriel de Yturri... Réunis dans la salle à manger, ils fixent les obsèques au surlendemain, 10 janvier, à deux heures de l'après-midi.

Pendant ce temps, Eugénie, Zélie et une voisine procèdent à la toilette mortuaire. Revêtu d'une chemise blanche, une grosse cravate noire maladroitement nouée autour du cou, un crucifix posé sur la poitrine, le défunt est prêt à recevoir les amis et les importuns. Plus rien ne le dérange. Il a l'éternité pour lui. Afin d'obéir à la tradition, on dispose autour du lit les trois bougies qui ornaient habituellement la cheminée. Mais elles sont roses, alors qu'elles devraient être blanches. Tant pis, le rose sied au poète des *Fêtes galantes*. Assis près du cadavre, Cazals dessine ce visage aux yeux clos qui dit non à la vie.

Déjà le défilé commence. On piétine, à la queue leu leu, dans l'escalier : Vicaire, Rachilde, Alfred

1. Maurice Barrès, *Mes cahiers*.

Valette, Albert Mérat, Huysmans, Léon Dierx... À chacun, Eugénie fait, en pleurant, le récit des derniers instants du grand homme. Les visites ne s'arrêtent qu'à trois heures du matin. Seuls Cazals, Cornuty et Le Rouge restent pour veiller le corps, tandis qu'Eugénie va prendre un peu de repos chez sa voisine.

Dans la matinée du 9 janvier 1896, l'acte officiel de décès est dressé par l'adjoint au maire du cinquième arrondissement. Là-dessus se présentent Lepelletier, bouleversé, et François Coppée, qui a été averti dans la nuit, en revenant de l'Odéon où l'on joue sa pièce *Pour la couronne*. « Il vous a appelé ! » dit Eugénie en lui serrant la main. Très touché par cette ultime pensée du mourant, François Coppée tend un louis à la femme qui, malgré tous ses défauts, a soigné le poète jusqu'au bout. « Pour les fleurs », lui glisse-t-il à l'oreille. Puis il se mêle aux discussions des amis dans la salle à manger. Selon lui, il est inadmissible qu'on prétende enterrer Verlaine, qui était chrétien, à deux heures de l'après-midi, sans avoir prévu une messe pour le repos de son âme. Après de longues palabres, il est décidé, avec l'accord d'un délégué du ministre des Beaux Arts, que les obsèques auront lieu à *dix heures du matin*. Le comte de Montesquiou, Lepelletier, Maurice Barrès, François Coppée et le délégué du ministre offrent spontanément de prendre les frais à leur charge. On a tout juste le temps de prévenir l'église Saint-Étienne-du-Mont et les pompes funèbres de ce changement d'horaire. Séance tenante, Léon Vanier rédige le faire-part destiné à l'imprimeur. L'annonce de la mort de Paul Verlaine, poète, est faite « de la part de Monsieur Georges Verlaine, son fils, de Monsieur de Civry [*sic*], son beau-frère, de son éditeur, de ses amis et de ses admirateurs ». Sans doute Eugénie est-elle quelque peu vexée de ne pas figurer en nom dans cette liste officielle. Mais elle sera vite consolée de cet affront, en somme inévitable, par tous les serrements de main et tous les murmures de condoléances qu'elle recevra jusqu'au soir.

Devant la maison de la rue Descartes, la foule grossit à vue d'œil. Un registre est ouvert chez la concierge pour les signatures. Vers midi, le médecin légiste examine le corps de Verlaine et conclut : « L'organisme était usé jusqu'aux moelles ; on trouverait dix maladies mortelles pour une. » Maintenant, il importe de prendre un moulage exact du visage et, pour cela, une autorisation de la Préfecture de Police est nécessaire. Elle est d'ailleurs accordée rapidement et, dans la soirée, un spécialiste, M. Méoni, collaborateur de Falguière, vient avec son matériel. Il opère à la lueur d'une bougie. À peine a-t-il commencé que Stéphane Mallarmé demande à être reçu. Il dépose un gros bouquet de violettes parmi les fleurs qui s'entassent au pied du lit. « Ce cher, ce génial Verlaine, balbutie-t-il, nous ne nous rencontrions pas aussi souvent que je l'aurais désiré ! » Mais déjà, dans un silence atterré, les poignées de plâtre recouvrent les traits du mort. Lorsque la pâte blanche est retirée, la figure du gisant apparaît monstrueusement boursouflée, tuméfiée, privée de sourcils et, par endroits, de barbe, les poils étant restés pris dans la gangue de plâtre.

Le lendemain matin, le chef de cabinet de M. Combes, ministre de l'Instruction publique, remet à Léon Vanier, représentant les amis du poète, la subvention de cinq cents francs que Verlaine attendait avec tant d'impatience. Mais il n'est pas trop tard. Elle devait l'aider à survivre, eh bien, elle l'aidera à régler les frais de ses funérailles ! Dans l'entrée de l'immeuble, transformée en chapelle ardente, règne un parfum de serre. Roses, lilas blancs, chrysanthèmes, violettes, immortelles se côtoient dans un amoncellement de couronnes et de gerbes qui débordent jusque sur le trottoir. La foule bloque la rue.

À dix heures moins le quart, le clergé de Saint-Étienne-du-Mont procède à la levée du corps. Le cercueil est déposé dans un corbillard de cinquième classe, à demi enseveli sous les fleurs, et le cortège se met en marche. Il fait beau, froid et sec. Un temps rêvé pour un enterrement. Les cordons du poêle sont tenus par François Coppée, Catulle Mendès, le comte de Montesquiou, Edmond Lepelletier et le directeur des Beaux Arts, M. Roujon. En l'absence de Georges Verlaine, le deuil est conduit par le beau-frère du défunt, Charles de Sivry, suivi d'Ernest Delahaye, d'Ernest Raynaud, de Gustave Le Rouge, de Léon Vanier, de Cazals... Eugénie a pris place dans un fiacre, en compagnie de Marie Crance et de Jeanne Le Rouge. Au passage du convoi, tout le menu peuple du quartier est là. Les hommes se découvrent, les femmes se signent, certaines s'agenouillent. Des tentures noires, avec le « V » initial en argent, décorent le portail de l'église. Un catafalque est dressé au milieu de la nef. Une messe basse est dite par l'abbé Chanes. Théodore Dubois et Gabriel Fauré sont aux grandes orgues, et le *Pie Jesu* de Niedermeyer est chanté par la maîtrise. L'abbé Lacèdre, curé de la paroisse, donne l'absoute. Durant toute la cérémonie, Eugénie ne quitte pas la porte des yeux. Elle a prévenu : « Si Philomène vient, je fais un scandale ! » Maurice Barrès, qui l'observe à la dérobée, est frappé par cette « terrible figure de grenouille, face plate, convulsée par la douleur ». Heureusement, cachée parmi les derniers rangs de l'assistance, Philomène passe inaperçue de la « veuve ».

À la sortie de l'église, le cortège se remet en mouvement par les rues Soufflot, de Médicis, de Tournon, le boulevard Saint-Germain, la rue des

Saints-Pères. Puis, traversant la place du Carrousel, il s'engage dans l'avenue de l'Opéra, atteint la place Moncey et descend l'avenue de Clichy jusqu'aux fortifications. Des étudiants exaltés, des badauds, des journalistes désœuvrés viennent grossir le flot des fidèles du poète. En queue de peloton, on cite son nom dans des discussions enflammées, on déclame ses poèmes. Parvenue au cimetière des Batignolles, la multitude envahit les allées, tentant de se rapprocher le plus possible de la tombe. Tandis que des messieurs en jaquette, chapeau bas, et des dames vêtues de robes noires ou violettes entourent le lieu de la sépulture, la cohue s'enfle et murmure comme avant le début d'un spectacle. Puis, soudain, c'est le silence. Le cercueil est descendu dans le caveau familial où reposent déjà le capitaine Nicolas-Auguste Verlaine et son épouse Élisa-Stéphanie Dehée. Leur fils unique leur est enfin rendu, après une vie de désordres sordides et de singulières réussites. Alors Eugénie, enveloppée dans son voile de crêpe, désigne les alentours d'un geste théâtral et s'écrie : « Verlaine ! tous tes amis sont là ! » Elle a produit son effet. On ne l'applaudit pas, mais c'est tout juste.

Après cette apostrophe de comédienne, François Coppée lit une allocution conventionnelle, Maurice Barrès déclare que la jeunesse a trouvé un maître dans ce défunt sans âge, Catulle Mendès proclame que la France vient de perdre « un simple de génie », Mallarmé parle d'une existence héroïque dans la solitude et la pauvreté, Jean Moréas et Gustave Kahn renchérissent. Les funérailles sont irréprochables. Enterrerait-on un notaire que la cérémonie ne se déroulerait pas avec plus d'ordre, de calme et de solennité. À la grille du cimetière, les journalistes assaillent les familiers de Verlaine pour leur arracher quelques révélations sur sa vie intime, des traits amusants, des anecdotes. Très sollicité, Bibi-la-Purée raconte, à qui veut l'entendre, qu'il était le secrétaire particulier du maître, qu'il lui servait de commissionnaire dans les situations délicates et qu'il recevait toutes ses confidences. En revanche, Philomène, après avoir déposé un bouquet de violettes et de mimosa sur le cercueil, s'esquive sans répondre à la moindre question. Elle veut cacher son chagrin, alors qu'Eugénie l'étale.

Les brasseries les plus proches du cimetière reçoivent des étudiants, des échotiers, des écrivains en herbe, des disciples anonymes, qui cassent la croûte et boivent de la bière tout en commentant l'événement. Avec la mort de Verlaine, ils ont l'impression d'avoir perdu quelqu'un qui, comme eux, vivait à contre-courant, un vieillard excentrique, bourru et charmant, dont le génie justifiait à lui seul les pires folies de leur jeunesse. Le lendemain, comme pour souligner l'importance de cette disparition, plusieurs journaux relatent un étrange incident : dans la nuit qui a suivi les obsèques, le bras d'une statue de la Poésie, décorant le faîte de l'Opéra, s'est détaché en même temps que la lyre qu'il soutenait et s'est écrasé sur le sol à l'endroit même où était passé, la veille, le corbillard transportant Verlaine[1]. Simple coïncidence ou phénomène symbolique voulu par Dieu ? Les esprits s'emparent de ce fait divers et chacun l'interprète à sa façon.

Cependant, ce qui intrigue plus encore les initiés, c'est l'absence de Georges Verlaine — pourtant nommé dans le faire-part — à l'enterrement de son père. Les mauvaises langues assurent que c'est là un dernier coup porté par Mathilde contre son ex-mari. Gorgée de haine jusqu'au tombeau, elle aurait, par vindicte, interdit à son fils ce simple geste d'adieu.

1. Cf. F.-A. Cazals et Gustave Le Rouge, *Les Derniers Jours de Paul Verlaine.*

Elle l'aurait privé d'une prière devant le caveau familial. Elle n'aurait pas d'excuse. Avertie de ces rumeurs, Mathilde se disculpe en écrivant deux lettres dont la presse se fait l'écho. Son fils, dit-elle, n'a pu assister aux obsèques parce que, accomplissant son service militaire à Lille, il était en convalescence à l'hôpital. Encore très faible, il n'a pas reçu l'autorisation de se déplacer, voilà tout ! On feint de la croire. Mais, renseignements pris, les proches devinent que le malheureux garçon est un simple d'esprit, qui a déjà donné de nombreux signes de dégénérescence. Tout compte fait, pensent-ils, sans doute vaut-il mieux que Verlaine ne l'ait pas revu avant de mourir.

La suite leur donnera raison. Georges Verlaine, après son passage à la caserne, traînera une existence morne, travaillant notamment dans les stations du Métropolitain, puis dans les bureaux de cette même administration. On lui doit quelques vers médiocres. Alcoolique comme son père, et en partie amnésique, il mourra le 2 septembre 1926, à cinquante-cinq ans, sans postérité.

Mathilde, ayant divorcé en 1905 de son second mari, Bienvenu-Auguste Delporte, ouvrira une pension de famille à Nice, 6, avenue des Fleurs. Elle décédera le 13 novembre 1914. Quelques années avant de mourir, elle a tenu à rédiger ses Mémoires [1]. Elle y affirme notamment : « L'œuvre de Verlaine est obscure pour ceux qui ne sont pas très au courant de sa vie, puisque, la plupart du temps, il fait allusion à des événements tout personnels. »

Or, cette œuvre s'impose en dehors des prétextes qui ont présidé à sa création. Lorsque, en 1896, paraît la réédition du *Choix de poésies* de Paul Verlaine, avec une préface de François Coppée, l'audience de l'auteur s'élargit. Débarrassé des pièces

---

1. Ex-Mme Paul Verlaine, *Mémoires de ma vie*, écrits en 1907-1908.

de circonstance, des épigrammes, des invectives, des gaudrioles, le livre brille de mille feux, telle une poignée de diamants. Et le public, en le lisant, n'a nul besoin, contrairement aux assertions de Mathilde, de connaître les péripéties de l'existence de Verlaine pour comprendre et aimer sa bouleversante confession. Par une mystérieuse magie, cette poésie, la plus individuelle qui soit, est aussi celle de chacun de nous. Comme si Verlaine, en ne parlant que de lui-même, avait exprimé les sentiments de tous. Comme si, en chantant ses bonheurs, ses misères, son ivrognerie, ses prisons, ses élans vers Dieu et ses chutes, il n'avait fait que traduire les rêves des gens sages et prudents que nous sommes. Ainsi, tout bien pesé, s'il est vrai que l'étude de sa carrière terrestre n'est pas indispensable à l'appréciation de son génie, il demeure certain que, pour ceux qui croient aux miracles en littérature, une des plus grandes joies, c'est encore de sonder la source boueuse d'où jaillit l'eau limpide et fraîche de l'inspiration.

# BIBLIOGRAPHIE

ADAM (A.) : *Le Vrai Verlaine, essai psychanalytique*, Paris, Droz, 1936.

— *Verlaine, l'homme et l'œuvre*, Paris, Hatier-Boivin, 1953 (nouv. éd., 1961).

ADRESSY (L.) : *La Dernière Bohème. Verlaine et son milieu*, Paris, Jouve, 1923.

BORNECQUE (J.-H.) : *Verlaine*, Paris, Nizet, 1959.

— *Verlaine par lui-même*, Le Seuil, 1976.

CARCO (F.) : *Verlaine*, édité par *La Nouvelle Revue critique*, Paris, 1939.

CAZALS (F.-A.) et LE ROUGE (G.) : *Les Derniers Jours de Paul Verlaine*, Mercure de France, 1911.

COULON (M.) : *Au cœur de Verlaine et de Rimbaud*, Paris, Le Livre, 1925.

— *Verlaine, poète saturnien*, Paris, Grasset, 1929.

DELAHAYE (E.) : *Verlaine*, Paris, Messein, 1919.

— *Souvenirs familiers à propos de Rimbaud, Verlaine et Germain Nouveau*, Paris, Messein, 1925.

DONOS (C.) : *Verlaine intime*, Paris, Vanier, 1898.

EAUBONNE (F. D') : *La Vie passionnée de Verlaine*, Paris, Inter, 1960.

— *Verlaine et Rimbaud, ou la fausse évasion*, Paris, Albin Michel, 1960.

LEPELLETIER (E.) : *Paul Verlaine, sa vie, son œuvre*, Paris, Mercure de France, 1907 (rééd. 1924).

465

LE ROUGE (G.) : *Verlainiens et Décadents*, Paris, Scheur, 1928.

MAISONGRANDE (H.) : *Verlaine*, Paris, Pierre Charron, coll. « Les Géants ».

MARTIN (A.) : *Verlaine et Rimbaud. Documents inédits tirés des archives de la Préfecture de Police*, Paris, N.R.F., 1944 (tirage à part d'un article de *La Nouvelle Revue française*).

MARTINO (P.) : *Paul Verlaine*, Paris, Boivin, 1954 (nouv. éd.).

MOUQUET (J.) : *Rimbaud raconté par Verlaine*, Paris, Mercure de France, 1934.

NADAL (O.) : *Paul Verlaine*, Paris, Mercure de France, 1961.

NICHOLSON (F.) : *Paul Verlaine*, Londres, Constable, 1921.

PETITFILS (P.) : *Verlaine*, Paris, Julliard, 1981.

PORCHÉ (F.) : *Verlaine tel qu'il fut*, Paris, Flammarion, 1933.

RICHER (J.) : *Paul Verlaine*, Paris, Seghers, 1953.

ROUSSELOT (J.) : *De quoi vivait Paul Verlaine*, Paris, Deux-Rives, 1950.

STARKIE (E.) : *Rimbaud*, Paris, Flammarion, 1982.

STRENTZ (H.) : *Paul Verlaine, son œuvre*, édité par *La Nouvelle Revue critique*, Paris, 1925.

TAILHADE (L.) : *Quelques Fantômes de jadis*, Paris, Messein, 1943.

UNDERWOOD (V. P.) : *Verlaine et l'Angleterre*, Paris, Nizet, 1956.

VAN BEVER (A.) : *La Vie douloureuse de Verlaine*, Monaco, 1926.

VANWELKENHUYZEN (G.) : *Verlaine en Belgique*, Bruxelles, La Renaissance du Livre, 1945.

VERLAINE (Paul) : *Œuvres poétiques complètes* (présentées par Y.-G. Le Dantec), Paris, Gallimard, Bibliothèque de la Pléiade, 1938 (rééd. 1962).

— *Œuvres en prose* (complètes, présentées par J. Borel), Paris, Gallimard, Bibliothèque de la Pléiade, 1972.

— *Correspondance* (incomplète, publiée par A. Van Bever), Messein, 1922-1929 (3 vol.).

— *Album Verlaine* (iconographie choisie et commentée par Pierre Petitfils), Paris, Gallimard, Bibliothèque de la Pléiade, 1981.

— *Lettres inédites à Cazals* (publiées par G. Zayed), Genève, Droz, 1957.

— *Lettres inédites à Charles Morice* (publiées par G. Zayed), Genève, Droz, 1964.

— *Lettres inédites à divers correspondants* (publiées par G. Zayed), Genève, Droz, 1976.

Verlaine (ex-Mme Paul) : *Mémoires de ma vie*, Paris, Flammarion, 1935.

Zayed (G.) : *La Formation littéraire de P. Verlaine*, édition augmentée, Paris, Nizet, 1970.

# INDEX

471

473

**F**

FALGUIÈRE (Alexandre), 457.
FANTIN-LATOUR (Henri), 67, 149, 153-154, 187.
FASQUELLE (Eugène), 373-374.
FAURÉ (Gabriel), 458.
FÉVAL (Paul), 34.
FLAUBERT (Gustave), 45, 259, 281.
FLOQUET (Charles), 289, 293.
FLORIAN (Jean-Pierre Claris de), 246.
FLOURENS (Gustave), 116.
FORAIN (Jean-Louis), 137, 146-147, 154, 156, 162, 191, 315.
FORGET (marquis de), 85.
FORT (Paul), 381, 382.
FOUCHER (Paul), 102.
FOUQUET (Antoine), 311.
FOUREST (Georges), 325.
FRAGONARD (Jean-Honoré), 70.
FRANCE (Anatole), 100, 161, 247, 356, 357, 391.

**G**

GAILLARD (Mme), 66.
GAMBETTA (Léon), 108, 382.
GAMBIER (Marie), 323-325.
GASTINEAU (Octave), 132 (n. 1), 171.
GAUGUIN (Paul), 381.
GAUME (monseigneur), 232.
GAUTHIER (Jules), 451.
GAUTIER (Théophile), 37, 45, 59.
GHIL (René), 315, 375.
GIDE (André), 371.
GILL (André), 134, 137, 316.
GIRON (M.), 426.
GLATIGNY (Albert), 27, 49, 144.
GOETHE (Johann Wolfgang von), 37.
GONCOURT (Edmond de), 45, 70, 110, 115, 123, 160, 281, 316, 367-368, 380-381, 442.

GONCOURT (Jules de), 45, 70, 110, 281.
GOSSE (Edmund), 412.
GRANDJEAN (lieutenant-colonel), 10, 12.
GRANDJEAN (Louise, née Verlaine), 12, 17, 44, 56, 65, 73-74, 81, 94, 146, 230.
GRANDMAISON (docteur), 349.
GREFFULHE (comtesse), 426.
GREUZE (Jean-Baptiste), 313.
GRIET (Mme S.), 300 (n. 1).
GUÉRIN (Charles), 410.
GUILLAND (docteur), 359, 361, 362, 365.
GUILLAUME Ier, 98, 118.
GUILLIN (abbé Victor), 260, 268.
GUYOT-SIONNEST (maître), 154, 185, 239, 303, 318, 322, 334-335.

**H**

HALÉVY (Ludovic), 60.
HALLOPEAUX (docteur), 423.
HAUSER (Gaspard), 222.
HAVERMAN, 396.
HEINEMANN (William), 412.
HENNIQUE (Léon), 161.
HEREDIA (José Maria de), 43, 52, 369, 424, 425.
HERVÉ (Florimond Rongé, dit), 60, 84.
HERVILLY (Ernest d'), 130, 153, 161.
HEYNE (Jules), 451.
HIOLLE (Mlle), 35.
HOFSCHMIDT (conseiller d'), 403.
HOGARTH (William), 34.
HOUSSAYE (Henry), 144, 422.
HUGO (Adèle), 57.
HUGO (Charles), 57, 115.
HUGO (Victor), 25, 27, 28, 34, 35, 36, 39, 45, 50, 52-53, 57-59, 60, 71-72, 99, 102, 110, 115, 161, 177, 184, 215, 220,

474

221, 229, 279-280, 281, 311, 376.

HURET (Jules), 380.

HUYSMANS (Joris-Karl), 345, 356, 369, 456.

478

479

## Y

## Z

# TABLE

- *Tchekhov.*
- *Tourgueniev.*
- *Flaubert.*
- *Maupassant.*
- *Alexandre II, le tsar libérateur.*
- *Nicolas II, le dernier tsar.*
- *Zola.*

Dimitri VOLKOGONOV : *Staline, triomphe et tragédie.*
Georges WALTER : *Enquête sur Edgar Allan Poe, poète américain.*
Jacques WEYGAND : *Weygand, mon père.*

*Cet ouvrage a été composé*
*par l'Imprimerie BUSSIÈRE*
*et imprimé sur presse CAMERON*
*dans les ateliers de B.C.A.*
*à Saint-Amand-Montrond (Cher)*
*en septembre 1993*

N° d'édition : 14686. N° d'impression : 1297-93/298.
Dépôt légal : octobre 1993.

*Imprimé en France*